Excel 财经数据处理与分析

（第 2 版）

主　编　雷金东　蒙　丹

副主编　徐　辉

北京理工大学出版社

BEIJING INSTITUTE OF TECHNOLOGY PRESS

内 容 简 介

本书共 8 章，包括 Excel 数据表的规范与输入、Excel 财经数据的整理、Excel 财经数据的分析与展示、财经数据处理中的 Excel 公式与函数应用、使用 Excel Power Query 对财经数据进行查询编辑、Excel 在财务管理分析中的应用、Excel 在市场调查分析中的应用、Excel 在人力资源管理分析中的应用等内容。

本书配有丰富的学习资源，包括课件、案例源文件、实验素材、视频等，扫描书中的二维码，可以在线观看视频讲解，进行学习和实操。

本书通俗易懂、案例贴合实际，既适合 Excel 数据分析从业人员使用，也可以作为本科、专科的 Excel 财经应用或数据处理与分析课程的教材。

版权专有 侵权必究

图书在版编目（CIP）数据

Excel 财经数据处理与分析／雷金东，蒙丹主编. --
2 版. --北京：北京理工大学出版社，2022.12
　ISBN 978-7-5763-1908-8

Ⅰ．①E… Ⅱ．①雷… ②蒙… Ⅲ．①表处理软件-应用-财务管理-教材 Ⅳ．①F275-39

中国版本图书馆 CIP 数据核字（2022）第 232512 号

出版发行 /	北京理工大学出版社有限责任公司
社　　址 /	北京市海淀区中关村南大街 5 号
邮　　编 /	100081
电　　话 /	(010) 68914775 （总编室）
	(010) 82562903 （教材售后服务热线）
	(010) 68944723 （其他图书服务热线）
网　　址 /	http://www.bitpress.com.cn
经　　销 /	全国各地新华书店
印　　刷 /	涿州市新华印刷有限公司
开　　本 /	787 毫米×1092 毫米　1/16
印　　张 /	21.25
字　　数 /	496 千字
版　　次 /	2022 年 12 月第 2 版　2022 年 12 月第 1 次印刷
定　　价 /	98.00 元

责任编辑 / 王晓莉
文案编辑 / 王晓莉
责任校对 / 刘亚男
责任印制 / 李志强

图书出现印装质量问题，请拨打售后服务热线，本社负责调换

前言

党的二十大报告提出："教育、科技、人才是全面建设社会主义现代化国家的基础性、战略性支撑。必须坚持科技是第一生产力、人才是第一资源、创新是第一动力，深入实施科教兴国战略、人才强国战略、创新驱动发展战略"。并强调"青年强，则国家强"，"全党要把青年工作作为战略性工作来抓"。高校作为培养青年的主阵地，一定要明确新时代的人才培养目标，全方位、多层次地培养高素质的专业人才，课程的设置要根据大学生的特点并紧紧围绕社会需求来进行。《Excel 财经数据处理与分析》作为一门融理论与操作为一体并以实践操作为主的课程，教学内容的设置也要紧贴社会需求。

本书第 1 版自 2019 年 2 月出版以来，由于通俗易懂、素材丰富、案例贴合实际等特点，受到了很多读者的欢迎。但是第 1 版以 Excel 2013 为平台进行编写，其功能和函数比更新后的 Excel 2019、Excel 2021 要少很多。近几年来，微软不断推出 Excel 的新功能和新函数，如内置 Power Query、Power Pivot，增加更实用的 IFS、SWITCH、MAXIFS 函数，支持地图图表、漏斗图表等，使得数据的收集、整理和分析更高效、快捷。基于此，编者有了采用更高版本的 Excel 重新改版的想法。

第 2 版以 Excel 2019 为平台进行撰写，沿用了第 1 版的风格，增加了使用 Excel Power Query 对数据进行查询编辑的方法。本书先讲解 Excel 2019 数据处理的基本知识与基本操作，然后通过知识点讲解与实际案例操作相结合的方式，介绍 Excel 2019 在财经数据分析与处理中的操作方法。

本书强调将 Excel 与财经管理的知识结合起来，内容体系完整，图文并茂，案例充分，操作步骤详细、完整，注重实际应用。本书还提供教学课件、案例源文件、实验素材、演示视频，方便读者观看和学习课程的相关内容。书中的二维码包括视频讲解和部分案例答案。

本书由雷金东整体规划和统稿，并编写第 1 章、第 2 章、第 5 章、第 8 章和实验 1、实验 2、实验 5、实验 8，蒙丹编写第 3 章、第 4 章、第 6 章和实验 3、实验 4 和实验 6，徐辉编写第 7 章和实验 7。

本书在编写过程中得到了北京理工大学出版社多位编辑的大力支持与指导，在此表示衷心的感谢！

由于时间仓促，加之编者水平有限，书中难免存在疏漏和不足之处，恳请各位读者批评指正。如果在阅读过程中发现问题或者有好的建议，欢迎发邮件到 33447826@ qq. com 与我们联系。

编 者

2022 年 11 月于南宁

目 录

第 1 章　Excel 数据表的规范与输入

知识目标

　　本章主要介绍 Excel 数据表的规范；数值型、日期型、时间型、文本型等各种常见类型数据的输入；数据的导入、导出、分列以及异常数据的处理等基本知识。

　　本章重点：数据表的规范，各种类型数据的输入。

　　本章难点：异常数据的处理。

1.1　Excel 数据表的规范

　　Excel 不仅仅是一个数据输入与计算的工具，更是非常强大的数据处理工具。使用 Excel 进行数据分析与处理时，作为数据源的原始数据表格必须按照 Excel 数据表的规范来制作，否则在以后的数据分析处理中可能会出现不能计算、不能筛选、不能排序、不能制作透视表等问题，给数据的分析与处理带来麻烦，因此在制作数据表格时一定要养成按规范操作的良好习惯。Excel 数据表的规范主要包括数据表结构的规范以及数据的规范。

1.1.1　数据表结构的规范

　　在使用 Excel 进行数据分析时，用来录入明细数据的称为数据表，而用来计算数据表中汇总结果的表称为汇总表或者报告表。在数据表中，一列称为一个字段，其标题为字段名，一列中除标题外的其余数据为字段的值；标题行以外的其余各行称为记录，每条记录的格式要一致。

视频演示 1-1　数据表结构的规范

在制作数据表时，在结构上应注意以下五项基本原则。

1. 不要把标题放在数据表中

有些人为了能反映表格的信息，喜欢在表中添加标题，如果是汇总表，这无可厚非；但是在数据表中就尽量不要增加标题。因为在 Excel 数据表中，标题行主要用于存储每列数据的属性，如图 1-1 中的“分销点”“年龄”“销售量”等字段是排序和筛选的依据，如果在上面增加了一行标题行（如表中的“员工销量统计表”），就会影响到后续的排序和筛选。因此，在数据表中，不要增加标题来占用工作表的首行，标题在工作表和工作簿名称中标识出来即可，如图 1-2 所示。

	A	B	C	D	E	F
1	员工销量统计表					
2	工号	姓名	性别	分销点	年龄	销售量
3	G201801	李晓娜	女	普罗旺斯	26	98
4	G201802	陈鸿飞	男	正恒国际	32	126
5	G201803	张蕾	女	山水绿城	23	110
6	G201804	李小倩	女	淡村	35	182
7	G201805	周洪涛	男	万象城	24	219
8	G201806	雷晓琪	女	茶花园	22	136
9	G201807	何霞	女	新兴苑	30	87
10	G201808	严羽群	女	台湾街	28	145
11	G201809	王国峰	男	翰林新城	32	119
12	G201810	姜玉	女	时代天骄	25	108

图 1-1　员工销量统计表

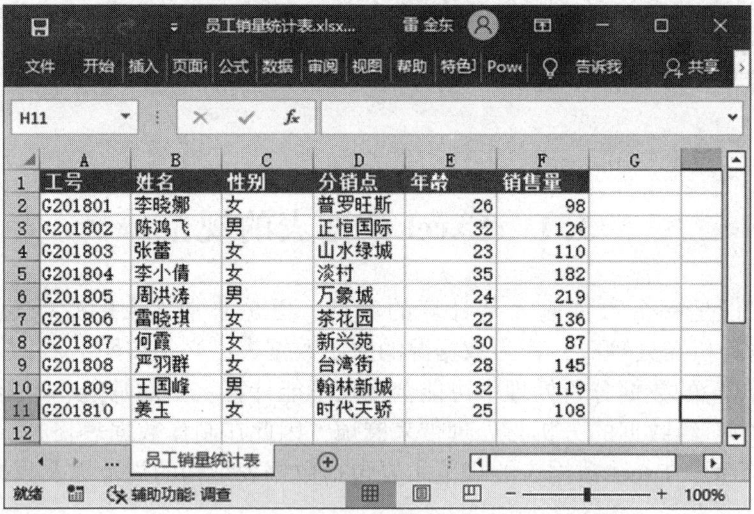

	A	B	C	D	E	F	G
1	工号	姓名	性别	分销点	年龄	销售量	
2	G201801	李晓娜	女	普罗旺斯	26	98	
3	G201802	陈鸿飞	男	正恒国际	32	126	
4	G201803	张蕾	女	山水绿城	23	110	
5	G201804	李小倩	女	淡村	35	182	
6	G201805	周洪涛	男	万象城	24	219	
7	G201806	雷晓琪	女	茶花园	22	136	
8	G201807	何霞	女	新兴苑	30	87	
9	G201808	严羽群	女	台湾街	28	145	
10	G201809	王国峰	男	翰林新城	32	119	
11	G201810	姜玉	女	时代天骄	25	108	
12							

图 1-2　员工销量统计表

2. 不要使用多层表头

在数据表中，每一列都是不可再分割的基本数据项，同一列不能有多个值，即数据表中的一个字段不能有多个值。而有些人在制作数据表时，喜欢使用多层表头，这不符合 Excel 数据表的规范，如图 1-3 所示的“职工工资表”，由于将“工资”字段分成了“基本工资”和“加班工资”两列，因此在对“工资”字段进行

	A	B	C	D
1	职工代码	姓名	工资	
2			基本工资	加班工资
3	1801	张三	500	60
4	1802	王四	799	70
5	1803	赵五	400	50

图 1-3　职工工资表

数据筛选时，出现了如图 1-4 所示的只显示"基本工资"数值的情况；在制作数据透视表时，字段列表中也只显示"工资"字段，如图 1-5 所示。因此，应把双层表头进行合并，改为图 1-6 的形式。

图 1-4　对"工资"字段进行筛选

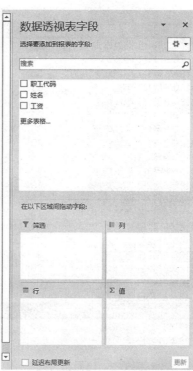

图 1-5　制作数据透视表时可用的字段

	A	B	C	D
1	职工代码	姓名	基本工资	加班工资
2	1801	张三	500	60
3	1802	王四	799	70
4	1803	赵五	400	50

图 1-6　修改后的职工工资表

3. 记录之间不要插入多个标题行

有些人在制作记录较多的数据表时，为了在浏览表格的过程中能随时看到标题行，并且在打印每一页时显示标题行，就在记录之间插入多个标题行，这样的数据表也是不规范的。如图 1-7 所示的电器销售表，第 21 行就是重复的标题行，应把该行删除。

4. 不要合并单元格

在数据表中，不管是行还是列，不要随便合并单元格，每个都是单独的单元格，应保证每一个字段、每一条记录的数据与结构都整齐，这样才便于数据的导入和更新，便于数据透视和图表的生成。如图 1-8、图 1-9 所示的表格都是不符合规范的（有合并单元格），在对这两个表格进行排序时就会出现如图 1-10 所示的提示。

5. 记录中不能出现空行

在数据表中，记录之间不能用空行隔开。Excel 对数据进行处理时，一旦遇到空行就会把数据分成独立的表格，如在图1-11的数据表中插入数据透视表时，数据区域就只选了A1:D6的单元格区域，弹出如图1-12所示的对话框，从对话框中可以看出数据并没有选取完整，进而达不到透视效果。

	A	B	C	D
1	销售日期	产品名称	销售量	销售额
2	2018年8月1日	液晶电视	28	¥23,141.10
3	2018年8月1日	微波炉	14	¥7,559.18
4	2018年8月1日	电风扇	30	¥9,664.51
5	2018年8月1日	手机	33	¥20,307.07
6	2018年8月1日	电烤炉	20	¥12,098.20
7	2018年8月1日	洗衣机	25	¥63,471.17
8	2018年8月1日	液晶电视	25	¥110,536.80
9	2018年8月1日	电冰箱	20	¥28,270.11
10	2018年8月1日	热水器	26	¥12,059.67
11	2018年8月2日	液晶电视	30	¥12,248.67
12	2018年8月2日	微波炉	19	¥33,161.04
13	2018年8月2日	电风扇	25	¥4,962.88
14	2018年8月2日	手机	18	¥16,417.73
15	2018年8月2日	电烤炉	31	¥38,366.58
16	2018年8月2日	洗衣机	23	¥3,748.37
17	2018年8月2日	液晶电视	27	¥250,616.74
18	2018年8月2日	电冰箱	26	¥35,353.49
19	2018年8月2日	热水器	20	¥121,816.06
20	2018年8月3日	液晶电视	33	¥2,604.60
21	销售日期	产品名称	销售量	销售额
22	2018年8月3日	微波炉	32	39507.908
23	2018年8月3日	电风扇	28	3424.016

图1-7　电器销售表

	A	B	C
1	销售日期	产品	销售量
2	2018/8/1	液晶电视	34
3	2018/8/1	柜式空调	21
4	2018/8/1	微波炉	16
5	2018/8/1	冰箱	9
6	2018/8/1	滚筒洗衣机	13
7	2018/8/1	电磁炉	23
8	2018/8/1	电饭煲	38
9	2018/8/1	电风扇	45
10	小计		199
11	2018/8/2	液晶电视	27
12	2018/8/2	柜式空调	17
13	2018/8/2	微波炉	13
14	2018/8/2	冰箱	7
15	2018/8/2	滚筒洗衣机	10
16	2018/8/2	电磁炉	18
17	2018/8/2	电饭煲	20
18	2018/8/2	电风扇	36
19	小计		148
20	2018/8/3	液晶电视	11
21	2018/8/3	柜式空调	9

图1-8　电器销售统计表

	A	B	C
1	销售员	销售日期	销量
2		2018年8月1日	37
3		2018年8月2日	52
4	张小泉	2018年8月3日	42
5		2018年8月4日	40
6		2018年8月5日	33
7		2018年8月6日	26
8		2018年8月7日	31
9	李维真	2018年8月8日	51
10		2018年8月9日	16
11		2018年8月10日	41
12		2018年8月11日	43
13	刘芳菲	2018年8月12日	57
14		2018年8月13日	68
15		2018年8月14日	33
16		2018年8月15日	52
17	周亚东	2018年8月16日	72
18		2018年8月17日	73
19		2018年8月18日	39

图1-9　员工销售表

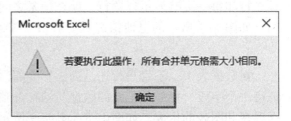

图1-10　排序时弹出的对话框

	A	B	C	D
1	业务员	销售点	产品类型	销售金额
2	魏秋芳	青秀	樱桃	¥4,793.20
3	张筱雨	西乡塘	香梨	¥3,417.10
4	何冰心	兴宁	葡萄	¥448.60
5	周继华	江南	猕猴桃	¥3,284.00
6	雷晓琪	良庆	苹果	¥3,976.50
7				
8	刘寅	邕宁	哈密瓜	¥4,489.50
9	李小青	武鸣	芭蕉	¥333.80
10	韦可欣	江南	石榴	¥4,333.90
11	孟姗姗	青秀	杨桃	¥2,343.10
12	周永强	兴宁	西瓜	¥4,636.60
13				
14	芮香香	西乡塘	百香果	¥233.80
15	周会	经开	番石榴	¥150.40
16	张雪	良庆	水蜜桃	¥4,834.40
17	陈志忠	青秀	香梨	¥1,290.50
18	闫翔	兴宁	苹果	¥5,096.00

图 1-11　水果销售表

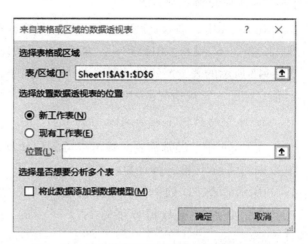

图 1-12　插入数据透视表时选取的数据不完整

1.1.2　数据的规范

在数据表中除了需要注意表格结构的规范外，还要注意数据的规范。

 视频演示 1-2　数据表数据的规范

1. 数值与单位不要放同一列

如果在数据表中同一列既有数值又有单位，就会导致 Excel 无法获取数值直接进行计算。如图 1-13 所示的表，E 列的数据把数量和单位写在了一列，对数量进行求和时得到的结果为 0，如图 1-14 所示。

	A	B	C	D	E
1	销售日期	姓名	产品类别	单价	数量
2	2018.3.7	张云翔	电冰箱	2499	6台
3	2018.5.2	周　伟	手机	3198	11部
4	2018.5.4	胡晓群	豆浆机	279	4个
5	2018.6.8	刘庆军	浴霸	549	8个
6	20180719	卢晓峰	液晶电视	3299	3台
7	20180812	尚玉英	电压力锅	389	5个

图 1-13　不规范的数据

=SUM(E2:E7)

产品类别	单价	数量
电冰箱	2499	6台
手机	3198	11部
豆浆机	279	4个
浴霸	549	8个
液晶电视	3299	3台
电压力锅	389	5个
		0

图 1-14　对数量求和时结果为 0

2. 不能在文本的中间添加空格

有些人在制作数据表时，为了让表格看上去更整齐，喜欢在文本的中间添加空格，这在数据表中也是不允许的。如果在文本的中间增加空格后，在使用文本函数处理文本时公式会变得更复杂，增加了处理的难度。如图 1-13 所示的表，姓名一列的"周　伟"中间加了空格号，这是不符合数据表中数据的规范的。

3. 日期的格式要规范

在 Excel 中，输入日期时，年、月、日之间的数字可以用"−"或者"/"符号进行分隔，如"2018−3−6"或者"2018/3/6"，如果输入"2018.3.6"或者"20180306"就不符合规范，如图 1−13 所示的表，A 列的日期就无法正确排序，也无法通过日期函数提取正确的年、月、日信息，因为常规情况下"2018.3.6"是文本型数据，而"20180306"是数值。

4. 计算的数值不能为文本型的数据

在 Excel 中，经常需要对数值进行各种计算，但是如果把需要计算的数值设置成文本型数据的话就不能进行计算，特别是一些从系统导出的表格更需要注意这个问题。图 1−13 所示的表，D 列单价的数据就是文本型的数据，必须转成数值才能进行下一步的计算。

5. 同一列数据的类型、格式要一致

在 Excel 中，同一列数据的类型一定要相同，否则在进行筛选或者汇总时会产生错误。如图 1−15 所示的表，"性别"和"出生年月"字段的数据类型就不统一，必须转成统一类型和格式才能进行下一步的数据分析。

工号	姓名	性别	出生年月	基本工资
200411001	张蕊	女	1998/1/17	2580
200411002	刘洋	男	2000年4月9日	3100
200411003	周信芳	女	1997/5/4	2450
200411004	黄伟明	M	2001/3/6	3480
200411005	何可倩	女性	1998/12/11	1980
200411006	程国兴	男	2001年8月	2050
200411007	李岚	F	1997年12月8日	2760
200411008	杨柯	1	2001/2/6	2670
200411009	雷冰心	2	1999/7/5	3080
200411010	王娜娜	女	1998/8/2	1790

图 1−15　数据类型不统一

1.2　数据的输入

在 Excel 中，数据的类型主要有数值型、日期型、时间型、文本型等，数据的输入非常重要，这关系到后续的数据处理与分析。

1.2.1　数值型数据的输入

数值型数据是指可以进行数值运算的数据，数值在单元格中默认的对齐方式是右对齐。如果需要输入正数，直接输入即可；输入纯小数时，可省略小数点前面的 0，如 0.28 可输入".28"。

视频演示 1−3　数值型数据的输入

提示：输入数值时，若输入数值位数太多，系统会自动改成科学计数法表示。如在单元格中输入"45121645810125"后，单元格显示为"4.51216E+13"。

1. 负数的输入

如果需要输入负数，可以直接输入减号加数字，如"−3"，或者输入数字加上括号，如"（3）"，然后按下〈Enter〉键即可显示为负数，如图 1-16 所示。

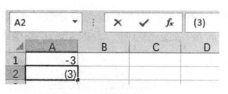

2. 比值的输入

在 Excel 中，不能直接在单元格中输入比值，否则就会变成时间型数据，如图 1-17、图 1-18 所示。应将单元格设置为文本格式，然后再输入比值，如图 1-19、图 1-20 所示。

图 1-16　输入负数

图 1-17　直接输入比值

图 1-18　按〈Enter〉键后变成了时间

图 1-19　把单元格设置为文本格式

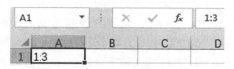

图 1-20　以文本形式显示比值

> **提示**：在图 1-20 中，A1 单元格中的比值不能用于计算，因为该单元格的格式为文本型。

3. 分数的输入

在 Excel 中输入分数时，一般采用"分子/分母"的形式输入，Excel 会根据分子和分母数字的不同情况来进行处理。如果分子是 1～31 的整数，且分母是 1～12 的整数，或者分母是 1～31 的整数，且分子是 1～12 的整数，Excel 就会将其自动处理为日期"月-日"，如输入"26/8"或"8/26"后会自动变成"8 月 26 日"。而如果分子是 1～31 之外的数字，且分母是 1～12 之外的数字，Excel 就会自动将其处理为文本。在单元格中输入分数，主要有以下三种情况。

（1）如果需要输入真分数，如"3/5"，可以先输入数字"0"和一个空格，接着输入"3/5"，然后按〈Enter〉键。此时 Excel 会在编辑栏中显示该分数的小数值，但是单元格中仍然显示分数，如图 1-21 所示。

> **提示**：在输入可以约分的分数时，Excel 会自动对其进行约分处理。如输入"2/6"，单元格中将显示"1/3"。

（2）如果需要输入假分数，如"5/3"，可以先输入数字"0"和一个空格，接着输入"5/3"，然后按〈Enter〉键。此时 Excel 会自动将其转换为带分数，如图 1-22 所示。

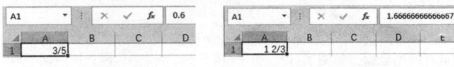

图 1-21　输入真分数　　　　　　　　　图 1-22　输入假分数

（3）如果需要输入带分数，如"$2\frac{1}{3}$"，可以先输入数字"2"和一个空格，接着输入"1/3"，然后按〈Enter〉键。此时，在编辑栏中可以看到该分数的小数值，如图 1-23 所示。

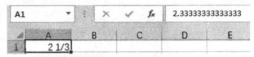

图 1-23　输入带分数

1.2.2　日期和时间型数据的输入

视频演示 1-4　日期和时间型数据的输入

1. 日期的输入

Excel 默认使用的是 1900 日期系统，即以 1900 年 1 月 1 日作为日期计数起始的第 1 天，也就是 1900/1/1＝1，此后的日期每隔 1 天就加 1，也就是说在 Excel 中，日期就是数字，这个数字代表 1900/1/1 开始到现在的天数。例如，2022/3/23＝44643，表示从 1900/1/1 开始到 2022 年 3 月 23 日的天数有 44643 天。所以日期是个正数，这个正数只能表示 1900 年及之后的日期。

在 Excel 中输入日期时，年、月、日之间的数字可以用"-"或者"/"符号进行分隔，输完确定后单元格格式会自动更改为某种内置的日期格式，如输入"2022-3-23"的日期形式，Excel 会自动转换成"2022/3/23"这种日期型数据。

> **提示：** 在 Excel 2019 中，如果要快速输入系统当前的日期，选中要输入内容的单元格后，按下〈Ctrl+;〉组合键即可；如果要快速输入系统当前的时间，则选中要输入时间的单元格后，按下〈Ctrl+Shift+;〉组合键即可。

如果不想要默认的日期格式，则可以自行设置，具体步骤如下。

（1）选中要输入日期的单元格或单元格区域，单击"开始"选项卡，在"数字"组中单击右下角的"⊿"按钮，如图 1-24 所示，弹出"设置单元格格式"对话框。

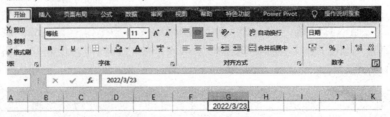

图 1-24　单击"⊿"按钮

（2）在"设置单元格格式"对话框中的"分类"列表框中选择"日期"选项，在右侧的"类型"列表框中选择一种需要的日期格式，如图 1-25 所示，单击"确定"按钮。

（3）在选定的单元格中输入"2022-3-23"日期形式，按下〈Enter〉键，即可自动转换为选择的日期类型，如图 1-26 所示。

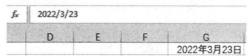

图 1-25　选择一种需要的日期格式　　　　图 1-26　自动转换为选择的日期类型

如果在"设置单元格格式"对话框的"类型"列表框中没有找到需要的日期类型，还可以自定义设置。如要把日期设置成"2022 年 03 月 23 日 星期三"的格式，具体步骤如下。

打开"设置单元格格式"对话框的方法

（1）选中要设置的单元格右击，在打开的快捷菜单中选择"设置单元格格式"选项，打开"设置单元格格式"对话框。

（2）在"分类"列表框中选择"自定义"选项，在右侧"类型"文本框中输入日期类型"yyyy" 年" mm" 月" dd" 日"aaaa"，如图 1-27 所示，然后单击"确定"按钮。

自定义日期格式时各英文字符代表的含义

图 1-27　自定义日期格式

（3）在选定的单元格中输入"2022-3-23"日期形式，则会自动转换为"2022 年 03 月 23 日 星期三"的日期格式，如图 1-28 所示。

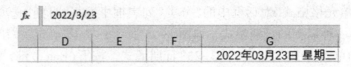

图1-28　自动转换为自定义的日期类型

在 Excel 中，如果要快速输入有规律的工作日日期数据，步骤如下。

（1）在单元格中输入一个日期，如"2022-3-23"，按〈Enter〉键确定。

（2）单击单元格右下角的正方形填充柄，然后按住鼠标左键向下拖动，放开鼠标左键后右下角自动出现"自动填充选项"列表框，如图1-29所示。单击列表框右下角的下拉三角形，选择"以工作日填充"选项，如图1-30所示。可以看到2022年3月26日和3月27日没有出现在填充的日期中，因为这两天是周末。

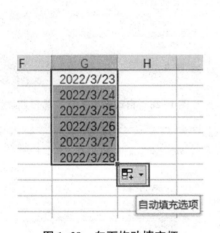

图1-29　向下拖动填充柄

图1-30　选择填充方式

2. 时间的输入

在 Excel 中，输入时间时，小时、分之间要用":"号隔开，一般格式为"时:分"。如9点15分应输入"9:15"，输完确定后单元格格式会自动更改为某种内置的时间格式。

如果不想要默认的时间格式，则可以自行设置，具体步骤如下。

（1）选中要输入时间的单元格，按〈Ctrl+1〉组合键，打开"设置单元格格式"对话框。

（2）在"设置单元格格式"对话框中的"分类"列表框中选择"时间"选项，在右侧的"类型"下拉列表框中选择一种需要的时间格式，如图1-31所示，然后单击"确定"按钮。

（3）在选定的单元格中输入"18:31"日期形式，按下〈Enter〉键，即可自动转换为选择的日期类型，如图1-32所示。

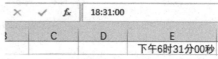

图 1-31　选择一种需要的时间格式　　　　图 1-32　自动转换为选择的时间类型

1.2.3　文本型数据的输入

在 Excel 中，文本型数据是指包含了字母、汉字以及非数字符号的字符串。文本在单元格中默认的对齐方式是左对齐。

在输入数字形式的字符串时，如邮政编码、身份证号码、电话号码等，输入时应在数据前面加英文的单引号"'"，或输入="数字串"，这样 Excel 才会把输入的数字字符串视为文本，而不会当成数值来处理。例如，输入邮政编码 530003，应输入' 530003或输入 = "530003"。

1.2.4　通过"数据验证"进行数据的输入

 视频演示 1-5　通过"数据验证"进行数据输入

在 Excel 2019 中，通过"数据验证"功能，可以设置一些规则来规定单元格中输入的数据。例如，学生的成绩如果为百分制的话，则输入小于 0 或大于 100 的成绩就为非法数据，当存放成绩的单元格设置数据验证后，会弹出如图 1-33 所示的警告错误信息。

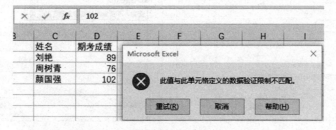

图 1-33　输入非法值后弹出的对话框

在实际使用过程中，有时需要设置某些单元格只能输入文本，不能输入数字等其他类型的数据。这时，通过"数据验证"功能就可以使单元格只能输入文本。

【例1-1】 要求在"员工信息表.xlsx"表中，设置"工号"字段不能输入重复的内容、"手机号码"字段只能输入文本型的数据，如果在这两列输入了非法数据，则弹出对话框提醒重新输入。

（1）设置不能输入重复值的具体步骤如下。

1）选中A列，在"数据"选项卡中单击"数据工具"组的"数据验证"按钮，在打开的下拉菜单中选择"数据验证"选项，如图1-34所示。

图1-34 选择"数据验证"选项

2）在"数据验证"对话框的"设置"面，单击"验证条件"下"允许"栏中的三角形，在下拉菜单中选择"自定义"选项，然后在公式框中输入公式"=COUNTIF(A:A,A1)<=1"，如图1-35所示。

> **公式解析**：COUNTIF()函数是条件计数函数，公式"=COUNTIF(A:A,A1)<=1"的意思是，在A列输入数据时相同数据的个数要小于或等于1，即指定的单元格区域中不能出现相同的数据，如果输入数据时相同数据的个数大于1，即指定的单元格区域中有相同的数据，那么输入的数据就为非法的数据。

3）单击"输入信息"选项，在"标题"栏中输入"员工工号"，在"输入信息"栏中输入"请输入不重复的数据作为员工的工号"，如图1-36所示。

图1-35 设置"数据验证"的验证条件　　　图1-36 设置"数据验证"的输入信息

4）单击"出错警告"选项，在"标题"栏中输入"数据非法"，在"错误信息"栏中输入"您输入了重复的工号，请重新输入!"，如图1-37所示，单击"确定"按钮。设置好后，在A列输入相同的数据后弹出如图1-38所示的出错对话框，提示重新输入正确的数据。

图1-37　设置"数据验证"的出错警告　　　　图1-38　输入非法数据后弹出的对话框

（2）设置只能输入文本型数据的具体步骤如下。

1）选中E2单元格，采用与前面相同的方法打开"数据验证"对话框。在"设置"界面，单击"验证条件"下"允许"栏中的三角形，在下拉菜单中选择"自定义"选项，然后在公式框中输入公式"=ISTEXT(E2)"，如图1-39所示。

> 提示：这里通过ISTEXT函数对E2单元格的数据进行验证，文本型的数据才允许输入。

2）单击"输入信息"选项，在"标题"栏中输入"文本型数据"，在"输入信息"栏中输入"请输入文本型的数据作为手机号码"，如图1-40所示。

图1-39　设置"数据验证"的验证条件　　　　图1-40　设置"数据验证"的输入信息

3）单击"出错警告"选项，在"标题"栏中输入"出错了"，在"错误信息"栏中输入"您输入的数据不是文本型数据，请重新输入！"，如图1-41所示，然后单击"确定"按钮。返回E2单元格，输入一个非文本型的数据后弹出如图1-42所示的出错对话框，提示重新输入正确的数据。

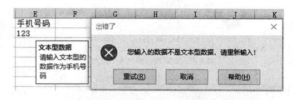

图1-41　设置"数据验证"的出错警告　　　图1-42　输入非法数据后弹出的对话框

4）拖动E2单元格右下角的正方形填充柄到E列的其他单元格，设置其他单元格的数据验证格式。

数据验证不仅能够对单元格的输入数据进行条件限制，还可以在单元格中创建下拉列表菜单，方便用户选择输入。

【例1-2】　打开"教工信息表.xlsx"工作簿，对照图1-43表中的信息，在Sheet1工作表的D列中快速无误地输入教工的职称信息。具体的操作步骤如下。

	A	B	C	D
1	员工编号	姓名	性别	职称
2	CY2004081001	许丽丽	女	副教授
3	CY2004081002	周长峰	男	讲师
4	CY2004081003	杜琴芳	女	未定级
5	CY2004081004	肖青青	女	讲师
6	CY2004081005	何振邦	男	教授
7	CY2004081006	魏丽红	女	助教
8	CY2004081007	周德东	男	副教授
9	CY2004081008	于晓峰	男	讲师
10	CY2004081009	廖灵巧	女	讲师
11	CY2004081010	谢满昌	男	副教授

图1-43　使用函数填充文本序列

　视频演示1-6　例1-2　

（1）选中Sheet1工作表的D列，采用与前面相同的方法打开"数据验证"对话框。

（2）在"数据验证"对话框中，单击"设置"选项，在"允许"下拉列表中选择"序列"选项；在"来源"输入框中输入职称序列"教授,副教授,讲师,助教,未定级"（注意该序列的各个项目之间用英文逗号隔开），如图1-44所示，然后单击"确定"按钮。

（3）上一步操作后，单击D列数据区域的某个单元格时，在该单元格的右侧出现一个下拉按钮，单击该按钮，就可以在列表框中选择需要输入的职称信息，如图 1-45 所示。

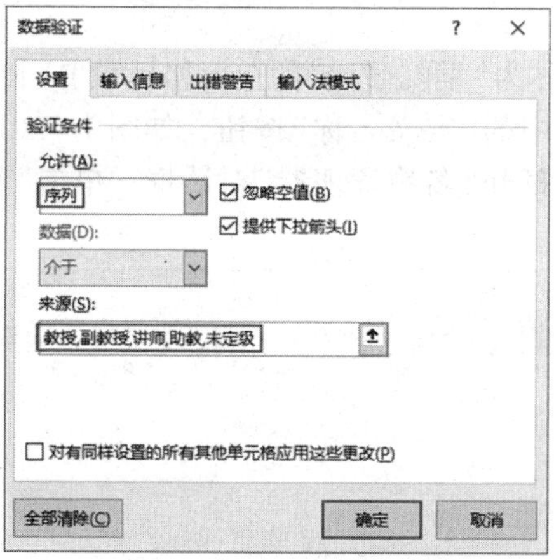

图 1-44 输入指定的序列数据　　　图 1-45 从下拉列表中选择输入数据

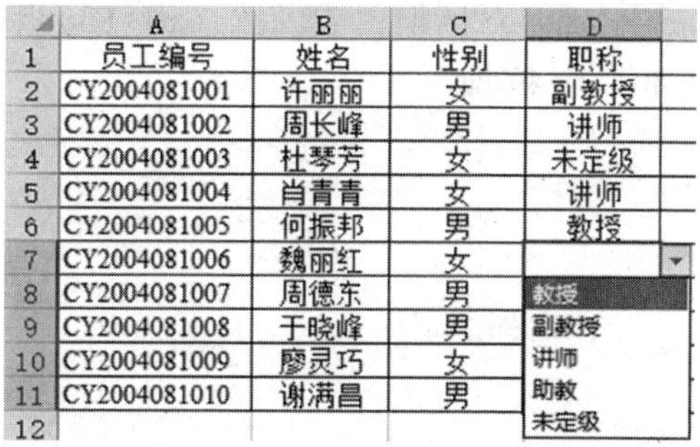

1.2.5 通过定义名称进行数据的录入

【例 1-3】 打开"教工系部信息表 . xlsx"工作簿，在"各学院系部"工作表中（如图 1-46 所示），为"学院"单元格区域 B1:K1 定义一个名称"学院名称"，为每个学院所属的系部单元格区域分别定义相应的名称。例如，把 B2:B4 单元格区域的名称定义为"经济与贸易学院"，C2:C5 单元格区域的名称定义为"财政与公共管理学院"，以此类推，把 K2:K6 单元格区域的名称定义为"法学院"。然后通过设置多种限制的数据验证，在"教工系部信息"工作表中，快速输入如图 1-47 所示的各系部名称。

视频演示 1-7 例 1-3

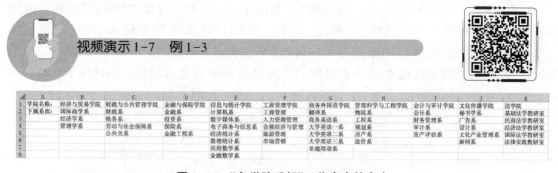

图 1-46 "各学院系部"工作表中的内容

图 1-47 要输入的教工所属学院及系部信息

（1）定义名称。

*方法1：用"定义名称"对话框定义名称。

1）在"各学院系部"工作表中，选取要定义名称为"学院名称"的单元格区域 B1:K1。

2）在"公式"选项卡中，单击"定义的名称"组中的"定义名称"按钮，如图 1-48 所示，打开"新建名称"对话框，或者按〈Ctrl+F3〉组合键打开"名称管理器"对话框，单击"新建"按钮，如图 1-49 所示。

图1-48　单击"定义名称"按钮　　　　图1-49　单击"新建"按钮

> **提示**：在"定义名称"对话框中，如果选择的单元格区域上面的一个单元格或左边的一个单元格是文本型数据，Excel 会自动将该文本作为默认的名称，如图 1-50 所示，再单击"确定"按钮，可将该选定的单元格或单元格区域命名为默认的名称。

3）在"名称"文本框中输入"学院名称"，如图 1-51 所示，再单击"确定"按钮，返回"名称管理器"对话框。重新单击"新建"按钮，在"名称"文本框中输入"经济与贸易学院"，在"引用位置"输入框中输入单元格区域" =各学院系部!$B$2:$B$4"，或者单击"引用位置"栏右边的收缩按钮↑缩小对话框后，用鼠标选取要命名的单元格区域 B2:B4，再单击展开按钮 ，回到"新建名称"对话框的初始状态，如图 1-52 所示。

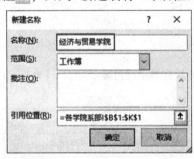
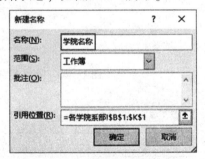

图1-50　"定义名称"对话框　　　　图1-51　定义名称"学院名称"

4）采用同样的方法继续定义其他的名称，如图 1-53 所示。本案例中定义的名称及相应的引用位置如表 1-1 所示。

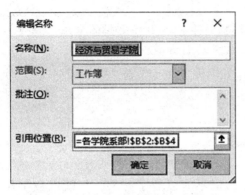

图1-52 定义名称"经济与贸易学院"

图1-53 继续定义其他的名称

表1-1 定义的名称及对应的引用位置

名称	引用位置
学院名称	=各学院系部!$B$1:$K$1
经济与贸易学院	=各学院系部$B$2:$B$4
财政与公共管理学院	=各学院系部$C$2:$C$5
金融与保险学院	=各学院系部$D$2:$D$5
信息与统计学院	=各学院系部$E$2:$E$8
工商管理学院	=各学院系部$F$2:$F$6
商务外国语学院	=各学院系部$G$2:$G$7
管理科学与工程学院	=各学院系部$H$2:$H$6
会计与审计学院	=各学院系部$I$2:$I$5
文化传播学院	=各学院系部$J$2:$J$6
法学院	=各学院系部$K$2:$K$6

*方法2：利用名称框定义名称。

1）选取要定义名称为"学院名称"的单元格区域 B1:K1。

2）在名称框中输入名称"学院名称"，按〈Enter〉键。这样就定义好了"学院名称"，如图1-54 所示。

3）采用同样的方法具体定义其他的名称。

图1-54 利用名称框定义名称

> 提示：利用名称框来定义名称，是一种比较简单、适用性更强的方法。但是，在名称框中输入名字后，一定要记得按〈Enter〉键，这样才能完成名称的定义工作。如果在名称框中输入名字后没有按〈Enter〉键，而是单击了工作表的其他单元格，那么定义名称的工作就没有真正完成。此外，还要注意的是，利用名称框无法修改名称指定的单元格引用范围。如果要修改名称指定的单元格引用范围，就必须在"名称管理器"对话框中操作。

（2）定义名称的规则如下。

1）名称可以是任意字符与数字组合在一起，但不能以数字开头，不能以数字作为名称，名称不能与单元格地址相同。

2）名称中不能包含空格，但可以用下划线或点号。例如，名称不能是"Nan Ning"，但可以是"Nan_Ning"或"Nan. Ning"。

3）名称中不能使用除下划线、点号和斜线（/）以外的其他符号，允许用问号（?）和反斜线（\），但不能作为名称的开头，如"gxufe?"可以，但"? gxufe"就不可以。

4）名称字符不能超过255个字符。一般情况下，名称应该便于记忆且尽量简短，否则就违背了定义名称的初衷。

5）名称中的字母不区分大小写。例如，名称"GXUFE"和名称"gxufe"是相同的。

（3）设置多种限制的数据有效性。

1）在"教工系部信息"工作表中，选择要输入学院名称的单元格区域E2:E11，单击"数据"选项卡，然后单击"数据工具"组中的"数据验证"选项，打开"数据验证"对话框。

2）在"数据验证"对话框中，选择"设置"选项，在"允许"下拉列表中选择"序列"选项，在"来源"输入框中输入公式"=学院名称"，如图1-55所示，再单击"确定"按钮。

3）选择要输入教工所在系部的单元格区域F2:F11，单击"数据"选项卡，然后单击"数据工具"组中的"数据验证"选项，打开"数据验证"对话框。

4）在"数据验证"对话框中，选择"设置"选项卡，在"允许"下拉列表中选择"序列"选项，然后在"来源"输入框中输入公式"=INDIRECT（E2）"，如图1-56所示，再单击"确定"按钮。这样，"学院"及"系部"序列输入设置完毕。在E列某一个单元格中输入学院的名称后，在F列对应的单元格内只能选择输入该学院所属的系部，如图1-57所示。

图1-55　为E列设置学院名称序列

图1-56　为F列设置教工所属系部的名称序列

> **公式解析**：在本示例中，E 列的某个单元格输入的是学院名称字符串，而这个学院名称字符串又恰好是各个学院下属系部列表区域的名称，因此需要使用 INDIRECT 函数将这个字符串转换为真正的名称。

	A	B	C	D	E	F	G
1	员工编号	姓名	性别	职称	学院	系部	籍贯
2	CY2004081001	许丽丽	女	副教授	信息与统计学院	计算机系	广西南宁
3	CY2004081002	周长峰	男	讲师	财政与公共管理学院	劳动与社会保障系	广西玉林
4	CY2004081003	杜琴芳	女	未定级		财政系	广西柳州
5	CY2004081004	肖青青	女	讲师		税务系	广西宜州
6	CY2004081005	何振邦	男	教授		劳动与社会保障系	广西百色
7	CY2004081006	魏丽红	女	助教		公共关系	广西南宁
8	CY2004081007	周德东	男	副教授			广西柳州
9	CY2004081008	于晓峰	男	讲师			广西桂林
10	CY2004081009	廖灵巧	女	讲师			广西来宾
11	CY2004081010	谢满昌	男	副教授			广西北海

图 1-57 通过二级菜单输入"学院"及"系部"信息

在制作公司的员工信息表格时，经常要输入各个部门的名称及每个部门所属的员工姓名。这时，可以使用多种限制的数据验证来实现快速输入。

1.2.6 数据的填充

在工作表中输入数据时，经常需要向某一区域输入一些相同的或有规律的数据，如员工补贴、学号等，逐个输入比较麻烦，此时使用 Excel 提供的自动填充功能可以快速地完成数据的输入。

 视频演示 1-8 数据的填充

1. 填充相同的数据

在 Excel 2019 中，选择一个有数据的单元格，此时单元格的右下角会出现一个绿色的小方块图标，该图标称为填充柄，把鼠标移到填充柄处，当鼠标变成黑色实心的十字光标时，按住鼠标左键不放，并向水平或垂直方向拖动，即可将数据复制到相关的单元格中。

2. 填充有规律的数据

Excel 2019 的自动填充功能可以根据单元格的初始值决定填充项。如输入图 1-58 所示的工号，用鼠标选中两个有数据的相邻单元格后，按住填充柄向下拖动，系统将会根据选中的两个单元格的数据的等差关系，在拖到的单元格内依次填充有规律的数据，如图 1-59 所示。

	A	B
1	工号	
2	19080601	
3	19080602	
4		

	A	B
1	工号	
2	19080601	
3	19080602	
4	19080603	
5	19080604	
6	19080605	
7	19080606	
8	19080607	
9	19080608	
10	19080609	
11		

填充等差序列的另一种方法

图 1-58 输入两个数据　　图 1-59 直接拖动填充有规律的数据

在对财经数据进行管理的过程中，经常需要在 Excel 表格中输入各种序列编号，如员工编号、部门编号等。如果输入纯数字的序列编号，通过拖动单元格的填充柄进行序列填充即可。如果输入的是以下形式的文本序列编号，也可以通过填充的方式进行输入。

（1）文本字符串前面是字母或汉字，后面是数字的字符串，如 D1、部门 1、课题 1、型号 001 等，此时，在填充复制时，字符串最后的数字会按顺序递增，如图 1-60 所示。

（2）文本字符串前面是数字，后面是字符串，在填充复制时，字符串最前面的数字会按顺序递增，如图 1-61 所示。

	A	B	C	D
1	D1	部门1	课题1	型号001
2	D2	部门2	课题2	型号002
3	D3	部门3	课题3	型号003
4	D4	部门4	课题4	型号004
5	D5	部门5	课题5	型号005
6	D6	部门6	课题6	型号006
7	D7	部门7	课题7	型号007
8	D8	部门8	课题8	型号008

图 1-60　快速填充文本序列 1

	A	B	C	D	E
1	1组	1分队	1月	1-GX	1001-东风
2	2组	2分队	2月	2-GX	1002-东风
3	3组	3分队	3月	3-GX	1003-东风
4	4组	4分队	4月	4-GX	1004-东风
5	5组	5分队	5月	5-GX	1005-东风
6	6组	6分队	6月	6-GX	1006-东风
7	7组	7分队	7月	7-GX	1007-东风
8	8组	8分队	8月	8-GX	1008-东风

图 1-61　快速填充文本序列 2

需要注意的是：在第一种情况中，文本字符串后面的连续数字位数不能超过 10 位；在第二种情况中，文本字符串前面的连续数字位数也不能超过 10 位，否则系统就无法进行自动填充。如果文本字符串前面或后面的连续数字位数超过了 10 位，要想快速得到这样的序列，就要采用相关的函数进行输入和处理。

3. 自定义填充序列

在 Excel 2019 中，还可以通过"序列"对话框输入有规律的数据。例如，要输入一个初始值为 2，公比为 3，终止值为 54 的等比序列的数据，其步骤如下。

（1）在第一个单元格中输入"2"。

（2）在"开始"选项卡下的"编辑"组中单击"填充"按钮，在下拉菜单中选择"序列"选项，如图 1-62 所示，打开"序列"对话框。

（3）在"序列"对话框中，选择"序列产生在"一栏中的"列"，"类型"一栏中的"等比序列"，步长值为 3，终止值为 54，如图 1-63 所示，再单击"确定"按钮。这样，在数值为"2"的同一列单元格下面的单元格中就填入了具有等比规律的数值"6、18、54"了，如图 1-64 所示。

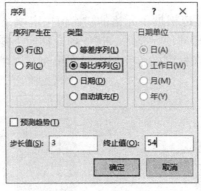

图 1-62　选择"序列"选项　　　图 1-63　"序列"对话框　　　图 1-64　填充等比序列

对于某些常用的数据序列，Excel 2019 把它定义成了自动填充序列，如月份、星期、季度等。在输入这些数据时，只需输入第一个数据，然后用填充方式让 Excel 2019 自动生成即可。例如，输入如图 1-65 所示的星期数据的步骤如下。

（1）选定一个单元格并输入"星期一"。

（2）把鼠标移到填充柄处，当鼠标变成黑色实心的十字光标时，按住鼠标左键不放向水平拖动，系统会自动填充"星期二、星期三……星期日"等数据。

图 1-65　Excel 2019 自带的自动序列填充

填充序列输入数据的方法虽然方便，但是 Excel 提供的序列并不多。为此，Excel 2019 允许用户定义填充序列。用户可把要经常输入的数据设置为自定义填充序列，以后在每次输入这些数据时只需输入第一个数据，其余的数据可通过填充柄拖动产生。

例如，在制作销售表时，经常需要用到"第一班组、第二班组……"这样的文本，这时，可以把"第 X 班组"设置为自定义填充序列，以后如果要输入该序列数据时，就可以用填充的方式产生。下面以在一列中输入"第一班组、第二班组……第六班组"数据为例，说明在 Excel 2019 中自定义填充序列的方法，如图 1-66 所示。

（1）单击"文件"选项卡，选择"选项"选项，打开"Excel 选项"对话框。

（2）在"Excel 选项"对话框中，单击"高级"选项卡，再单击"常规"栏中的"编辑自定义列表"按钮，最后单击"确定"按钮，如图 1-67 所示。

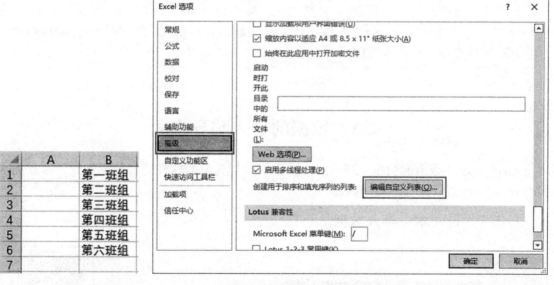

图 1-66　要填充的序列　　　　　　　图 1-67　"编辑自定义列表"按钮

（3）在"自定义序列"对话框中，选择左边"自定义序列"列表中的"新序列"，然后在"输入序列"列表框中输入"第一班组""第二班组"……"第六班组"，并用〈Enter〉键分隔，如图 1-68 所示，最后单击"确定"按钮，完成新序列添加。

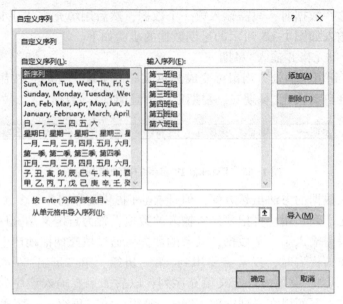

图1-68　自定义序列

（4）选定一个单元格并输入"第一班组"，把鼠标移动到填充柄处，当鼠标变成黑色实心的十字光标时，按住鼠标左键不放向垂直方向拖动，Excel 2019 就会自动填充自定义的"第一班组、第二班组……第六班组"序列数据。

> 提示：经过上述的操作后，"第一班组、第二班组……第六班组"数据就被 Excel 2019 保存为自动序列，以后需要输入这些数据时，只需输入"第一班组"，再拖动该单元格的填充柄，就可自动填入该序列后面的其他数据了。

1.3　数据的导入与导出

Excel 2019 不仅具有数据处理的能力，还可以与其他的软件进行数据交互，因此需要经常导入和导出各种文件格式的数据。

1.3.1　自文本中导入数据

视频演示 1-9　自文本中导入数据

通过 Excel 2019 的"从文本/CSV"数据导入功能，可以将扩展名为". prn"". txt"". csv"等文本文件格式的数据导入到工作表中，下面以导入". txt"文本数据为例讲解导入文本数据的步骤。

（1）定位到要插入文本数据的单元格，单击"数据"选项卡，在"获取和转换数据"组中，单击"从文本/CSV"按钮，如图1-69所示。

图 1-69　单击"从文本/CSV"按钮

（2）在打开的"导入数据"对话框中选择需要导入的文本文档，然后单击"导入"按钮，如图 1-70 所示。

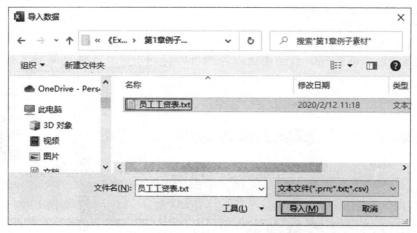

图 1-70　选择文件后单击"导入"按钮

（3）在打开的对话框中，"文件原始格式""分隔符"和"数据类型检测"栏中的选项保持不变，如图 1-71 所示。单击"加载"按钮，就能将 txt 文本中的数据导入到表格中，如图 1-72 所示。

图 1-71　导入". txt"数据对话框

	A	B	C	D	E	F	G	H
1	工号	姓名	身份证号码	出生日期	基本工资	实发工资	工作日期	
2	XT001	卢晓香	452122198103200046	1981/3/20	3085.5	3005.5	2002/7/1	
3	XT002	韦郡国	452122198607224549	1986/7/22	3612	2910	2008/7/1	
4	XT003	周逸群	452122198310273324	1983/10/27	3666	2955	2004/7/1	
5	XT004	刘向	452122198705252742	1987/5/25	3615.6	2913.6	2009/10/31	
6	XT005	杨泉凌	452122198811087550	1988/11/8	3540	2850	2009/9/1	
7	XT006	王乐乐	452122199609132723	1986/9/13	3642	2935	2005/7/1	
8	XT007	陈春伟	452122198310095468	1983/10/9	3672	2960	2007/5/1	
9	XT008	李小青	45212219821018544X	1982/10/18	4268.4	3457.4	2006/5/31	
10	XT009	何其	452122198207284522	1982/7/28	4237.2	3431.2	2000/5/31	
11								

导入文本数据的提示

图1-72　把文本数据导入到工作表中

1.3.2　自网站导入数据

通过 Excel 2019 的"自网站"数据导入功能，可以将网页的数据导入到工作表中，这项功能不仅能够快速获取数据，甚至还可以与网页内容同步更新。从网站导入数据的具体步骤如下。

视频演示 1-10　自网站导入数据

（1）定位到要插入网页数据的单元格，单击"数据"选项卡，在"获取和转换数据"组中，单击"自网站"按钮，如图1-73所示，打开"从 Web"对话框，如图1-74所示。

图1-73　单击"自网站"按钮　　　　　**图1-74　"从 Web"对话框**

（2）打开需要导入数据的网页，复制地址栏中的地址（如东方财富网的深证 A 股股票行情数据 http://quote. eastmoney. com/center/gridlist. html？st = ChangePercent&sortType = C&sortRule = -1#sz_a_board）。

（3）切换至打开的"从 Web"对话框，将复制的网址粘贴到对话框的 URL 输入框内，如图1-75所示，单击"确定"按钮，等待数据连接，如图1-76所示。

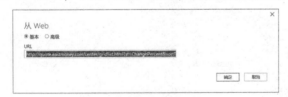　　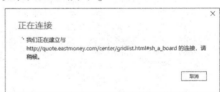

图1-75　粘贴 URL　　　　　　　　**图1-76　连接数据**

（4）连接后打开导航器对话框，在对话框中点击上方的"Web 视图"选项卡可以看到原始网页数据，如图1-77所示。

设置数据自动更新步骤

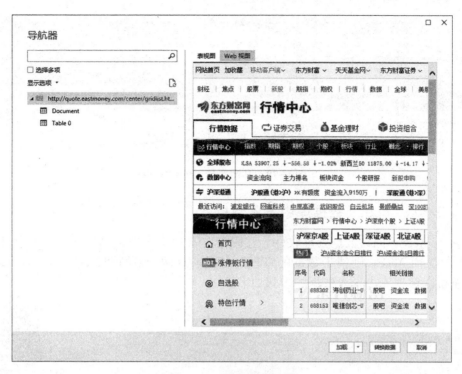

图 1-77　原始网页数据

（5）单击"表视图"选项，选择左侧的"Table 0"查看网页的数据表，如图 1-78 所示，再单击"加载"按钮，把网页中的数据载入到 Excel 表中，如图 1-79 所示。

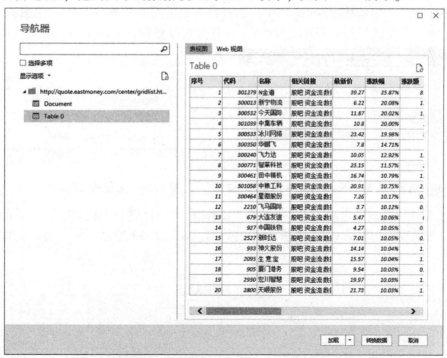

图 1-78　选中数据表，单击"加载"按钮

序号	代码	名称	相关链接	最新价	涨跌幅	涨跌额	成交量(手)	成交额	振幅	最高	最低	今开	昨收	量比	换手率	市盈率(动态)
1	688302	海创药业-U	股吧 资金流 数据	37.74		7.64	10.12万		3.43亿	0.2571	38.99	31.25	31.25	30.1	1.02	0.4469	-12.2
2	688153	唯捷创芯-U	股吧 资金流 数据	49.33	0.158	6 73.7	32万		3.43亿	0.1606	50.38	43.54	43.65	42.6	0.75	0.2396	-288.47
3	603117	万林物流	股吧 资金流 数据	4.79	0.1011	0.44	86.69万		3.98亿	0.1195	4.79	4.27	4.35	4.27	4.27	0.1369	65.58
4	600778	友好集团	股吧 资金流 数据	6.33	0.1009	0.58	25.06万		1.59亿	0.0174	6.33	6.23	6.33	5.76	2.17	0.0906	242.31
5	600794	保税科技	股吧 资金流 数据	4.15	0.1009	0.38	10.87万		4510.59万		4.15	4.15	4.15	3.77	1.12	0.009	49.93
6	600397	安源煤业	股吧 资金流 数据	4.15	0.1008	0.38	71.13万		2.84亿	0.1167	4.15	3.71	3.71	3.77	2.32	0.0719	-101.65
7	600119	长江投资	股吧 资金流 数据	9.52	0.1006	0.87	17.86万		1.67亿	0.1179	9.52	8.5	8.5	8.65	1.53	0.0581	332.77
8	600969	郴电国际	股吧 资金流 数据	8.54	0.1005	0.78	14.28万		1.20亿	0.107	8.54	7.71	7.74	7.76	2.66	0.0386	61.85
9	603569	长久物流	股吧 资金流 数据	10.75	0.1003	0.98	20.81万		2.19亿	0.087	10.75	9.9	10.01	9.77	2.59	0.0371	94.1
10	600180	瑞茂通	股吧 资金流 数据	7.57	0.1003	0.69	28.20万		2.05亿	0.1047	7.57	6.85	6.88	6.88	3.53	0.0277	10.43
11	601898	中煤能源	股吧 资金流 数据	9.66	0.1002	0.88	169.16万		15.95亿	0.0729	9.66	9.02	9.1	8.78	5.24	0.0185	9.64
12	600603	广汇物流	股吧 资金流 数据	5.71	0.1002	0.52	5.70万		3252.34万	0	5.71	5.71	5.71	5.19	0.26	0.0045	12.53
13	600193	创兴资源	股吧 资金流 数据	5.93	0.1002	0.54	6.30万		3574.61万	0.1113	5.93	5.33	5.41	5.39	2.55	0.0148	127.27
14	601116	三江购物	股吧 资金流 数据	12.3	0.1002	1.12	29.93万		3.62亿	0.0403	12.3	11.85	12.3	11.18	2.05	0.0057	76.62
15	603908	牧高笛	股吧 资金流 数据	19.11	0.1002	1.74	23.80万		14.25亿	0.1457	19.11	16.58	17.14	17.7	1.76	0.0777	21.31
16	600463	空港股份	股吧 资金流 数据	12.86	0.1001	1.17	44.15万		5.26亿	0.1677	12.86	10.9	11.01	11.69	3.55	0.1472	190.41
17	600908	牧高笛	股吧 资金流 数据	47.95	0.1	4.36	1.70万		7782.69万	0.1125	47.95	42.5	42.98	43.59	1.18	0.0255	40.68
18	603132	金身股份	股吧 资金流 数据	14.85	0.1	1.35	18.49万		2.66亿	0.1074	14.85	13.4	13.41	13.5	2.88	0.1886	31.38
19	600618	氯碱化工	股吧 资金流 数据	13.51	0.1	1.23	31.42万		4.07亿	0.1171	13.53	12.09	12.2	12.3	3.45	0.0419	8.83
20	600546	山煤国际	股吧 资金流 数据	14.74	0.1	1.34	71.56万		10.16亿	0.1075	14.74	13.3	13.36	13.4	2.06	0.0361	5.91

图1-79 从网页导入的数据

1.3.3 从Access数据库中导入数据

Excel与Access同为数据处理软件，它们在功能上各有侧重。Excel的优势在于数据的统计和计算，而Access则精于数据的管理与分类。这两个软件处理过的数据可以互相调用，从Access数据库中导入数据的步骤如下。

视频演示1-11 从Access数据库中导入数据

（1）将鼠标定位到要导入数据的单元格中，单击"数据"选项卡，在"获取和转换数据"组中，单击"获取数据"按钮，选择"自数据库"菜单下的"从Microsoft Access数据库"选项，如图1-80所示。

（2）在打开的"导入数据"对话框中，选择作为数据源的数据库文件，如图1-81所示，然后单击"导入"按钮打开数据库文件，Excel开始连接数据，如图1-82所示。

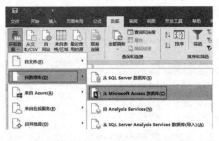

图1-80 选择"从Microsoft Access数据库"按钮　　　图1-81 选择数据库文件

（3）数据连接完成后自动打开"导航器"对话框，在对话框中选择需要导入工作表中的表，单击"加载"按钮导入Access数据库中的数据，如图1-83所示。导入表格后的结果如图1-84所示。

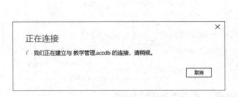

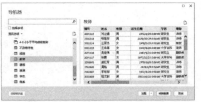

图1-82 开始连接数据库文件　　　　　图1-83 选择要导入的表

编号	姓名	性别	出生日期	学历	职称	所属院系	办公电话	手机	是否在职	电子邮件
2001112	刘立强	男	1972/4/29 0:00	研究生	讲师	04	68936444	13101010134	TRUE	
2001113	张思宇	男	1979/10/29 0:00	研究生	讲师	04	68936548	13101010134	TRUE	
2001114	王军杰	男	1970/5/26 0:00	研究生	讲师	04	68936666	13901010138	TRUE	
2001115	王永祥	女	1972/4/29 0:00	大学本科	讲师	04	68936666	13901010138	TRUE	
2001116	吴宏伟	男	1963/5/19 0:00	研究生	副教授	04	68936667	13901010139	FALSE	
2001117	孙曹	女	1977/12/11 0:00	大学本科	副教授	04	68936668	13901010140	TRUE	
2002605	赵红军	男	1979/10/6 0:00	研究生	讲师	03	68936545	13901010125	TRUE	
2002606	周杨	男	1978/9/9 0:00	研究生	讲师	03	68936546	13901010126	TRUE	
2002607	李彤彤	女	1972/4/29 0:00	研究生	讲师	03	68936547	13901010127	TRUE	
2002608	程文毅	男	1957/10/19 0:00	大学本科	副教授	03	68936444	13901010128	TRUE	
2002609	孙阳	男	1970/5/26 0:00	研究生	副教授	03	68936548	13901010129	TRUE	
2002610	孙文玲	女	1972/4/29 0:00	大学本科	副教授	03	68936666	13901010130	TRUE	
2002611	张平萍	女	1963/5/19 0:00	研究生	讲师	03	68936544	13901010131	TRUE	

图 1-84　导入的表格

1.3.4　Excel 数据的导出

在 Excel 中，数据的导出是指把表格中的数据导出到非标准的 Excel 文件中，Excel 没有专门的导出数据的功能，其主要是通过"另存为"命令保存为各种格式的文件，常见的导出文件类型主要有 .html/htm 文件、.txt 文件、.csv 文件等。

 视频演示 1-12　Excel 数据的导出

1. 导出为 .html/htm 网页文件

在 Excel 中可以将文件另存为 html/htm 格式的文件，以实现将表格中的数据导入到网页中，并根据表格中的数据变化进行更新，其步骤如下。

（1）打开要保存为网页格式的 Excel 文件"营业收入 .xlsx"，在"文件"选项卡下选择"另存为"选项，单击"浏览"按钮，打开"另存为"对话框。

（2）在"另存为"对话框中，在"保存类型"列表框中选择"网页"，保存的内容选择"工作表"，单击"工具"按钮，在下拉框中选择"Web 选项"，如图 1-85 所示。

（3）在打开的"Web 选项"对话框中，选择浏览器的版本，并选择"允许将 PNG 作为图形格式"选项，如图 1-86 所示，单击"确定"按钮，返回"另存为"对话框。

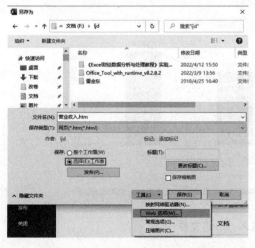

图 1-85　"另存为"对话框设置

图 1-86　"Web 选项"对话框设置

（4）在"发布为网页"对话框中，选择发布的内容为"在 Sheet1 上的条目"，并选择"在每次保存工作簿时自动重新发布"和"在浏览器中打开已发布网页"选项，如图 1-87 所示，单击"更改"按钮，在"设置标题"对话框中输入"营业收入图表"作为标题，如图 1-88 所示，单击"确定"按钮，返回"发布为网页"对话框，单击"发布"按钮。

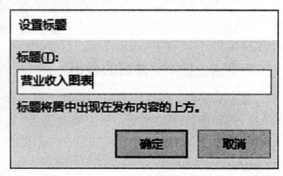

图 1-87　"发布为网页"对话框设置　　　　图 1-88　设置标题

经过以上的操作后，Excel 就创建了一个名为"营业收入.htm"的网页文件和名为"营业收入.files"的文件夹，文件夹中存放与主 htm 文件一起保存的文件，"营业收入.htm"文件如图 1-89 所示。

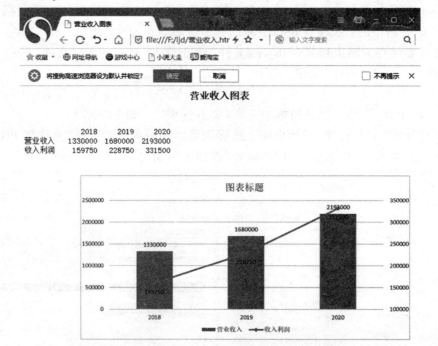

图 1-89　"营业收入.htm"文件

2. 导出为 .txt 文件和 .csv 文件

在 Excel 中，通过"另存为"命令可以把数据导出为 .txt 文件或 .csv 文件，这两种文件均为文本文件，不过 txt 文件是带分隔符的文本文件，它一般用制表符来分隔文本的每个字段，而 csv 文件是逗号分隔文本文件，它一般用逗号来分隔文本的每个字段。

1.4　数据的分列

从一些软件导出的数据再用 Excel 打开，会显示在一列，根本就没法进行数据分析，此时就要对数据进行分列处理。

1.4.1　通过分隔符对数据进行分列

有些数据在其他软件中按照一定格式存放，如用逗号、分号或者其他符号进行统一分隔，这种数据在 Excel 中可以通过分隔符对数据进行分列。

视频演示 1-13　通过分隔符对数据进行分列

【例 1-4】　在"广州超市地址 .xlsx"工作簿中，Sheet1 工作表中的数据以分号进行分隔存放于表格的第 1 列，如图 1-90 所示。对这些数据进行分列处理的具体步骤如下。

	A	B
1	名称;中类;小类;地址;省;市;区	
2	红旗超市(明强路);超级市场;超市;015乡道附近;广东省;广州市;白云区	
3	百乐佳商场;商场;普通商场;093乡道东50米;广东省;广州市;白云区	
4	万村千乡市场(工程盛全农家店);超级市场;超市;103乡道与225乡道交叉口东南50米;广东省;广州市;白云区	
5	万佳福购物中心;商场;购物中心;114省道与118省道交叉口东南200米;广东省;广州市;花都区	
6	蔚然锦和超市(习文商店);超级市场;超市;109乡道附近;广东省;广州市;白云区	
7	永福购物广场;商场;购物中心;106国道旁;广东省;广州市;白云区	
8	千惠百货;商场;普通商场;106国道东50米;广东省;广州市;花都	
9	7天广场;商场;商场;105国道钟村市场对面;广东省;广州市;番禺区	
10	丰兴商业广场;商场;普通商场;106国道(嘉禾农贸市场斜对面);广东省;广州市;白云区	
11	105新地娱乐美食购物广场;商场;购物中心;105国道大石段474-480号;广东省;广州市;番禺区	
12	东进日用百货;超级市场;超市;105国道与938县道交叉口西南150米;广东省;广州市;从化区	
13	K99商业广场;商场;商场;106国道北侧;广东省;广州市;白云区	
14	美宜佳(白云果园街店);超级市场;超市;106国道附近;广东省;广州市;白云区	
15	丰兴商业广场;商场;普通商场;106国道(嘉禾农贸市场斜对面);广东省;广州市;白云区	

图 1-90　"广州超市地址 .xlsx"表格分列前的数据

（1）在 Sheet1 工作表中，选择第 1 列数据，单击"数据"选项卡，在"数据工具"组中，单击"分列"按钮，如图 1-91 所示，打开"文本分列向导"对话框。

（2）在"文本分列向导-第 1 步，共 3 步"对话框中，选择"原始数据类型"栏中的"分隔符号"选项，如图 1-92 所示，再单击"下一步"按钮。

（3）在"文本分列向导-第 2 步，共 3 步"对话框中，选择"分号"选项，如图 1-93 所示，单击"下一步"按钮。

（4）在"文本分列向导-第 3 步，共 3 步"对话框中，由于该工作表中没有特殊类型的数据，因此在"列数据格式"列表框中选择"常规"选项，如图 1-94 所示，单击"完成"按钮。分列后的数据如图 1-95 所示。

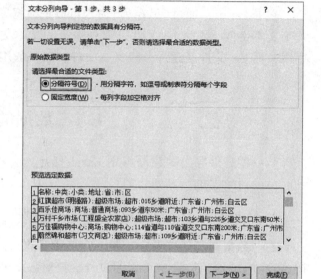

图 1-92　选择"分隔符合"选项

图 1-91　单击"分列"按钮

图 1-93　选择"分号"选项

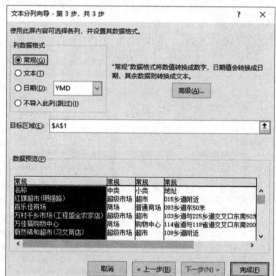

图 1-94　选择"常规"选项

	A	B	C	D	E	F	G
7	永福购物广场	商场	购物中心	106国道旁	广东省	广州市	白云区
8	千惠百货	商场	普通商场	106国道东	广东省	广州市	花都
9	7天广场	商场	商场	105国道钟	广东省	广州市	番禺区
10	丰兴商业广场	商场	普通商场	106国道（襄	广东省	广州市	白云区
11	105新地娱乐美食购物广场	商场	购物中心	105国道（襄	广东省	广州市	番禺区
12	东进日用百货	超级市场	超市	105国道与	广东省	广州市	从化区
13	K99商业广场	商场	商场	106国道北	广东省	广州市	白云区
14	美宜佳(白云果园街店)	超级市场	超市	106国道附	广东省	广州市	白云区
15	丰兴商业广场	商场	普通商场	106国道（襄	广东省	广州市	白云区

图 1-95　"广州超市地址 . xlsx"中的分列后的数据

1.4.2　依据数据宽度对数据进行分列

视频演示 1-14　依据数据宽度对数据进行分列

在 Excel 中，如果存放在同一列的数据没有以符号进行分隔，但是数据的长度有规律，如图 1-96 所示，按照一定宽度来进行数据区分时，可以依据数据宽度来对数据进行分列，具体步骤如下。

（1）选择第 1 列数据，单击"数据"选项卡，在"数据工具"组中，单击"分列"按钮，如图 1-97 所示，打开文本分列向导对话框。

图 1-96　按照一定宽度有规律存放的数据

图 1-97　单击"分列"按钮

（2）在"文本分列向导-第 1 步，共 3 步"对话框中，选择"原始数据类型"栏中的"固定宽度"选项，如图 1-98 所示，单击"下一步"按钮。

（3）在"文本分列向导-第 2 步，共 3 步"对话框中，在数据预览窗口中需要分列的地方单击一下，此时出现一条带箭头的垂直分列线，继续单击可以添加多条分列线把数据分成多列，如图 1-99 所示，添加完后，单击"下一步"按钮。

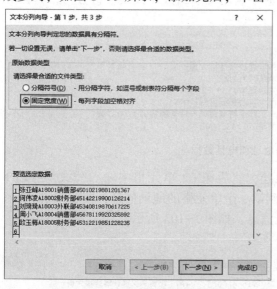

图 1-98　选择"固定宽度"选项

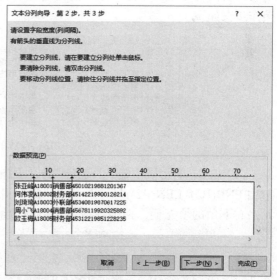

图 1-99　添加分列线

（4）在"文本分列向导-第 3 步，共 3 步"对话框中，由于第 4 列为身份证的数据，因此点击第 4 列后在上面的"列数据格式"列表框中选择"文本"选项，如图 1-100 所示，再单击"完成"按钮。分列后的数据如图 1-101 所示。

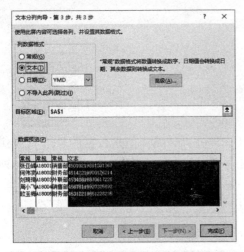

图1-100　选择"文本"选项

	A	B	C	D	E
1	张亚峰	A18001	销售部	4501021988120136 7
2	何伟凌	A18002	财务部	4514221990012621 4
3	刘琦琦	A18003	外联部	4534081987061722 5
4	周小飞	A18004	销售部	4567811992032589 2
5	欧玉梅	A18005	财务部	4531221985122823 5

图1-101　分列后的数据

1.4.3　利用函数对数据进行分列

视频演示1-15　利用函数对数据进行分列

　　在Excel中进行数据处理时，经常会遇到这样的情况：在单元格中，中文和数字一起存放，而且中文、数字的长度不一致，如图1-102所示表格中B列的地址和电话数据。使用前面的两种方法就不能对数据进行分列，此时可利用文本函数对数据进行分列，具体的操作步骤如下。

	A	B
1	支行名称	地址和电话
2	中国银行（南宁市建政支行）	南宁市青秀区建政路桂粮大厦一层07715641627
3	中国银行（南宁市邕州支行）	南宁市古城路07712855300
4	中国银行（南宁市明秀西支行）	南宁市明秀西路07713835758
5	中国银行（南宁市西大支行）	南宁市广西大学西校园金融楼07713237244
6	中国银行（南宁市五一路支行）	南宁市五一东路淡村商贸城一楼号商铺07714837987
7	中国银行（南宁市江南中支行）	南宁市江南路07714850608

图1-102　存放的地址和电话数据

　　（1）在C1单元格中输入"地址"作为列标题，然后在C2单元格中输入公式"=LEFT (B2,LENB(B2)- LEN(B2))"后按〈Enter〉键，得到第一个单元格的地址信息，接着双击C2单元格右下角的填充柄，得出其他单元格的地址信息，如图1-103所示。

C2	▼	:	×	✓	fx	=LEFT(B2,LENB(B2)-LEN(B2))

	A	B	C
1	支行名称	地址和电话	地址
2	中国银行（南宁市建政支行）	南宁市青秀区建政路桂粮大厦一层07715641627	南宁市青秀区建政路桂粮大厦一层
3	中国银行（南宁市邕州支行）	南宁市古城路07712855300	南宁市古城路
4	中国银行（南宁市明秀西支行）	南宁市明秀西路07713835758	南宁市明秀西路
5	中国银行（南宁市西大支行）	南宁市广西大学西校园金融楼07713237244	南宁市广西大学西校园金融楼
6	中国银行（南宁市五一路支行）	南宁市五一东路淡村商贸城一楼号商铺07714837987	南宁市五一东路淡村商贸城一楼号商铺
7	中国银行（南宁市江南中支行）	南宁市江南路07714850608	南宁市江南路

图1-103　得出的地址信息

> **公式解析：** 数字是半角字符，汉字是全角字符，1 个半角字符占 1 个字节，1 个全角字符占 2 个字节，因此汉字比数字多 1 个字节。在公式"=LEFT(B2,LENB(B2)-LEN(B2))"中，先使用 LENB（B2）函数计算出 B2 单元格中的字节数，然后使用 LEN（B2）函数计算出 B2 单元格中的字符数，两者之差即为汉字的个数，最后通过 LEFT 函数即可取出 B2 单元格中的汉字，也就是地址的信息。

（2）在 D1 单元格中输入"电话"作为列标题，然后在 D2 单元格中输入公式"=RIGHT(B2,LEN(B2)-LEN(C2))"后按〈Enter〉键，得到第一个单元格的电话信息，接着双击 D2 单元格右下角的填充柄，计算出其他单元格的电话信息，如图 1-104 所示。

B	C	D
地址和电话	地址	电话
南宁市青秀区建政路桂粮大厦一层07715641627	南宁市青秀区建政路桂粮大厦一层	07715641627
南宁市古城路07712855300	南宁市古城路	07712855300
南宁市明秀西路07713835758	南宁市明秀西路	07713835758
南宁市广西大学西校园金融楼07713237244	南宁市广西大学西校园金融横	07713237244
南宁市五一东路淡村商贸城一楼号商铺07714837987	南宁市五一东路淡村商贸城一楼号商铺	07714837987
南宁市江南路07714850608	南宁市江南路	07714850608

=RIGHT(B2,LEN(B2)-LEN(C2))

图 1-104　计算出的电话信息

> **公式解析：** 先通过公式"LEN（B2）- LEN（C2）"算出数字的个数，然后再通过 RIGHT 函数提取出数字的信息。

1.5　异常数据的处理

1.5.1　重复项的处理

视频演示 1-16　重复项的处理

在 Excel 2019 中，重复项是指某些记录在各个字段中都有相同的内容，如图 1-105 中第 3 条据记录和第 9 条记录就是完全相同的两条记录，必须对这些重复项进行处理。否则会影响到数据的统计。

	A	B	C	D	E	F
1	序号	姓名	班级	学号	课程	考场
2	1	彭俊栋	会计1789澳	170802818901	[0623113010]SPSS统计软件应用	明实1-704
3	2	李泳桦	会计1789澳	170802818938	[0623113010]SPSS统计软件应用	明实1-704
4	3	莫春仪	会计1789澳	170802818939	[0623113010]SPSS统计软件应用	明实1-704
5	4	农宇	会计1789澳	170802818958	[0623113010]SPSS统计软件应用	明实1-704
6	5	李则宇	会计1789澳	170802818914	[0623113010]SPSS统计软件应用	明实1-704
7	6	庞伟才	法学1741	171101404125	[0623111010]平面设计	明实1-704
8	7	黎锦浩	财管1741	170803404157	[0623110010]办公软件应用	明实1-703
9	8	廖语嫣	财会1741	170808404102	[0623110010]办公软件应用	明实1-703
10	9	莫春仪	会计1789澳	170802818939	[0623113010]SPSS统计软件应用	明实1-704
11	10	韦选港	法学1741	171101404134	[0623110010]办公软件应用	明实1-703
12	11	黄海兰	法学1741	171101404162	[0623110010]办公软件应用	明实1-703

图 1-105　有重复项的数据

1. 删除重复项

在 Excel 2019 中，删除重复项的具体步骤如下。

（1）将鼠标定位在数据清单中，单击"数据"选项卡下"数据工具"组中的"删除重复项"按钮，如图 1-106 所示。

图 1-106　单击"删除重复项"按钮

（2）在打开的"删除重复值"对话框中，可以选择重复数据所在的列。这里由于"序号"字段不定义为重复项，所以把"序号"前面的勾去掉，然后选中其余的字段，如图 1-107 所示。

（3）单击"确定"按钮，弹出对话框，提示发现并删除了多少个重复值保留了多少个唯一值，如图 1-108 所示。

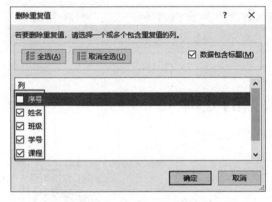

图 1-107　选择包含重复值的列

图 1-108　提示对话框

（4）单击"确定"按钮，得到删除重复项之后的数据清单，如图 1-109 所示。

	A	B	C	D	E	F
1	序号	姓名	班级	学号	课程	考场
2	1	彭俊栋	会计1789澳	170802818901	[0623113010]SPSS统计软件应用	明实1-704
3	2	李泳桦	会计1789澳	170802818938	[0623113010]SPSS统计软件应用	明实1-704
4	3	莫春仪	会计1789澳	170802818939	[0623113010]SPSS统计软件应用	明实1-704
5	4	农宇	会计1789澳	170802818958	[0623113010]SPSS统计软件应用	明实1-704
6	5	李则宇	会计1789澳	170802818914	[0623113010]SPSS统计软件应用	明实1-704
7	6	庞栋才	法学1741	171101404125	[0623111010]平面设计	明实1-704
8	7	黎锦浩	财管1741	170803404157	[0623110010]办公软件应用	明实1-703
9	8	廖语嫣	财会1741	170808404102	[0623110010]办公软件应用	明实1-703
10	10	韦选港	法学1741	171101404134	[0623110010]办公软件应用	明实1-703

图 1-109　删除重复项后的数据清单

2. 选择不重复的数据

如果要从有重复项的数据清单中选择不重复的数据并另外存放，可以使用高级筛选的方法，具体的操作步骤如下。

（1）将鼠标定位在数据清单中，单击"数据"选项卡下"排序和筛选"组中的"高级"按钮，如图 1-110 所示。

（2）在打开的"高级筛选"对话框中，选择"将筛选结果复制到其他位置"选项，在"列表区域"栏中选择要提取不重复项的区域"Sheet1!$B$1:$F$36"，在"复制到"栏中选择要存放结果的位置"Sheet1!$H$1"，勾选"选择不重复的记录"，如图 1-111 所示。

图 1-110　单击"高级"按钮　　　　图 1-111　"高级筛选"对话框

（3）单击"确定"按钮，Excel 提取出没有重复项的数据并放在指定区域，如图 1-112 所示。

姓名	班级	学号	课程	考场
彭俊栋	会计1789澳	170802818901	[0623113010]SPSS统计软件应用	明实1-704
李泳桦	会计1789澳	170802818938	[0623113010]SPSS统计软件应用	明实1-704
莫春仪	会计1789澳	170802818939	[0623113010]SPSS统计软件应用	明实1-704
农宇	会计1789澳	170802818958	[0623113010]SPSS统计软件应用	明实1-704
李则宇	会计1789澳	170802818914	[0623113010]SPSS统计软件应用	明实1-704
庞栋才	法学1741	171101404125	[0623111010]平面设计	明实1-704
黎锦浩	财管1741	170803404157	[0623110010]办公软件应用	明实1-703
廖语嫣	财会1741	170808404102	[0623110010]办公软件应用	明实1-703
韦选港	法学1741	171101404134	[0623110010]办公软件应用	明实1-703
黄海兰	法学1741	171101404162	[0623110010]办公软件应用	明实1-703
谭红欢	公管1741	170801808014	[0623110010]办公软件应用	相实1-601

图 1-112　提取出没有重复项的数据并另外存放

1.5.2　查找缺失数据

 视频演示 1-17　查找缺失数据

在 Excel 中，有些数据可能因为录入失误、数据采集设备故障、数据时效性等原因造成数据缺失，进而影响到后续的数据分析，所以必须查找出缺失的数据并进行处理。

【例 1-5】　在"职员工资表.xlsx"工作簿中，部分员工的住房补贴数据缺失，如图 1-113 所示，现要求找出所有的住房补贴缺失值，并以员工的平均住房补贴"477"进行代替，具体的操作步骤如下。

	A	B	C	D	E	F	G	H	I	J
1	工号	姓名	性别	所属部门	级别	基本工资	岗位工资	工龄工资	住房补贴	奖金
2	2206001	周丽旭	女	采购部	3级	1648	1040	200	234	970
3	2206002	孙树彬	女	贸易部	2级	9452	1300	380	664	1385
4	2206003	何一伯	男	生产部	4级	4727	1300	380	478	1400
5	2206004	刘顺	男	销售部	5级	4241	1040	260		1185
6	2206005	覃辉	男	销售部	3级	9256	1040	260	543	985
7	2206006	胡宇超	男	后勤部	6级	6550	1040	200	234	970
8	2206007	蒙健行	女	采购部	1级	9366	1300	380	664	1385
9	2206008	韦若梦	女	技术部	5级	8268	1040	260	435	1185
10	2206009	雷羽晰	女	技术部	1级	5141	1040	260		985
11	2206010	陈羽雯	女	销售部	4级	7284	1040	350	345	1000
12	2206011	喻涵	女	采购部	2级	6487	1300	380	478	1400
13	2206012	刘柳	女	行政部	3级	3022	1040	320	655	955
14	2206013	蒋浩忌	女	生产部	4级	5030	780	440	577	1400
15	2206014	黄名南	男	销售部	4级	4121	1300	380		1400
16	2206015	曾晓波	男	贸易部	6级	2344	1040	260	543	985
17	2206016	牛紫梓	男	财务部	4级	7663	1040	260	435	1185
18	2206017	李青民	男	销售部	1级	6745	780	470	255	1000
19	2206018	蒙自放	男	贸易部	3级	3072	1040	260		1185
20	2206019	张冀栋	男	生产部	2级	4082	780	470	745	1400
21	2206020	王艺宏	女	贸易部	2级	2599	1040	350	345	1000

图1-113 "住房补贴"有缺省值的数据

（1）将鼠标定位于数据清单中，单击"开始"选项卡下"编辑"组中的"查找和选择"按钮，在打开的下拉菜单中选择"定位条件"选项，打开"定位条件"对话框，如图1-114所示。

> **提示**：也可以通过按快捷键〈Ctrl+G〉，打开"定位条件"对话框。

（2）在"定位条件"对话框中，选择"空值"选项，如图1-115所示，单击"确定"按钮这样可以一次性选中所有的空值，结果如图1-116所示。

（3）在编辑栏输入要代替的平均值"477"，按〈Ctrl+Enter〉组合键，即可将缺失数据全部用平均值477补齐，如图1-117所示。

图1-114 选择"定位条件"选项

图1-115 选择"空值"选项

	工号	姓名	性别	所属部门	级别	基本工资	岗位工资	工龄工资	住房补贴	奖金
2	2206001	周丽旭	女	采购部	3级	1648	1040	200	234	970
3	2206002	孙树彬	女	贸易部	2级	9452	1300	380	664	1385
4	2206003	何一伯	男	生产部	4级	4727	1300	380	478	1400
5	2206004	刘顺	男	销售部	5级	4241	1040	260		1185
6	2206005	覃辉	男	销售部	3级	9256	1040	260	543	985
7	2206006	胡宇超	男	后勤部	6级	6550	1040	200	234	970
8	2206007	蒙健行	女	采购部	1级	9366	1300	380	664	1385
9	2206008	韦若梦	女	技术部	5级	8268	1040	260	435	1185
10	2206009	雷羽晰	男	技术部	1级	5141	1040	260		985
11	2206010	陈羽雯	女	销售部	4级	7284	1040	350	345	1000
12	2206011	喻涵	女	采购部	2级	6487	1300	380	478	1400
13	2206012	刘柳	女	行政部	3级	3022	1040	320	655	955
14	2206013	蒋浩忌	女	生产部	4级	5030	780	440	577	1400
15	2206014	黄名南	男	销售部	4级	4121	1300	380		1400
16	2206015	曾晓波	男	贸易部	6级	2344	1040	260	543	985
17	2206016	牛紫梓	女	财务部	4级	7663	1040	260	435	1185
18	2206017	李青民	男	销售部	1级	6745	780	470	255	1000
19	2206018	蒙自放	男	贸易部	3级	3072	1040	260		1185
20	2206019	张冀栋	男	生产部	2级	4082	780	470	745	1400
21	2206020	王艺宏	女	贸易部	2级	2599	1040	350	345	1000

图 1-116　选中所有的空值

	工号	姓名	性别	所属部门	级别	基本工资	岗位工资	工龄工资	住房补贴	奖金
2	2206001	周丽旭	女	采购部	3级	1648	1040	200	234	970
3	2206002	孙树彬	女	贸易部	2级	9452	1300	380	664	1385
4	2206003	何一伯	男	生产部	4级	4727	1300	380	478	1400
5	2206004	刘顺	男	销售部	5级	4241	1040	260	477	1185
6	2206005	覃辉	男	销售部	3级	9256	1040	260	543	985
7	2206006	胡宇超	男	后勤部	6级	6550	1040	200	234	970
8	2206007	蒙健行	女	采购部	1级	9366	1300	380	664	1385
9	2206008	韦若梦	女	技术部	5级	8268	1040	260	435	1185
10	2206009	雷羽晰	男	技术部	1级	5141	1040	260	477	985
11	2206010	陈羽雯	女	销售部	4级	7284	1040	350	345	1000
12	2206011	喻涵	女	采购部	2级	6487	1300	380	478	1400
13	2206012	刘柳	女	行政部	3级	3022	1040	320	655	955
14	2206013	蒋浩忌	女	生产部	4级	5030	780	440	577	1400
15	2206014	黄名南	男	销售部	4级	4121	1300	380	477	1400
16	2206015	曾晓波	男	贸易部	6级	2344	1040	260	543	985
17	2206016	牛紫梓	女	财务部	4级	7663	1040	260	435	1185
18	2206017	李青民	男	销售部	1级	6745	780	470	255	1000
19	2206018	蒙自放	男	贸易部	3级	3072	1040	260	477	1185
20	2206019	张冀栋	男	生产部	2级	4082	780	470	745	1400
21	2206020	王艺宏	女	贸易部	2级	2599	1040	350	345	1000

图 1-117　以新的数值代替原来的缺失值

1.5.3　查找离群值

视频演示 1-18　查找离群值

　　进行数据分析时，经常会遇到有些数据大于或者小于某些数据，这些明显偏离的数据就是离群值，离群值又叫偏差值、异常值、特殊值。离群值会影响到后续的统计结果，所以必须查找出离群值并做进一步的处理。

【例1-6】　在"男皮鞋销售表.xlsx"表中，计算出各款皮鞋的销售成本、销售收入、销售毛利率[销售毛利率＝(销售收入－销售成本)/销售收入×100%]，并把销售毛利率小于0或者大于50%的以深红色、加粗的字体显示并填充蓝色的底纹，具体的操作步骤如下。

（1）在F2单元格中输入公式"＝C2＊D2"计算出第一种商品的销售成本，在G2单元格中输入公式"＝C2＊E2"计算出第一种商品的销售收入，在H2单元格中输入公式"＝(G2-F2)/G2"计算出第一种商品的销售毛利率。

（2）选中F2:H2单元格区域，然后双击区域右下角的正方形填充柄，算出其他商品的销售成本、销售收入和销售毛利率，如图1-118所示。

	B	C	D	E	F	G	H
	商品名	订货量	进货价	销售价	销售成本	销售收入	销售毛利率
	康男士皮鞋	13	¥189.00	¥199.00	¥2,457.00	¥2,587.00	5.03%
	贵鸟夏季男鞋	17	¥208.00	¥278.00	¥3,536.00	¥4,726.00	25.18%
	珀男鞋	24	¥120.00	¥138.00	¥2,880.00	¥3,312.00	13.04%
	OX/健乐士休闲鞋时尚圆头男士皮鞋	7	¥218.00	¥599.00	¥1,526.00	¥4,193.00	63.61%
	lle/百丽男鞋	11	¥278.00	¥398.00	¥3,058.00	¥4,378.00	30.15%
	尔康软底圆头系带男鞋	16	¥199.00	¥179.00	¥3,184.00	¥2,864.00	-11.17%
	帝乐鳄鱼（CARTELO）男皮鞋	22	¥120.00	¥158.00	¥2,640.00	¥3,476.00	24.05%
	卡罗袋鼠男皮鞋	15	¥150.00	¥138.00	¥2,250.00	¥2,070.00	-8.70%
	蜻蜓牛皮男鞋	23	¥168.00	¥179.00	¥3,864.00	¥4,117.00	6.15%
	ush Puppies/暇步士牛皮雕花男皮鞋	8	¥799.00	¥1,068.00	¥6,392.00	¥8,544.00	25.19%
	larks其乐正装男鞋	20	¥488.00	¥799.00	¥9,760.00	¥15,980.00	38.92%
	CO爱步 商务皮鞋	6	¥760.00	¥1,598.00	¥4,560.00	¥9,588.00	52.44%
	kechers斯凯奇男鞋	13	¥377.00	¥499.00	¥4,901.00	¥6,487.00	24.45%
	萨尼男士皮鞋	23	¥268.00	¥298.00	¥6,164.00	¥6,854.00	10.07%
	UOCLER男靴	19	¥220.00	¥238.00	¥4,180.00	¥4,522.00	7.56%
	花公子男鞋	14	¥280.00	¥298.00	¥3,920.00	¥4,172.00	6.04%

图1-118　计算出所有商品的销售成本、销售收入和销售毛利率

（3）选中H2:H17单元格区域，单击"开始"选项卡下"样式"组中"条件格式"按钮，在打开的下拉菜单中选择"新建规则"选项，如图1-119所示。

图1-119　选择"新建规则"选项

（4）在打开的"新建格式规则"对话框中，在"选择规则类型"栏中选择"只为包含以下内容的单元格设置格式"选项，在"只为满足以下条件的单元格设置格式"栏中选择"单元格值"和"未介于"，并输入"0"和"0.5"，如图 1-120 所示，再单击"格式"按钮。

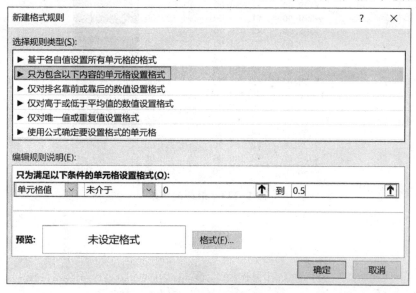

图 1-120　"新建格式规则"对话框

（5）在打开的"设置单元格格式"对话框中，单击"字体"选项，设置字形为"加粗"，颜色为"红色"，如图 1-121 所示。再单击"填充"选项，设置填充色为"蓝色"，如图 1-122 所示，然后单击"确定"按钮返回"新建格式规则"对话框，再单击"确定"按钮，最终的结果如图 1-123 所示。

图 1-121　设置字形和字体颜色

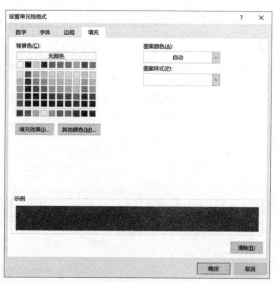

图 1-122　设置填充色

E	F	G	H
销售价	销售成本	销售收入	销售毛利率
¥199.00	¥2,457.00	¥2,587.00	5.03%
¥278.00	¥3,536.00	¥4,726.00	25.18%
¥138.00	¥2,880.00	¥3,312.00	13.04%
¥599.00	¥1,526.00	¥4,193.00	
¥398.00	¥3,058.00	¥4,378.00	30.15%
¥179.00	¥3,184.00	¥2,864.00	
¥158.00	¥2,640.00	¥3,476.00	24.05%
¥138.00	¥2,250.00	¥2,070.00	
¥179.00	¥3,864.00	¥4,117.00	6.15%
¥1,068.00	¥6,392.00	¥8,544.00	25.19%
¥799.00	¥9,760.00	¥15,980.00	38.92%
¥1,598.00	¥4,560.00	¥9,588.00	
¥499.00	¥4,901.00	¥6,487.00	24.45%
¥298.00	¥6,164.00	¥6,854.00	10.07%
¥238.00	¥4,180.00	¥4,522.00	7.56%
¥298.00	¥3,920.00	¥4,172.00	6.04%

图1-123 最终的结果

第 2 章 Excel 财经数据的整理

知识目标

本章主要介绍 Excel 对财经数据的整理，主要包括数据的排序、数据的筛选、数据的分类汇总等操作。

本章重点：复杂排序；自定义排序；自定义筛选；高级筛选；嵌套分类汇总。

本章难点：自定义排序；高级筛选；嵌套分类汇总。

2.1 数据的排序

对数据进行排序有助于快速、直观地显示数据并更好地理解数据，有助于组织并查找所需数据，有助于最终进行更有效的决策。Excel 提供了多种数据排序方法，可以对某一列进行简单排序，也可以对多列进行复杂排序，还可以自定义排序。下面通过具体案例，介绍单条件排序、多条件排序和自定义排序。

2.1.1 单条件排序

视频演示 2-1 单条件排序

单条件排序是最简单的一种排序方法，即对数据列表中的某一列数据按照升序或者降序的方式进行排序。

【例 2-1】 打开"2022 年 6 月白马公司员工工资表.xlsx"工作簿，按照"部门"字段进行升序排序。

如果只对一个字段按照单元格值的大小进行排序，可通过以下三种方法进行。

第一种方法：选中要排序的列中任意一个单元格，单击"数据"选项卡，在"排序和筛选"组中单击"升序"按钮，如图2-1所示。

第二种方法：选中要排序的列中任意一个单元格，单击"开始"选项卡，在"编辑"组中点击"排序和筛选"按钮，选择"升序"选项，如图2-2所示。

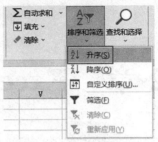

图2-1　点击"升序"按钮　　　　　图2-2　选择"升序"选项

第三种方法：右击要排序的列中任意一个单元格，在弹出的快捷菜单中单击"排序"，在打开的下级菜单中选择"升序"选项，如图2-3所示。

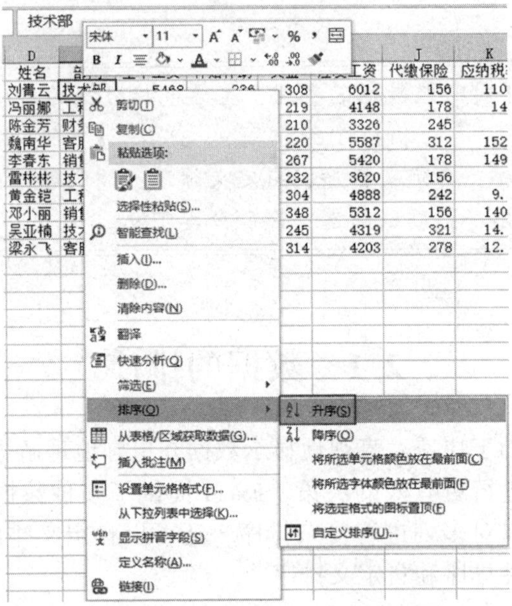

图2-3　选择"升序"选项

通过以上三种方法，Excel 会自动根据该列的单元格值进行升序排序，结果如图2-4所示。

	A	B	C	D	E	F	G	H	I	J	K	L
1	序号	日期	工号	姓名	部门	基本工资	补贴补助	奖金	应发工资	代缴保险	应纳税额	实发工资
2	3	2022年6月	BM200403	陈金芳	财务部	2980	136	210	3326	245	0	3081
3	2	2022年6月	BM200402	冯丽娜	工程部	3790	139	219	4148	178	14.1	3955.9
4	7	2022年6月	BM200407	黄金铠	工程部	4328	256	304	4888	242	9.38	4636.62
5	1	2022年6月	BM200401	刘青云	技术部	5468	236	308	6012	156	110.6	5745.4
6	6	2022年6月	BM200406	雷彬彬	技术部	3210	178	232	3620	156	0	3464
7	9	2022年6月	BM200409	吴亚楠	技术部	3872	202	245	4319	321	14.94	3983.06
8	4	2022年6月	BM200404	魏南华	客服部	5130	237	220	5587	312	152.5	5122.5
9	10	2022年6月	BM200410	梁永飞	客服部	3609	280	314	4203	278	12.75	3912.25
10	5	2022年6月	BM200405	李春东	销售部	4869	284	267	5420	178	149.2	5092.8
11	8	2022年6月	BM200408	邓小丽	销售部	4674	290	348	5312	156	140.6	5015.4

图2-4　按"部门"排序的结果

在 Excel 的排序规则中，汉字字符的排序依据是以汉字拼音的开头字母顺序作为依据，如果第一个字的开头字母相同，则再判断第二个汉字，以此类推。如果要按笔画进行排序，可通过以下的方法进行操作：在"数据"选项卡下的"排序和筛选"组中单击"排序"按钮，打开"排序"对话框；单击"选项"按钮，打开"排序选项"对话框；选择"笔画排序"选项，如图 2-5 所示，单击"确定"按钮，即可按汉字的笔画进行排序。

另外，如果选定一列或部分区域进行排序，此时将弹出"排序提醒"对话框，如图 2-6 所示，默认选中"扩展选定区域"，表示与选定区域相关联的其他列中的数据也能在排序过程中跟随排序数据的位置发生相应变化，使得排序后的每条记录仍能保持原有的完整性，其作用范围是整个数据区域。在"排序提醒"对话框中单击"排序"按钮，最后也可以得到如图 2-4 所示的排序结果。

图 2-5　"排序选项"
　　　　对话框

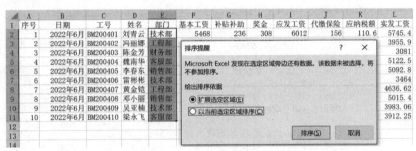

图 2-6　"排序提醒"对话框

2.1.2　多条件排序

　视频演示 2-2　多条件排序　　　　

很多时候数据表格不是单一条件的，如果仅进行单条件排序，可能会遇到排序的列中有相同数据的情况，不好判断结果，此时需要设置多个关键字进行多条件排序。

【例 2-2】打开"2022 年 6 月白马公司员工工资表 . xlsx"工作簿，先按照"部门"字段进行升序排序，如果部门相同，再按照"应发工资"字段进行降序排序。

在 Excel 中对数据进行多条件排序主要有两种方法。

1. 通过排序对话框排序

(1) 选中数据区域内任意一个单元格，在"数据"选项卡下的"排序和筛选"组中单击"排序"按钮，打开"排序"对话框，在"主要关键字"下拉列表中选择"部门"字段，右侧对应的排序依据默认设置为"数值"，排序次序默认设置为"升序"。

(2) 单击"添加条件"增加排序的次要关键字，在"次要关键字"下拉列表中选择"应发工资"字段，排序次序更改为"降序"选项，如图2-7所示。

图 2-7　设置"次要关键字"

（3）单击"确定"按钮关闭"排序"对话框，得到最终的排序结果如图2-8所示。

	A	B	C	D	E	F	G	H	I	J	K	L
1	序号	日期	工号	姓名	部门	基本工资	补贴补助	奖金	应发工资	代缴保险	应纳税额	实发工资
2	3	2022年6月	BM200403	陈金芳	财务部	2980	136	210	3326	245	0	3081
3	7	2022年6月	BM200407	黄金铠	工程部	4328	256	304	4888	242	9.38	4636.62
4	2	2022年6月	BM200402	冯丽娜	工程部	3790	139	219	4148	178	14.1	3955.9
5	1	2022年6月	BM200401	刘青云	技术部	5468	236	308	6012	156	110.6	5745.4
6	9	2022年6月	BM200409	吴亚楠	技术部	3872	202	245	4319	321	14.94	3983.06
7	6	2022年6月	BM200406	雷彬彬	技术部	3210	178	232	3620	156	0	3464
8	4	2022年6月	BM200404	魏南华	客服部	5130	237	220	5587	312	152.5	5122.5
9	10	2022年6月	BM200410	梁永飞	客服部	3609	280	314	4203	278	12.75	3912.25
10	5	2022年6月	BM200405	李春东	销售部	4869	284	267	5420	178	149.2	5092.8
11	8	2022年6月	BM200408	邓小丽	销售部	4674	290	348	5312	156	140.6	5015.4

图 2-8　最终的排序结果

在"部门"字段数据相同的情况下，排序规则中的"次要关键字"将作为更进一步的排序依据。例如本例中同一部门有多条记录，且"应发工资"数值不等，此时将会依据"排序"对话框中设定的次要关键字——应发工资，按排序次序为"降序"的要求，继续对这些相同"部门"的记录进行进一步的排序。

2. 通过排序按钮排序

（1）选中"应发工资"列中的任意一个单元格，在"数据"选项卡下的"排序和筛选"组中单击"降序"按钮，把该字段的值按照降序排序，如图2-9所示。

	A	B	C	D	E	F	G	H	I	J	K	L
1	序号	日期	工号	姓名	部门	基本工资	补贴补助	奖金	应发工资	代缴保险	应纳税额	实发工资
2	1	2022年6月	BM200401	刘青云	技术部	5468	236	308	6012	156	110.6	5745.4
3	4	2022年6月	BM200404	魏南华	客服部	5130	237	220	5587	312	152.5	5122.5
4	5	2022年6月	BM200405	李春东	销售部	4869	284	267	5420	178	149.2	5092.8
5	8	2022年6月	BM200408	邓小丽	销售部	4674	290	348	5312	156	140.6	5015.4
6	7	2022年6月	BM200407	黄金铠	工程部	4328	256	304	4888	242	9.38	4636.62
7	9	2022年6月	BM200409	吴亚楠	技术部	3872	202	245	4319	321	14.94	3983.06
8	10	2022年6月	BM200410	梁永飞	客服部	3609	280	314	4203	278	12.75	3912.25
9	2	2022年6月	BM200402	冯丽娜	工程部	3790	139	219	4148	178	14.1	3955.9
10	6	2022年6月	BM200406	雷彬彬	技术部	3210	178	232	3620	156	0	3464
11	3	2022年6月	BM200403	陈金芳	财务部	2980	136	210	3326	245	0	3081

图 2-9　按照"实发工资"降序排序

（2）选中"部门"列中的任意一个单元格，在"数据"选项卡下的"排序和筛选"组中单击"升序"按钮，也可进行多条件排序。

> **提示**：在使用工具栏按钮进行快速排序时，必须先排序较次要(排序优先级较低)的数据列，后排序较主要(排序优先级较高)的数据列。例如本例中先按照"应发工资"字段(较次要)降序排序，再按照"部门"字段(较主要)升序排序。

在 Excel 中，排序依据除了按"单元格值"外，还可以按"单元格颜色""字体颜色"和"条件格式图标"进行排序，前提是对单元格颜色、字体颜色和条件格式图标进行设置。假如"姓名"一列有蓝色、绿色和黄色三种单元格颜色，如果想把蓝色的单元格排在最前面，然后是黄色单元格，最后是绿色单元格。在"排序"对话框中，"主要关键字"选择"姓名"，"排序依据"选择"单元格颜色"，"次序"选择蓝色，并选择"在顶端"。然后单击"添加条件"按钮，"次要关键字"选择"姓名"，"排序依据"选择"单元格颜色"，"次序"选择黄色，最后选择"在顶端"，如图 2-10 所示。单击"确定"按钮后就可以得到需要的效果。

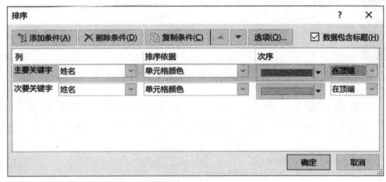

图 2-10　按"单元格颜色"排序

2.1.3　自定义排序

 视频演示 2-3　自定义排序

Excel 默认的可以作为排序依据的包括数字的大小、英文或拼音字母顺序等，但某些时候用户需要依据超出上述范围以外的某些特殊的规律来排序。例如物流公司的货物包装规格包括大箱、中箱、小箱、小编织袋等。要按照包装规格大小的顺序进行排序，仅凭 Excel 所默认的排序依据是无法完成的，此时可以通过"自定义序列"的方法来创建一个特殊的顺序原则，并要求 Excel 根据这个顺序进行排序。

【例 2-3】　打开"速翔物流公司 2022 上半年订单详情表.xlsx"工作簿，其中 G 列是所有货物的"包装"规格，现在需要按"包装"规格的大小来排序整张表格。

用户需要先创建一个自定义序列，把"包装"大小的顺序信息传达给 Excel，方法如下。

（1）打开"文件"选项卡，单击"选项"按钮，如图 2-11 所示，弹出"Excel 选项"对话框。

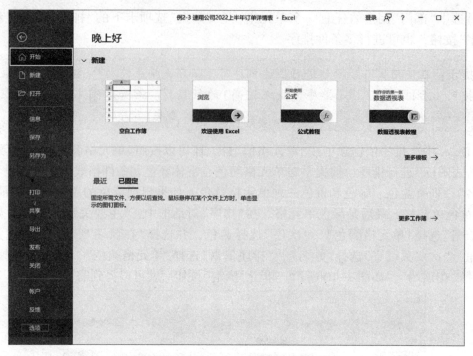

图 2-11　打开"Excel 选项"对话框

（2）在"Excel 选项"对话框中单击"高级"选项卡，在右侧拖动滚动条，找到"编辑自定义列表"并单击，如图 2-12 所示，打开"自定义序列"对话框，如图 2-13 所示。

图 2-12　打开"自定义序列"对话框　　　　**图 2-13　"自定义序列"对话框**

（3）在左侧的"自定义序列"列表框中选中"新序列"选项，然后在右侧的"输入序列"文本框中按"包装"大小的顺序依次输入自定义序列的各个元素：大箱、中箱、小箱、小编织袋。各个序列元素之间可以用英文的逗号间隔，也可以每个元素换行输入。输入完成后单击"添加"按钮即可实现自定义序列的创建。此时在左侧的"自定义序列"列表中会显示用户新定义的序列内容，如图 2-14 所示，然后单击"确定"按钮返回"Excel 选项"对话框，再单击"确定"按钮关闭"Excel 选项"对话框。

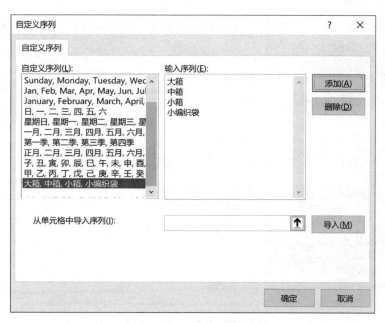

图 2-14 创建自定义序列

自定义序列创建完成后可以继续通过以下操作步骤完成按照"包装"大小的排序。

(1) 选中数据区域内的任意一个单元格，在"数据"选项卡下的"排序与筛选"组中单击"排序"按钮，打开"排序"对话框。

(2) 在"排序"对话框的"主要关键字"下拉列表中选择"包装"字段，设置右侧的排序次序为"自定义序列"，如图 2-15 所示。

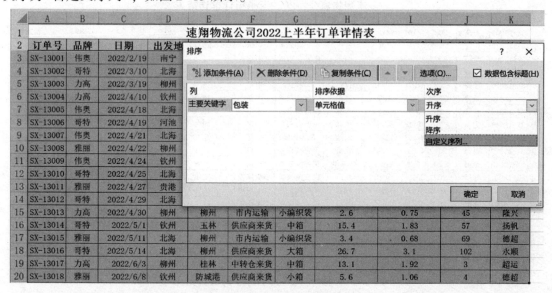

图 2-15 设置"排序"对话框

(3) 在弹出的"自定义序列"对话框中的"自定义序列"下拉列表中，选择之前自定义的"大箱、中箱、小箱、小编织袋"序列，如图 2-16 所示。

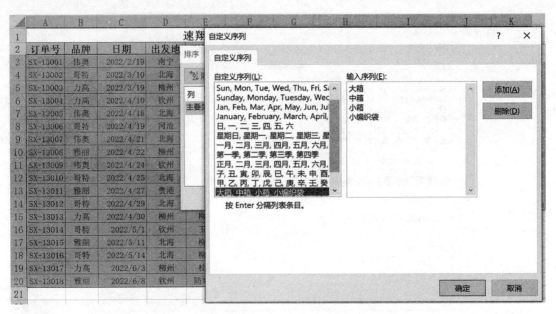

图2-16 选择"自定义序列"

（4）单击"确定"按钮关闭"自定义序列"对话框，再单击"确定"按钮关闭"排序"对话框完成排序设置。

操作完后，表格中的数据就会按照"包装"由大到小的顺序进行排列，最终结果如图2-17所示。

	A	B	C	D	E	F	G	H	I	J	K
1	速翔物流公司2022上半年订单详情表										
2	订单号	品牌	日期	出发地	到达地	运输方式	包装	重量（kg）	体积（m³）	包装数量	运输商
3	SX-13004	力高	2022/4/10	钦州	防城港	中转仓来货	大箱	17.3	2.2	89	长发
4	SX-13016	哥特	2022/5/14	北海	柳州	供应商来货	大箱	26.7	3.1	102	永顺
5	SX-13002	哥特	2022/3/10	北海	柳州	中转仓来货	中箱	14.5	1.74	16	德超
6	SX-13005	伟奥	2022/4/18	北海	北海	供应商来货	中箱	12.6	1.61	133	永顺
7	SX-13008	雅丽	2022/4/22	柳州	百色	市内运输	中箱	11.2	1.85	43	德超
8	SX-13010	哥特	2022/4/25	北海	柳州	中转仓来货	中箱	13.6	1.58	50	扬帆
9	SX-13014	哥特	2022/5/1	钦州	玉林	供应商来货	中箱	15.4	1.83	57	扬帆
10	SX-13017	力高	2022/6/3	柳州	桂林	中转仓来货	中箱	13.1	1.92	3	超运
11	SX-13006	哥特	2022/4/19	河池	河池	市内运输	小箱	5.9	1.3	177	超运
12	SX-13012	哥特	2022/4/29	北海	北海	供应商来货	小箱	6.3	1.24	33	永顺
13	SX-13018	雅丽	2022/6/8	钦州	防城港	供应商来货	小箱	5.6	1.06	4	德超
14	SX-13001	伟奥	2022/2/19	南宁	北海	供应商来货	小编织袋	6.1	0.84	54	永顺
15	SX-13003	力高	2022/3/19	柳州	桂林	供应商来货	小编织袋	5.2	0.82	45	隆兴
16	SX-13007	伟奥	2022/4/21	北海	北海	供应商来货	小编织袋	3.2	0.53	22	永顺
17	SX-13009	伟奥	2022/4/24	钦州	柳州	供应商来货	小编织袋	4.6	1.02	64	隆兴
18	SX-13011	雅丽	2022/4/27	贵港	钦州	供应商来货	小编织袋	3.7	0.65	106	超运
19	SX-13013	力高	2022/4/30	柳州	柳州	市内运输	小编织袋	2.6	0.75	45	隆兴
20	SX-13015	雅丽	2022/5/11	北海	柳州	市内运输	小编织袋	3.4	0.68	69	德超

图2-17 按"包装"大小排序的最终结果

注意：在使用自定义序列进行排序时，无法为多个关键字设置单独的自定义次序。如果表格中的多个数据列需要使用不同的自定义排序次序，则要进行多次排序，每次打开"排序"对话框时选择一种自定义排列次序。

2.1.4 财经数据排序应用案例

视频演示 2-4 财经数据排序应用案例

企业需要经常对销售数据进行分析，以便从中查看企业的销售状况，分析产品的销售前景，以及总结销售经验等。以家用电器销售为例，要求先按照电器种类进行排序，如厨卫小电、生活电器、个护健康、电脑等，然后按照销售数量进行降序排序。销售业绩表中列出了具体的电器，但没有对这些电器分类，如厨卫小电包括电磁炉、豆浆机、电压力锅、微波炉、榨汁机等，需要通过自定义排序间接实现按种类排序。

【例 2-4】 打开"力宏公司 2022 年上半年电器销售业绩表.xlsx"工作簿，按照上述要求排序，方法如下。

(1)按照前述方法打开"自定义序列"对话框，在左侧的"自定义序列"列表框中选中"新序列"选项，然后在右侧的"输入序列"文本框中按"厨卫小电、生活电器、个护健康、电脑"分类顺序依次输入自定义序列的各个元素：电磁炉、豆浆机、电压力锅、微波炉、榨汁机；吸尘器、净化器、空调扇；剃须刀；平板电脑。输入完成后单击"添加"按钮创建自定义序列。此时在左侧的"自定义序列"列表中会显示家用电器分类的序列内容，如图 2-18 所示，单击"确定"按钮关闭"自定义序列"对话框，再次单击"确定"按钮关闭"Excel选项"对话框。

图 2-18 创建家电分类自定义序列

(2)选中数据区域内的任意一个单元格，单击"数据"选项卡下"排序与筛选"组中的"排序"按钮，打开"排序"对话框。在"主要关键字"下拉列表中选择"销售产品"字段，设置右侧的排序次序为"自定义序列"，如图 2-19 所示。

图2-19　设置"销售产品"排序对话框

（3）打开"自定义序列"对话框，在"自定义序列"下拉列表中选择之前自定义的"家电分类"序列，单击"确定"按钮关闭"自定义序列"对话框，返回"排序"对话框。继续添加排序条件，单击"添加条件"按钮，设置次要关键字为"销售数量"，按照销售数量进行降序排序，如图2-20所示。

图2-20　设置"销售数量"降序排序对话框

（4）单击"确定"按钮关闭"排序"对话框，完成排序设置。操作完后，表格中的数据就会先按照"厨卫小电、生活电器、个护健康、电脑"分类顺序进行排序，然后同种产品按照销售数量降序排序，最终结果如图2-21所示。

	A	B	C	D	E	F	G
1	力宏公司2022年上半年电器销售业绩表						
2	工号	姓名	性别	销售产品	销售单价	销售数量	销售金额
3	LH001010	雷芳菲	女	电磁炉	¥205.00	36	¥7,380.00
4	LH001010	雷芳菲	女	电磁炉	¥275.00	19	¥5,225.00
5	LH00109	何韵	女	豆浆机	¥355.00	37	¥13,135.00
6	LH00109	何韵	女	豆浆机	¥415.00	26	¥10,790.00
7	LH00105	蒋伟华	男	电压力锅	¥365.00	48	¥17,520.00
8	LH00105	蒋伟华	男	电压力锅	¥405.00	32	¥12,960.00
9	LH00102	吕小冰	女	微波炉	¥470.00	34	¥15,980.00
10	LH00102	吕小冰	女	微波炉	¥560.00	27	¥15,120.00
11	LH00104	韩飞龙	男	榨汁机	¥320.00	29	¥9,280.00
12	LH00104	韩飞龙	男	榨汁机	¥350.00	27	¥9,450.00
13	LH00108	肖伟峰	男	吸尘器	¥550.00	86	¥47,300.00
14	LH00108	肖伟峰	男	吸尘器	¥600.00	81	¥48,600.00
15	LH00107	魏红云	女	净化器	¥510.00	59	¥30,090.00
16	LH00107	魏红云	女	净化器	¥430.00	55	¥23,650.00
17	LH00101	曾凯	男	空调扇	¥430.00	49	¥21,070.00
18	LH00101	曾凯	男	空调扇	¥480.00	46	¥22,080.00
19	LH00106	李庆静	女	剃须刀	¥220.00	23	¥5,060.00
20	LH00106	李庆静	女	剃须刀	¥290.00	20	¥5,800.00
21	LH00103	陈飞吉	男	平板电脑	¥950.00	85	¥80,750.00
22	LH00103	陈飞吉	男	平板电脑	¥820.00	77	¥63,140.00

图2-21　多条件排序的最终结果

从上述排序结果可以看出，有些类别家电的低价位产品受欢迎，如厨卫小家电类；有些类别家电的高价位产品受欢迎，如电脑；有些则区分度不大，如生活电器、个护健康类。

2.2　数据的筛选

筛选是查找和处理数据列表中特定数据子集的快捷方法。筛选结果仅显示满足特定条件的数据，具体条件由用户针对某些字段指定。Excel 提供了两种筛选数据的命令：自动筛选，适用于简单条件；高级筛选，适用于复杂条件。与排序不同，筛选并不重新排列数据，只是将不满足条件的数据暂时隐藏起来。

2.2.1　数据的自动筛选

 视频演示 2-5　数据的自动筛选

【例 2-5】　打开"2022 年 6 月白马公司员工工资表 . xlsx"文件，筛选出"技术部"员工的工资记录，方法如下。

（1）选中数据区域内的任意一个单元格，然后在"数据"选项卡下的"排序和筛选"组中单击"筛选"按钮，如图 2-22 所示。对所有字段启用"自动筛选"，效果如图 2-23 所示。或者先单击 E 列，然后在"数据"选项卡下的"排序和筛选"组中单击"筛选"按钮，仅对"部门"字段启用"自动筛选"，效果如图 2-24 所示。

图 2-22　单击"筛选"按钮

	A	B	C	D	E	F	G	H	I	J	K	L
1	序	日期	工号	姓名	部门	基本工	补贴补	奖金	应发工	代缴保	应纳税	实发工
2	1	2021年7月	BM200401	刘青云	技术部	5468	236	308	6012	156	110.6	5745.4
3	2	2021年7月	BM200402	冯丽娜	工程部	3790	139	219	4148	178	14.1	3955.9
4	3	2021年7月	BM200403	陈金芳	财务部	2980	136	210	3326	245	0	3081
5	4	2021年7月	BM200404	魏南华	客服部	5130	237	220	5587	312	152.5	5122.5
6	5	2021年7月	BM200405	李春东	销售部	4869	284	267	5420	178	149.2	5092.8
7	6	2021年7月	BM200406	雷彬彬	技术部	3210	178	232	3620	156	0	3464
8	7	2021年7月	BM200407	黄金铠	工程部	4328	256	304	4888	242	9.38	4636.62
9	8	2021年7月	BM200408	邓小丽	销售部	4674	290	348	5312	156	140.6	5015.4
10	9	2021年7月	BM200409	吴亚楠	技术部	3872	202	245	4319	321	14.94	3983.06
11	10	2021年7月	BM200410	梁永飞	客服部	3609	280	314	4203	278	12.75	3912.25

图 2-23　对所有字段启用"自动筛选"

	A	B	C	D	E	F	G	H	I	J	K	L
1	序号	日期	工号	姓名	部门	基本工资	补贴补助	奖金	应发工资	代缴保险	应纳税额	实发工资
2	1	2021年7月	BM200401	刘青云	技术部	5468	236	308	6012	156	110.6	5745.4
3	2	2021年7月	BM200402	冯丽娜	工程部	3790	139	219	4148	178	14.1	3955.9
4	3	2021年7月	BM200403	陈金芳	财务部	2980	136	210	3326	245	0	3081
5	4	2021年7月	BM200404	魏南华	客服部	5130	237	220	5587	312	152.5	5122.5
6	5	2021年7月	BM200405	李春东	销售部	4869	284	267	5420	178	149.2	5092.8
7	6	2021年7月	BM200406	雷彬彬	技术部	3210	178	232	3620	156	0	3464
8	7	2021年7月	BM200407	黄金铠	工程部	4328	256	304	4888	242	9.38	4636.62
9	8	2021年7月	BM200408	邓小丽	销售部	4674	290	348	5312	156	140.6	5015.4
10	9	2021年7月	BM200409	吴亚楠	技术部	3872	202	245	4319	321	14.94	3983.06
11	10	2021年7月	BM200410	梁永飞	客服部	3609	280	314	4203	278	12.75	3912.25

图 2-24　仅对"部门"字段启用"自动筛选"

（2）单击第1行"部门"旁边的"自动筛选标记箭头"，可以看到在筛选下拉列表中显示了第2行至第11行包含的数据项，默认情况下全部选中，先取消"（全选）"选项，然后只选中"技术部"选项，如图2-25所示。

图2-25 设置"自动筛选条件"

（3）勾选部门后单击"确定"按钮，最终的筛选结果如图2-26所示。

A	B	C	D	E	F	G	H	I	J	K	L
序号	日期	工号	姓名	部门	基本工资	补贴补助	奖金	应发工资	代缴保险	应纳税额	实发工资
1	2021年7月	BM200401	刘青云	技术部	5468	236	308	6012	156	110.6	5745.4
6	2021年7月	BM200406	雷彬彬	技术部	3210	178	232	3620	156	0	3464
9	2021年7月	BM200409	吴亚楠	技术部	3872	202	245	4319	321	14.94	3983.06

图2-26 自动筛选结果

如果选中数据区域内的任意一个单元格启用自动筛选，自动筛选标记将设置在整个数据列表的首行，如上例；如果选中某个数据区域启用自动筛选，自动筛选标记将设置在选定区域的首行，如图2-27所示。

A	B	C	D	E	F	G	H	I	J	K	L
序号	日期	工号	姓名	部门	基本工资	补贴补助	奖金	应发工资	代缴保险	应纳税额	实发工资
1	2021年7月	BM200401	刘青云	技术部	5468	236	308	6012	156	110.6	5745.4
2	2021年7月	BM200402	冯丽娜	工程部	3790	139	219	4148	178	14.1	3955.9
3	2021年7月	BM2004(	陈金(	财务(	29	1	2	33	2		30
4	2021年7月	BM200404	魏南华	客服部	5130	237	220	5587	312	152.5	5122.5
5	2021年7月	BM200405	李春东	销售部	4869	284	267	5420	178	149.2	5092.8
6	2021年7月	BM200406	雷彬彬	技术部	3210	178	232	3620	156	0	3464
7	2021年7月	BM200407	黄金铠	工程部	4328	256	304	4888	242	9.38	4636.62
8	2021年7月	BM200408	邓小丽	销售部	4674	290	348	5312	156	140.6	5015.4
9	2021年7月	BM200409	吴亚楠	技术部	3872	202	245	4319	321	14.94	3983.06
10	2021年7月	BM200410	梁永飞	客服部	3609	280	314	4203	278	12.75	3912.25

图2-27 选中局部数据启用自动筛选

如果要对包含空行或空列的整个数据区域启用自动筛选，必须先选定整个数据列表，然后启用自动筛选功能，否则默认状态下 Excel 只会选取当前单元格周围的连续数据区域进入自动筛选状态。例如在图 2-28 中，单击 C5 单元格的筛选标记，下拉列表中仅显示了第 6~7 行包含的 2 个工号数据项"BM200405、BM200406"，不包含第 8 行空行以下的数据，而第 5 行作为标题行不参与筛选。

	A	B	C	D	E	F	G	H	I	J	K	L
1	序号	日期	工号	姓名	部门	基本工资	补贴补助	奖金	应发工资	代缴保险	应纳税额	实发工资
2	1	2021年7月	BM200401	刘青云	技术部	5468	236	308	6012	156	110.6	5745.4
3	2	2021年7月	BM200402	冯丽娜	工程部	3790	139	219	4148	178	14.1	3955.9
4	3	2021年7月	BM200403	陈金芳	财务部	2980	136	210	3326	245	0	3081
5		2021年7▼	BM200404 ▼	魏南▼	客服▼	51 ▼	2 ▼	2 ▼	55 ▼	3 ▼	152▼	5122▼
6		升序(S)		李春东	销售部	4869	284	267	5420	178	149.2	5092.8
7		降序(O)		雷彬彬	技术部	3210	178	232	3620	156	0	3464
8												
9	7	按颜色排序(T)	▶	黄金铠	工程部	4328	256	304	4888	242	9.38	4636.62
10	8	工作表视图(V)	▶	邓小丽	销售部	4674	290	348	5312	156	140.6	5015.4
11	9	从"BM200404"中清除筛选器(C)		吴亚楠	技术部	3790	202	245	4319	321	14.94	3983.06
12	10			梁永飞	客服部	3609	280	314	4203	278	12.75	3912.25
13		按颜色筛选(I)	▶									
14		文本筛选(F)	▶									
15												
16		搜索 　　　　🔍										
17		☑(全选)										
18		☑BM200405										
19		☑BM200406										
20												
21												

图 2-28　含空格的数据列表启用自动筛选

> **注意：**在同一个 Excel 工作表中，只能对一个数据区域启用自动筛选功能，不能对多个不连续的行或列同时启用自动筛选。

2.2.2　数据的自定义筛选

 视频演示 2-6　数据的自定义筛选

使用自动筛选列表中的"文本（或数字、日期）筛选"下的"自定义筛选"选项，可以对数据进行更为复杂的筛选操作，实现更高要求的数据选取需求。

【例 2-6】 图 2-29 中的表格是一张已经启用了自动筛选功能的职员销售量表，现在要求筛选出 2022 年 2 月上旬宝石销售量超过 4 件的数据记录，即同时满足以下几个条件的数据记录：

条件 1："销售日期"在 2022 年 2 月 1 日至 10 日之间；

条件 2："商品名称"包含有"宝石"两个字；

条件 3："销售量"大于 4。

要实现这样的筛选要求，就需要使用"自定义筛选"功能，方法如下。

（1）对于条件 1，单击"销售日期"字段的筛选标记，在下拉列表中选择"日期筛选"选项下的"介于"选项，如图 2-30 所示。默认的第 1 个条件是"在以下日期之后或与之相同"，在其后面的取值下拉列表中选择"2022 年 2 月 1 日"，如图 2-31 所示。若没有该日期，可以直接输入，或者单击最右侧的"日期选取器"按钮 ⊞，选择相应的日期，如图2-32 所示。类似地，保留默认的第 2 个条件"在以下日期之前或与之相同"，设置其取值为"2022-2-10"；然后将两个条件之间的逻辑关系选项选择为"与"，如图2-33 所示。单击"确定"按钮即可得到条件 1 的筛选结果，如图2-34 所示。

图 2-29　职员销售量表

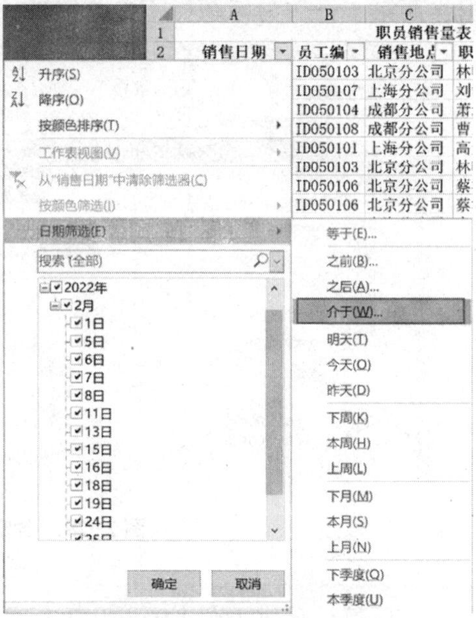

图 2-30　选择"介于"选项

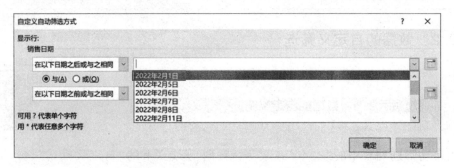

图 2-31　单击下拉列表选择日期

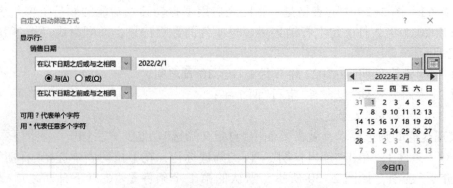

图 2-32　单击"日期选取器"按钮选择日期

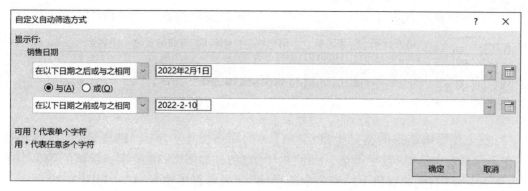

图 2-33   设置日期筛选

	A	B	C	D	E	F
1	职员销售量表					
2	销售日期	员工编	销售地点	职员姓	商品名	销售量
3	2022年2月1日	ID050103	北京分公司	林啸序	水晶	2
4	2022年2月5日	ID050107	上海分公司	刘笔畅	红宝石	5
5	2022年2月5日	ID050104	成都分公司	萧遥	水晶	1
6	2022年2月6日	ID050108	成都分公司	曹惠阳	蓝宝石	4
7	2022年2月7日	ID050101	上海分公司	高天	钻石	3
8	2022年2月8日	ID050103	北京分公司	林啸序	红宝石	3

图 2-34   条件 1 的筛选结果

（2）在上面筛选结果的基础上继续执行条件 2 的筛选操作。单击"商品名称"字段的筛选标记，在下拉列表中选择"文本筛选"下的"包含"选项，如图 2-35 所示。打开"自定义自动筛选方式"对话框，默认的第 1 个条件是"包含"，在其右侧的取值下拉列表中直接输入"宝石"，如图 2-36 所示。单击"确定"按钮即可得到条件 2 的筛选结果，如图 2-37所示。

图 2-35   设置文本筛选

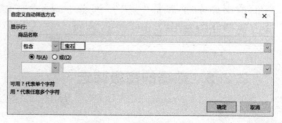

图 2-36   设置文本筛选

	A	B	C	D	E	F
1			职员销售量表			
2	销售日期	员工编	销售地点	职员姓	商品名	销售量
4	2022年2月5日	ID050107	上海分公司	刘笔畅	红宝石	5
6	2022年2月6日	ID050108	成都分公司	曹惠阳	蓝宝石	4
8	2022年2月8日	ID050103	北京分公司	林啸序	红宝石	3

图 2-37　条件 2 的筛选结果

（3）在上述筛选结果的基础上继续条件 3 的筛选操作。单击"销售量"字段的筛选标记，在下拉列表中选择"数字筛选"下的"大于"选项，如图 2-38 所示。默认的第 1 个条件是"大于"，在其右侧的取值下拉列表中选择"4"，或者直接输入"4"，如图 2-39 所示。单击"确定"按钮即可得到条件 3 的筛选结果，如图 2-40 所示。

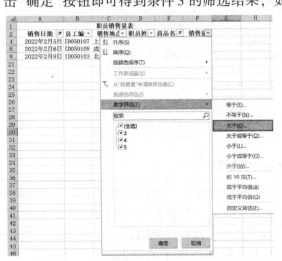

图 2-38　选择"大于"选项　　　　　　　　图 2-39　设置数字筛选

	A	B	C	D	E	F
1			职员销售量表			
2	销售日期	员工编	销售地点	职员姓	商品名	销售量
4	2022年2月5日	ID050107	上海分公司	刘笔畅	红宝石	5

图 2-40　条件 3 的筛选结果

> **注意**："自定义自动筛选"对话框允许使用两种通配符，星号"*"代表任意多个字符，问号"?"代表单个字符。如果要使用"*"或"?"本身所代表的字符，可以在它们前面添加波形符"~"，例如"~*"可以筛选出数据中含有"*"的数据，"~?"可以筛选出数据中含有"?"的数据。

2.2.3　数据的高级筛选

视频演示 2-7　数据的高级筛选

数据的高级筛选适用于较复杂的筛选条件。与自动筛选不同，要使用高级筛选，需要在数据列表之外单独建立筛选条件区域，用于指定筛选的数据需要满足的条件。一个高级筛选的条件区域至少要包含两行：第一行是列标题，列标题应该与数据列表中的字段标题相匹配；第二行是筛选条件，筛选条件通常包含具体的数据或与数据相连接的比较运算符和通配符。图 2-41 是一张包含了筛选条件区域的数据列表，表格中的 B1:C1 单元格区域是条件区域的列标题，B2、B3、C2 和 C3 单元格内容是条件区域中的筛选条件，目的是筛选出"部门"字段为"客服部"且"实发工资"字段取值"大于 5000"，或者"部门"字段为"工程部"且"实发工资"字段取值"大于 4000"的记录。

	A	B	C	D	E	F	G	H	I	J	K	L
1		部门	实发工资									
2		客服部	>5000									
3		工程部	>4000									
4												
5												
6												
7	序号	日期	工号	姓名	部门	基本工资	补贴补助	奖金	应发工资	代缴保险	应纳税额	实发工资
8	1	2022年7月	BM200401	刘青云	技术部	5468	236	308	6012	156	110.6	5745.4
9	2	2022年7月	BM200402	冯丽娜	工程部	3790	139	219	4148	178	14.1	3955.9
10	3	2022年7月	BM200403	陈金芳	财务部	2980	136	210	3326	245	0	3081
11	4	2022年7月	BM200404	魏南华	客服部	5130	237	220	5587	312	152.5	5122.5
12	5	2022年7月	BM200405	李春东	销售部	4869	284	267	5420	178	149.2	5092.8
13	6	2022年7月	BM200406	雷彬彬	技术部	3210	178	232	3620	156	0	3464
14	7	2022年7月	BM200407	黄金铠	工程部	4328	256	304	4888	242	9.38	4636.62
15	8	2022年7月	BM200408	邓小丽	销售部	4674	290	348	5312	156	140.6	5015.4
16	9	2022年7月	BM200409	吴亚楠	技术部	3872	202	245	4319	321	14.94	3983.06
17	10	2022年7月	BM200410	梁永飞	客服部	3609	280	314	4203	278	12.75	3912.25

图 2-41　设置了条件区域的数据列表

【例 2-7】　执行图 2-41 中数据列表的高级筛选过程，方法如下。

（1）选中数据区域内的任意一个单元格，然后在"数据"选项卡下的"排序和筛选"组中单击"高级"按钮 ▽ 高级，打开"高级筛选"对话框，如图 2-42 所示。

图 2-42　"高级筛选"对话框

（2）在"高级筛选"对话框的"方式"选项中，选中"在原有区域显示筛选结果"单选按钮。

（3）将光标定位在"列表区域"文本框中，在表格内选取 A7:L17 单元格区域，此区域的地址会被自动地填写在"列表区域"文本框中，此区域就是待筛选的数据区域，如图 2-43

所示。也可以自行输入待筛选的数据区域地址，即在"列表区域"文本框中输入"$A$7:$L$17"。

	A	B	C	D	E	F	G	H	I	J	K	L
1		部门	实发工资									
2		客服部	>5000									
3		工程部	>4000									
4												
5												
6												
7	序号	日期	工号	姓名	部门	基本工资	补贴补助	奖金	应发...			资
8	1	2022年7月	BM200401	刘青云	技术部	5468	236	308				.4
9	2	2022年7月	BM200402	冯丽娜	工程部	3790	139	219				.9
10	3	2022年7月	BM200403	陈金芳	财务部	2980	136	210				81
11	4	2022年7月	BM200404	魏南华	客服部	5130	237	220				.5
12	5	2022年7月	BM200405	李春东	销售部	4869	284	267				.8
13	6	2022年7月	BM200406	雷彬彬	技术部	3210	178	232				64
14	7	2022年7月	BM200407	黄金铠	工程部	4328	256	304				2
15	8	2022年7月	BM200408	邓小丽	销售部	4674	290	348				4
16	9	2022年7月	BM200409	吴亚楠	技术部	3872	202	245	4319	321	14.94	3983.06
17	10	2022年7月	BM200410	梁永飞	客服部	3609	280	314	4203	278	12.75	3912.25

（对话框"高级筛选"：方式——在原有区域显示筛选结果(F)；将筛选结果复制到其他位置(O)。列表区域(L)：$A$7:$L$17。条件区域(C)：。复制到(T)：。选择不重复的记录(R)。确定 取消）

图 2-43　设置待筛选的数据区域

（4）与上述操作类似，将光标定位在"条件区域"文本框中，在表格内选取 B1:C3 单元格区域，此区域的地址会被自动地填写在"条件区域"文本框中，此区域就是筛选使用的条件。最后单击"确定"按钮得到筛选结果，如图 2-44 所示。

	A	B	C	D	E	F	G	H	I	J	K	L
1		部门	实发工资									
2		客服部	>5000									
3		工程部	>4000									
4												
5												
6												
7	序号	日期	工号	姓名	部门	基本工资	补贴补助	奖金	应发工资	代缴保险	应纳税额	实发工资
11	4	2022年7月	BM200404	魏南华	客服部	5130	237	220	5587	312	152.5	5122.5
14	7	2022年7月	BM200407	黄金铠	工程部	4328	256	304	4888	242	9.38	4636.62

图 2-44　高级筛选结果

图 2-44 是根据复合条件"部门"字段取值为"客服部"且"实发工资高于 5000"或者"部门"字段取值为"工程部"且"实发工资高于 4000"的记录，并且设定筛选的结果显示在原有区域。

高级筛选可以在原有数据区域显示筛选结果，也可以将筛选结果复制到其他位置。如果要把上述筛选结果显示在其他位置，操作方法与前者类似。

（1）在"数据"选项卡下的"排序和筛选"组中单击"高级"按钮，打开"高级筛选"对话框，在"方式"选项中，选中"将筛选结果复制到其他位置"单选按钮。

（2）在"列表区域"文本框中选取 A7:L17 单元格区域，在"条件区域"文本框中选取 B1:C3 单元格区域，在"复制到"文本框中选取 A20 单元格，如图 2-45 所示。

（3）单击"确定"按钮，筛选结果会显示在 A20 单元格起始的区域内，结果如图 2-46 所示，其中 A20:L22数据区域是最后筛选出来的结果。

图 2-45　设置"高级筛选"对话框

	A	B	C	D	E	F	G	H	I	J	K	L
1		部门	实发工资									
2		客服部	>5000									
3		工程部	>4000									
4												
5												
6												
7	序号	日期	工号	姓名	部门	基本工资	补贴补助	奖金	应发工资	代缴保险	应纳税额	实发工资
8	1	2022年7月	BM200401	刘青云	技术部	5468	236	308	6012	156	110.6	5745.4
9	2	2022年7月	BM200402	冯丽娜	工程部	3790	139	219	4148	178	14.1	3955.9
10	3	2022年7月	BM200403	陈金芳	财务部	2980	136	210	3326	245	0	3081
11	4	2022年7月	BM200404	魏南华	客服部	5130	237	220	5587	312	152.5	5122.5
12	5	2022年7月	BM200405	李春东	销售部	4869	284	267	5420	178	149.2	5092.8
13	6	2022年7月	BM200406	雷彬彬	技术部	3210	178	232	3620	156	0	3464
14	7	2022年7月	BM200407	黄金铠	工程部	4328	256	304	4888	242	9.38	4636.62
15	8	2022年7月	BM200408	邓小丽	销售部	4674	290	348	5312	156	140.6	5015.4
16	9	2022年7月	BM200409	吴亚楠	技术部	3872	202	245	4319	321	14.94	3983.06
17	10	2022年7月	BM200410	梁永飞	客服部	3609	280	314	4203	278	12.75	3912.25
18												
19												
20	序号	日期	工号	姓名	部门	基本工资	补贴补助	奖金	应发工资	代缴保险	应纳税额	实发工资
21	4	2022年7月	BM200404	魏南华	客服部	5130	237	220	5587	312	152.5	5122.5
22	7	2022年7月	BM200407	黄金铠	工程部	4328	256	304	4888	242	9.38	4636.62

图 2-46 指定筛选结果的位置

> **注意：** 高级筛选允许将筛选结果复制到其他位置，除了数据列表所在的工作表，还可以将筛选结果复制到其他的工作表中，但需要在选定目标工作表的前提下进行操作，即首先选定目标区域所在的工作表，然后进行高级筛选操作。

2.2.4 财经数据筛选应用案例

视频演示 2-8　财经数据筛选应用案例

【例 2-8】　图 2-47 是一个表示多重条件关系的条件区域，它同时包含了"关系与"和"关系或"的条件，表示筛选"部门"字段为"技术部"且"基本工资"字段取值"大于 3000"且"基本工资"字段取值"小于 5000"，或者"部门"字段为"工程部"且"代缴保险"字段取值"等于178"，或者"部门"字段为"客服部"的所有职工记录，筛选出来的结果如图 2-48 所示。

部门	基本工资	基本工资	代缴保险
技术部	>3000	<5000	
工程部			178
客服部			

图 2-47 多重条件关系

	A	B	C	D	E	F	G	H	I	J	K	L
1	序号	日期	工号	姓名	部门	基本工资	补贴补助	奖金	应发工资	代缴保险	应纳税额	实发工资
3	2	2022年7月	BM200402	冯丽娜	工程部	3790	139	219	4148	178	14.1	3955.9
5	4	2022年7月	BM200404	魏南华	客服部	5130	237	220	5587	312	152.5	5122.5
7	6	2022年7月	BM200406	雷彬彬	技术部	3210	178	232	3620	156	0	3464
10	9	2022年7月	BM200409	吴亚楠	技术部	3872	202	245	4319	321	14.94	3983.06
11	10	2022年7月	BM200410	梁永飞	客服部	3609	280	314	4203	278	12.75	3912.25

图 2-48 多重条件筛选的结果

> **注意：** 当在条件区域中使用空白单元格作为条件时，表示任意数据内容均满足条件，即保留所有的记录不做筛选。条件区域中的空白单元格并不表示筛选空值，如果要筛选空值，需要使用等号。例如，筛选"部门"字段为空的记录，需要在"部门"字段下方的单元格中放置"="。

2.3　数据的分类汇总

各种报表处理操作中最常用的就是分类汇总，其目的是对行列数较多、字段类别包含多个层次含义的数据进行"分级显示"，以便于统计分析。例如，会计核算中需要按照科目将明细账分类汇总；仓库管理中需要按照产品类别将库存产品分类汇总；医院管理中需要按照疾病进行病源病谱的分类汇总等。在执行分类汇总操作之前，首先要确定分类的依据，并按照选定的分类依据将数据清单排序，然后才能进行分类汇总。根据分类依据的复杂程度（即个数），把分类汇总分成两类：简单分类汇总和嵌套分类汇总。

2.3.1　数据的简单分类汇总

视频演示2-9　数据的简单分类汇总

数据的简单分类汇总是按照单个字段对数据列表进行分类汇总。

【例2-9】 汇总邕凯公司2021年各季度的电器销售额，方法如下。

（1）单击"季度"字段所在列的任意一个单元格，在"数据"选项卡下的"排序和筛选"组中单击"升序"按钮，得到的排序结果如图2-49所示。

	A	B	C	D	E	F	G
1				2021年邕凯公司电器销售表			
2	年度	季度	产品类型	销售点	销售额（万元）	数量	区域
3	2021	1	LED液晶电视	航洋店	54.5	127	青秀区
4	2021	1	燃气热水器	大学店	16.2	35	西乡塘区
5	2021	1	冰箱	长湖店	13.4	48	青秀区
6	2021	1	平板电脑	淡村店	41.5	77	江南区
7	2021	1	洗衣机	航洋店	37.5	88	青秀区
8	2021	2	LED液晶电视	朝阳店	45.9	259	兴宁区
9	2021	2	燃气热水器	淡村店	57.1	68	江南区
10	2021	2	冰箱	南棉店	26.4	66	兴宁区
11	2021	2	平板电脑	长湖店	56.2	88	青秀区
12	2021	2	洗衣机	朝阳店	27.9	55	兴宁区
13	2021	3	LED液晶电视	南棉店	38.8	86	兴宁区
14	2021	3	燃气热水器	朝阳店	41.5	106	兴宁区
15	2021	3	冰箱	航洋店	55.2	132	青秀区
16	2021	3	平板电脑	朝阳店	42.8	76	兴宁区
17	2021	3	洗衣机	南棉店	31.6	96	兴宁区
18	2021	4	LED液晶电视	大学店	30.2	46	西乡塘区
19	2021	4	燃气热水器	友爱店	52.3	74	西乡塘区
20	2021	4	冰箱	友爱店	48.9	87	西乡塘区
21	2021	4	平板电脑	大学店	77.9	133	西乡塘区
22	2021	4	洗衣机	淡村店	25.5	68	江南区

图2-49　按照"季度"字段升序排序结果

（2）选中数据区中任意一个单元格，在"数据"选项卡下的"分级显示"组中单击"分类汇总"按钮，打开"分类汇总"对话框。在"分类字段"右侧的下拉列表中选择"季度"，在"汇总方式"右侧的下拉列表中选择"求和"，在"选定汇总项"列表框中勾选"销售额（万元）"复选项，并勾选"汇总结果显示在数据下方"复选项，如图 2-50 所示。

> **注意**：在进行分类汇总时，必须定位到数据区的任意一个单元格中，否则无法进行分类汇总，如果没有定位在数据区的话，单击"分类汇总"按钮时会弹出如图 2-51 所示的提示对话框。

图 2-50 设置"分类汇总"对话框

图 2-51 提示对话框

（3）单击"确定"按钮，自动创建季度汇总项和总计项，并且进入分级显示模式，该公司各季度的电器销售额汇总结果如图 2-52 所示。

	年度	季度	产品类型	销售点	销售额（万元）	数量	区域
			2021年邕凯公司电器销售表				
3	2021	1	LED液晶电视	航洋店	54.5	127	青秀区
4	2021	1	燃气热水器	大学店	16.2	35	西乡塘区
5	2021	1	冰箱	长湖店	13.4	48	青秀区
6	2021	1	平板电脑	淡村店	41.5	77	江南区
7	2021	1	洗衣机	航洋店	37.5	88	青秀区
8		1 汇总			163.1		
9	2021	2	LED液晶电视	朝阳店	45.9	259	兴宁区
10	2021	2	燃气热水器	淡村店	57.1	68	江南区
11	2021	2	冰箱	南棉店	26.4	66	兴宁区
12	2021	2	平板电脑	长湖店	56.2	88	青秀区
13	2021	2	洗衣机	朝阳店	27.9	55	兴宁区
14		2 汇总			213.5		
15	2021	3	LED液晶电视	南棉店	38.8	86	兴宁区
16	2021	3	燃气热水器	朝阳店	41.5	106	兴宁区
17	2021	3	冰箱	航洋店	55.2	132	青秀区
18	2021	3	平板电脑	朝阳店	42.8	76	兴宁区
19	2021	3	洗衣机	南棉店	31.6	96	兴宁区
20		3 汇总			209.9		
21	2021	4	LED液晶电视	大学店	30.2	46	西乡塘区
22	2021	4	燃气热水器	友爱店	52.3	74	西乡塘区
23	2021	4	冰箱	友爱店	48.9	87	西乡塘区
24	2021	4	平板电脑	大学店	77.9	133	西乡塘区
25	2021	4	洗衣机	淡村店	25.5	68	江南区
26		4 汇总			234.8		
27		总计			821.3		

图 2-52 按"季度"分类汇总的结果

在分级显示状态下单击不同的显示级别所对应的数字按钮，数据列表将显示不同级别的数据。图 2-53 是单击"第 2 级数据"按钮 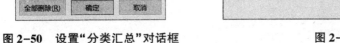 以后的数据列表的显示结果。

	A	B	C	D	E	F	G
1				2021年邑凯公司电器销售表			
2	年度	季度	产品类型	销售点	销售额（万元）	数量	区域
8		1 汇总			163.1		
14		2 汇总			213.5		
20		3 汇总			209.9		
26		4 汇总			234.8		
27		总计			821.3		

图 2-53 "第2级数据"列表

如果想把图 2-53 中的分类汇总结果复制到其他位置，不能直接进行复制、粘贴，否则隐藏状态下的明细数据也将被一起复制，正确的方法如下。

（1）在图 2-53 所示的分级显示结果中选定 A1:G27 单元格区域。

（2）按〈F5〉键打开"定位"对话框，单击其中的"定位条件"按钮打开"定位条件"对话框。

（3）在"定位条件"对话框中选中"可见单元格"单选按钮，如图 2-54 所示，然后单击"确定"按钮。这样只选定当前区域中的所有可见单元格，而不会同时选中处于隐藏状态下的单元格。

（4）按〈Ctrl+C〉组合键进行复制。

（5）单击工作表标签选定目标工作表，如 Sheet2，再选定该工作表中的任意一个单元格，如 A1 单元格，然后按〈Ctrl+V〉组合键完成粘贴。最终结果如图 2-55 所示。

图 2-54 "定位条件"对话框

	A	B	C	D	E	F	G
1				2021年邑凯公司电器销售表			
2	年度	季度	产品类型	销售点	售额（万元	数量	区域
3		1 汇总			163.1		
4		2 汇总			213.5		
5		3 汇总			209.9		
6		4 汇总			234.8		
7		总计			821.3		

图 2-55 在新表格中粘贴汇总数据

> **注意**：在进行分类汇总前，必须先按照分类字段对数据列表中的数据进行排序。一个工作表内在行方向上或者列方向上只能创建一个分级显示。

2.3.2 数据的嵌套分类汇总

 视频演示 2-10 数据的嵌套分类汇总

如果希望按照多个字段对数据列表进行分类汇总，需要按照分类次序多次执行分类汇总操作，即嵌套分类汇总。在进行嵌套分类汇总之前，同样需要先对分类字段进行排序。

【例 2-10】　以 2021 年邕凯公司电器销售表为例，要求显示该公司在不同季度的销售总额和各区域在不同季度的销售总额，即先按照"季度"字段汇总"销售额（万元）"，再按照"区域"字段汇总"销售额（万元）"，方法如下。

（1）单击数据列表中的任意一个单元格，然后在"数据"选项卡下的"排序和筛选"组中单击"排序"按钮，打开"排序"对话框。在"主要关键字"下拉列表中选择"季度"字段；单击"添加条件"按钮，在"次要关键字"下拉列表中选择"区域"字段，右侧的排序依据均保留默认设置，即排序依据为"单元格值"、次序为"升序"，单击"确定"按钮完成分类字段的排序。

（2）在"数据"选项卡下的"分级显示"组中单击"分类汇总"按钮，打开"分类汇总"对话框。在"分类字段"右侧的下拉列表中选择"季度"字段，在"汇总方式"右侧的下拉列表中选择"求和"，在"选定汇总项"列表框中选中"销售额（万元）"复选项，并选中"汇总结果显示在数据下方"复选项，然后单击"确定"按钮关闭"分类汇总"对话框，初步生成第一层分类汇总。

（3）单击数据列表中的任意一个单元格，然后在"数据"选项卡下的"分级显示"组中单击"分类汇总"按钮，打开"分类汇总"对话框。在"分类字段"右侧的下拉列表中选择"区域"字段，在"汇总方式"右侧的下拉列表中选择"求和"，在"选定汇总项"列表框中勾选"销售额（万元）"复选项，取消选中"替换当前分类汇总"复选项。第二层分类汇总的设置如图 2-56 所示。

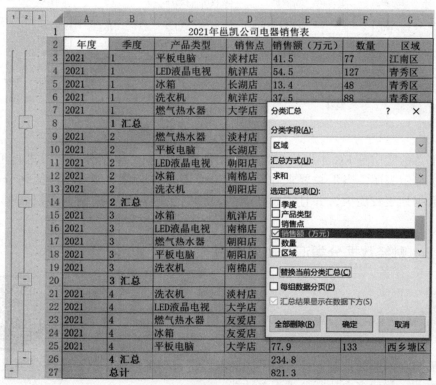

图 2-56　设置第二层分类汇总

（4）单击"确定"按钮即可实现嵌套分类汇总，最终的结果如图 2-57 所示。

年度	季度	产品类型	销售点	销售额（万元）	数量	区域	
			2021年邕凯公司电器销售表				
年度	季度	产品类型	销售点	销售额（万元）	数量	区域	
2021	1	平板电脑	淡村店	41.5	77	江南区	
				41.5		江南区 汇总	
2021	1	LED液晶电视	航洋店	54.5	127	青秀区	
2021	1	冰箱	长湖店	13.4	48	青秀区	
2021	1	洗衣机	航洋店	37.5	88	青秀区	
				105.4		青秀区 汇总	
2021	1	燃气热水器	大学店	16.2	35	西乡塘区	
				16.2		西乡塘区 汇总	
	1 汇总			163.1			
2021	2	燃气热水器	淡村店	57.1	68	江南区	
				57.1		江南区 汇总	
2021	2	平板电脑	长湖店	56.2	88	青秀区	
				56.2		青秀区 汇总	
2021	2	LED液晶电视	朝阳店	45.9	259	兴宁区	
2021	2	冰箱	南棉店	26.4	66	兴宁区	
2021	2	洗衣机	朝阳店	27.9	55	兴宁区	
				100.2		兴宁区 汇总	
	2 汇总			213.5			
2021	3	冰箱	航洋店	55.2	132	青秀区	
				55.2		青秀区 汇总	
2021	3	LED液晶电视	南棉店	38.8	86	兴宁区	
2021	3	燃气热水器	朝阳店	41.5	106	兴宁区	
2021	3	平板电脑	朝阳店	42.8	76	兴宁区	
2021	3	洗衣机	南棉店	31.6	96	兴宁区	
				154.7		兴宁区 汇总	
	3 汇总			209.9			
2021	4	洗衣机	淡村店	25.5	68	江南区	
				25.5		江南区 汇总	
2021	4	LED液晶电视	大学店	30.2	46	西乡塘区	
2021	4	燃气热水器	友爱店	52.3	74	西乡塘区	
2021	4	冰箱	友爱店	48.9	87	西乡塘区	
2021	4	平板电脑	大学店	77.9	133	西乡塘区	
				209.3		西乡塘区 汇总	
	4 汇总			234.8			
	总计			821.3			

图 2-57　嵌套分类汇总的最终结果

　　分类汇总的实质是 Excel 为数据列表自动创建汇总项，根据分类字段进行汇总计算，并使用分级显示视图。当汇总要求较简单时，使用分类汇总功能可以便捷地分析处理数据；如果数据列表较庞大，并且汇总要求较复杂时，则需要借助数据透视表来实现分类汇总。

2.3.3　财经数据分类汇总应用案例

视频演示 2-11　财经数据分类汇总应用案例

　　如果需要在不同的汇总方式下对不同的字段进行分类汇总，只要按照分类次序选择合适的汇总方式，然后多次执行分类汇总功能。

　　【例 2-11】　以 2021 年邕凯公司电器销售表为例，要求显示该公司在不同季度的销售总额和各区域在不同季度的平均销售额，即先按照"季度"字段汇总"销售额（万元）"，再按照"区域"字段计算"销售额（万元）"的平均值，方法如下。

（1）单击数据列表中的任意一个单元格，然后在"数据"选项卡下的"排序和筛选"组中单击"排序"按钮，打开"排序"对话框。在"主要关键字"下拉列表中选择"季度"字段；单击"添加条件"按钮，在"次要关键字"下拉列表中选择"区域"字段，右侧的排序依据均保留默认设置，即排序依据为"单元格值"、次序为"升序"，单击"确定"按钮完成分类字段的排序。

（2）在"数据"选项卡下的"分级显示"组中单击"分类汇总"按钮，打开"分类汇总"对话框。在"分类字段"右侧的下拉列表中选择"季度"字段，在"汇总方式"右侧的下拉列表中选择"求和"，在"选定汇总项"列表框中选中"销售额（万元）"复选项，并选中"汇总结果显示在数据下方"复选项，然后单击"确定"按钮关闭"分类汇总"对话框，初步生成第一层分类汇总。

（3）单击数据列表中的任意一个单元格，然后在"数据"选项卡下的"分级显示"组中单击"分类汇总"按钮，打开"分类汇总"对话框。在"分类字段"右侧的下拉列表中选择"区域"字段，在"汇总方式"右侧的下拉列表中选择"平均值"，在"选定汇总项"列表框中选中"销售额（万元）"复选项，取消选中"替换当前分类汇总"复选项。第二层分类汇总的设置如图 2-58 所示。

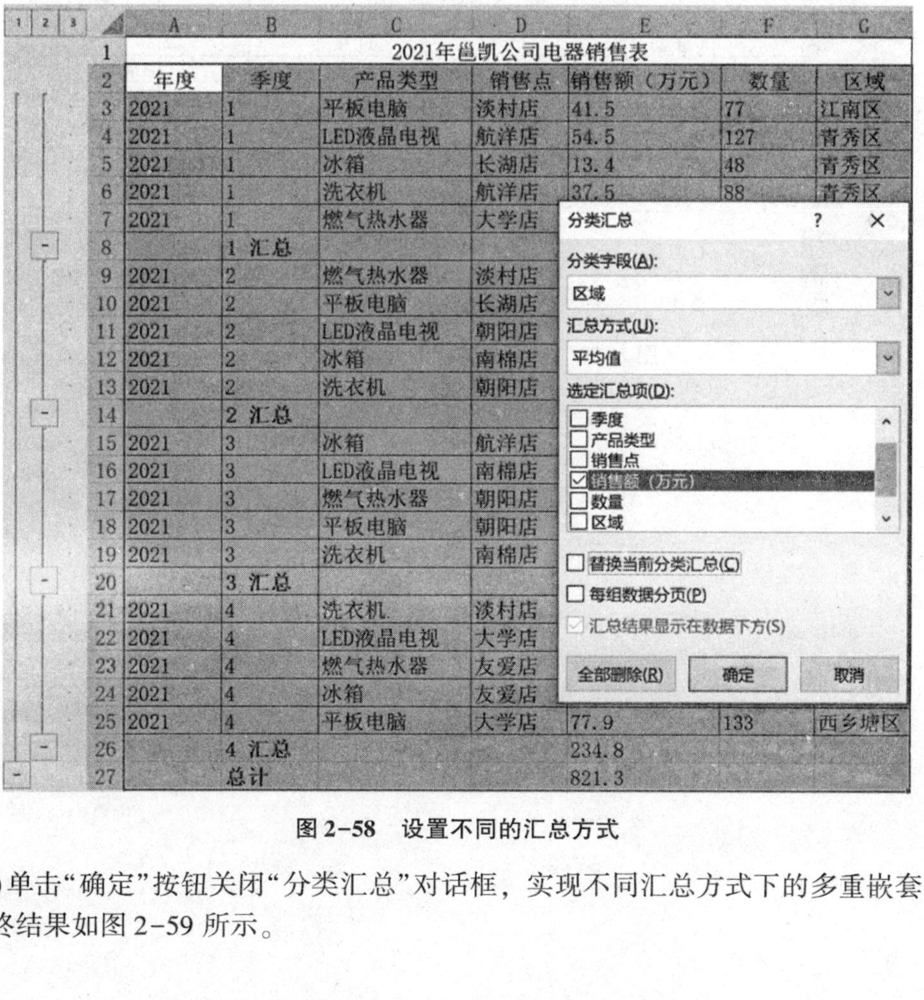

图 2-58　设置不同的汇总方式

（4）单击"确定"按钮关闭"分类汇总"对话框，实现不同汇总方式下的多重嵌套分类汇总，最终结果如图 2-59 所示。

	A	B	C	D	E	F	G	H
1				2021年邕凯公司电器销售表				
2	年度	季度	产品类型	销售点	销售额（万元）	数量	区域	
3	2021	1	平板电脑	淡村店	41.5	77	江南区	
4					41.5		江南区 平均值	
5	2021	1	LED液晶电视	航洋店	54.5	127	青秀区	
6	2021	1	冰箱	长湖店	13.4	48	青秀区	
7	2021	1	洗衣机	航洋店	37.5	88	青秀区	
8					35.13333333		青秀区 平均值	
9	2021	1	燃气热水器	大学店	16.2	35	西乡塘区	
10					16.2		西乡塘区 平均值	
11		1 汇总			163.1			
12	2021	2	燃气热水器	淡村店	57.1	68	江南区	
13					57.1		江南区 平均值	
14	2021	2	平板电脑	长湖店	56.2	88	青秀区	
15					56.2		青秀区 平均值	
16	2021	2	LED液晶电视	朝阳店	45.9	259	兴宁区	
17	2021	2	冰箱	南棉店	26.4	66	兴宁区	
18	2021	2	洗衣机	朝阳店	27.9	55	兴宁区	
19					33.4		兴宁区 平均值	
20		2 汇总			213.5			
21	2021	3	冰箱	航洋店	55.2	132	青秀区	
22					55.2		青秀区 平均值	
23	2021	3	LED液晶电视	南棉店	38.8	86	兴宁区	
24	2021	3	燃气热水器	朝阳店	41.5	106	兴宁区	
25	2021	3	平板电脑	朝阳店	42.8	76	兴宁区	
26	2021	3	洗衣机	南棉店	31.6	96	兴宁区	
27					38.675		兴宁区 平均值	
28		3 汇总			209.9			
29	2021	4	洗衣机	淡村店	25.5	68	江南区	
30					25.5		江南区 平均值	
31	2021	4	LED液晶电视	大学店	30.2	46	西乡塘区	
32	2021	4	燃气热水器	友爱店	52.3	74	西乡塘区	
33	2021	4	冰箱	友爱店	48.9	87	西乡塘区	
34	2021	4	平板电脑	大学店	77.9	133	西乡塘区	
35					52.325		西乡塘区 平均值	
36		4 汇总			234.8			
37					41.065		总计平均值	
38		总计			821.3			

图 2-59　多汇总方式的分类汇总结果

第3章 Excel 财经数据的分析与展示

 知识目标

> 　　本章主要介绍在 Excel 中创建数据透视表及图表，并对财经数据进行分析与展示，包括使用单表数据源和多表数据源创建数据透视表，对数据透视表进行格式化，数据透视表在财经数据中的应用；各类图表的创建，图表的编辑与美化，通过图表对财经数据的分析。
>
> 　　本章重点：数据透视表的布局、图表的设计。
>
> 　　本章难点：根据具体实例分析数据透视表的字段及布局、图表的组合及辅助区的设计。

3.1　财经数据透视表分析

　　数据透视表可以对数据进行交叉分析，将数据的排序、筛选和分类汇总结合在一起，通过转换行和列，以不同的方式快速查看各种形式的数据汇总报表。透视表的数据源必须是标准规范的数据清单(数据库)，即不存在合并单元格、多行标题、非法数字等情况。

　　一个完整的数据透视表结构包括四个区域，筛选区、行标签、列标签和值，如图3-1所示。

　　(1)筛选：添加字段到筛选区域，可以对字段包含的数据项进行筛选。

　　(2)行标签：添加字段到行标签区域，可以将字段包含的数据项按行显示。

　　(3)列标签：添加字段到列标签区域，可以将字段包含的数据项按列显示。

　　(4)值：添加字段到值区域，可以将字段中的值进行指定计算。

提示：数据区域指包括数据源字段行在内的连续的单元格区域；字段指数据源中的一列数据，首行为字段名；数据项指字段包含的不重复的数据；记录指数据区域内的一行数据。

图3-1　数据透视表结构的四个区域

3.1.1　创建数据透视表

1. 单表数据源创建数据透视表

　视频演示3-1　单表数据源创建数据透视表

【例3-1】　创建一个上半年销售数据透视表，并以透视表为数据源制作折线图，分析上半年各月销售额的变化。具体的操作步骤如下。

（1）打开"单表数据源创建数据透视表.xlsx"工作簿，选择"销售情况表"，单击数据区域的任一单元格（注意：不要选几列或全选工作表作为数据源）。然后单击"插入"选项卡中的"数据透视表"按钮，如图3-2所示。

	A	B	C	D	E	F
1	月份	购货单位	业务员	产品名称	销售量	销售额
2	1月	客户01	高晓慧	产品002	2302	116251
3	1月	客户01	高晓慧	产品005	3098	102192
4	1月	客户02	郭燕妮	产品006	1286	61243
5	2月	客户03	张宝强	产品002	9820	444006

图3-2　插入"数据透视表"

（2）在打开的"创建数据透视表"对话框中，选择数据表的数据区域，选中"选择放置数据透视表的位置"栏下的"新工作表"单选按钮，然后单击"确认"按钮，如图 3-3 所示。

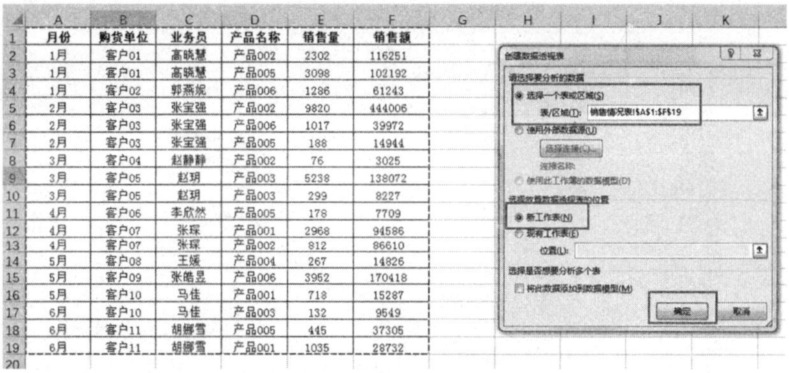

图 3-3 选择透视表数据区域

（3）设置数据透视表字段，把"月份"字段拖至行标签区域，把"销售额"拖至值区域，即可得到数据透视表，如图 3-4 所示。

图 3-4 设置数据透视表字段

（4）以透视表的销售数据为数据源，创建折线图。选择数据透视表的 A3:B10 区域，在"插入"选项卡下的"图表"区单击"插入折线图或面积图"按钮，然后选择"折线图"，如图 3-5 所示。

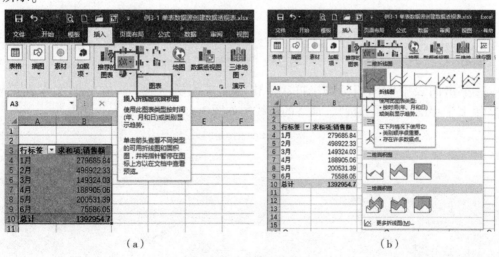

（a）　　　　　　　　　　　　　　　（b）

图 3-5 插入"折线图"

（a）选中数据源；（b）选择"折线图"

（5）在折线图的字段按钮上右击，在弹出的快捷菜单中选择"隐藏图表上的所有字段按钮"，可以隐藏图表上的所有字段按钮，如图3-6所示。

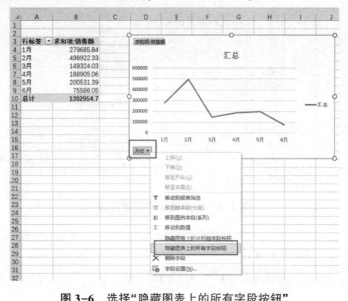

图3-6　选择"隐藏图表上的所有字段按钮"

（6）选中图表，单击图表右上角的"+"图标，在打开的图表元素显示窗口中，单击相应的图表元素前的复选框，可以选择显示某个图表元素或隐藏该元素。也可以选中图表区中的图表元素，按〈Delete〉键删除，如图3-7所示。

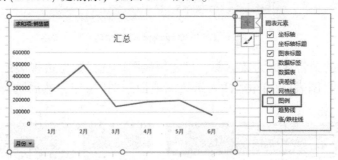

图3-7　隐藏图例

（7）单击图表中的图表标题，再次单击可变成编辑状态后，在标题文本框里输入"2022年上半年销售数据分析"，最终的折线图如图3-8所示。

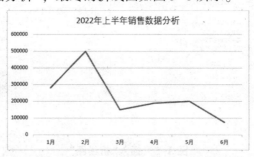

图3-8　上半年销售数据分析折线图

2. 多表数据源创建数据透视表

视频演示 3-2　多表数据源创建数据透视表 1

在实际工作中常常需要使用多个表格的数据来创建一个数据透视表，这时应根据具体的表格结构选择适用的方法。本节介绍如何使用多重合并计算数据区域的方法构建数据透视表。当多个工作表的结构是二维表格时（即数据区域的第一列和第一行是文本，其他的都是数字），则可以使用多重合并计算数据区域的方法合并工作表来创建数据透视表，而且合并的工作表结构必须完全一致。

【例 3-2】　使用 1 月至 6 月的数据分析公司各部门上半年开销情况，具体的操作步骤如下。

（1）打开"多表数据源创建数据透视表 . xlsx"工作簿，然后在快速访问工具栏中打开"数据透视表和数据透视图向导"图标。

（2）在"数据透视表和数据透视图向导--步骤 1（共 3 步）"对话框中，选择"多重合并计算数据区域"和"数据透视表"单选按钮，然后单击"下一步"按钮，如图 3-9 所示。

打开数据透视表和向导的方法

（3）在"数据透视表和数据透视图向导--步骤 2a（共 3 步）"对话框中，选择"创建单页字段"单选按钮，然后单击"下一步"按钮，如图 3-10 所示。

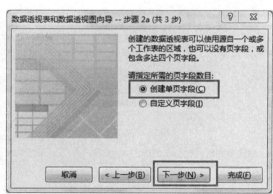

图 3-9　"数据透视表和数据透视图向导--步骤 1"对话框　　　　图 3-10　选择"创建单页字段"

（4）在"数据透视表和数据透视图向导--第 2b 步，共 3 步"对话框中，分别选择 1—6 月工作表中的数据作为要汇总的数据区域，依次单击"添加"按钮，将 6 个月的数据添加到"所有区域"中，然后单击"下一步"按钮，如图 3-11 所示。

提示：对话框中"所有区域"中表的排列与添加工作表时的次序可能会不一样，透视表会生成一个页字段，页字段下面有 N 个项（汇总多少个工作表，就有多少项），项的名称是按照"所有区域"中各表的排列次序进行默认命名的，即项1（Item1）、项2（Item2）、项3（Item3）……，因此用户需记住"所有区域"中各项与各个月份表对应的顺序，以便后期修改成对应的月份名称，如图3-12所示。

图3-11　添加合并的数据区域

图3-12　各数据表和项的对应关系

（5）在"数据透视表和数据透视图向导--步骤3（共3步）"对话框中，选择"新工作表"单选按钮，然后单击"完成"按钮，如图3-13所示，最终得到公司部门上半年开销情况的数据透视表。最后将透视表所在的工作表重命名为"公司部门上半年开销情况数据透视表"，如图3-14所示。

图3-13　选择"新工作表"

图3-14　"公司部门上半年开销情况数据透视表"

视频演示3-3　多表数据源创建数据透视表2

【例3-3】　根据例3-2的公司部门上半年开销情况数据透视表，查看各部门的办公费在每个月的开销情况，具体的操作步骤如下。

（1）调整"公司部门上半年开销情况数据透视表"字段的布局，将"页1"字段拖到列标签区域，"列"字段拖到筛选区域，如图 3-15 所示。得到的新数据透视表结果如图 3-16所示。

图 3-15　调整透视表布局

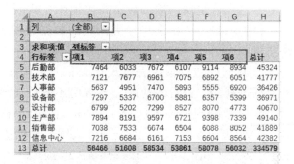

图 3-16　调整透视表布局后的新数据透视表

（2）选中 A1 单元格，输入"项目费用"；选中"行标签"所在的 A4 单元格，输入"公司部门"；选中 B3 单元格，输入"月份"；选中 B4 单元格，输入"1 月"，即将"项 1"更改为对应的月份名称，依次更改项 2 至项 6 为对应的月份名称，如图 3-17 所示。

> 提示：①不能用拖曳填充柄向右自动填充的方式更改月份名称。②如果需要调整月份的次序，选择月份的单元格后，使光标对准边框中间，出现十字箭头后，按住鼠标左键将其拖到相应顺序的位置。

（3）单击"全部"下拉按钮，选择"办公费"后，就可以查看各部门每月办公费的开销情况，如图 3-18 所示。

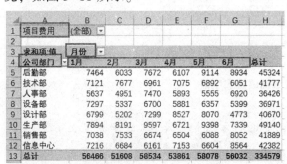

图 3-17　更改行、列、项名称　　　　　图 3-18　查看各部门每月办公费的开销情况

> 提示：如果源数据表分布在多个不同的工作簿中，可用同样的方法建立多表数据源的数据透视表，但是需要每个工作簿都打开后再进行添加数据区域的操作。

3.1.2 数据透视表的格式化

视频演示 3-4 数据透视表的格式化

使用数据源创建了基本的数据透视表以后，需要对数据透视表进行一些格式化处理，使数据透视表呈现的数据显示得更清晰、美观、易读。

【例3-4】 创建多层分类汇总的数据透视表，并对数据透视表进行格式化，具体的操作步骤如下。

（1）打开"数据透视表格式化.xlsx"工作簿，使用"各地区销售情况"工作表的数据创建数据透视表，查看各地区、各省份不同性质店面的销售金额和销售成本的汇总数据。将"性质"字段拖到列标签区域，将"地区"和"省份"字段分别拖到行标签区域，将"销售金额"和"销售成本"字段分别拖到值区域，数据透视表四个区域放置的字段如图3-19所示。

图3-19 设置数据透视表字段

> 提示：如果想对数据透视表重新布局，有两种方法。一是在"数据透视表字段"窗格中，取消选中字段前面的复选标记。二是通过单击"数据透视表工具"下的"分析"选项卡，然后单击"操作"组中的"清除"按钮，在下拉列表中选择"全部清除"选项进行设置。

（2）设置数据透视表的样式，美化数据透视表。单击"数据透视表工具"的"设计"选项卡，通过"数据透视表样式"组选择美观合适的样式。例如：要设置数据透视表样式为"浅蓝，数据透视表样式中等深浅2"，可单击"数据透视表工具"的"设计"选项卡，然后单击"数据透视表样式"组中的下拉按钮，在下拉列表中选择相应选项即可。

（3）设置报表的布局为表格形式。单击"数据透视表工具"的"设计"选项卡，然后单击"布局"组的"报表布局"下拉按钮，选择"以表格形式显示"，如图 3-20 所示。

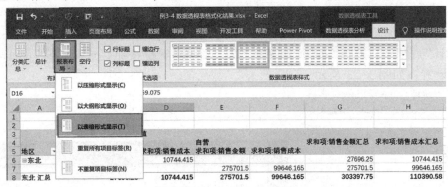

图 3-20　设置"报表布局"为"以表格形式显示"

> **提示**：报表布局有三种：压缩形式、大纲形式、表格形式。
>
> 压缩形式：行标签区域的所有字段压缩在一列显示，此时不显示各个数据项对应的字段名称（默认的显示形式）。
>
> 大纲形式：行标签区域的所有字段并排分列显示，显示各个数据项对应的字段名称，分类汇总在顶部。
>
> 表格形式：行标签区域的所有字段并排分列显示，显示各个数据项对应的字段名称，分类汇总在底部。

（4）修改字段名称。把"求和项：销售金额"和"求和项：销售成本"分别改成"销售金额"和"销售成本"。单击"求和项：销售金额"所在的单元格，然后直接输入"销售金额"即可，也可以双击"求和项：销售金额"所在的单元格，在打开的"值字段设置"对话框的"自定义名称"编辑栏中修改。

> **提示**：如果更改名称与"数据透视表字段"中的字段名相同，Excel 会弹出如图 3-21 所示的提示框。解决办法是在字段名称后面多加一个空格符号，如将"销售金额"改为"销售金额 "。

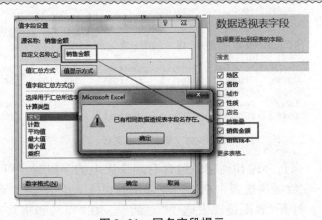

图 3-21　同名字段提示

（5）隐藏分类汇总。在默认情况下，每个分类字段都有分类汇总，当不需要显示这个分类汇总时，可以将其隐藏起来。例如：在"地区"列的任一单元格右击，在弹出的快捷菜单中取消选中"分类汇总'地区'（B）"选项前的复选标记。如果想重新显示，再在"地区"列的任一单元格右击，重新选中复选标记即可，如图3-22所示。也可选择"数据透视表工具"的"设计"选项卡，选择"布局"组中的"分类汇总"下拉按钮，选择"不显示分类汇总"选项进行设置，如图3-23所示。

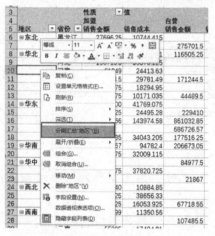 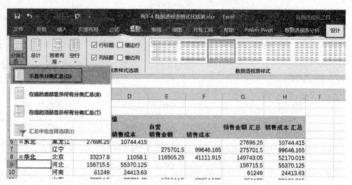

图3-22　快捷菜单隐藏分类汇总　　　　　　图3-23　在"设计"选项卡设置隐藏分类汇总

（6）隐藏表格总计。数据透视表有两个总计项：行总计和列总计。行总计是显示在透视表的右侧一列或几列，列总计是显示在透视表底部一行，当不需要时可以隐藏起来。通过"数据透视表工具"的"设计"选项卡，选择"布局"组中的"总计"下拉按钮中进行相应设置即可，如图3-24所示。

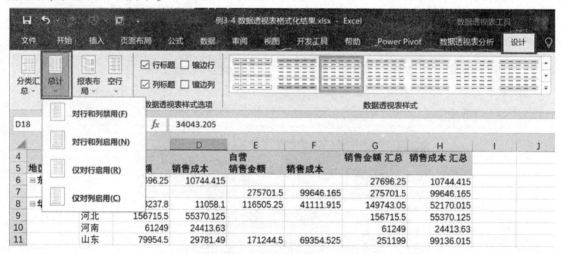

图3-24　隐藏表格总计

（7）合并单元格。当行字段和列字段包含有两个以上的字段时，可以合并单元格将外层的字段居中显示。在数据透视表中右击，在弹出的快捷菜单中选择"数据透视表选项"选项，如图3-25所示，打开"数据透视表选项"对话框，在"布局和格式"选项卡下选中"合并且居中排列带标签的单元格"复选按钮，如图3-26所示，这时"加盟""自营""东北"等单元格均被合并居中，如图 3-27 所示。

图 3-25　设置"数据透视表选项"　　　　　　图 3-26　合并居中单元格

地区	省份	加盟		白营		销售金额 汇总	销售成本 汇总
		销售金额	销售成本	销售金额	销售成本		
东北	黑龙江	27696.25	10744.415			27696.25	10744.415
	辽宁			275701.5	99646.165	275701.5	99646.165
华北	北京	33237.8	11058.1	116505.25	41111.915	149743.05	52170.015
	河北	156715.5	55370.125			156715.5	55370.125
	河南	61249	24413.63			61249	24413.63
	山东	79954.5	29781.49	171244.5	69354.525	251199	99136.015
	山西	53891.75	18294.95			53891.75	18294.95
	天津	26747.75	10171.035	44489.5	15615.46	71237.25	25786.495
华东	安徽	116700	41769.075			116700	41769.075
	福建	65833.25	24495.28	229410	90230.385	295243.25	114725.665
	江苏	396166	143974.58	861032.85	335711.755	1257198.85	479686.335
	上海			686726.57	231746.305	686726.57	231746.305
	浙江	89434.85	34043.205	177516.25	69075.43	266951.1	103118.635
华南	广东	237967	94782.4	206673.05	83367.47	444640.05	178149.87
	海南	95235.75	32009.115			95235.75	32009.115
华中	湖北			84977.5	31156.54	84977.5	31156.54
	湖南	107003.75	37820.725			107003.75	37820.725
	江西			21867	7493.885	21867	7493.885
西北	甘肃	29540	10884.85			29540	10884.85
	内蒙古	106966.25	38656.33			106966.25	38656.33
	陕西	42902.25	16053.925	67718.55	23686.805	110620.8	39740.73
西南	贵州	33799	11350.56			33799	11350.56
	四川			107485.5	42225.87	107485.5	42225.87
	云南	55395	17494.91			55395	17494.91
	重庆			151574.75	55688.07	151574.75	55688.07
总计		1816435.65	663168.7	3202922.77	1196110.58	5019358.42	1859279.28

图 3-27　已经合并的单元格

（8）隐藏"折叠/展开按钮"。单击"数据透视表工具"的"数据透视表分析"选项卡，然后单击"显示"分组的"+/-按钮"进行隐藏/折叠/展开，如图 3-28 所示。

使用透视表注意事项

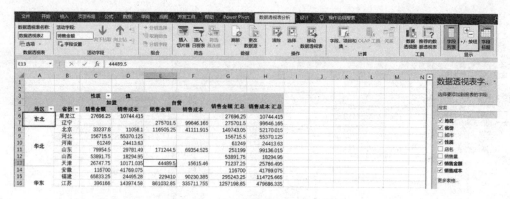

图 3-28　隐藏"折叠 \ 展开按钮"

3.1.3　财经数据透视表应用案例

利用数据透视表可以进行表格结构的快速转换，如通过数据透视表将二维表转换成一个数据清单，以方便不同场合的应用及查看。

1. 二维表转化为数据清单

　视频演示 3-5　二维表转化为数据清单　

【例 3-5】　将商品销售数据的二维表转化成数据清单，具体的操作步骤如下。

（1）打开"二维表转化为数据清单.xlsx"工作簿，在快速访问工具栏中打开"数据透视表和数据透视图向导"图标，打开"数据透视表和数据透视图向导--步骤 1（共 3 步）"对话框，选择"多重合并计算数据区域"单选按钮，在所需创建的报表类型区域中选择"数据透视表"单选按钮，再单击"下一步"按钮，如图 3-29 所示。在"数据透视表和数据透视图向导--步骤 2a（共 3 步）"对话框中，选择"创建单页字段"单选按钮，单击"下一步"按钮，如图 3-30 所示。在"数据透视表和数据透视图向导--第 2b 步（共 3 步）"对话框中，在"选定区域"编辑栏中输入"二维表转化为数据清单!\$A\$1:\$G\$16"，单击"添加"按钮，然后单击"下一步"按钮，如图 3-31 所示。在"数据透视表和数据透视图向导--步骤 3（共 3 步）"对话框中，选择数据透视表显示位置为"新工作表"，最后单击"完成"按钮，如图 3-32 所示。

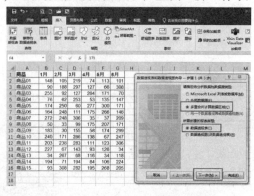

图 3-29　创建数据透视表步骤 1

图 3-30　创建数据透视表步骤 2a

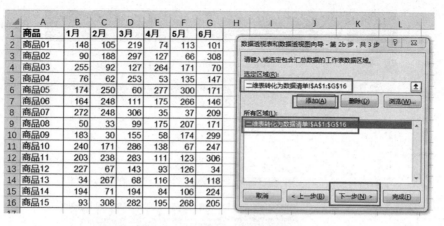

图 3-31　创建数据透视表步骤 2b

图 3-32　创建数据透视表步骤 3

（2）在"商品销售数据透视表"中双击数据区域右下角的所有行列合计单元格，如图 3-33 所示。当前工作簿会新增一个工作表存放转换得到的数据表，如图 3-34 所示。

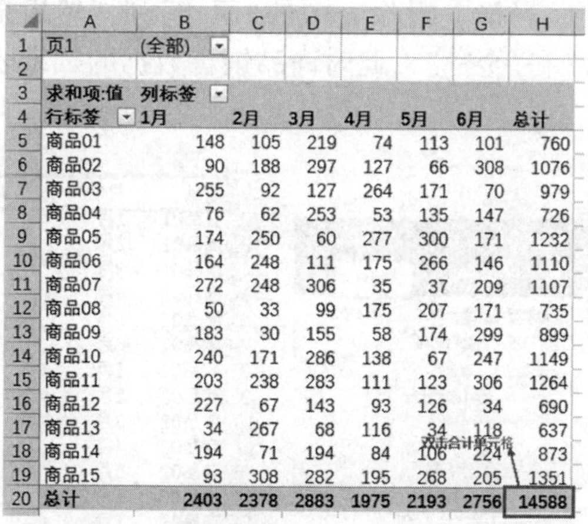

图 3-33　数据透视表的合计单元格 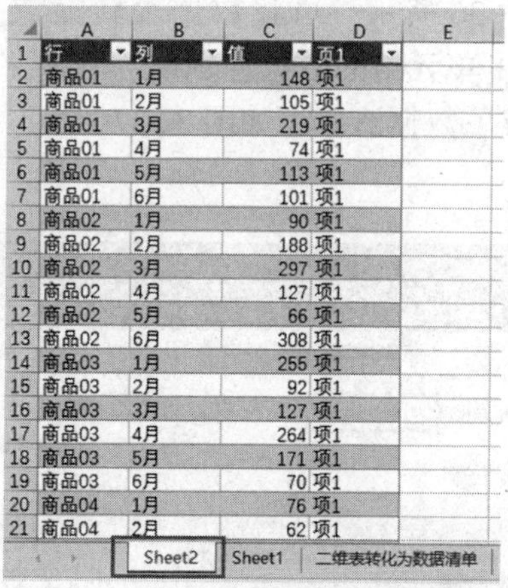　　　　图 3-34　二维表转化后的数据表

（3）对商品销售数据表的表格样式进行清除。把活动单元格定位在数据区域中，选择"表格工具"的"表设计"选项卡，单击"表格样式"组右下角的下拉按钮，展开"表格样式"对话框，单击"清除"按钮，即可清除数据表当前的样式，如图 3-35 所示。

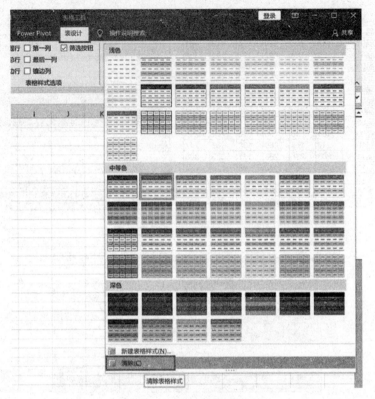

图 3-35 清除数据表样式

　　（4）将数据表转换成普通区域。选择"表格工具"的"表设计"选项卡，单击"工具"组中的"转换为区域"按钮，在弹出的"是否将表转换成普通区域"对话框中单击"是"按钮，如图 3-36 所示，可将数据表转换成一个普通表格。删除表中的"页1"列，然后把 A1、B1、C1 单元格的数据分别改为"商品""月份"和"金额"，此时商品销售数据的二维表格就转换成了数据清单，如图 3-37 所示。

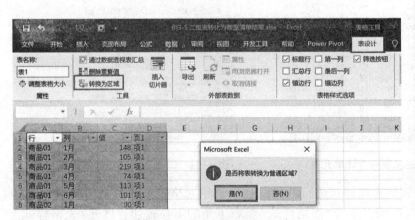

图 3-36 将数据表转换为普通表格

	A	B	C
1	商品	月份	金额
2	商品01	1月	148
3	商品01	2月	105
4	商品01	3月	219
5	商品01	4月	74
6	商品01	5月	113
7	商品01	6月	101
8	商品02	1月	90
9	商品02	2月	188
10	商品02	3月	297
11	商品02	4月	127
12	商品02	5月	66
13	商品02	6月	308
14	商品03	1月	255
15	商品03	2月	92
16	商品03	3月	127
17	商品03	4月	264
18	商品03	5月	171
19	商品03	6月	70

图 3-37 商品销售数据清单

2. 添加自定义计算字段

视频演示 3-6　自定义计算字段

在工作中常常会遇到这样的情况，用来创建透视表的数据源不能更改，但是又需要用数据源进行一些简单的公式计算来得到新的字段，这时可以在数据透视表中添加自定义的计算字段，从而得到新的字段和分析指标。

【例 3-6】　利用"各地区销售情况"表的数据，按地区和性质计算毛利、毛利率、完成率，具体的操作步骤如下。

（1）创建数据透视表。打开"自定义计算字段 .xlsx"工作簿，使用"各地区销售情况"表的数据创建一个数据透视表放在新工作表"Sheet1"中，将"性质"和"地区"字段分别拖入行标签区域，"本月指标""销售金额"和"销售成本"字段分别拖入值区域，如图 3-38所示。

图 3-38　设置各地区销售情况透视表

（2）打开"插入计算字段"对话框。选择"数据透视表工具"的"数据透视表分析"选项卡，单击"计算"组的"字段、项目和集"下拉按钮，选择"计算字段"，打开"插入计算字段"对话框。

（3）插入自定义字段。在"插入计算字段"对话框中的"名称"编辑栏中输入新的字段名"毛利"，在"公式"编辑栏中输入公式"＝销售金额-销售成本"，单击"添加"按钮，如图

3-39 所示，此时字段栏中则出现新的字段，如图 3-40 所示。使用同样的方法插入"毛利率""完成率"字段。毛利率的计算公式为"=round（毛利/销售金额,2）"，完成率的计算公式为"=销售金额/本月指标"。最后单击"确定"按钮即可得到添加新字段后的数据透视表，如图 3-41 所示。

图 3-39　新增"毛利"字段、公式设置

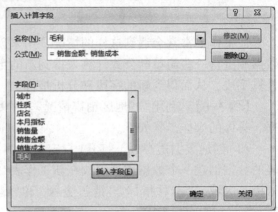

图 3-40　添加"毛利"字段

行标签	求和项:本月指标	求和项:销售金额	求和项:销售成本	求和项:毛利	求和项:毛利率	求和项:完成率
⊟加盟	5696000	1816435.65	663168.7	1153266.95	0.6349	0.318896708
东北	99000	27696.25	10744.415	16951.835	0.6121	0.279760101
华北	1399000	411796.3	149089.33	262706.97	0.638	0.294350465
华东	2328000	668134.1	244282.14	423851.96	0.6344	0.286999184
华南	878000	333202.75	126791.515	206411.235	0.6195	0.379501993
华中	244000	107003.75	37820.725	69183.025	0.6465	0.438539959
西北	489000	179408.5	65595.105	113813.395	0.6344	0.366888548
西南	259000	89194	28845.47	60348.53	0.6766	0.344378378
⊟自营	8678000	3202922.77	1196110.58	2006812.19	0.6266	0.369085362
东北	749000	275701.5	99646.165	176055.335	0.6386	0.36809279
华北	1044000	332239.25	126081.9	206157.35	0.6205	0.31823683
华东	4949000	1954685.67	726763.875	1227921.795	0.6282	0.394965785
华南	667000	206673.05	83367.47	123305.58	0.5966	0.309854648
华中	325000	106844.5	38650.425	68194.075	0.6383	0.328752308
西北	201000	67718.55	23686.805	44031.745	0.6502	0.336908209
西南	743000	259060.25	97913.94	161146.31	0.622	0.3486679
总计	14374000	5019358.42	1859279.28	3160079.14	0.6296	0.349197052

图 3-41　添加"毛利、毛利率和完成率"字段结果

> **提示**：在"插入计算字段"对话框的"公式"编辑栏中可以输入部分函数来构建公式，如用四舍五入函数对毛利率保留四位小数点计算等。

（4）调整数据透视表格式。选择"数据透视表工具"的"表设计"选项卡，单击"布局"组中的"分类汇总"按钮，打开分类汇总列表，选择"在组的底部显示所有分类汇总"选项，则可按分组显示汇总项，如图 3-42 所示。单击"报表布局"按钮，打开报表布局菜单，选择"以表格形式显示"选项，则可按表格形式显示数据，如图 3-43 所示。

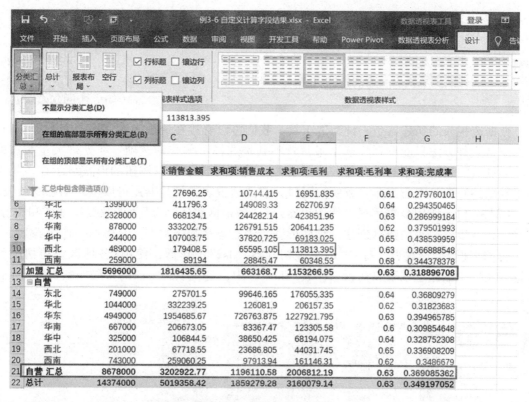

图 3-42 显示分类汇总值

图 3-43 以表格形式显示数据

3. 数据透视表切片器

 视频演示3-7　透视表切片器

　　数据透视表的切片器是一种筛选工具。我们可以直接在透视表的字段上对数据进行筛选，但是这种方法只能看到筛选结果，看不到是选择了哪些筛选项。在处理大量数据时，可以通过数据透视表中的切片器，非常直观地将可筛选字段以按钮的形式显示在表格上，使得数据的筛选和查看都非常方便。同时，数据透视表的切片器还可以呈现动态的图表。

　　【例3-7】　使用数据透视表的切片器，对"各地区销售情况"表的数据按地区和省份进行筛选，并以透视表的数据创建二维柱形图，动态显示筛选数据，具体的操作步骤如下。

　　（1）创建数据透视表。打开"透视表切片器 . xlsx"工作簿，使用"各地区销售情况"的数据创建一个数据透视表放在新工作表"Sheet1"中，透视表各字段的布局如图3-44所示。

图3-44　新建"各地区销售情况"透视表

　　（2）插入切片器。选择"数据透视表工具"的"数据透视表分析"选项卡，单击"筛选"组的"插入切片器"按钮，在打开的"插入切片器"窗口中，选择"地区"和"省份"复选框，然后单击"确定"按钮，如图3-45所示，此时数据透视表插入"地区"和"省份"两个切片器，结果如图3-46所示。

图 3-45 设置切片器筛选项

性质	地区	省份	求和项:本月指标	求和项:销售金额	求和项:销售成本
⊟加盟	⊟东北	黑龙江	99000	27696.25	10744.415
	⊟华北	北京	123000	33237.8	11058.1
		河北	496000	156715.5	55370.125
		河南	184000	61249	24413.63
		山东	364000	79954.5	29781.49
		山西	92000	53891.75	18294.95
		天津	140000	26747.75	10171.035
	⊟华东	安徽	395000	116700	41769.075
		福建	246000	65833.25	24495.28
		江苏	1259000	396166	143974.58
		浙江	428000	89434.85	34043.205
	⊟华南	广东	637000	237967	94782.4
		海南	241000	95235.75	32009.115
	⊟华中	湖南	244000	107003.75	37820.725
	⊟西北	甘肃	103000	29540	10884.85
		内蒙古	299000	106966.25	38656.33
		陕西	87000	42902.25	16053.925
	⊟西南	贵州	119000	33799	11350.56
		云南	140000	55395	17494.91
⊟自营	⊟东北	辽宁	749000	275701.5	99646.165
	⊟华北	北京	378000	116505.25	41111.915
		山东	582000	171244.5	69354.525
		天津	84000	44489.5	15615.46
	⊟华东	福建	724000	229410	90230.385
		江苏	2400000	861032.85	335711.755
		上海	1198000	686726.57	231746.305
		浙江	627000	177516.25	69075.43
	⊟华南	广东	667000	206673.05	83367.47
	⊟华中	湖北	212000	84977.5	31156.54
		江西	113000	21867	7493.885
	⊟西北	陕西	201000	67718.55	23686.805
	⊟西南	四川	268000	107485.5	42225.87
		重庆	475000	151574.75	55688.07
总计			14374000	5019358.42	1859279.28

地区：东北 华北 华东 华南 华中 西北 西南

省份：安徽 北京 福建 甘肃 广东 贵州 海南 河北

图 3-46 插入"地区"和"省份"切片器

（3）创建数据透视图。选择"数据透视表工具"的"数据透视表分析"选项卡，单击"工具"组中的"数据透视图"按钮，在打开的"插入图表"窗口中选择"簇状柱形图"，然后单击"确定"按钮，如图 3-47、图 3-48 所示。

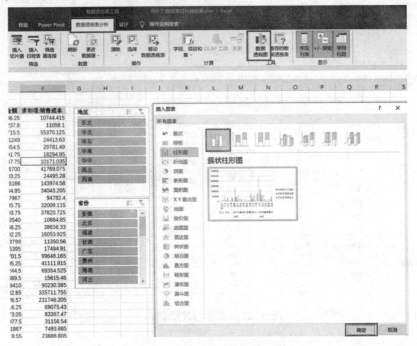

图 3-47　插入数据透视图步骤

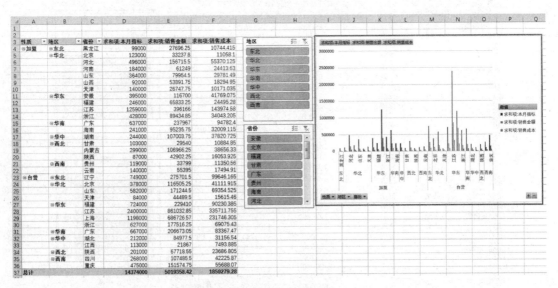

图 3-48　插入数据透视图的结果

（4）使用切片器做数据筛选和动态图表。例如：单击"地区"切片器的"华南"数据项，然后单击"省份"切片器的"广东"数据项，此时筛选出华南地区广东省的销售情况数据，同时右边的簇状柱形图也依据筛选出的数据动态地变化，如图 3-49 所示。

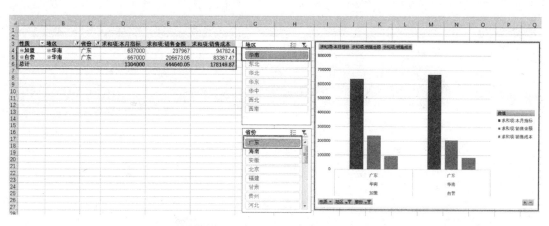

图 3-49 使用切片器做数据筛选和实现动态图表

提示：如果需要在切片器里同时选中多个数据项进行筛选，如同时选择"华南"和"东北"地区，需要按住〈Ctrl〉键再单击"华南"和"东北"数据项即可。如果要清除筛选，选中切片器，按住〈Alt+C〉快捷键，或者单击切片器右上角的"清除筛选器"按钮即可。

3.2 分析数据的图表处理

3.2.1 图表的创建

 视频演示 3-8 使用饼图和折线图分析销售数据

【例 3-8】 制作各个地区销售额对比分析图和趋势分析图，以饼图显示每个地区的销售额在所有地区销售额的占比情况，以折线图强调每个地区自身的发展趋势及各地区销售情况对比，具体的操作步骤如下。

（1）创建辅助区数据。打开"饼图和折线图分析销售数据 . xlsx"工作簿，在"地区销售统计分析"表中，创建辅助区，然后利用 VLOOKUP 函数，分别求出华北、华东、华南、华中、西北 5 个地区的全年合计数，接着使用公式算出其他地区的全年合计数并进行对比。首先求华北地区的辅助区数据：在 A9 单元格输入"华北"，在 B9 单元格输入公式" = VLOOKUP（A9,$A$2:$N$6,14,0）"，在 A10 单元格输入"其他地区"，在 B10 单元格输入公式" =$N$7- B9"，此时建立好"华北"和其他地区全年合计数对比的辅助区数据。复制四份华北的辅助表，分别将区域名称更改为"华东""华南""华中""西北"。

（2）利用辅助区数据创建饼图。选择"华北"和其他地区合计数的辅助区"A9:B10"区域，在"插入"选项卡下单击"图表"按钮，选择"饼图"选项，如图 3-50 所示。

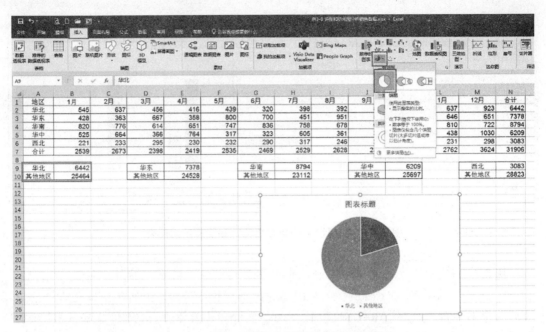

图 3-50 插入"华北"和其他地区合计数饼图

（3）分别选中图例、图表标题，将其删除。

（4）选择"系列 1 点华北"扇形，然后在"图表工具"下的"图表设计"选项卡下单击"图表布局"组中的"添加图表元素"下拉列表，选择"数据标签"，在打开的菜单中选择"其他数据标签"选项，如图 3-51 所示。在打开的"设置数据标签格式"列表中，勾选"标签选项"中的"百分比""数据标签内"复选框，设置好"华北"地区的百分比数据标签，如图 3-52 所示

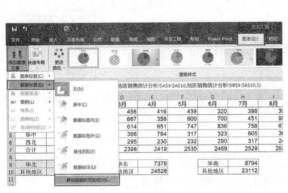

图 3-51 添加数据标签

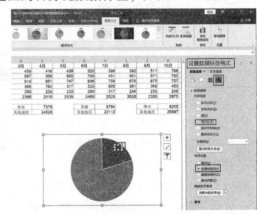

图 3-52 设置"华北"数据标签

（5）单击"格式"选项卡，单击"当前所选内容"组的下拉按钮，选择"图表区"，在打开的"设置图表区格式"对话框中，设置图表区的填充为"纯色填充"，填充色设置为"绿色、淡色 80%"。

提示：选择"系列 1 点华北"扇形时，第一次单击选择的是整个饼图的所有数据系列，需要再一次单击"系列 1 点华北"扇形，才能选中"华北"数据系列。

（6）插入文本框。单击"插入"选项卡，在"文本"组中，单击"文本框"下拉按钮，选择"绘制横排文本框"，在饼图上方插入文本框，内容输入"华北"；单击"形状格式"选项卡，选择"形状样式"组中的"形状填充"，设置为"无填充"，选择"形状轮廓"，设置为"无轮廓"，如图3-53所示。

	A	B	C
1	地区	1月	2月
2	华北	545	637
3	华东	428	363
4	华南	820	776
5	华中	525	664
6	西北	221	233
7	合计	2539	2673
8			
9	华北	6442	
10	其他地区	25464	

图3-53　插入"文本框"

（7）复制4个华北地区饼图。分别修改饼图的图表数据区域为华东、华南、华中、西北的数据。复制4个华北地区文本框，分别输入"华东""华南""华中""西北"，如图3-54所示。

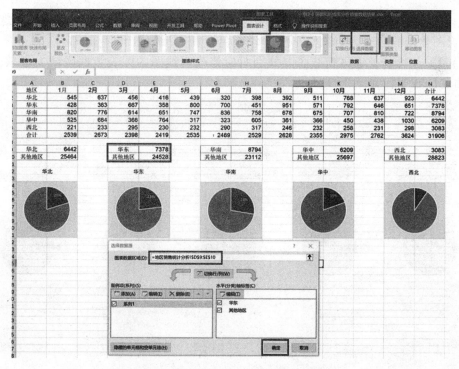

图3-54　各个地区全年合计数辅助表及饼图

（8）插入折线图。选择 A1:M2 数据区，即"华北"地区的 1 月至 12 月的数据，在"插入"选项卡下单击"图表"按钮，选择"折线图"选项。分别选中图例、图表标题，将其删除，如图 3-55 所示。

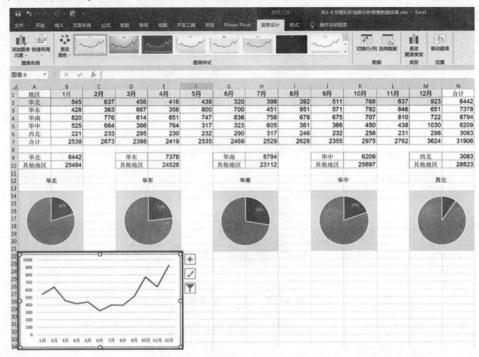

图 3-55　插入"华北"地区折线图

（9）设置折线图格式。双击图表的纵坐标轴，最小值 0，最大值 1200，主要单位为 300。设置图表区的填充为"纯色填充"，填充色设置为"绿色，淡色80%"。

（10）复制 4 个华北地区折线图。分别对应修改折线图的图表数据区域为华东、华南、华中、西北的数据，如图 3-56 所示。

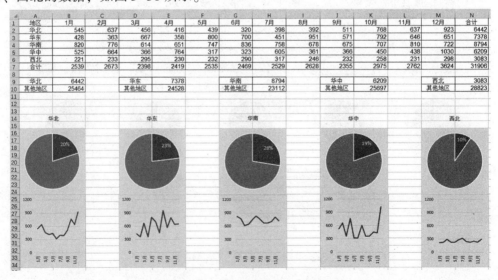

图 3-56　5 个地区的折线图

（11）参照序号（6）的步骤插入标题文本框。在横排文本框内输入"各个地区销售额对比分析和趋势分析"作为标题，在两个竖排文本框内分别输入"累计销售额占比"和"各月销售额变化"作为饼图和折线图的标题。在"视图"选项卡下的"显示"组中选择取消"网格线"复选框，如图 3-57 所示。

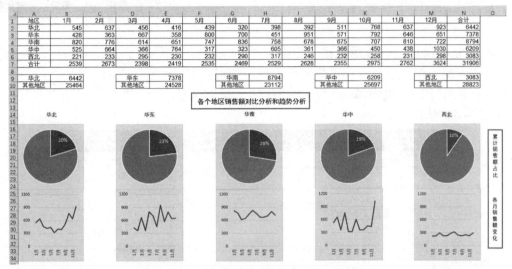

图 3-57　插入标题文本框

（12）选择 A12:O35 单元格区域，在"开始"选项卡下的"字体"组中单击"填充颜色"下拉按钮，设置填充色为"蓝色，淡色 80%"，最终结果如图 3-58 所示。

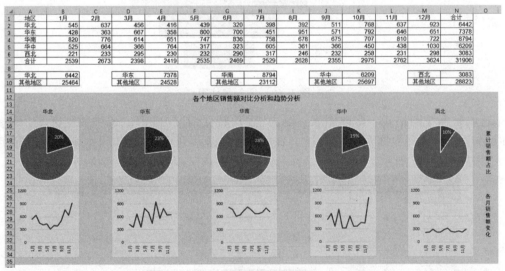

图 3-58　各地区销售额对比分析和趋势分析图

视频演示 3-9　使用漏斗图分析客户转化情况

【例 3-9】 Excel 2019 新增的漏斗图能够实现每一阶段的数据监控，直观地展示每一步的转化率，可以应用在多个场景，如评估销售效率、招聘流程、订单履行情况等。

本案例用漏斗图来分析客户转化的情况，具体的操作步骤如下。

（1）计算转化率。打开"漏斗图分析客户转化情况.xlsx"工作簿，在工作表 Sheet1 的 C1 单元格中输入"转化率"，在 C3 单元格中输入公式"＝B3/B2"，计算出"1-潜在客户"到"2-需求客户"的转化率。然后双击 C3 单元格的填充柄，将公式复制到 C4 和 C5 单元格，如图 3-59 所示。

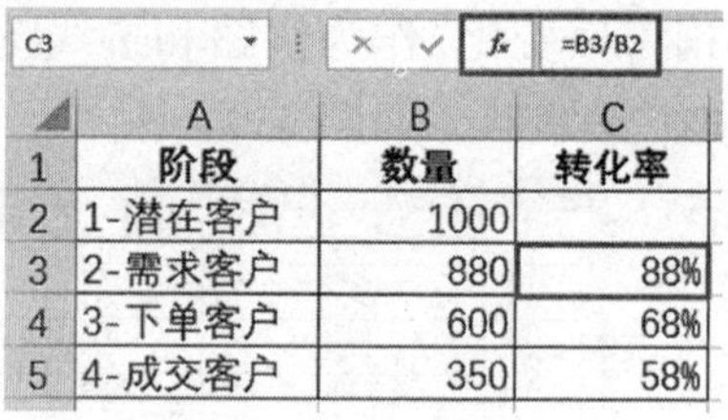

图 3-59　计算转化率

（2）插入漏斗图。选择 A1:B5 单元格区域，然后在"插入"选项卡下的"图表"组中单击"漏斗图"按钮，插入漏斗图，如图 3-60 所示。

图 3-60　插入漏斗图

（3）调整漏斗图格式。修改图表标题为"客户转化情况分析"；选中数据标签，调整字体和字体颜色；选择数据系列"数量"，在"设置数据系列格式"窗口中，调整间隙宽度为"80%"，如图 3-61 所示。

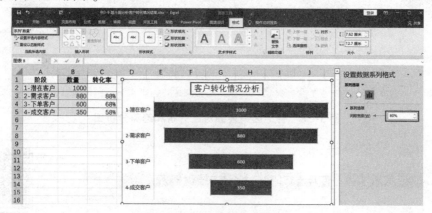

图 3-61　调整漏斗图格式

（4）插入箭头图形。在"图表工具"→"格式"选项卡下的"插入形状"组中单击下三角按钮，在弹出的列表中选择"箭头总汇"中的"箭头：下"，将插入的箭头图形放置在"1-潜在客户"和"2-需求客户"数据之间，再复制 2 个同样的箭头，分别放在如图 3-62 所示的位置。

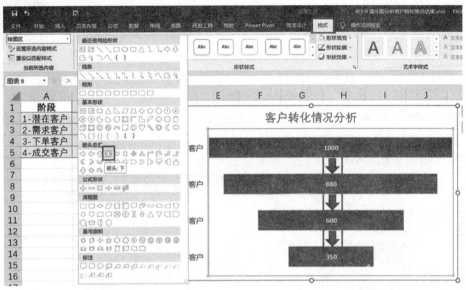

图 3-62 插入箭头图形

（5）插入转化率数据。插入横排文本框，放在"1-潜在客户"数据下方箭头的右边，调整文本框的格式为"无填充"和"无轮廓"，把光标放在文本框内，在公式编辑栏中输入" ＝$C$3"，按〈Enter〉键后，得到"1-潜在客户"数据向"2-需求客户"数据的转化率为"88%"。将做好的文本框复制 2 次，分别放在对应的位置，同样的方法得到各阶段的转化率。最终结果如图 3-63 所示。

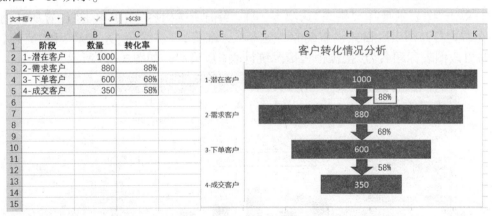

图 3-63 插入转化率数据

提示：在插入漏斗图之前，需要将数据列的数字从大到小排序。

3.2.2 图表的编辑与美化

1. 柱形图的编辑

 视频演示 3-10 柱形图的编辑

【例 3-10】 制作楼盘销售情况统计柱形图，并对柱形图进行编辑美化，具体的操作步骤如下。

（1）插入三维柱形图。打开"柱形图的编辑美化.xlsx"工作簿，选择 A1:B6 单元格数据，在"插入"选项卡下的"图表"组中单击"插入柱形图或条形图"下拉按钮，选择"三维簇状柱形图"，得到如图 3-64 所示的三维簇状柱形图。

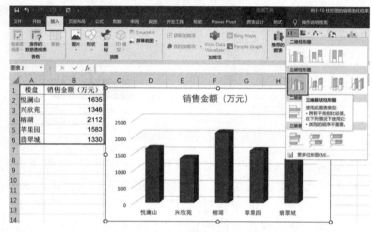

图 3-64　插入三维簇状柱形图

（2）单击"图表工具"的"格式"选项卡，在"当前所选内容"组中单击"设置所选内容格式"，在右边打开图表区格式设置窗格，选择"三维旋转"，设置"X 旋转"和"Y 旋转"为10°，并更改图表标题名为"楼盘销售情况统计表（万元）"，如图 3-65 所示。

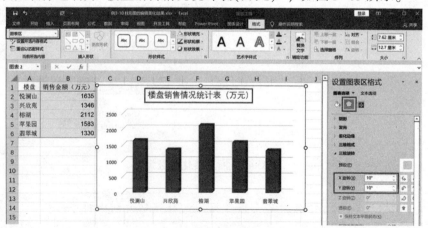

图 3-65　设置三维旋转和图表标题

（3）隐藏网格线。单击"图表工具"的"格式"选项卡，在"当前所选内容"组中单击"图表区"下拉按钮，然后选择"垂直(值)轴主要网格线"，在右边的"设置主要网格线格式"窗格中单选"无线条"，如图3-66所示。

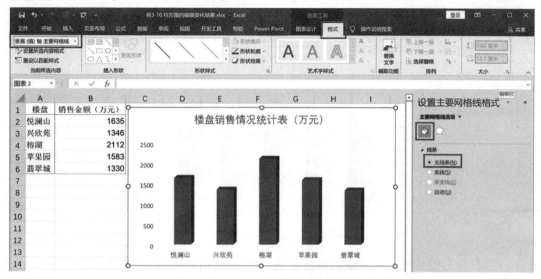

图3-66　隐藏网格线

（4）设置各柱形的颜色和间距。选中柱形图，在"格式"选项卡下的"当前所选内容"组中选择"系列'销售金额(万元)'"，在右边的"设置数据系列格式"窗格中的"系列选项"，勾选"填充"项中的"依数据点着色"，此时图表中的各柱形将出现不同的颜色，如图3-67所示。选择"系列选项"，设置"间隙宽度"为"80%"，如图3-68所示。

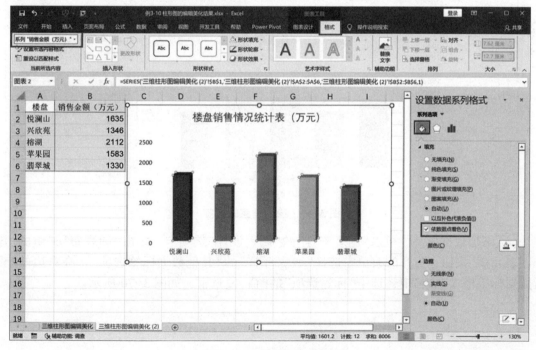

图3-67　设置各柱形颜色

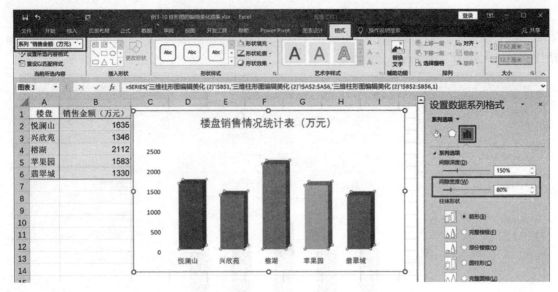

图3-68　设置各柱形间距

（5）隐藏垂直轴标签。单击垂直轴，或在"格式"选项卡下的"当前所选内容"组中选择"垂直（值）轴"，在右边的"设置坐标轴格式"窗格中，选择"坐标轴选项"中的"标签"，设置"标签位置"下拉框为"无"，如图3-69所示。

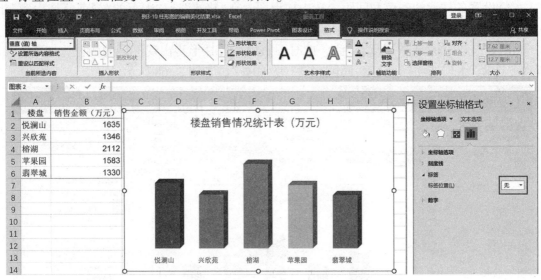

图3-69　隐藏垂直轴标签

（6）添加数据标签。单击"图表工具"的"图表设计"选项卡，单击"图表布局"组的"添加图表元素"按钮，打开的菜单中选择"数据标签"的"其他数据标签选项"，在右边的"设置数据标签格式"窗格中，选中"标签选项"的"值"复选框，如图3-70所示。

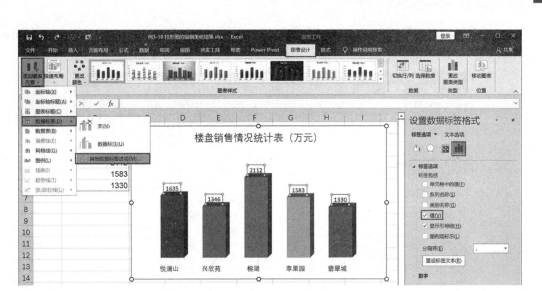

图 3-70　添加数据标签

（7）设置基底格式。单击"图表工具"的"格式"选项卡，在"当前所选内容"组中单击下拉按钮，选择"基底"，在右边的"设置基底格式"窗格中，设置"填充"为"纯色填充"，设置颜色为"黑色"，透明度为"70%"，如图 3-71 所示。

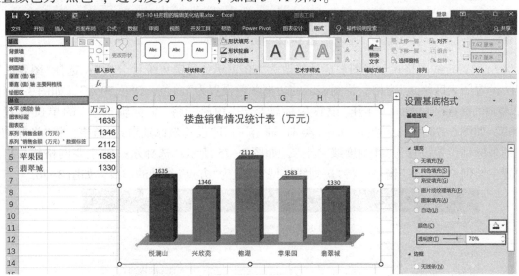

图 3-71　设置基底格式

2. 折线图和面积图的组合编辑

 视频演示 3-11　折线图和面积图的组合编辑

【例 3-11】　使用折线图和面积图，制作公司销售统计分析图，并对图表进行编辑美化，具体的操作步骤如下。

（1）插入折线图。选择 A1:B13数据区域，单击"插入"选项卡的"图表"组的"插入折线图或面积图"下拉按钮，选择"带数据标记的折线图"，如图 3-72 所示。

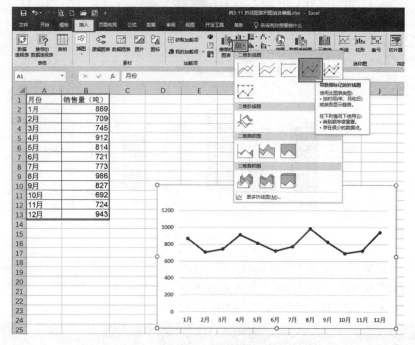

图 3-72　插入折线图

（2）设置折线图格式。将图表标题修改为"2022 年公司销售统计分析"；选择"图表区"，打开"设置图表区格式"窗格，将图表区的边框颜色设置为"白色，深色 50%"，如图 3-73 所示；选择"垂直(值) 轴"，打开"设置坐标轴格式"窗格，将"坐标轴选项"的单位设置为"300"，如图 3-74 所示；选择"水平(类别)轴"，打开"设置坐标轴格式"窗格，将"坐标轴选项"的坐标轴位置设置为"在刻度线之上"，如图 3-75 所示；选择水平轴主要网格线，打开"设置主要网格线格式"窗格，将"短划线类型"设置为"方点"类型的虚线，如图 3-76。

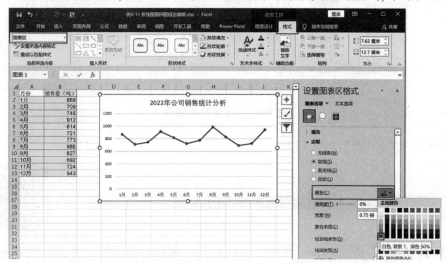

图 3-73　设置折线图表边框颜色

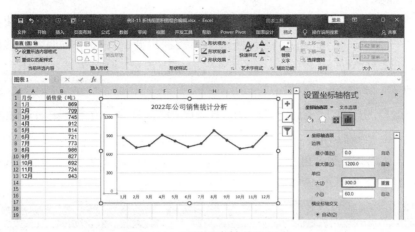

图 3-74　设置垂直轴单位刻度

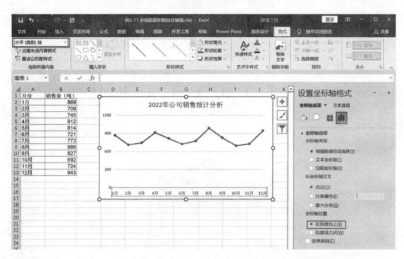

图 3-75　设置水平轴位置

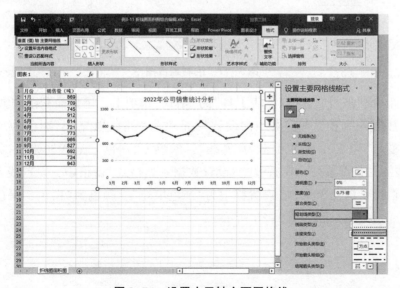

图 3-76　设置水平轴主要网格线

（3）复制折线图。选择 B1:B13数据区域，即销售量数据列，按〈Ctrl+C〉快捷键复制数据，然后单击图表区，再按〈Ctrl+V〉快捷键粘贴数据。此时图表中有两条折线图重合在一起。单击"图表工具"的"格式"选项卡，在"当前所选内容"组的下拉列表中能查看到有两个"系列'销售量(吨)'"。

（4）绘制组合图。单击"图表工具"的"图表设计"选项卡，单击"更改图表类型"按钮，打开"更改图表类型"对话框，在"所有图表"选项卡的左边区域选择"组合"，在右边区域先选择"自定义组合"类型，再在右下边区域分别设置系列的图表类型为"带数据标记的折线图"和"面积图"，然后单击"确定"按钮，如图3-77所示。

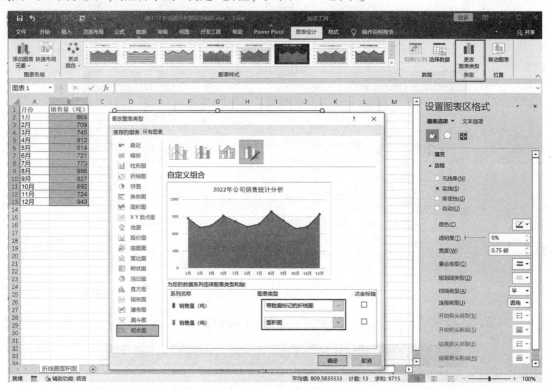

图3-77　绘制组合图

（5）设置组合图格式。选择"图表工具"的"格式"选项卡，选择面积图的数据系列，在右边的"设置数据系列格式"窗格中，设置填充色为"纯色填充"，颜色为"白色，深色50%"，透明度为"80%"；设置边框为"实线"，颜色为"白色，深色50%"，如图3-78所示；选择折线图的数据系列，在右边的"设置数据系列格式"窗格中，设置线条为"实线"，设置颜色为"白色，深色50%"；设置标记为"纯色填充"，颜色为"白色，深色50%"，如图3-79所示。最终效果图如图3-80所示。

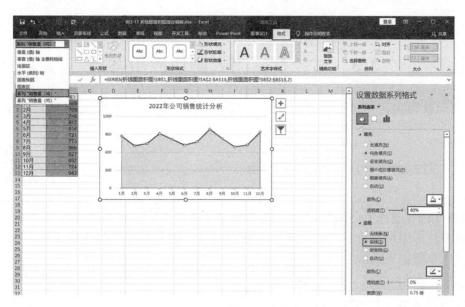

图 3-78　设置面积图格式

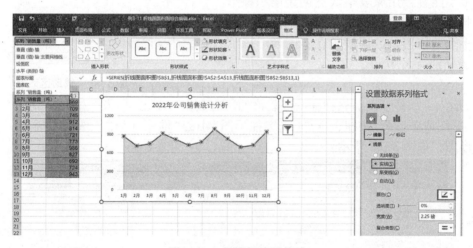

图 3-79　设置折线图格式

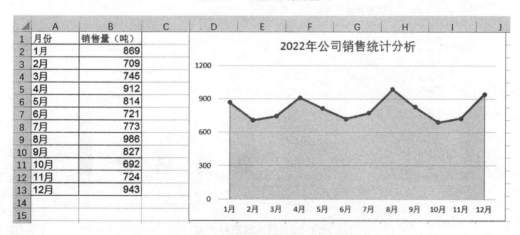

图 3-80　公司销售统计分析组合图

3.3 财经数据图表制作应用案例

1. 堆积柱形图应用

 视频演示3-12 堆积柱形图应用

【例3-12】 制作某公司的产品销售情况统计图。本案例采用堆积柱形图来展示数据统计，堆积柱形图可以分析大类之间的关系，同时分析大类包含的小类之间的对比情况，具体的操作步骤如下。

（1）制作辅助区表格。打开"堆积柱形图应用 . xlsx"工作簿，在"产品销售情况"表中，产品5的销售数量为19769，是产品A、产品B、产品C、产品D这4个小类的销售数量的和。这里不能直接用原表格数据创建堆积柱形图，首先需要制作一个二维辅助区表格，把产品5包含的4个产品小类的销售量数据放置在不同列。二维表格的数据列名分别命名为x1、x2、x3、x4。辅助区表格如图3-81所示。

产品名称	x1	x2	x3	x4
产品1	5863			
产品2	6784			
产品3	8165			
产品4	5946			
产品5	5273	4250	7288	2958

图3-81 辅助区表格

（2）插入堆积柱形图。选择辅助区表格的所有数据，单击"插入"选项卡"图表"组中的"插入柱形图或条形图"按钮，选择"二维柱形图"中的"堆积柱形图"选项，插入一个二维堆积柱形图，如图3-82所示。

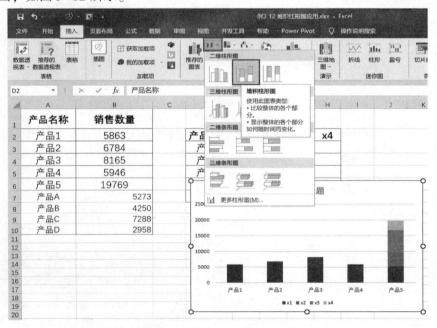

图3-82 插入堆积柱形图

（3）添加图表数据标签和更改图表标题。选中图表区，单击图表工具的"图表设计"选项卡，在"图表布局"组中单击"添加图表元素"，选择"数据标签"的"居中"选项，此时图表中的每个数据分类的柱形图都添加了数据标签。最后将图表的标题更改为"产品销售情况分析"。最终结果如图 3-83 所示。

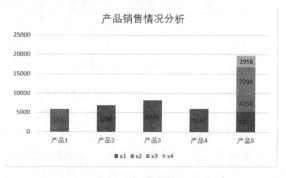

图 3-83　产品销售情况堆积柱形图

2. 动态分析图应用

 视频演示 3-13　动态分析图应用

【例 3-13】　制作工程预算执行情况动态分析图，具体的操作步骤如下。

（1）创建选择工程列表控件。打开"动态分析图应用.xlsx"工作簿，在 Sheet1 的 E1 单元格输入"选择工程"。选中 F1 单元格，单击"数据"选项卡的"数据工具"组中的"数据验证"按钮，打开"数据验证"对话框，设置验证条件"允许"项为"序列"，在"来源"项的编辑框里输入"=$A$2:$A$17"，表示创建一个下拉列表，列表的数据来源是"工程 1"至"合计"数据项，单击"确定"按钮，即可得到选择工程列表控件，如图 3-84 所示。

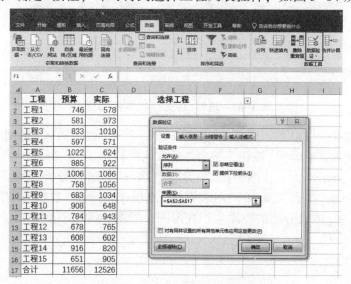

图 3-84　创建选择工程列表控件

（2）创建辅助区表格。按照图3-85所示的表格结构制作辅助区表格。

E	F	G	H	I
选择工程	▼			
	预算	实际	超支	节省
预算				
执行				

图3-85　创建辅助区表格

（3）填写辅助区表格的"预算"和"实际"数据。单击F1单元格的下拉按钮，选择"工程1"，然后利用VLOOKUP函数把工程1对应的预算和实际费用查询出来。在F4单元格中输入公式"=VLOOKUP(F1,$A$2:$B$17,2,0)"，表示把工程1的预算费用查询出来并填入F4单元格。在G5单元格中输入公式"=VLOOKUP(F1,$A$2:$C$17,3,0)"，表示把工程1的实际费用查询出来并填入G5单元格，如图3-86所示。

=VLOOKUP(F1,$A$2:$B$17,2,0)

D	E	F	G	H	I
	选择工程	工程1			
		预算	实际	超支	节省
	预算	746			
	执行		578		

图3-86　填写"预算"和"实际"数据

（4）填写辅助区表格的"超支"和"节省"数据。利用IF函数判断工程的费用是超支还是节省。在H4单元格输入公式"=IF(G5>=F4,G5-F4,0)"，得到工程1的超支数据是"0"；在I5单元格输入公式"=IF(F4>G5,F4-G5,0)"，得到工程1的节省数据是"168"。最终得到的"预算"一行的数据总和与"执行"一行的数据总和是相等的，如图3-87所示。

=IF(G5>=F4,G5-F4,0)

D	E	F	G	H	I
	选择工程	工程1			
		预算	实际	超支	节省
	预算	746		0	
	执行		578		168

图3-87　填写"超支"和"节省"数据

（5）插入三维堆积柱形图。选择E3:I5的辅助区数据，在"插入"选项卡下的"图表"组中单击"插入柱形图或条形图"按钮，选择"三维堆积柱形图"，得到一个按列来分类的柱形图，如图3-88所示。为了让图表按"预算"和"执行"行进行分类，需要把图表的坐标轴数据进行交换。单击"图表工具"的"图表设计"选项卡，单击"数据"组中的"切换行/列"按钮，得到一个按行进行分类的三维堆积柱形图，如图3-89所示。

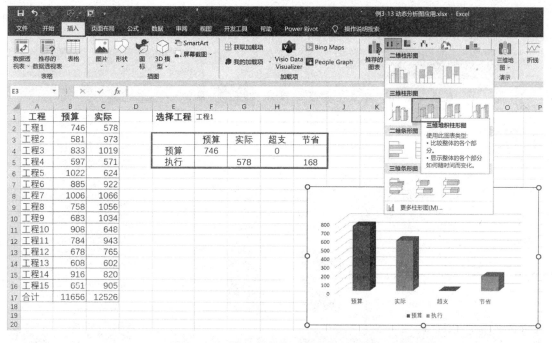

图 3-88　按列分类的三维堆积柱形图

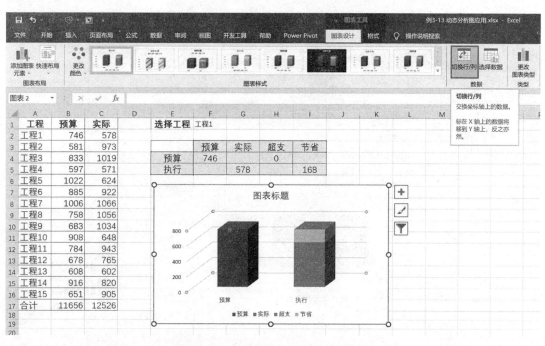

图 3-89　按行分类的三维堆积柱形图

（6）设置图表格式。设置数据标签格式，单击"图表工具"的"图表设计"选项卡，在"图表布局"组中，选择添加"数据标签"的"其他数据标签选项"，在"设置数据标签格式"窗格中，选中"系列名称"和"值"复选框，设置分隔符为"空格"，分别选中"超支"和"预算"数据标签，设置为"黄色"，如图 3-90 所示；设置"基底"格式，单击"图表工具"的"格式"选项卡，在"当前所选内容"组中选择"基底"，在"设置基底格式"窗格中，设置填充色为"纯色填充"，颜色为"金色，淡色80%"，如图3-91所示；删除图表元素，选中垂直轴、垂直轴主要网格线和图例，按〈Delete〉键删除，效果如图3-92所示。

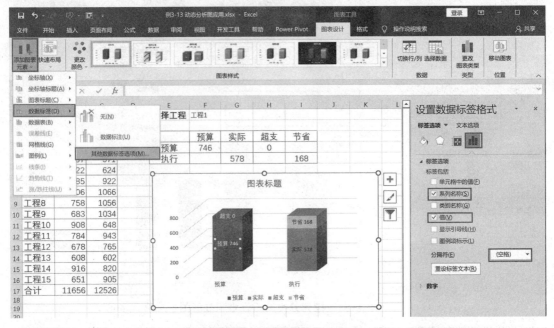

图 3-90　设置数据标签格式

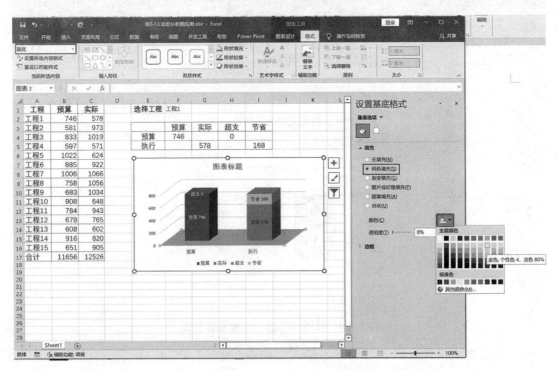

图 3-91　设置基底格式

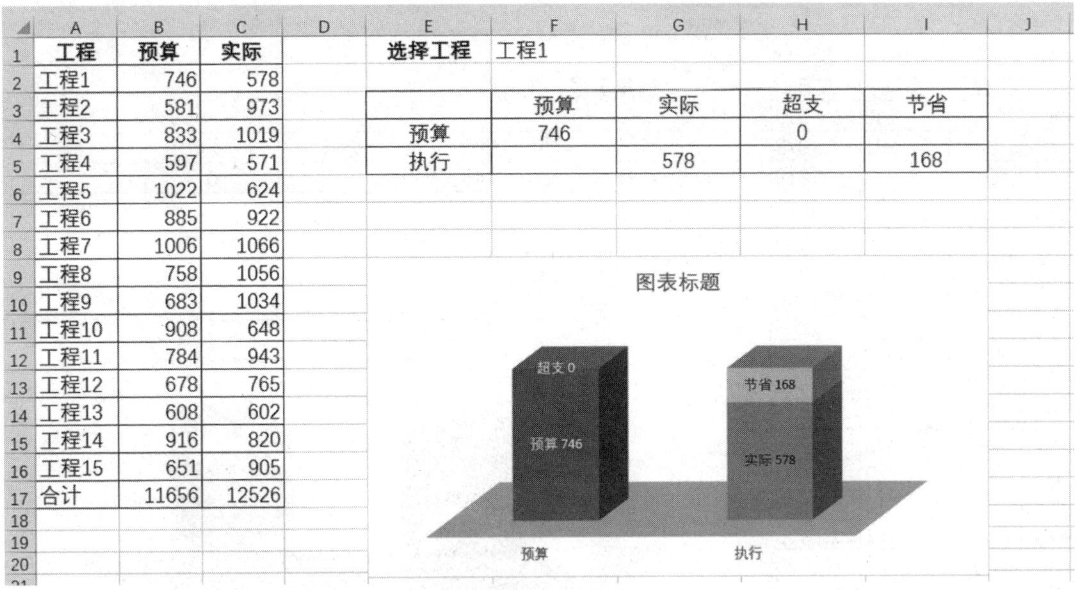

图 3-92　删除图表元素

（7）制作动态图表标题。选中 E7 单元格，输入公式"=F1&"预算执行情况分析""，表示将 F1 单元格的数据和文本字符串"预算执行情况分析"连接起来，得到一个动态变化的标题数据，如图 3-93 所示。单击图表标题，在公式编辑栏中输入"="，然后单击 E7 单元格，此时编辑栏中输入了公式"=Sheet1!\$E\$7"，按〈Enter〉键确认。图表标题将引用 E7 单元格的数据，根据 E7 单元格数据的变化而变化，如图 3-94 所示。

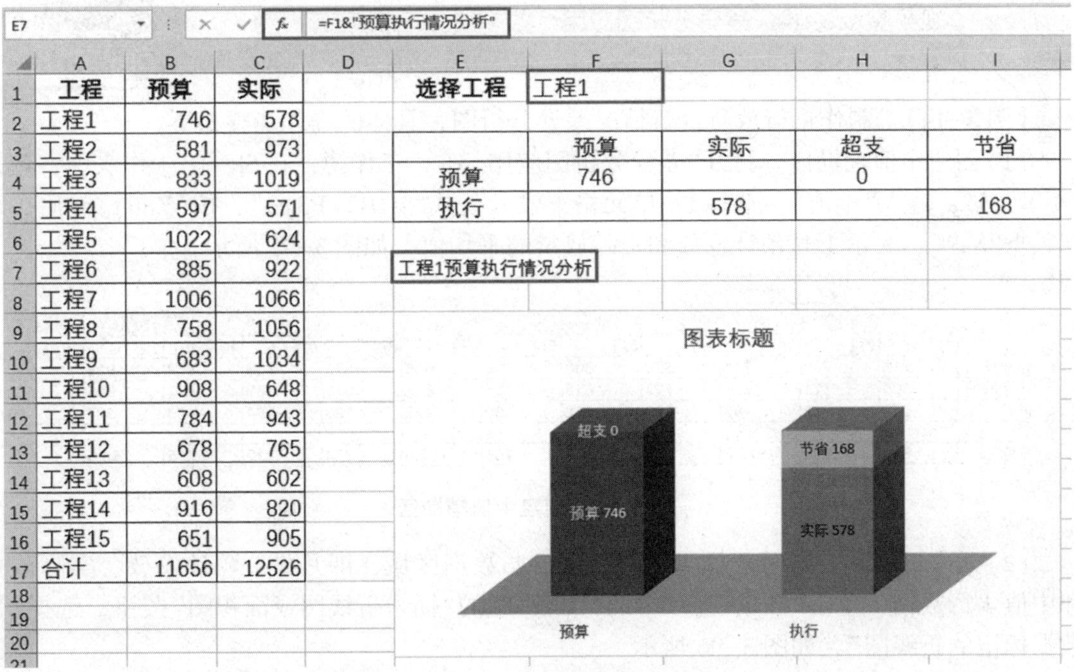

图 3-93　制作动态图表标题 1

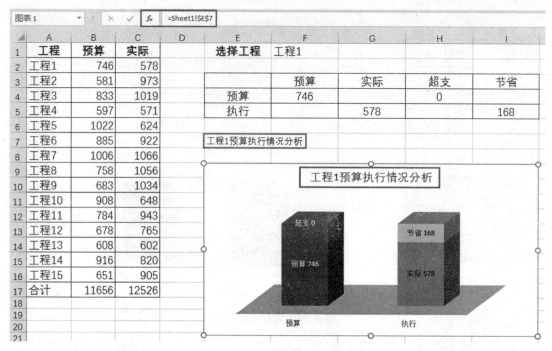

图表1 | | × ✓ fx | =Sheet1!$E$7

	A	B	C	D	E	F	G	H	I
1	工程	预算	实际		选择工程	工程1			
2	工程1	746	578						
3	工程2	581	973			预算	实际	超支	节省
4	工程3	833	1019		预算	746		0	
5	工程4	597	571		执行		578		168
6	工程5	1022	624						
7	工程6	885	922		工程1预算执行情况分析				
8	工程7	1006	1066						
9	工程8	758	1056						
10	工程9	683	1034						
11	工程10	908	648						
12	工程11	784	943						
13	工程12	678	765						
14	工程13	608	602						
15	工程14	916	820						
16	工程15	651	905						
17	合计	11656	12526						

图 3-94　制作动态图表标题 2

3. 差异分析图应用

 视频演示 3-14　差异分析图应用

【例 3-14】　制作银行放贷执行情况差异分析图，具体的操作步骤如下。

（1）创建中值辅助区。打开"差异分析图应用.xlsx"工作簿，在 Sheet1 工作表中，选择 A6 单元格，输入"中值"，选择 B6 单元格，输入公式"=(B2+B3)/2"，按〈Enter〉键后，得到数据"839"，表示 1 月预计发放和实际放贷的平均值，如图 3-95 所示。

B6 | | × ✓ fx | =(B2+B3)/2

	A	B	C	D	E	F	G	H	I	J	K	L	M
1		1月	2月	3月	4月	5月	6月	7月	8月	9月	10月	11月	12月
2	预计发放	713	739	714	829	800	705	698	873	839	952	912	978
3	实际放贷	965	871	631	727	618	795	821	675	785	813	685	882
4	差异	252	132	-83	-102	-182	90	123	-198	-54	-139	-227	-96
5													
6	中值	839	805	672.5	778	709	750	759.5	774	812	882.5	798.5	930

图 3-95　创建中值辅助区

（2）插入折线图。同时选择 A1:M3、A6:M6 数据区域，即月份、预计发放、实际放贷和中值 4 行数据，单击"插入"选项卡的"图表"组的"插入折线图或面积图"按钮，选择"带数据标记的折线图"，如图 3-96 所示。

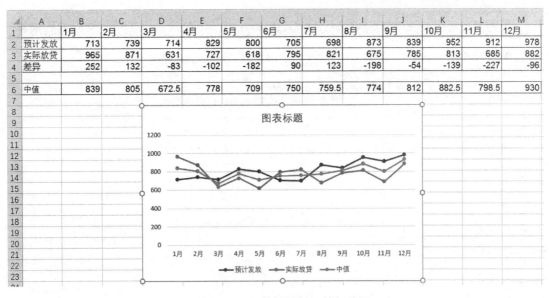

图 3-96　插入带数据标记的折线图

(3) 隐藏系列"中值"折线。单击"图表工具"的"格式"选项卡的"当前所选内容"组的下拉按钮，选择"系列"中值""，再单击"设置所选内容格式"按钮，在右边的"设置数据系列格式"窗格中，在"系列选项"中选择将系列绘制在"次坐标轴"，如图 3-97 所示；设置系列"中值"折线为"无线条"，数据标记为"无填充"，如图 3-98 所示。

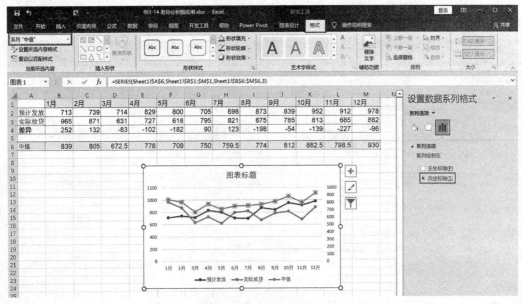

图 3-97　将系列"中值"折线绘制在次坐标轴

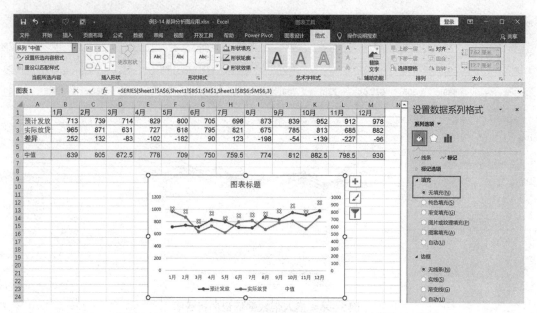

图3-98 将系列"中值"折线数据标记设置为"无填充"

（4）改变系列"中值"折线的水平分类轴数据。依照上一步的方法选中"系列"中值""折线，源数据表中的月份数据B1:M1区域标记出紫色框，"中值"数据B6:M6区域标记出蓝色框，如图3-99所示。选中紫色框，按住鼠标左键不放，把紫色框拖至"差异"数据B4:M4区域，此时系列"中值"折线12个数据点的分类从1—12月变为以"差异"行的12个数据作为分类，如图3-100所示。

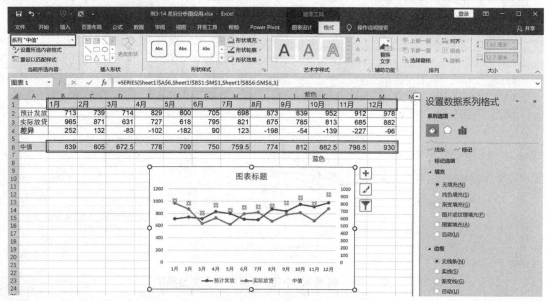

图3-99 选中系列"中值"折线

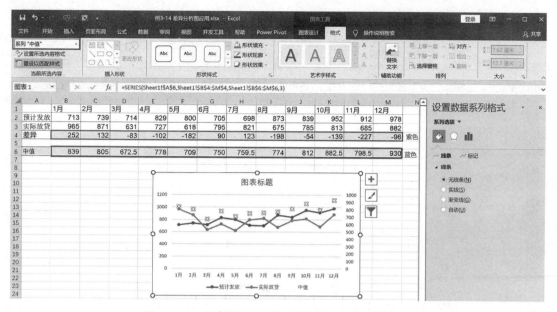

图 3-100　改变系列"中值"折线的水平分类轴数据

（5）添加"中值"折线的数据标签。单击"图表工具"的"图表设计"选项卡，在"图表布局"组中，选择添加"数据标签"的"其他数据标签选项"，打开"设置数据标签格式"窗格，选中"类别名称"复选框，标签位置设置为"居中"，如图 3-101 所示。

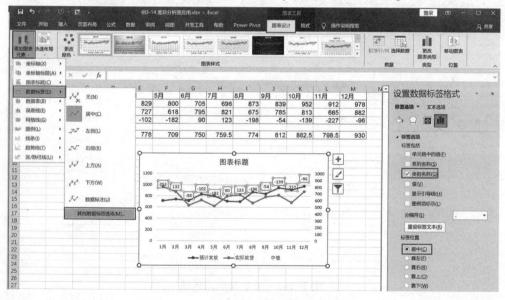

图 3-101　添加"中值"折线的数据标签

（6）删除图表元素。单击"图表工具"的"格式"选项卡，在"当前所选内容"组的下拉框中选择"次坐标轴垂直（值）轴"，或者单击图表区右边的垂直轴，按〈Delete〉键把次坐标轴删除，此时"中值"折线又回到左边的主垂直轴上，显示在另外两条折线的中间。选中"垂直轴主要网格线"，按〈Delete〉键删除；选中"中值"图例，按〈Delete〉键删除，结果如图 3-102 所示。

	A	B	C	D	E	F	G	H	I	J	K	L	M
1		1月	2月	3月	4月	5月	6月	7月	8月	9月	10月	11月	12月
2	预计发放	713	739	714	829	800	705	698	873	839	952	912	978
3	实际放贷	965	871	631	727	618	795	821	675	785	813	685	882
4	差异	252	132	-83	-102	-182	90	123	-198	-54	-139	-227	-96
5													
6	中值	839	805	672.5	778	709	750	759.5	774	812	882.5	798.5	930

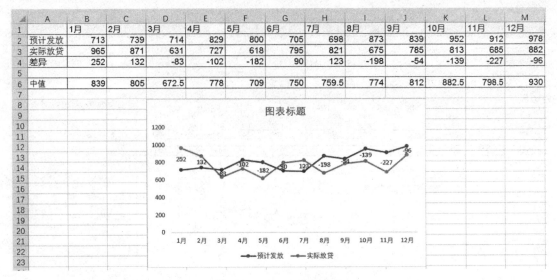

图 3-102　删除图表元素

（7）添加高低点连线。单击"图表工具"的"图表设计"选项卡，在"图表布局"组中单击"添加图表元素"，选择"线条"项的"高低点连线"，此时"预计发放"和"实际放贷"的每个数据点之间出现一条连线，如图 3-103 所示。

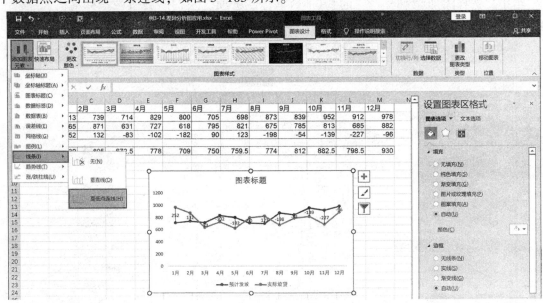

图 3-103　添加高低点连线

（8）设置坐标轴格式。单击"图表工具"的"格式"选项卡，在"当前所选内容"组的下拉框中选择"垂直(值)轴"，在右边的"设置坐标轴格式"窗格中，设置坐标轴的边界最小值为"500"，最大值为"1000"，单位为"100"，如图 3-104 所示；选择"水平(类别)轴"，在"设置坐标轴格式"窗格中，设置坐标轴的位置为"在刻度线上"，如图 3-105 所示。

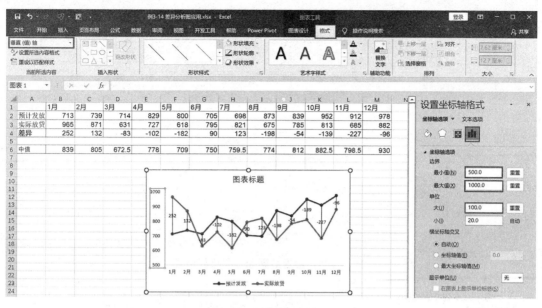

图 3-104　设置垂直轴格式

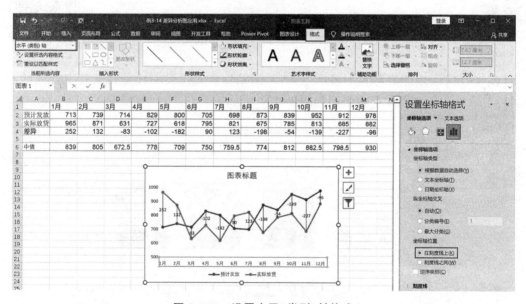

图 3-105　设置水平(类别)轴格式

（9）设置数据标签和折线格式。选中"系列"中值"数据标签"，单击"图表工具"的"格式"选项卡，选择"形状样式"组中的"形状填充"，设置填充色为"绿色，淡色 80%"；选择"系列"预计发放""折线，在"设置数据系列格式"窗格中，设置"线条"为"平滑线"，同样的方法设置"系列"实际放贷""折线为"平滑线"；更改图表标题为"放贷执行情况差异分析"。最终效果如图 3-106 所示。

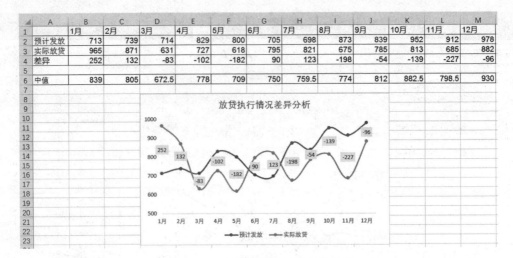

图 3-106　设置数据标签和折线格式

4. 两轴组合图应用

　视频演示 3-15　两轴组合图应用

【例 3-15】　用图表形式对各区 1—3 月的销售金额进行对比分析，其中各区的 1—3 月目标总金额为 100 万元，效果图如图 3-107 所示。

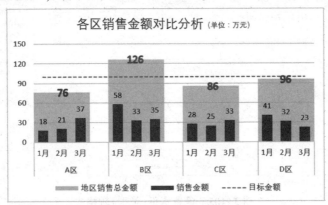

图 3-107　各地区 1—3 月销售金额对比分析效果图

具体的操作步骤如下。

（1）添加辅助列数据。打开"两轴组合图应用.xlsx"工作簿，在 Sheet1 工作表中，选择 E1 单元格，输入"地区销售总金额"。选择 E2 单元格，输入公式"=SUM($D$2:$D$4)"，按〈Enter〉键后得出 A 区 1—3 月的销售总金额，拖动 E2 单元格的填充柄，将公式复制到 E3 和 E4 单元格。同样的方法计算出 B 区、C 区和 D 区的销售总金额。E5、E6、E7 单元格的公式为"=SUM($D$5:$D$7)"，E8、E9、E10 单元格的公式为"=SUM($D$8:$D$10)"，E11、E12、E13 单元格的公式为"=SUM($D$11:$D$13)"，如图 3-108 所示。

（2）插入空白数据行。分别在 A 区、B 区、C 区数据行下插入一行空白数据行，目的是在创建图表的时候，各区数据之间有间隔，如图 3-109 所示。

	A	B	C	D	E
E2				f_x =SUM($D$2:$D$4)	
1	地区	月份	目标金额	销售金额	地区销售总金额
2		1月	100	18	76
3	A区	2月	100	21	76
4		3月	100	37	76
5		1月	100	58	126
6	B区	2月	100	33	126
7		3月	100	35	126
8		1月	100	28	86
9	C区	2月	100	25	86
10		3月	100	33	86
11		1月	100	41	96
12	D区	2月	100	32	96
13		3月	100	23	96

图 3-108 添加各区销售总金额辅助列数据

	A	B	C	D	E
1	地区	月份	目标金额	销售金额	地区销售总金额
2		1月	100	18	76
3	A区	2月	100	21	76
4		3月	100	37	76
5					
6		1月	100	58	126
7	B区	2月	100	33	126
8		3月	100	35	126
9					
10		1月	100	28	86
11	C区	2月	100	25	86
12		3月	100	33	86
13					
14		1月	100	41	96
15	D区	2月	100	32	96
16		3月	100	23	96

图 3-109 插入空白数据行

（3）插入二维簇状柱形图。选择 A1:E16 单元格区域，单击"插入"选项卡的"图表"组的"插入柱形图或条形图"按钮，单击"簇状柱形图"，如图 3-110 所示。

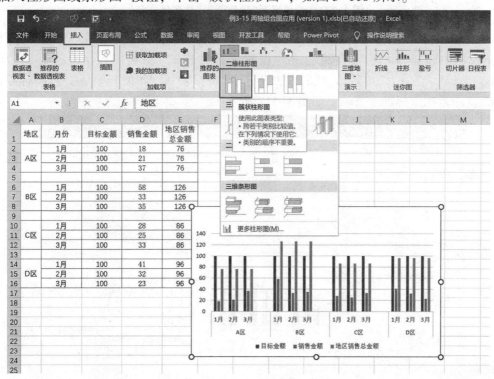

图 3-110 插入二维簇状柱形图

（4）设置系列"销售金额"柱形格式。单击"图表工具"的"格式"选项卡，在"当前所选内容"组的下拉框中选择"系列"销售金额""，在右边的"设置数据系列格式"窗格中，设置系列绘制在"次坐标轴"，间隙宽度为"80%"；设置填充色为"蓝色"，结果如图 3-111 所示。

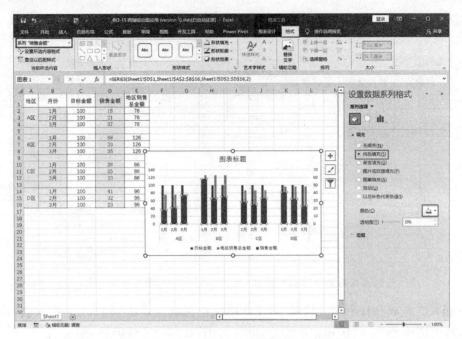

图3-111　设置系列"销售金额"柱形填充色

（5）修改主、次垂直轴格式。单击"图表工具"的"格式"选项卡，在"当前所选内容"组的下拉框中选择"垂直（值）轴"，在"设置坐标轴格式"窗格中，修改边界最大值为"150"，单位"大"值为"30"；同样的方法设置"次坐标轴 垂直（值）轴"，并选择标签位置为"无"，隐藏次坐标轴垂直轴，如图3-112所示。

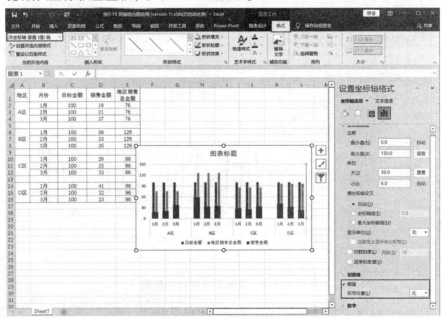

图3-112　修改主、次垂直轴格式

（6）设置系列"地区销售总金额"柱形格式。单击"图表工具"的"格式"选项卡，在"当前所选内容"组的下拉框中选择"系列"地区销售总金额""，在"设置数据系列格式"窗格中，设置系列重叠为"100%"，间隙宽度为"0%"；设置填充色为"蓝色，淡色60%"，透明度为"25%"，如图3-113所示。

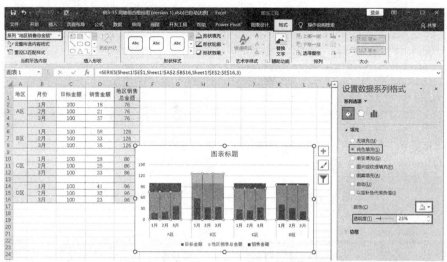

图3-113　设置系列"地区销售总金额"柱形颜色

（7）更改系列"目标金额"柱形图为折线图并设置格式。选中系列"目标金额"柱形，单击"图表工具"的"图表设计"选项卡，单击"更改图表类型"按钮，打开"更改图表类型"对话框，将系列"目标金额"的图表类型更改为"折线图"，如图3-114所示；在源数据表的C5、C9、C13单元格输入"100"，目的是让系列"目标金额"的数据点连成一条直线，如图3-115所示；选中系列"目标金额"直线，在"设置数据系列格式"窗格中，设置颜色为"橙色"，宽度为"1.5磅"，短划线类型为"方点"，如图3-116所示。

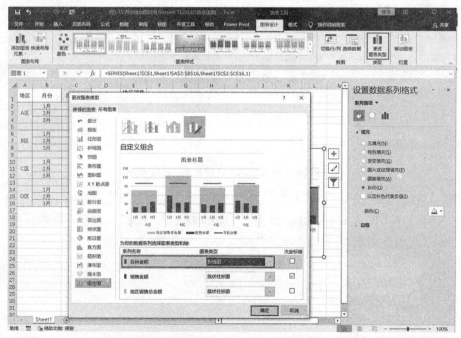

图3-114　更改系列"目标金额"柱形图为折线图

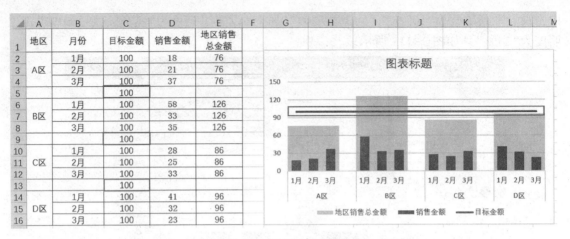

图 3-115　设置系列"目标金额"数据点连成直线

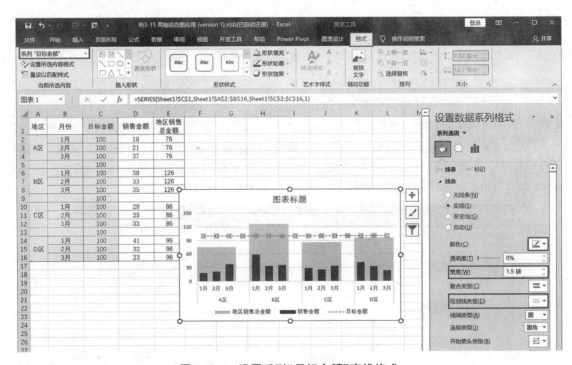

图 3-116　设置系列"目标金额"直线格式

（8）添加系列"销售金额"数据标签。选中"系列"销售金额""，单击"图表工具"的"图表设计"选项卡，在"图表布局"组中单击"添加图表元素"按钮，选择"数据标签"，单击"数据标签外"选项，如图 3-117 所示。

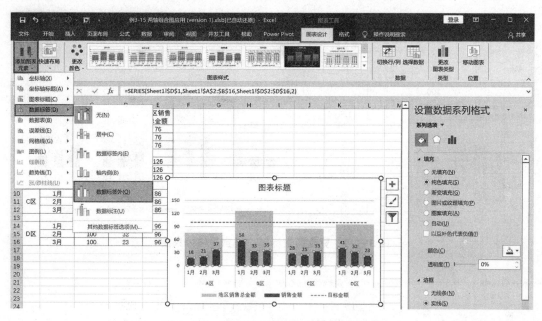

图 3-117　添加系列"销售金额"数据标签

　　（9）添加系列"地区销售总金额"柱形数据标注。绘制一个横排文本框，输入 A 区的销售总金额"76"，将文本框移至 A 区系列"地区销售总金额"柱形上方合适的位置，单击"绘图工具"的"形状格式"选项卡，设置字体大小为"12"，在"艺术字样式"组中，设置文本填充为"白色"，文本轮廓为"红色"。同样的方法绘制出 B 区、C 区、D 区的柱形数据标注，结果如图 3-118 所示。

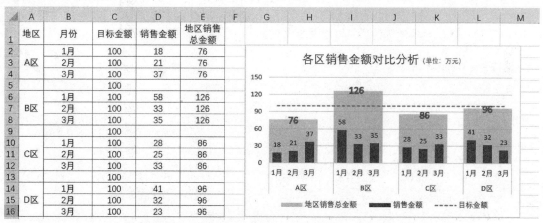

图 3-118　添加系列"地区销售总金额"柱形数据标注

　　（10）更改图表标题。选中"图表标题"文本框，输入"各区销售金额对比分析（单位：万元）"，调整字体大小，得到最终效果图如图 3-119 所示。

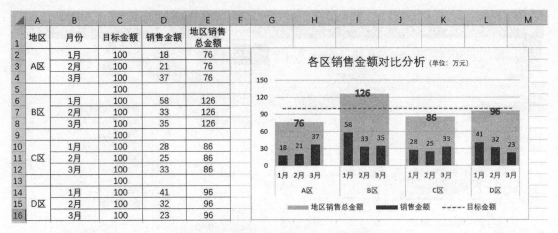

	地区	月份	目标金额	销售金额	地区销售总金额
2	A区	1月	100	18	76
3		2月	100	21	76
4		3月	100	37	76
5			100		
6	B区	1月	100	58	126
7		2月	100	33	126
8		3月	100	35	126
9			100		
10	C区	1月	100	28	86
11		2月	100	25	86
12		3月	100	33	86
13			100		
14	D区	1月	100	41	96
15		2月	100	32	96
16		3月	100	23	96

图3-119　更改图表标题，得到最终效果图

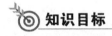

第4章 财经数据处理中的 Excel 公式与函数应用

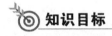 知识目标

  本章主要介绍财经数据处理中 Excel 的常用函数，如文本函数、日期和时间函数、逻辑函数、求和函数、统计函数、查找与引用函数等。
  本章重点：理解、掌握并运用函数来解决实际问题。
  本章难点：理解函数语法中各个参数的含义。

4.1 文本函数

4.1.1 UPPER、LOWER、PROPER 函数

 视频演示 4-1   UPPER、LOWER、PROPER 函数

1. UPPER 函数
（1）用途：将文本字符串中的小写字母转换成大写字母。
（2）语法：UPPER(text)。
（3）参数含义：参数 text 表示需要转换成大写字母的文本，该参数可以直接输入字符串或者单元格引用。

> 说明：UPPER 函数不改变参数 text 中非字母的字符。

2. LOWER 函数

（1）用途：将文本字符串中的大写字母转换成小写字母。

（2）语法：LOWER（text）。

（3）参数含义：参数 text 表示需要转换成小写字母的文本，该参数可以直接输入字符串或者单元格引用。

> 说明：LOWER 函数不改变参数 text 中非字母的字符。

3. PROPER 函数

（1）用途：将文本字符串中各英文单词的第一个字母转换成大写字母，单词中的其他字母转换成小写。

（2）语法：PROPER（text）。

（3）参数含义：参数 text 表示需要转换的文本字符串，该参数可以直接输入字符串，可以转换成字符串的公式或者单元格引用。

> 说明：PROPER 函数不改变参数 text 中非字母的字符。

【例 4-1】　在 B2 单元格中输入公式"=UPPER（A2）"，然后按〈Enter〉键，单元格 A2 中的文本字符串"这就是 Excel tool"中的英文字母全部转换成大写字母即"EXCEL TOOL"，将公式向下填充到 B3 单元格，UPPER 函数将文本字符串中的所有小写字母转换为大写字母。最终结果如图 4-1 所示。

	A	B	C	D
	原字符	UPPER函数返回值	LOWER函数返回值	PROPER函数返回值
2	这就是 Excel tool	这就是 EXCEL TOOL	这就是 excel tool	这就是 Excel Tool
3	This is a good tool!	THIS IS A GOOD TOOL!	this is a good tool!	This Is A Good Tool!

图 4-1　用 UPPER 函数转换成大写字母

在 C2 单元格中输入公式"=LOWER（A2）"，然后按〈Enter〉键，单元格 A2 中的文本字符串"这就是 Excel tool"中的英文字母全部转换成小写字母即"excel tool"，将公式向下填充到 C3 单元格，LOWER 函数将文本字符串中的所有大写字母转换为小写字母。最终结果如图 4-2 所示。

	A	B	C	D
	原字符	UPPER函数返回值	LOWER函数返回值	PROPER函数返回值
2	这就是 Excel tool	这就是 EXCEL TOOL	这就是 excel tool	这就是 Excel Tool
3	This is a good tool!	THIS IS A GOOD TOOL!	this is a good tool!	This Is A Good Tool!

图 4-2　用 LOWER 函数转换成小写字母

在 D2 单元格中输入公式"=PROPER（A2）"，然后按〈Enter〉键，单元格 A2 中的文本字符串"这就是 Excel tool"中的英文单词首字母全部转换成大写字母即"Excel Tool"，将公式向下填充到 D3 单元格，PROPER 函数将文本字符串中的所有单词首字母转换为大写字母。最终结果如图 4-3 所示。

	A	B	C	D
	原字符	UPPER函数返回值	LOWER函数返回值	PROPER函数返回值
1				
2	这就是 Excel tool	这就是 EXCEL TOOL	这就是 excel tool	这就是 Excel Tool
3	This is a good tool!	THIS IS A GOOD TOOL!	this is a good tool!	This Is A Good Tool!

（D2　＝PROPER(A2)）

图 4-3　用 PROPER 函数转换首字母大写

4.1.2　LEFT、RIGHT、MID 函数

 视频演示 4-2　LEFT、RIGHT、MID 函数

1. LEFT 函数

（1）用途：从文本字符串中的第一个字符开始向右返回指定个数的字符。

（2）语法：LEFT(text,[num_chars])。

（3）参数含义：参数 text 是必要参数，它是要提取字符的文本字符串；参数 num_chars 是可选参数，它是数值表达式，表示将要提取多少个字符，num_chars 必须大于或等于零，如果省略，默认是 1。

【例 4-2】　提取员工编号中"-"符合前的字符，具体的操作步骤如下。

在 B2 单元格中输入公式"＝LEFT(A2,10)"，然后按〈Enter〉键，可以将员工编号"YGBH035357-0001"截取为"YGBH035357"。最终结果如图 4-4 所示。

	A	B	C
1	员工编号	LEFT函数返回值	说明
2	YGBH035357-0001	YGBH035357	将A2单元格的文本从左往右数提取10个字符

（B2　＝LEFT(A2,10)）

图 4-4　用 LEFT 函数提取字符

2. RIGHT 函数

（1）用途：从文本字符串中的最后一个字符开始向左返回指定个数的字符。

（2）语法：RIGHT(text,[num_chars])。

（3）参数含义：参数 text 是必要参数，它是要提取字符的文本字符串；参数 num_chars 是可选参数，它是数值表达式，表示将要提取多少个字符，num_chars 必须大于或等于零，如果省略，默认是 1。

【例 4-3】　提取产品编号，具体的操作步骤如下。

在 B2 单元格中输入公式"＝RIGHT(A2,8)"，然后按〈Enter〉键，可以将 A2 单元格中的文本"豆浆机 CZ-00224"截取为编号"CZ-00224"。最终结果如图 4-5 所示。

	A	B
1	备注	产品编号
2	豆浆机CZ-00224	CZ-00224
3	洗衣机CZ-00228	CZ-00228
4	冰箱CZ-00220	CZ-00220

（B2　＝RIGHT(A2,8)）

图 4-5　用 RIGHT 函数提取字符

3. MID 函数

（1）用途：在文本字符串中从指定位置开始向右返回指定个数的字符。

（2）语法：MID（text，start_num，num_chars）。

（3）参数含义：参数 text 是包含要提取字符的文本字符串；参数 start_num 是文本中要提取的第一个字符的位置（≥1）；参数 num_chars 是要从文本中提取的字符的个数（≥0）。

> 说明：如果参数 start_num 大于文本长度，则 MID 函数返回空文本；如果参数 start_num 小于1 或 num_chars 是负数，则 MID 函数返回错误值"#VALUE!"；如果以上参数不是整数，则按其整数部分返回结果。需要注意，使用该函数时，全部的参数都必须设定。

【例4-4】 用 MID 函数提取身份证号码中的出生年月日，具体的操作步骤如下。

在 B2 单元格中输入公式"＝MID（A2,7,8）"，然后按〈Enter〉键，即可从身份证号码"450101197601250060"中获得出生年月日为"19760125"。最终结果如图 4-6 所示。

	A	B	C
1	身份证号码	出生年月	说明
2	450101197601250060	19760125	将A2单元格中的身份号码，从第7个字符开始，返回8个字符

B2 `=MID(A2,7,8)`

图4-6　用 MID 函数提取身份证号码中的出生年月日

4.1.3　LEN 函数

视频演示 4-3　LEN 函数、FIND 函数

（1）用途：返回字符串中字符的个数。

（2）语法：LEN（text）。

（3）参数含义：参数 text 可以是文本，或者是文本所在的单元格，空格也作为字符进行计数。

> 说明：参数 text 不支持区域引用；如果要引用字符串，需要用英文引号（" "）括起来；单字节或双字节字符，长度都计为1。

【例4-5】 检验身份证号码的录入位数是否正确，具体的操作步骤如下。

在 B2 单元格中输入公式"＝LEN（A2）"，然后按〈Enter〉键，可以得出身份证号码的位数，以此来检验身份证号码是否录入错误。最终结果如图 4-7 所示。

	A	B	C
1	身份证号	身份证号位数	说明
2	450102198007050011	18	身份证号位数为18位，录入正确
3	45010198508010220	17	身份证号位数为17位，录入错误

B2 `=LEN(A2)`

图4-7　用 LEN 函数返回字符串个数

4.1.4　FIND 函数

（1）用途：判断某个字符串中是否有指定的字符（区分大小写）。

（2）语法：FIND（find_text,within_text,[start_num]）。

（3）参数含义：参数 find_text 是必需的，表示要查找的字符，不能包含任何通配符。参数 within_text 是必需的，表示包含要查找字符的字符串。参数 start_num 是可选的，表示查找的起始位置，如果省略，默认起始位置为1。

【例4-6】　提取产品型号中的尺寸信息。案例中产品型号中的字母"F"后面的两位数字表示产品的尺寸，现需要把尺寸信息提取出来并排序，具体的操作步骤如下。

在 B2 单元格中输入公式"=MID(A2,FIND("F",A2)+1,2)"，然后按〈Enter〉键，得出第一个产品的尺寸信息，双击 B2 单元格右下角的填充柄，得出其他产品的尺寸信息，然后以"尺寸"为主关键字进行升序或者降序排序。最终结果如图4-8、图4-9所示。

在公式中，通过 MID 函数和 FIND 函数嵌套来实现尺寸信息的提取。函数 FIND("F",A2)的第一个参数设置为"F"，表示要查找的字符为"F"；第二个参数"A2"表示在 A2 单元格存放的字符串"MI255/40F1920"里面查找；第三个参数省略，表示查找的起始位置为1。此时 FIND 函数的返回值为"9"，表示字符"F"在字符串中的位置是9，用 FIND 函数的返回值再加上1作为 MID 函数的第二个参数，表示从 A2 单元格字符串"MI255/40F1920"的第10位开始提取字符。

	A	B
B2	＝MID(A2,FIND("F",A2)+1,2)	
1	产品型号	尺寸
2	MI255/40F19 20	19
3	MI255/45F18 RD	18
4	MI255/55F18	18
5	MI255/60F17 VE	17
6	MI255/60F19 HO	19

图4-8　用 FIND 函数查找字符

	A	B
1	产品型号	尺寸
2	MI255/60F17 VE	17
3	MI255/45F18 RD	18
4	MI255/55F18	18
5	MI255/40F19 20	19
6	MI255/60F19 HO	19

图4-9　用 FIND 函数查找字符结果排序

4.1.5　TRIM、CLEAN 函数

 视频演示4-4　TRIM、CLEAN 函数

1. TRIM 函数

（1）用途：删除字符串前后空格以及字符串中间的多余空格，只保留字符或单词间的一个空格。

（2）语法：TRIM(text)。

（3）参数含义：参数 text 表示要删除空格的文本字符串。

【例4-7】　提取编号信息。在案例中，编号信息和公司名称等字符放在一个单元格里，现需要把编号信息提取出来，并且去除编号信息的前后空格单独放一列，具体的操作步骤如下。

先在 B2 单元格输入公式"=MID(A2,FIND("号",A2)+1,10)"，然后按〈Enter〉键，得出

第一个编号信息，双击 B2 单元格右下角的填充柄，得出其他的编号信息。最终结果如图 4-10 所示。

在公式中，用 FIND 函数来获得 A2 单元格中的字符"号"字的位置为 3，FIND 函数的返回值"3"加上 1 作为 MID 函数的第二个参数，表示从 A2 单元格的字符串的第 4 位开始提取字符。因为编号信息的长度是 9，在其他单元格的编号信息前有一个空格字符，为了把编号信息完整地提取出来，所以 MID 函数的第三个参数设置为"10"，表示提取 10 个字符。

	B2		× ✓	f_x =MID(A2,FIND("号",A2)+1,10)	
		A			B
1		说明			编号
2	*编号310897821 广西开源信息有限公司				310897821
3	*编号205715748 广西向荣科技有限公司				205715748
4	*广东飞跃公司编号 258741567				258741567
5	*广东贸易公司编号 314879874				314879874
6	*编号 324897165 广西飞马物流公司				324897165

图 4-10　提取编号信息

得出的编号信息前或后包含有多余的空格字符，现用 TRIM 函数把多余的空格删除。在 B2 单元格的公式中加上 TRIM 函数，把 B2 单元格的公式变为"=TRIM(MID(A2,FIND("号",A2)+1,10))"，按〈Enter〉键后，再双击 B2 单元格右下角的填充柄，此时所有编号信息中的多余空格字符就删除了。最终结果如图 4-11 所示。

	B2		× ✓	f_x =TRIM(MID(A2,FIND("号",A2)+1,10))	
		A			B
1		说明			编号
2	*编号310897821 广西开源信息有限公司				310897821
3	*编号205715748 广西向荣科技有限公司				205715748
4	*广东飞跃公司编号 258741567				258741567
5	*广东贸易公司编号 314879874				314879874
6	*编号 324897165 广西飞马物流公司				324897165

图 4-11　用 TRIM 函数删除多余空格字符

2. CLEAN 函数

（1）用途：删除文本中无法打印的字符（ASCII 码的前 32 个非打印字符，值为 0～31）。

（2）语法：CLEAN(text)。

（3）参数含义：参数 text 表示要删除无法打印字符的文本字符串。

【例 4-8】　将编号中的换行符、文本标识符和系统导出的低级字符清除，具体的操作步骤如下。

在 B2 单元格输入公式"=CLEAN(A2)"，按〈Enter〉键后，将清除 A2 单元格中编号之后的换行符。在 B3 单元格输入公式"=CLEAN(A3)"，按〈Enter〉键后，将清除 A3 单元格中的文本标识符。在 B4 单元格输入公式"=CLEAN(A4)"，按〈Enter〉键后，将清除 A4 单元格中的系统低级字符。最终结果如图 4-12 所示。

	A	B	C
1	编号	清洗过的编号	说明
2	20220501	20220501	清除换行符
3	20220502	20220502	清除文本标识符
4	|20220503|	20220503	清除编号前后的低级字符

图 4-12　CLEAN 函数清洗数据

4.1.6　REPT 函数

视频演示 4-5　REPT 函数

（1）用途：将指定的文本重复一定的次数。

（2）语法：REPT(text,number_times)。

（3）参数含义：参数 text 表示需要重复显示的文本，参数 number_times 表示文本重复的次数（正数）。

> **说明**：如果参数 number_times 设置为 0，REPT 函数返回空文本。如果参数 number_times 不是整数，将取整数部分进行计算。REPT 函数结果的长度不能超过 32767 个字符，否则 REPT 函数返回错误值"#VALUE!"。

【**例 4-9**】　根据销售额做星级评价。公司需要依据销售额对销售员做星级评价，并将星级评价结果是一颗星的标识为红色，五颗星的标识为绿色。评价的依据如图 4-13 所示。

销售额（万）	业绩等级	说明	显示效果
0	1	0=<销售额<100	★
100	2	100<销售额<200	★★
200	3	200<销售额<400	★★★
400	4	400<销售额<600	★★★★
600	5	600<销售额	★★★★★

图 4-13　星级评价依据

具体的操作步骤如下。

在 C2 单元格中输入"=REPT("★",VLOOKUP(B2,$A$17:$B$21,2,1))"，按〈Enter〉键后，C2 单元格返回第一个销售员的星级评价为五颗星。双击 C2 单元格的填充柄，得到其余销售员的星级评价结果。最终结果如图 4-14 所示。

公式中使用 VLOOKUP 函数对第一个销售员销售额的业绩等级进行查找，查找的方式是近似匹配查找，依据销售额"687.5"查找到对应的业绩等级为"5"，此时 VLOOKUP 函数的返回值为"5"，作为 REPT 函数的第二个参数，表示 REPT 函数的第一个参数"★"需要重复的次数为 5。这样就能实现依据销售额实现星级评价结果。

	A	B	C
C2		=REPT("★",VLOOKUP(B2,$A$17:$B$21,2,1))	
1	姓名	销售额（万）	星级
2	周定平	687.5	★★★★★
3	刘兴书	426.7	★★★★
4	白洁	396.8	★★★
5	陈景香	126.0	★★
6	陈显仙	99.0	★
7	崔珊珊	239.7	★★★
8	朱锏	568.3	★★★★
9	陶敏霞	376.9	★★★
10	王玉清	455.1	★★★★
11	仲占利	297.5	★★★
12	华艳丽	136.4	★★
13	柯祝霞	1124.1	★★★★★

图 4-14　用 REPT 函数实现星级评价

设置星级评价结果是一颗星的为红色。选中 C2:C13 区域，在选择"开始"选项卡下的

"样式"组中选择"条件格式"功能，设置"突出显示单元格规则"中的"等于"规则，如图4-15、图4-16所示。最后单击"确定"按钮，完成设置。

图4-15　设置条件格式　　　　　　　图4-16　设置条件格式规则

用同样的方法设置星级评价结果是五颗星的为绿色。最终结果如图4-17所示。

	A	B	C
1	姓名	销售额（万）	星级
2	周定平	687.5	★★★★★
3	刘兴书	426.7	★★★★
4	白洁	396.8	★★★
5	陈景香	126.0	★★
6	陈显仙	99.0	★
7	崔珊珊	239.7	★★★
8	朱铜	568.3	★★★★
9	陶敏霞	376.9	★★★
10	王玉清	455.1	★★★★
11	仲占利	297.5	★★★
12	华艳丽	136.4	★★
13	柯祝霞	1124.1	★★★★★

图4-17　设置星级显示颜色

4.1.7　CONCATENATE、CONCAT 函数

 视频演示4-6　CONCATENATE、CONCAT 函数

1. CONCATENATE 函数

（1）用途：可将最多255个文本字符串合并为一个文本字符串。连接项可以是文本、数字、单元格引用或这些项的组合。

（2）语法：CONCATENATE（text1，[text2]，…）。

（3）参数含义：参数text1是要连接的第一个文本字符串，参数text2以及后面参数是可选参数，项与项之间必须用逗号隔开。

【例4-10】　将学校代码和学生编号连接生成学生的考号，具体的操作步骤如下。

在C2单元格中输入"=CONCATENATE（A2,B2）"，然后按〈Enter〉键，可以把学校代码"GX11548"和学生编号"202201020001"连接起来生成学生的考号"GX11548202201020001"。最

终结果如图 4-18 所示。

图 4-18　用 CONCATENATE 函数连接字符串

2. CONCAT 函数

（1）用途：可将多个区域或文本字符串组合起来。

（2）语法：CONCAT(text1,[text2],…)。

（3）参数含义：参数 text1 是要连接的文本项，可以是单个字符串或单元格区域。参数 text2 以及后面参数是可选参数，项与项之间必须用逗号隔开。

将例 4-10 的案例用 CONCAT 函数进行学校代码和学生编号的连接，将 C2 单元格的公式变为"=CONCAT(A2:B2)"，这里的参数"A2：B2"就是一个单元格引用，而这样的单元格引用是不能作为 CONCATENATE 函数的参数使用的。最终结果如图 4-19 所示。

图 4-19　用 CONCAT 函数连接字符串

4.1.8　TEXTJOIN 函数

视频演示 4-7　TEXTJOIN、TEXT 函数

（1）用途：可将多个区域或文本字符串组合起来，包括在要组合的各文本值之间指定的分隔符。

（2）语法：TEXTJOIN(delimiter,ignore_empty,text1,[text2],…)。

（3）参数含义：参数 delimiter 表示分隔符，指需要在每个文本连接项之间插入的字符或者字符串。参数 ignore_empty 表示忽略空值，默认值为 TRUE，表示忽略空白单元格，如果为 FALSE，则用分隔符代替空值。参数 text1 表示要连接的文本项，可以是单个字符串或单元格区域。text2 以及后面参数是可选参数。

【例 4-11】　将学校代码和学生编号连接生成学生的考号，代码和考号之间需要加上"-"，具体的操作步骤如下。

在 D2 单元格中输入"=TEXTJOIN("- ",,A2:C2)"，然后按〈Enter〉键，可以把学校代码"GX11548"和学生编号"202201020001"连接起来，并加上分隔符"-"，去掉中间的空白单元格，生成学生的考号"GX11548-202201020001"。最终结果如图 4-20 所示。

图 4-20　用 TEXTJOIN 函数连接字符串

129

4.1.9　TEXT 函数

（1）用途：将数值转换成指定数字格式表示的文本。

（2）语法：TEXT(value，format_text)。

（3）参数含义：参数 value 可以是一个数字型数据、一个常量或者表达式。参数 format_text 是指需要设置的文本格式，可以是任何有效的数字格式编码。

> 说明：TEXT 函数不支持区域引用；如果要引用字符串，需要用英文引号（""）括起来；单字节或双字节字符，长度都计为 1。

【例 4-12】　计算员工的出生日期，并设置为日期格式，具体的操作步骤如下。

在 B2 单元格中输入" =TEXT(MID(A2,7,8),"#-00-00")"，然后按〈Enter〉键，可以得到日期格式的出生日期。其中 MID(A2,7,8) 函数将 A2 单元格的身份证号从第 7 位开始的 8 位数字提取出来，TEXT(MID(A2,7,8),"#-00-00") 函数中的"#"是数字占位符，显示有意义的数字位数，"-"连字符表示将数字转化为日期，"00"表示有 2 位数字。如日期"19800705"是 8 位数字，则"00-00"就占用 2 位的月份和 2 位的日，"#"就代表剩余的 4 位，用来表示年份。最终结果如图 4-21 所示。

	A	B
1	身份证号	员工出生日期
2	450103200009150011	2000-09-15

B2　　fx =TEXT(MID(A2,7,8),"#-00-00")

图 4-21　用 TEXT 函数转换格式

4.2　日期和时间函数

4.2.1　DATE 函数

视频演示 4-8　DATE 函数

（1）用途：返回表示特定日期的序列号，这个序列号对应一个日期。

（2）语法：DATE(year，month，day)。

（3）参数含义：参数 year 指年份，可以输入 0 ~ 9999 的任意数字，参数 month 可以输入一个正整数或者负整数，表示 1 月至 12 月的某个月，参数 day 也可以输入一个正整数或者负整数，表示一个月中从 1 日至 31 日的某一天。

> 说明：如果参数 year 的值是介于 0 到 1899 之间（包含这两个值），则将该值与 1900 相加来计算年份。例如，DATE(122,1,1) 的返回值是 2022 年 1 月 1 日。
>
> 　　如果参数 year 的值介于 1900 到 9999 之间（包含这两个值），则直接使用该值作为年份。例如，DATE(2022,10,1) 的返回值为 2022 年 10 月 1 日。

　　如果参数 month 的值大于 12，则从参数 year 指定年份的第一个月开始加上参数 month 的值再减去 1 个月。例如，DATE(2022,18,1)的返回值为 2023 年 6 月 1 日。

　　如果参数 month 的值小于 1，则从参数 year 指定年份前一年的十二月份开始往下减去参数 month 指定的月份数。例如，DATE(2023,-7,1)的返回值为 2022 年 5 月 1 日。

　　如果参数 day 的值大于参数 month 指定月份中的天数，则从参数 month 指定月份的第一天开始加上参数 day 的值再减去 1 天。例如，DATE(2022,2,33)的返回值为 2022 年 3 月 5 日。

　　如果参数 day 的值小于 1，则从参数 month 指定月份前一个月的最后一天开始减去参数 day 指定的天数。例如，DATE(2023，1，-5)的返回值为 2022 年 12 月 26 日。

【例 4-13】 给定 3 个数字，分别代表年、月、日，将这 3 个数字组合成一个真正的日期，具体的操作步骤如下。

　　在 D2 单元格内输入"=DATE(A2,B2,C2)"，然后按〈Enter〉键，可以将 A2、B2、C2 单元格的三个数字组合，变成一个具体的日期。最终结果如图 4-22 所示。

	A	B	C	D	E
1	年	月	日	日期	说明
2	2022	7	1	2022/7/1	将A2、B2、C2单元格的数字组合成日期

图 4-22　用 DATE 函数组合日期

【例 4-14】 计算 2022 年第 158 天的具体日期，具体的操作步骤如下。

　　在 B1 单元格内输入"=DATE(2022,1,158)"，然后按〈Enter〉键，就能得到 2022 年第 158 天的具体日期是 2022 年 6 月 7 日。最终结果如图 4-23 所示。

	A	B
1	2022年的第158天是几月几号？	2022/6/7

图 4-23　用 DATE 函数计算日期

4.2.2　TODAY 函数

 视频演示4-9　TODAY、NOW 函数

　　(1)用途：返回当前日期，如果单元格指定了日期格式，则返回指定的格式。

　　(2)语法：TODAY( )。

　　说明： 使用 TODAY 函数时，括号内不需要填写参数。TODAY 函数返回的是计算机当前的系统日期，如果计算机设置的系统日期有误，就会返回一个有误的值。用 TODAY 函数输入的日期是可以更新的，当重新打开工作簿或重新计算工作表，如按〈F9〉键时，会更新为当前最新的日期。

【例4-15】 计算距离2023年10月1日还有多少天，具体的操作步骤如下。

在B2单元格中输入"=DATE(2023,10,1)- TODAY()"，然后按〈Enter〉键，就能计算出当前日期到2023年10月1日的时间差。如果函数返回的值是日期型的，需要把单元格的格式更改为"常规"或者"数值"。最终结果如图4-24所示。

图4-24 用TODAY函数计算天数

4.2.3 NOW函数

（1）用途：返回当前日期和时间，如果单元格指定了日期格式，则返回指定的格式。

（2）语法：NOW( )。

> 说明：使用NOW函数时，括号内不需要填写参数。NOW函数返回的是计算机当前的系统日期和时间，如果计算机设置的系统日期和时间有误，就会返回一个有误的值。用NOW函数输入的日期和时间是可以更新的，当重新打开工作簿或重新计算工作表，如按〈F9〉键时，会更新为当前最新的日期和时间。

【例4-16】 在设计工资计算表时显示制表时间，具体的操作步骤如下。

可以结合TEXT函数，构造出需要的各种日期格式。在B1单元格中输入"=TEXT(NOW(),"yyyy年mm月dd日,时间 hh:mm:ss")"，按〈Enter〉键后，B1单元格返回计算结果值。最终结果如图4-25所示。

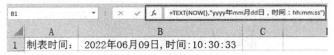

图4-25 用NOW函数提取系统日期和时间

4.2.4 DATEDIF函数

视频演示4-10 DATEDIF函数

（1）用途：计算两个日期之间的年数、月数、天数。

（2）语法：DATEDIF(start_date,end_date,unit)

（3）参数含义：参数start_date表示起始日期，参数end_date表示结束日期，参数unit表示返回值的类型，用"y"表示返回值是整年数，用"m"表示返回值是整月数，用"d"表示返回值是天数，用"ym"表示返回值是去除整年后的月数，用"yd"表示返回值是去除整年后的天数，用"md"表示返回值是去除整月后的天数。

说明：DATEDIF 函数是一个隐藏的函数，通过插入函数命令是找不到的，可以直接在公式输入栏中输入该函数。

【例 4-17】　计算员工的年龄，具体的操作步骤如下。

在 B2 单元格中输入"=DATEDIF(A2,TODAY(),"y")"，按〈Enter〉键后，B2 单元格返回值为员工的年龄。"DATEDIF(A2,TODAY(),"y")"函数的参数"A2"表示提取 A2 单元格的出生年月"2000/7/5"作为起始日期，TODAY()函数作为参数表示提取当前日期作为结束日期，"y"表示返回两个日期之间的年数。最终结果如图 4-26 所示。

B2			fx	=DATEDIF(A2,TODAY(),"y")	
	A	B	C		
1	出生年月	年龄			
2	2000/7/5	21			
3	2002/9/2	19			

图 4-26　用 DATEDIF 函数计算年龄

4.3　逻辑函数

4.3.1　IF、IFS 函数

视频演示 4-11　IF、IFS 函数

1. IF 函数

（1）用途：根据条件进行判断返回不同的结果。

（2）语法：IF(logical_test,value_if_true,value_if_false)。

（3）参数含义：参数 logical_test 表示条件判断，结果返回 true 或者 false；参数 value_if_true 表示如果参数 logical_test 的返回值为 true，那么 IF 函数的返回值就是 value_if_true 的值；参数 value_if_false 表示如果参数 logical_test 的返回值为 false，IF 函数的返回值就是 value_if_false 的值。

说明：IF 函数的部分参数是可以省略的，当参数 logical_test 判断的结果为 true，参数 value_if_true 省略时，IF 函数返回值为 0，如输入"=IF(1<2,)"，则 IF 函数的返回值为 0。当参数 logical_test 判断的结果为 false，参数 value_if_false 省略时，IF 函数返回值为 false，如输入"=IF(1>2,"正确")"，IF 函数的返回值为 false。如果保留参数 value_if_false 的逗号分隔符，即参数 value_if_false 为空，如输入"=IF(1>2,"正确",)"，则 IF 函数的返回值为 0。

【例 4-18】 判断商品是否在保修期内，具体的操作步骤如下。

在 F2 单元格中输入“=IF(E2<TODAY(),"否","是")”，按〈Enter〉键后，F2 单元格内返回商品是否过期的结果。“IF(E2<TODAY(),"否","是")”函数的参数“E2<TODAY()”是判断 E2 单元格的商品到期日是否小于当前系统日期，如果小于系统当前日期，则 IF 函数返回值为“否”，提示商品不在保修期内，如果大于系统当前日期，则 IF 函数返回值为“是”，说明商品还在保修期内。最终结果如图 4-27 所示。

F2 　=IF(E2<TODAY(),"否","是")

	A	B	C	D	E	F
1	产品编号	产品名称	购买日期	保修期（月）	到期日	是否在保修期内
2	JD01	MateBook 14 2021	2021/5/1	12	2022/5/1	否
3	JD02	MateBook B3-420	2022/6/18	18	2023/12/18	是
4	JD03	MateBook X 20	2022/10/1	24	2024/10/1	是

图 4-27　用 IF 函数判断商品是否在保修期内

2. IFS 函数

(1)用途：检查是否满足一个或多个条件，返回符合第一个 TRUE 条件的值。IFS 函数可以取代多个嵌套 IF 语句，在有多个条件需要判断的时候用 IFS 函数更容易理解。

(2)语法：IFS（IFS（logical_test1，value_if_true1，[logical_test2，value_if_true2]，[logical_test3，Value_if_true3]，…）。）。

(3)参数含义：参数 logical_test1 是必需的，表示条件判断，结果返回 true 或者 false；参数 value_if_true1 是必需的，当参数 logical_test1 的返回值为 true 时，要返回的结果可以为空；logical_test2 是可选的，其参数含义和 logical_test1 相同；value_if_true2 是可选的，参数含义和 value_if_true1 相同，可以为空。

说明：IFS 函数最多可以判断 127 个条件。

【例 4-19】 根据销售额判断等级。等级规定如下：销售额大于等于 10000 的等级为“优秀”，销售额在 8000～9999 的等级为“良好”，销售额在 6000～7999 的等级为“合格”，销售额低于 6000 的等级为“不合格”，具体的操作步骤如下。

在 F2 单元格输入公式“=IFS(E2>=10000,"优秀",E2>=8000,"良好",E2>=6000,"及格",E2<6000,"不及格")”，按〈Enter〉键后，F2 单元格内返回第一个员工的等级为“优秀”。双击 F2 单元格的填充柄，把公式往下复制填充，就得到其他员工的等级结果。最终结果如图 4-28 所示。

由此可见，在进行多条件判断的时候，用 IF 函数需要嵌套多层，使用 IFS 函数会更加简捷和容易理解。

F2 　=IFS(E2>=10000,"优秀",E2>=8000,"良好",E2>=6000,"及格",E2<6000,"不及格")

	A	B	C	D	E	F
1	姓名	性别	工龄	部门	销售额	等级
2	何晓丽	女	3	市场部	11000	优秀
3	张文杰	男	2	市场部	8560	良好
4	王丽娜	女	5	市场部	7620	及格
5	李慧芳	女	8	市场部	13200	优秀
6	赵叶枫	男	2	市场部	9800	良好
7	李宁宁	女	2	市场部	5500	不及格

图 4-28　用 IFS 函数判断等级

4.3.2　SWITCH 函数

视频演示 4-12　SWITCH 函数

（1）用途：根据一个表达式的计算结果来设置指定值，并返回这些值所对应的结果。

（2）语法：SWITCH（expression，value1…126，result1…126，［default］）。

参数含义：参数 expression 指表达式，即需要判断的值，它可以是一个单元格地址，或者一个函数公式表达式；参数 value1 表示与表达式的返回值匹配的值，参数 result1 表示匹配后返回的结果；参数 default 是可选的，表示没有找到匹配值后返回的结果，必须是 SWITCH 函数中的最后一个参数。

说明：SWITCH 函数可设置 126 对值和结果参数。

【例 4-20】　根据职位代码的第 5、6 位数字，返回相应的职位类别。规定如下：如果第 5、6 位数字为 00 则对应 A 类，01 对应 B 类，02 对应 C 类，其他的数字对应"未定"，具体操作步骤如下。

在 B2 单元格输入公式" =SWITCH(MID(A2,5,2),"00","A 类","01","B 类","02","C 类","未定")"，按〈Enter〉键后，B2 单元格内返回第一个职位代码对应的职位类别为"A 类"，双击 B2 单元格的填充柄，把公式往下复制填充，就得到其余的职位类别结果。

SWITCH 函数的第一个参数"MID（A2,5,2）"是一个函数公式表达式，表示从 A2 单元格的值"45150001"中截取第 5 和第 6 位的数字"00"。然后分别设置参数 value1 为"00"，result1 为"A 类"，表示如果截取出来的第 5 和第 6 位数字为"00"，则 F2 单元格返回值为"A 类"。同样的方法设置 value2 为"01"，result2 为"B 类"，value3 为"02"，result3 为"C 类"。最后一个参数 default 设置为"未定"，表示如果第 5 和第 6 位的数字不是"00""01"或"02"时的返回结果。最终结果如图 4-29 所示。

B2		✕ ✓ fx	=SWITCH(MID(A2,5,2),"00","A类","01","B类","02","C类","未定")	
▲	A	B	C
1	职位代码	职位类别	
2	45150001	A类	
3	45150002	A类	
4	45150100	B类	
5	45150101	B类	
6	45150200	C类	
7	45150201	C类	
8	45150302	未定	

图 4-29　用 SWITCH 函数判断职位类别

4.3.3　AND、OR、NOT 函数

视频演示 4-13　AND、OR、NOT 函数

1. AND 函数

（1）用来判断一组数据是否都满足条件，当所有的数据都满足条件时返回“TRUE”，只要有一个条件不满足时就返回“FALSE”。

（2）语法：AND(logical1,[logical2],…)。

（3）参数含义：参数 logical1、logical2……表示需要进行判断的条件，最多可以设置 255 个条件参数，结果返回 true 或者 false。

【例 4-21】 公司计划给员工发放奖金，发放奖金的条件和金额为：销售额大于或等于 8500 的女员工奖励 600 元，具体的操作步骤如下。

在 F2 单元格中输入“=IF(AND(B2="女",E2>=8500),600,0)”，按〈Enter〉键后，F2 单元格返回奖金额。“AND(B2="女",E2>=8500)”函数设置了两个判断条件，如果员工性别等于“女”并且销售额大于或等于 8500，AND 函数返回值“TRUE”，IF 函数就返回值“600”。如果其中一个判断条件不满足，IF 函数就返回值“0”，这样就能给符合条件的员工计算奖金。最终结果如图 4-30 所示。

F2 =IF(AND(B2="女",E2>=8500),600,0)

	A	B	C	D	E	F
1	姓名	性别	工龄	部门	销售额	奖金
2	何晓丽	女	3	市场部	11000	600
3	张文杰	男	2	市场部	8560	0
4	王丽娜	女	5	市场部	7620	0
5	李慧芳	女	8	市场部	13200	600
6	赵叶枫	男	2	市场部	9800	0

图 4-30 用 AND 函数计算奖金额

2. OR 函数

（1）用途：一组数据中的任何一个满足条件时，返回“TRUE”；所有数据都不满足条件时就返回“FALSE”。

（2）语法：OR(logical1,[logical2],…)。

（3）参数含义：参数 logical1、logical2……表示需要进行判断的条件，最多可以设置 255 个条件参数，结果返回 true 或者 false。

【例 4-22】 公司计划给员工发放奖金，发放奖金的条件和金额为：销售额大于或等于 8000 的员工和工龄 5 年以上的男员工奖励 500 元，具体的操作步骤如下。

在 F2 单元格中输入“=IF(OR(E2>=8000,AND(B2="男",C2>=5)),500,0)”，按〈Enter〉键后，F2 单元格返回奖金额。“OR(E2>=8000,AND(B2="男",C2>=5))”函数设置了两个参数条件，第一个参数“E2>=8000”判断 E2 单元格数据是否大于 8000，如果大于，则 IF 函数返回值为“500”，否则返回“0”；第二个参数“AND(B2="男",C2>=5)”，用 AND 函数判断员工是否为男性并且工龄 5 年以上，如果满足条件的话 AND 函数返回值“TRUE”，OR 函数返回值为“TRUE”，则 IF 函数返回值为“500”，如果 OR 函数的两个参数都不满足条件，则 IF 函数返回值为“0”。最终结果如图 4-31 所示。

F2 =IF(OR(E2>=8000,AND(B2="男",C2>=5)),500,0)

	A	B	C	D	E	F
1	姓名	性别	工龄	部门	销售额	奖金
2	何晓丽	女	3	市场部	11000	500
3	张文杰	男	2	市场部	8560	500
4	王丽娜	女	5	市场部	7620	0
5	李慧芳	女	2	市场部	13200	500
6	赵叶枫	男	8	市场部	9800	500

图 4-31 用 OR 函数计算奖金额

3. NOT 函数

(1)用途：要确保一个值不等同于某一特定值，可以使用 NOT 函数。

(2)语法：NOT(logical)。

(3)参数含义：参数 logical 表示一个可以计算出 true 或 false 的逻辑值或逻辑表达式。

【例4-23】 某公司进行招聘，因报名人数较多，年龄超过 35 岁的应聘者不能进入面试环节。这里使用 NOT 函数对符合条件的应聘者进行筛选，具体的操作步骤如下。

在 E2 单元格中输入"=IF(NOT(C2>35),"可以面试","")"，按〈Enter〉键后，E2 单元格返回符合条件的值。"NOT(C2>35)"函数的参数"C2>35"判断应聘者的年龄是否大于 35 岁，如果大于则 NOT 函数返回值"FALSE"，IF 函数的返回值为空；如果应聘者的年龄小于或等于 35 岁，NOT 函数返回值"TRUE"，IF 函数的返回值为"可以面试"。最终结果如图4-32 所示。

	A	B	C	D	E
1	姓名	性别	年龄	应聘部门	符合要求
2	李敏	女	26	市场部	可以面试
3	朱磊	男	28	销售部	可以面试
4	黎玲	女	42	运维部	
5	邹锋	男	30	市场部	可以面试
6	黄乐	男	36	销售部	

图4-32 用 NOT 函数筛选数据

4.4 求和、统计函数

视频演示4-14 SUM、SUMIF、SUMIFS 函数

4.4.1 SUM 函数

(1)用途：返回某一单元格区域中所有数字之和。

(2)语法：SUM(number1,[number2],…)。

参数含义：参数 number1、number2……表示 1 到 255 个需要求和的参数。

【例4-24】 统计市场部各小组的第一季度销售业绩，具体的操作步骤如下。

在 E3 单元格中输入"=SUM(B3:D3)"，按〈Enter〉键后，E3 单元格返回值为 A 组第一季度销售业绩。"SUM(B3:D3)"函数的参数"B3:D3"表示对 B3、C3、D3 连续单元格的数据进行求和。最终结果如图4-33 所示。

	A	B	C	D	E
1	市场部第一季度销售业绩表				
2	部门	一月份	二月份	三月份	总计
3	A组	84,350.00	115,020.00	155,250.00	354,620.00
4	B组	1,150,050.00	76,200.00	166,280.00	1,392,530.00
5	C组	173,900.00	116,200.00	153,590.00	443,690.00
6	D组	154,930.00	107,960.00	130,690.00	393,580.00

图4-33 用 SUM 函数求和

4.4.2 SUMIF、SUMIFS 函数

1. SUMIF 函数

(1)用途：根据指定的条件对若干单元格中的数字进行求和。

(2)语法：SUMIF(range,criteria,[sum_range])。

参数含义：参数 range 是必需的，表示指定的条件所在的单元格区域；参数 criteria 是必需的，用于确定对哪些单元格求和的条件，可以为数字、表达式、单元格引用、文本或函数；参数 sum_range 表示要求和的单元格，可省略。

说明：输入参数 criteria 时，任何文本条件或任何含有逻辑或数学符号的条件都必须使用英文双引号括起来，如果条件为数字，则无须使用双引号。条件可以是精确的，也可以是模糊的，既可以使用比较运算符，也可以使用通配符（ * ）。如果判断区域和求和区域是同一个区域，则可以省略第三个参数的设置。

【例4-25】 统计各个供应商的采购总金额，具体的操作步骤如下。

在 H2 单元格中输入"=SUMIF(B:B,G2,E:E)"，按〈Enter〉键后，H2 单元格的返回值为供应商采购总金额。"SUMIF(B:B,G2,E:E)"函数的第一个参数"B:B"表示设定的某个供应商所在的区域，第二个参数"G2"表示设定求和的条件为"南京顺风发展有限公司"，第三个参数"E:E"表示要求和的各供应商采购金额所在的区域。双击 H2 单元格的填充柄，往下复制填充公式到 H8 单元格，就能得到各个供应商的采购总金额。最终结果如图4-34所示。

H2				f_x	=SUMIF(B:B,G2,E:E)		
	A	B	C	D	E	F	G	H
1	日期	供应商名称	项目	单号	金额		供应商	采购金额
2	2021/01/18	南京顺风发展有限公司	购钢筋款	101720	631.50		南京顺风发展有限公司	526479.09
3	2021/01/28	广西华维电子有限公司	购网线款	101721	50,000.00		广西华维电子有限公司	332449.00
4	2021/01/29	湖南哈飞电子科技有限公司	购电缆款	101722	80,000.00		湖南哈飞电子科技有限公司	168000.00
5	2021/02/18	贵州星高科技有限公司	购监视器款	101723	33,650.00		贵州星高科技有限公司	155835.00
6	2021/02/22	南京顺风发展有限公司	购钢筋款	101724	212,600.00		广州盛天电器有限公司	252384.23
7	2021/03/19	广州盛天电器有限公司	购热水器款	101725	48,850.00		湖北双星电子科技有限公司	83047.69
8	2021/04/12	南京双星电子有限公司	购热水器款	101726	57,363.94		江苏优越控制设备公司	243400.00
9	2021/04/18	广州盛天电器有限公司	购热水器款	101727	5,054.23			

图4-34 用 SUMIF 函数求和

2. SUMIFS 函数

（1）用途：根据指定的多个条件对若干单元格中的数字进行求和。

（2）语法：SUMIFS(sum_range,criteria_range1,criteria1,criteria_range2,criteria2,…)。

（3）参数含义：参数 sum_range 表示要求和的区域；参数 criteria_range1 表示指定的第一个条件所在的单元格区域；参数 criteria1 表示指定的第一个条件；参数 criteria_range2，参数 criteria2……表示最多可以输入127个区域和条件对。

【例4-26】 统计在截止日期之前，各个供应商的采购总金额，具体操作步骤如下。

在 I2 单元格中输入"=SUMIFS(E:E,B:B,G2,A:A,"<="&H2)"，按〈Enter〉键后，I2 单元格的返回值为供应商"南京顺风发展有限公司"在2021年4月20日之前的采购总金额，双击 I2 单元格的填充柄，往下复制填充公式到 I8 单元格，就能得到各个供应商在截止日期之前的采购总金额。最终结果如图4-35所示。

I2				f_x	=SUMIFS(E:E,B:B,G2,A:A,"<="&H2)		
	A	B	C	D	E	F	G	H	I
1	日期	供应商名称	项目	单号	金额		供应商	截止日期	采购金额
2	2021/1/18	南京顺风发展有限公司	购钢筋款	101720	631.50		南京顺风发展有限公司	2021/4/20	213231.50
3	2021/1/28	广西华维电子有限公司	购网线款	101721	50,000.00		广西华维电子有限公司	2021/5/19	80383.30
4	2021/1/29	湖南哈飞电子科技有限公司	购电缆款	101722	80,000.00		湖南哈飞电子科技有限公司	2021/6/18	118000.00
5	2021/2/18	贵州星高科技有限公司	购监视器款	101723	33,650.00		贵州星高科技有限公司	2021/7/12	33650.00
6	2021/2/22	南京顺风发展有限公司	购钢筋款	101724	212,600.00		广州盛天电器有限公司	2021/8/20	175804.23
7	2021/3/19	广州盛天电器有限公司	购热水器款	101725	48,850.00		湖北双星电子科技有限公司	2021/9/28	28444.79
8	2021/4/12	南京双星电子有限公司	购热水器款	101726	57,363.94		江苏优越控制设备公司	2021/11/9	243400.00
9	2021/4/18	广州盛天电器有限公司	购热水器款	101727	5,054.23				

图4-35 用 SUMIFS 函数进行多条件求和

视频演示 4-15　AVERAGE、MAX、MIN、MAXIFS、MINIFS 函数

4.4.3　AVERAGE 函数

（1）用途：计算一组数的算术平均值。

（2）语法：AVERAGE(number1,[number2],…)。

（3）参数含义：参数 number1 表示要计算平均值的第一个数字、单元格引用或单元格区域。参数 number2……表示要计算平均值的其他数字、单元格引用或单元格区域，最多可输入 255 个参数，除第一个参数外其他参数也可省略。

> **说明**：如果参数是区域或单元格引用，里面包含文本、逻辑值或空单元格，则这些值将被忽略，但包含零值的单元格将被计算在内。

【例 4-27】　计算每个员工的月平均销售数量，具体的操作步骤如下。

在 R2 单元格中输入"=AVERAGE(E2:P2)"，按〈Enter〉键后，R2 单元格的返回值为第一个员工的月平均销售量。从 R2 单元格开始向下填充即可算出其他员工的月平均销售数量。最终结果如图 4-36 所示。

R2				fx	=AVERAGE(E2:P2)														
	A	B	C	D	E	F	G	H	I	J	K	L	M	N	O	P	Q	R	S
1	职工号	姓名	性别	所属地区	一月	二月	三月	四月	五月	六月	七月	八月	九月	十月	十一月	十二月	全年合计	月平均	排名
2	EM001	高晓慧	女	东北	16	6	5	9	13	4	10	11	7	33	7	14	135	11.25	4
3	EM002	郭燕妮	女	华北	18	7	8	5	15	6	13	5	9	16	10	3	115	9.58	33
4	EM003	张宝强	男	华北	10	2	6	7	9	5	8	7	8	8	5	10	85	7.08	87
5	EM004	赵静静	女	华东	17	7	10	1	19	0	14	11	7	31	11	14	142	11.83	1
6	EM005	张茹娜	男	华东	8	4	7	5	13	6	11	6	0	15	8	9	92	7.67	78
7	EM006	赵玥	女	西北	13	6	9	6	16	8	9	9	11	18	6	8	119	9.92	24
8	EM007	李欣然	女	华北	12	3	6	15	14	4	13	5	7	18	10	8	115	9.58	33
9	EM008	张琛	男	华南	6	8	11	4	16	5	6	10	8	9	3	13	99	8.25	63

图 4-36　用 AVERAGE 函数求平均值

4.4.4　MAX、MIN 函数

1. MAX 函数

（1）用途：返回一组数值中的最大值。

（2）语法：MAX(number1,[number2],…)。

（3）参数含义：参数 number1 是必需的，number2……是可选的，最多可以设置 255 个参数。

2. MIN 函数

（1）用途：返回一组数值中的最小值。

（2）语法：MIN(number1,[number2],…)。

参数含义：参数 number1 是必需的，number2……是可选的，最多可以设置 255 个参数。

说明： MAX 和 MIN 函数中的参数可以是数字或者是包含数字的名称、数组或引用，如果参数不包含任何数字，则返回0。如果参数是一个数组或引用，则只使用其中的数字，数组或引用中的空白单元格、逻辑值或文本将被忽略。

【例 4-28】 统计市场部各组第一季度月最高销售额和月最低销售额，具体的操作步骤如下。

(1)在 E3 单元格中输入"=MAX(B3:D3)"，按〈Enter〉键后，E3 单元格返回 A 组的第一季度月最高销售额，从 E3 单元格向下填充可得到各组的最高销售额。最高销售额的计算结果如图 4-37 所示。

E3 =MAX(B3:D3)

	A	B	C	D	E	F
1	市场部第一季度销售业绩表					
2	部门	一月份	二月份	三月份	月最高销售额	月最低销售额
3	A组	93, 450. 00	124, 620. 00	166, 250. 00	166, 250. 00	93, 450. 00
4	B组	125, 050. 00	96, 200. 00	155, 280. 00	155, 280. 00	96, 200. 00
5	C组	193, 800. 00	146, 200. 00	163, 490. 00	193, 800. 00	146, 200. 00
6	D组	113, 930. 00	108, 960. 00	124, 690. 00	124, 690. 00	108, 960. 00
7	E组	189, 560. 00	153, 890. 00	135, 520. 00	189, 560. 00	135, 520. 00
8	F组	88, 560. 00	108, 590. 00	125, 360. 00	125, 360. 00	88, 560. 00
9	G组	109, 560. 00	123, 140. 00	155, 540. 00	155, 540. 00	109, 560. 00
10	H组	139, 560. 00	153, 760. 00	135, 520. 00	153, 760. 00	135, 520. 00

图 4-37　用 MAX 函数计算最大值

(2)在 F3 单元格中输入"=MIN(B3:D3)"，按〈Enter〉键后，F3 单元格返回 A 组第一季度的月最低销售额，从 F3 单元格向下填充可得到各组的最低销售额。最低销售额的计算结果如图 4-38 所示。

F3 =MIN(B3:D3)

	A	B	C	D	E	F
1	市场部第一季度销售业绩表					
2	部门	一月份	二月份	三月份	月最高销售额	月最低销售额
3	A组	93, 450. 00	124, 620. 00	166, 250. 00	166, 250. 00	93, 450. 00
4	B组	125, 050. 00	96, 200. 00	155, 280. 00	155, 280. 00	96, 200. 00
5	C组	193, 800. 00	146, 200. 00	163, 490. 00	193, 800. 00	146, 200. 00
6	D组	113, 930. 00	108, 960. 00	124, 690. 00	124, 690. 00	108, 960. 00
7	E组	189, 560. 00	153, 890. 00	135, 520. 00	189, 560. 00	135, 520. 00
8	F组	88, 560. 00	108, 590. 00	125, 360. 00	125, 360. 00	88, 560. 00
9	G组	109, 560. 00	123, 140. 00	155, 540. 00	155, 540. 00	109, 560. 00
10	H组	139, 560. 00	153, 760. 00	135, 520. 00	153, 760. 00	135, 520. 00

图 4-38　用 MIN 函数计算最小值

4.4.5　MAXIFS、MINIFS 函数

1. MAXIFS 函数

(1)用途：返回一组指定条件的数值中的最大值。

(2)语法：MAXIFS(max_range,criteria_range1,criteria1,[criteria_range2],[criteria2],…)。

（3）参数含义：参数 max_range 表示数据区域；参数 criteria_range1 表示指定条件所在的区域；参数 criteria1 表示指定的条件，参数 criteria_range2、criteria2……是可选的，表示其他的指定条件区域及条件，最多可以设置 126 个区域和条件对。

【例 4-29】　按所属地区和部门统计最大销售量，具体操作步骤如下。

在 H2 单元格中选择所属地区为"东北"，在 I2 单元格中选择部门为"A 组"，然后在 J2 单元格中输入"=MAXIFS(F:F,D:D,H2,E:E,I2)"，按〈Enter〉键后，J2 单元格返回东北地区 A 组的最大销售量为 135。"MAXIFS(F:F,D:D,H2,E:E,I2)"函数的第一个参数"F:F"表示返回最高销售量数据所在的数据区域，参数"D:D"表示指定第一个条件"所属地区"所在的区域，参数"H2"表示指定条件为 H2 单元格的数据"东北"，参数"E:E"表示指定第二个条件"部门"所在的区域，参数"I2"表示指定条件为 I2 单元格的数据"A 组"。最终结果如图 4-39 所示。

J2				fx	=MAXIFS(F:F,D:D,H2,E:E,I2)					
	A	B	C	D	E	F	G	H	I	J
1	职工号	姓名	性别	所属地区	部门	销售量		所属地区	部门	最高销售量
2	EM001	高晓慧	女	东北	A组	135		东北	A组	135
3	EM002	郭燕妮	女	华北	B组	115				
4	EM003	张宝强	男	华北	A组	85				
5	EM004	赵静静	女	华东	C组	142				
6	EM005	张茹娜	男	华东	A组	92				
7	EM006	赵玥	女	西北	B组	119				

图 4-39　用 MAXIFS 函数计算最大值

2. MINIFS 函数

（1）用途：返回一组指定条件的数值中的最小值。

（2）语法：MINIFS(min_range,criteria_range1,criteria1,[criteria_range2],[criteria2],…)。

（3）参数含义：参数 min_range 表示数据区域；参数 criteria_range1 表示指定条件所在的区域；参数 criteria1 表示指定的条件，参数 criteria_range2、criteria2……是可选的，表示其他的指定条件区域及条件，最多可以设置 126 个区域和条件对。

说明：MAXIFS 和 MINIFS 函数中的参数 max_range、min_range 和参数 criteria_range 的区域大小和形状必须相同，否则函数会返回错误值#VALUE！。

【例 4-30】　按所属地区和部门统计最小销售量，具体的操作步骤如下。

在 H2 单元格中选择所属地区为"东北"，在 I2 单元格中选择部门为"A 组"，然后在 K2 单元格中输入"=MINIFS(F:F,D:D,H2,E:E,I2)"，按〈Enter〉键后，K2 单元格返回东北地区 A 组的最小销售量为 135。最终结果如图 4-40 所示。

K2				fx	=MINIFS(F:F,D:D,H2,E:E,I2)						
	A	B	C	D	E	F	G	H	I	J	K
1	职工号	姓名	性别	所属地区	部门	销售量		所属地区	部门	最高销售量	最低销售量
2	EM001	高晓慧	女	东北	A组	135		东北	A组	135	117
3	EM002	郭燕妮	女	华北	B组	115					
4	EM003	张宝强	男	华北	A组	85					
5	EM004	赵静静	女	华东	C组	142					
6	EM005	张茹娜	男	华东	A组	92					
7	EM006	赵玥	女	西北	B组	119					

图 4-40　用 MINIFS 函数计算最小值

视频演示4-16　ROUND、MOD 函数

4.4.6　ROUND 函数

（1）用途：对数值进行四舍五入。

（2）语法：ROUND（number，num_digits）。

（3）参数含义：参数 number 表示需要进行四舍五入的数字，参数 num_digits 表示指定数字的位数，按此位数进行四舍五入。

> **说明**：当参数 num_digits>0 时，将数字四舍五入到指定的小数位数；当参数 num_digits=0 时，将数字四舍五入到最接近的整数；当参数 num_digits<0 时，在小数点左侧进行四舍五入。

【例4-31】　计算月人均销售量，结果不保留小数位，具体操作步骤如下。

在 E98 单元格中输入"=ROUND（AVERAGE（E2:E96），0）"，按〈Enter〉键后，E98 单元格返回值为月人均销售量。"ROUND（AVERAGE（E2:E96），0）"函数的第一个参数"AVERAGE（E2:E96）"是计算各职工在一月的平均销售量；第二个参数"0"表示不保留小数位，将计算得出的平均销售量数字进行四舍五入为整数。从 E98 单元格开始向右填充即可算出其他月份的人均销售量。最终结果如图4-41所示。

E98	▼	:	×	✓	fx	=ROUND(AVERAGE(E2:E96),0)			
	A	B	C	D	E	F	G	H	I	J
1	职工号	姓名	性别	所属地区	一月	二月	三月	四月	五月	六月
2	SN001	高晓慧	女	东北	16	6	5	9	13	4
3	SN002	郭燕妮	女	华北	18	7	8	5	15	6
4	SN003	张宝强	男	华北	10	2	6	7	9	5
5	SN004	赵静静	女	华东	17	7	10	1	19	0
93	SN092	郑长顺	男	华东	5	8	6	8	15	2
94	SN093	李艳丽	女	东北	5	1	4	2	18	5
95	SN094	郑海明	男	华南	9	8	13	7	23	3
96	SN095	刘奕	男	华东	10	2	5	5	1	4
97		月总销售量			805	467	714	511	1599	549
98		月人均销售量			8	5	8	5	17	6

图4-41　用 ROUND 函数取整

4.4.7　MOD 函数

（1）用途：计算两数相除的余数。

（2）语法：MOD（number，divisor）。

（3）参数含义：参数 number 表示被除数，参数 divisor 表示除数。

> **说明**：MOD 函数返回值的符号与除数（divisor）的符号相同，如果除数（divisor）为零，返回值为"#DIV/0！"。MOD 函数在 Excel 中一般不单独使用，而和其他函数组合起来使用。

【例 4-32】 对工资表每隔 3 行设置间隔式底纹，具体操作步骤如下。

（1）选择单元格区域 A3:R20，然后单击"开始"选项卡下"样式"组中的"条件格式"下拉按钮，选择"新建规则"，打开"新建格式规则"对话框，选择规则类型为"使用公式确定要设置格式的单元格"，然后在"编辑规则说明"框里输入公式"=MOD(ROW(A3),3)=0"，再选择"格式"按钮，如图 4-42 所示。

（2）打开"设置单元格格式"对话框，单击"填充"选项卡，任选一种填充色，单击"确定"按钮，如图 4-43 所示。

图 4-42　设置规则

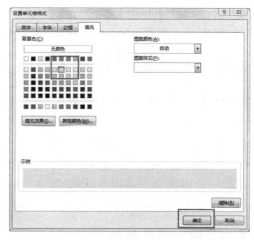

图 4-43　设置填充色

（3）设置完成后的工资表如图 4-44 所示。

> **注意**：函数 MOD(ROW(A3),3)的第一个参数"ROW(A3)"，返回 A3 单元格所在行的行号，第二个参数"3"表示每隔 3 行进行一次计算，"MOD(ROW(A3),3)=0"表示如果 MOD 函数的返回值等于 0，就对这一行设置底纹。

	A	B	C	D	E	F	G	H	I	J	K	L	M	N	O	P	Q	R
1	编号	姓名	部门	职务	应发工资明细							代扣明细				应纳税所得额	个人所得税	实发合计
2					基本工资	岗位工资	误餐补贴	交通补贴	加班奖金	考勤扣款	应发合计	失业保险	养老保险	医疗保险	住房公积金			
3	A001	白晨	办公室	部门经理	900	1200	850	1000	79	147	3883	21	168	42	252	0	0	3400
4	A002	李阳	人事部	部门经理	1100	1200	850	1000	134	15	4269	23	184	46	276	240	7	3733
5	A003	韩云	纪检部	职员	1000	1000	850	1000	0	70	3780	20	160	40	240	0	0	3320
6	A004	韩婷	信息部	职员	1200	1000	850	1000	87	44	4093	22	176	44	264	87	3	3584
7	A005	耿直	销售部	职员	1000	1000	850	1000	208	13	4045	20	160	40	240	85	3	3582
8	A006	武旭	办公室	总经理	900	1500	850	1000	248	90	4408	24	192	48	288	356	11	3845
9	A007	张晶	采购部	职员	1000	1000	850	1000	0	0	3850	20	160	40	240	0	0	3390
10	A008	郑海	人事部	职员	1100	1000	850	1000	0	0	3950	21	168	42	252	0	0	3467
11	A009	刘媛	财务部	总经理	1200	1500	850	1000	107	72	4585	27	216	54	324	464	14	3950
12	A010	赵贺	采购部	职员	1000	1000	850	1000	293	0	4143	20	160	40	240	183	5	3677
13	A011	林静	财务部	职员	1200	1000	850	1000	128	59	4120	22	176	44	264	114	3	3610
14	A012	孙建	人事部	职员	1100	1000	850	1000	170	117	4002	21	168	42	252	19	1	3519
15	A013	丁鑫	财务部	部门经理	1200	1200	850	1000	67	173	4143	24	192	48	288	91	3	3589
16	A014	杨龙	纪检部	职员	1000	1000	850	1000	142	117	3875	20	160	40	240	0	0	3415
17	A015	石磊	销售部	部门经理	1200	1000	850	1000	0	44	4006	22	176	44	264	0	0	3500
18	A016	乔宇	销售部	职员	1000	1000	850	1000	129	53	3926	20	160	40	240	0	0	3466
19	A017	李宇	企划部	部门经理	1100	1200	850	1000	0	13	4137	23	184	46	276	108	3	3604
20	A018	董浩	纪检部	职员	1000	1000	850	1000	136	14	3972	20	160	40	240	12	0	3511

图 4-44　用 MOD 函数设置工资表

视频演示4-17　INT、POWER、RATE 函数

4.4.8　INT 函数

（1）用途：将数字向下舍入到最接近的整数。

（2）语法：INT（number）。

（3）参数含义：参数 number 表示需要进行向下舍入取整的实数。

> 说明：INT 函数处理负数时，向下舍入负数会朝着远离 0 的方向将数字舍入。

【例 4-33】　计算商品的采购数量，具体操作步骤如下。

在 D2 单元格中输入"=INT（C2/B2）"，按〈Enter〉键后，D2 单元格返回笔记本的可购数量。从 D2 单元格向下填充即可计算出所有商品的可购数量。最终结果如图 4-45 所示。

	A	B	C	D
1	计划采购商品	单价	可用金额	可购数量
2	笔记本	15.0	1000	66
3	订书机	23.0	800	34
4	钢笔	35.0	500	14
5	铅笔	0.7	180	257

图 4-45　用 INT 函数计算采购数量

4.4.9　POWER 函数

（1）用途：返回给定数字的乘幂结果。

（2）语法：POWER（number，power）。

（3）参数含义：参数 number 表示基数，可以设置为任意的实数。参数 power 表示基数乘幂运算的指数。

【例 4-34】　根据日期求出其所对应的季度，具体操作步骤如下。

在 B2 单元格中输入"=CONCATENATE("第",LEN(POWER(2,MONTH(A2))),"季度")"，按〈Enter〉键后，B2 单元格返回日期所对应的季度信息。函数"POWER(2,MONTH(A2))"的第二个参数"MONTH（A2）"表示提取 A2 单元格的月份数据，返回值为"1"，此时函数"POWER(2,MONTH(A2))"的返回值为"2"，用函数"LEN(POWER(2,MONTH(A2)))"得到字符"2"的长度值为"1"，最后用 CONCATENATE 函数把"第""1"和"季度"三个字符连接起来，得到季度的信息。双击 B2 单元格的填充柄，计算出其他日期对应的季度信息。最终结果如图 4-46 所示。

	A	B	C
1	日期	季度	
2	2022年1月5日	第1季度	
3	2022年4月16日	第2季度	
4	2022年12月6日	第4季度	
5	2022年9月8日	第3季度	
6	2022年7月10日	第3季度	
7	2022年10月1日	第4季度	

图 4-46　用 POWER 函数求日期对应季度

这个案例利用 2 的乘幂运算的结果字符长度来实现季度数据的计算。如 1、2、3 月的月份数字作为 2 的乘幂运算的指数，算出来的结果分别是 2、4、8，这 3 个数字的字符长度都为 1，以此作为 1、2、3 月所属的第 1 季度信息。4、5、6 月的月份数字作为 2 的乘幂运算的指数，算出来的结果分别是 16、32、64，这 3 个数字的字符长度都为 2，以此作为 4、5、6 月所属的第 2 季度信息。

4.4.10 RATE 函数

（1）用途：计算某项投资或贷款的实际利率。

（2）语法：RATE(nper,pmt,pv,[fv],[type],[guess])

（3）参数含义：参数 nper 是必需的，表示期数，即需要支付的次数；参数 pmt 是必需的，表示每期需要支付的金额；参数 pv 是必需的，表示现值，也称为本金；参数 fv 是可选的，表示期值，即最后一次支付后希望得到的现金余额；参数 type 是可选的，输入数字"0"或者省略，表示各期的支付时间是期末，输入数字"1"表示各期的支付时间是期初；参数 guess 是可选的，表示预期利率，如果省略，默认值为 10%。

【例 4-35】 某用户向银行贷款 80 万元，期限 20 年，每月本息摊还 6000 元，请计算贷款的年利率，具体操作步骤如下。

在 B5 单元格中输入公式" =RATE(B2*12,- B3,B4)*12"，按〈Enter〉键后，B5 单元格返回贷款的年利率为"6.58%"。函数"RATE(B2*12,- B3,B4)"的第一个参数"B2 * 12"表示提取 B2 单元格的数据"20"乘以 12，表示一共需要还款期数为 20×12 = 240 个月，第二个参数"-B3"表示提取 B3 单元格的数据 6000 并加上"-"号，即每期需要支付的金额是 6000元，第三个参数"B4"表示提取 B4 的数据，即贷款金额 800000 元，第四、第五、第六个参数省略，用默认值计算。最终结果如图 4-47 所示。

	A	B
	说明	数据
2	贷款期限（年）	20
3	每月支付（元）	¥ 6,000.00
4	贷款额（元）	¥ 800,000.00
5	贷款年利率	6.58%

B5 单元格公式栏：=RATE(B2*12,-B3,B4)*12

图 4-47 用 RATE 函数计算贷款年利率

视频演示 4-18 COUNT、COUNTA、COUNTIF、COUNTIFS 函数

4.4.11 COUNT、COUNTA 函数

1. COUNT 函数

（1）用途：统计包含数字的单元格个数以及参数列表中数字的个数。

（2）语法：COUNT(value1,[value2],…)。

（3）参数含义：参数 value1 是必需的，参数 value2……是可选的，最多可以设置 255

个参数。

> 说明：参数可以是单元格引用或区域。如果参数是数字、日期或者代表数字的文本、逻辑值和直接键入到参数列表中代表数字的文本，则将被计算在内；错误值、文字、逻辑值、空值将被忽略。

2. COUNTA 函数

（1）用途：统计数据区域内不为空的单元格个数。

（2）语法：COUNTA（value1，[value2]，…）。

（3）参数含义：参数 value1 是必需的，参数 value2……是可选的，最多可以设置255个参数，参数可以是任何类型。

> 说明：COUNT 函数在统计非空单元格的个数时，错误值、文字、逻辑值、空值将被忽略；如果要统计含有错误值、文字、逻辑值的非空单元格的个数，则使用COUNTA 函数。

【例4-36】 统计公司1—3月的员工数和实际工作人数，具体操作步骤如下。

（1）在 I3 单元格中输入"=COUNT(D2:D11)"，按〈Enter〉键后，I3 单元格返回值为1月的实际工作人数。最终结果如图4-48 所示。

（2）在 I2 单元格中输入"=COUNTA(D2:D11)"，按〈Enter〉键后，I2 单元格返回值为1月的员工人数。最终结果如图4-49 所示。

需注意的是：COUNT 函数只统计 D2:D11 数据区域中的含数字类型的数据单元格数量；COUNTA 函数统计 D2:D11数据区域中所有非空单元格数量。

I3				fx	=COUNT(D2:D11)					
	A	B	C	D	E	F	G	H	I	J	K
1	职工号	姓名	性别	1月	2月	3月			1月	2月	3月
2	EM001	高晓慧	女	7	9	12		员工人数	10	10	10
3	EM002	郭燕妮	男	14	4	FALSE		实际工作人数	9	8	9
4	EM003	张宝强	男	8	7	10					
5	EM004	赵静静	女	病假	2	7					
6	EM005	张茹娜	男	16	8	11					
7	EM006	赵玥	女	14	事假	9					
8	EM007	李欣然	女	17	7	10					
9	EM008	张琛	男	7	事假	4					
10	EM009	张靖岚	女	10	8	10					
11	EM010	王媛	女	8	5	8					

图4-48 用 COUNT 函数计算实际工作人数

I2				fx	=COUNTA(D2:D11)					
	A	B	C	D	E	F	G	H	I	J	K
1	职工号	姓名	性别	1月	2月	3月			1月	2月	3月
2	EM001	高晓慧	女	7	9	12		员工人数	10	10	10
3	EM002	郭燕妮	男	14	4	FALSE		实际工作人数	9	8	9
4	EM003	张宝强	男	8	7	10					
5	EM004	赵静静	女	病假	2	7					
6	EM005	张茹娜	男	16	8	11					
7	EM006	赵玥	女	14	事假	9					
8	EM007	李欣然	女	17	7	10					
9	EM008	张琛	男	7	事假	4					
10	EM009	张靖岚	女	10	8	10					
11	EM010	王媛	女	8	5	8					

图4-49 用 COUNTA 函数计算员工人数

4.4.12　COUNTIF、COUNTIFS 函数

1. COUNTIF 函数

(1)用途：给定一个条件，统计指定区域内符合条件的单元格个数。

(2)语法：COUNTIF(range,criteria)。

(3)参数含义：参数 range 表示指定的统计区域，参数 criteria 表示指定的条件。

> **说明**：参数 criteria 可以是数字、表达式或文本形式。

【例 4-37】　统计出各月份销售电视机数量在 10 台以下的人数，具体操作步骤如下。

在 D24 单元格中输入"=COUNTIF(D2:D21,"<10")"，按〈Enter〉键后，D24 单元格返回一月份销售电视机数量小于 10 台的人数，从 D24 单元格向右填充可统计出各月份符合条件的人数。最终结果如图 4-50 所示。

	A	B	C	D	E	F	G	H	I	J	K	L	M	N	O
				=COUNTIF(D2:D21,"<10")										
1	职工号	姓名	性别	一月	二月	三月	四月	五月	六月	七月	八月	九月	十月	十一月	十二月
2	EM001	高晓慧	女	7	9	12	4	18	4	9	6	7	31	6	14
3	EM002	郭燕妮	男	14	4	7	1	14	7	7	10	10	15	4	3
4	EM003	张宝强	男	8	7	10	4	19	3	11	5	6	18	8	10
5	EM004	赵静静	女	5	2	5	9	20	7	9	10	10	16	6	14
6	EM005	张茹娜	男	16	8	11	8	19	8	12	7	11	11	9	9
7	EM006	赵玥	女	14	4	9	6	16	9	10	10	12	23	7	8
8	EM007	李欣然	女	17	7	10	12	9	5	14	9	8	9	11	8
9	EM008	张琛	男	7	1	4	8	23	7	9	12	10	14	6	13
10	EM009	张靖岚	女	10	8	10	16	18	5	5	8	8	18	0	12
11	EM010	王媛	女	8	5	9	17	8	8	11	11	14	5	10
12	EM011	张皓昱	男	14	3	6	9	13	3	5	6	6	19	2	13
13	EM012	马佳	女	7	7	10	3	14	9	6	5	12	16	3	9
14	EM013	胡娜雪	女	6	1	5	3	17	5	11	8	8	15	8	11
15	EM014	郝玉琴	女	8	8	2	12	4	6	6	7	23	3	9
16	EM015	张乐天	男	13	5	6	5	18	8	7	7	11	16	4	10
17	EM016	曹婷婷	女	7	6	9	4	14	6	5	5	9	12	6	8
18	EM017	周鑫	女	4	7	7	9	17	8	6	4	11	14	3	7
19	EM018	高静雨	男	8	8	11	3	4	3	8	6	6	18	5	9
20	EM019	周亚静	女	4	4	4	19	7	6	8	10	22	3	11
21	EM020	赵艳青	女	8	5	9	17	8	8	11	11	14	5	14
22															
23	分段统计			一月	二月	三月	四月	五月	六月	七月	八月	九月	十月	十一月	十二月
24	10台以下			13	20	13	18	2	20	15	14	9	1	19	9

图 4-50　用 COUNTIF 函数统计销售电视机数量小于 10 台的人数

2. COUNTIFS 函数

(1)用途：给定多个条件，统计指定区域内符合所有条件的单元格个数。

(2)语法：COUNTIFS(criteria_range1,criteria1,[criteria_range2],[criteria2],…)。

(3)参数含义：参数 criteria_range1 是必需的，表示指定的统计区域；参数 criteria1 是必需的，表示指定的条件；参数 criteria_range2 是可选的，表示附加的区域；criteria2 也是可选的，表示附加区域所关联的条件。

> **说明**：参数 criteria1 的形式可以为数字、表达式、单元格引用或文本。每一个附加的区域都必须与参数 criteria_range1 具有相同的行数和列数。

【**例4-38**】 统计出各月份销售电视机数量在10~20台的人数，具体操作步骤如下。

在 D25 单元格中输入"=COUNTIFS(D2:D21,">=10",D2:D21,"<=20")"，按〈Enter〉键后，D25 单元格返回一月份销售电视机数量在10~20台的人数，从 D25 单元格向右填充可统计出各月份符合条件的人数。最终结果如图4-51所示。

		职工号	姓名	性别	一月	二月	三月	四月	五月	六月	七月	八月	九月	十月	十一月	十二月
		A	B	C	D	E	F	G	H	I	J	K	L	M	N	O
1		职工号	姓名	性别	一月	二月	三月	四月	五月	六月	七月	八月	九月	十月	十一月	十二月
2		EM001	高晓慧	女	7	9	12	4	18	4	9	6	7	31	6	14
3		EM002	郭燕妮	男	14	4	7	1	14	7	7	10	10	15	4	3
4		EM003	张宝强	男	8	7	10	4	19	3	11	5	6	18	8	10
5		EM004	赵静静	女	5	2	5	9	20	7	9	10	10	16	6	14
6		EM005	张茹娜	男	16	8	11	8	19	8	12	7	11	11	9	9
7		EM006	赵玥	女	14	4	9	6	16	9	10	10	12	23	7	8
8		EM007	李欣然	女	17	7	10	12	9	5	14	9	8	9	11	8
9		EM008	张琛	男	7	1	8	23	7	7	9	12	10	14	6	13
10		EM009	张靖岚	女	10	8	10	16	18	5	5	8	8	18	0	12
11		EM010	王媛	女	8	5	8	9	17	6	6	8	11	14	5	10
12		EM011	张皓昱	男	14	3	7	9	19	3	5	6	6	19	2	13
13		EM012	马佳	女	7	7	10	3	14	9	6	5	12	16	3	9
14		EM013	胡娜雪	女	6	1	5	3	17	5	11	8	8	15	8	11
15		EM014	郝玉琴	女	8	5	8	2	12	4	6	6	7	23	3	9
16		EM015	张乐天	男	13	3	6	5	18	8	7	7	11	16	4	10
17		EM016	曹婷婷	女	7	6	4	4	14	6	9	5	9	12	6	8
18		EM017	周鑫	女	4	7	7	9	17	8	6	4	11	14	3	7
19		EM018	高静雨	男	8	8	11	3	4	3	8	6	6	18	5	9
20		EM019	周亚静	女	4	3	6	4	19	7	6	8	10	22	3	11
21		EM020	赵艳青	女	8	5	8	8	8	8	11	11	14	5	14
22																
23		分段统计			一月	二月	三月	四月	五月	六月	七月	八月	九月	十月	十一月	十二月
24		10台以下			13	20	13	18	2	20	15	14	9	1	19	9
25		10-20台			7	0	7	2	17	0	5	6	11	15	1	11

图4-51 用 **COUNTIFS** 函数统计人数

4.4.13 RANK. AVG、RANK. EQ 函数

视频演示4-19 RANK. AVG、RANK. EQ 函数

1. RANK. AVG 函数

（1）用途：求某个数值在一列数据区域内的大小排名，如果数据区域内有多个值具有相同的排名，则返回平均排名。

（2）语法：RANK. AVG（number,ref,［order］）。

（3）参数含义：参数 number 是必需的，表示要排名的数值；参数 ref 是必需的，表示数据区域；参数 order 是可选的，表示指定排名的方式。

> **说明**：如果 order 为0或省略，数值的排名按降序排列。如果 order 不为零，数值的排名按升序排列。

【**例4-39**】 统计员工上半年销售数量合计的排名，具体操作步骤如下。

在 K2 单元格中输入"=RANK. AVG(J2,$J$2:$J$11,0)"，按〈Enter〉键后，K2 单元格中返回职工号为 EM001 的员工排名，从 K2 单元格向下填充至 K11，可统计出所有员工的

排名。

在排名结果中，职工号为 EM006 和 EM007 的员工销售数量合计相同，都是 60，因此这两位员工的排名为平均排名 3.5，如果四舍五入为整数时，排名都为 4，第 3 名空缺。最终结果如图 4-52 所示。

K2					fx	=RANK.AVG(J2,$J$2:$J$11,0)					
	A	B	C	D	E	F	G	H	I	J	K
1	职工号	姓名	性别	一月	二月	三月	四月	五月	六月	合计	排名
2	EM001	高晓慧	女	7	9	12	4	18	4	54	6
3	EM002	郭燕妮	男	14	4	7	1	14	7	47	10
4	EM003	张宝强	男	8	7	10	4	19	3	51	7
5	EM004	赵静静	女	5	2	5	9	20	7	48	9
6	EM005	张茹娜	男	16	8	11	8	19	8	70	1
7	EM006	赵玥	女	14	4	9	8	16	9	60	3.5
8	EM007	李欣然	女	17	7	10	12	9	5	60	3.5
9	EM008	张琛	男	7	1	4	8	23	7	50	8
10	EM009	张靖岚	女	10	8	10	16	18	5	67	2
11	EM010	王媛	女	8	5	8	9	17	8	55	5

图 4-52　用 RANK.AVG 函数统计排名

2. RANK.EQ 函数

（1）用途：求某个数值在一列数据区域内的大小排名，如果数据区域内有多个值具有相同的排名，则返回最高排名。

（2）语法：RANK.EQ(number,ref,[order])。

（3）参数含义：参数 number 是必需的，表示要排名的数值；参数 ref 是必需的，表示数据区域；参数 order 是可选的，表示指定排名的方式。

> 说明：如果 order 为 0 或省略，数值的排名按降序排列。如果 order 不为零，数值的排名按升序排列。

【例 4-40】　统计员工上半年销售数量合计的排名，具体操作步骤如下。

在 K2 单元格中输入"=RANK.EQ(J2,$J$2:$J$11,0)"，按〈Enter〉键后，K2 单元格中返回职工号为 EM001 的员工排名，从 K2 单元格向下填充至 K11，可统计出所有员工的排名。

在排名结果中，职工号为 EM006 和 EM007 的员工销售数量相同，都是 60，此时返回这两位员工的最高排名为 3，第 4 名空缺。最终结果如图 4-53 所示。

K2					fx	=RANK.EQ(J2,$J$2:$J$11,0)					
	A	B	C	D	E	F	G	H	I	J	K
1	职工号	姓名	性别	一月	二月	三月	四月	五月	六月	合计	排名
2	EM001	高晓慧	女	7	9	12	4	18	4	54	6
3	EM002	郭燕妮	男	14	4	7	1	14	7	47	10
4	EM003	张宝强	男	8	7	10	4	19	3	51	7
5	EM004	赵静静	女	5	2	5	9	20	7	48	9
6	EM005	张茹娜	男	16	8	11	8	19	8	70	1
7	EM006	赵玥	女	14	4	9	8	16	9	60	3
8	EM007	李欣然	女	17	7	10	12	9	5	60	3
9	EM008	张琛	男	7	1	4	8	23	7	50	8
10	EM009	张靖岚	女	10	8	10	16	18	5	67	2
11	EM010	王媛	女	8	5	8	9	17	8	55	5

图 4-53　用 RANK.EQ 函数统计排名

4.5 查找与引用函数

4.5.1 VLOOKUP 函数

 视频演示4-20 VLOOKUP 函数

（1）用途：在数据区域中的第一列查找指定的数值，向右边查找某列的数据。

（2）语法：VLOOKUP(lookup_value,table_array,col_index_num,[range_lookup])。

参数含义：参数 lookup_value 表示要在数据区域第一列中查找的数值；参数 table_array 表示要在其中查找数据的数据区域；第三个参数 col_index_num 表示指定取数的列序号；参数 range_lookup 如果为 TRUE 或者忽略或1，表示返回近似匹配值，如果为 FALSE 或0，表示返回精确匹配值，如果找不到，就返回错误值"#N/A"。

【例4-41】 根据销售记录表的商品编码，把对应的商品名称、单价和单位查询出来，如图4-54所示，具体操作步骤如下。

在销售记录表的 C2 单元格中输入"=VLOOKUP(B2,商品资料!\$A\$2:\$D\$13,2,0)"，按〈Enter〉键后，C2 单元格返回值为商品编码"D2004"所对应的商品名称"C-9"。函数 VLOOKUP(B2,商品资料!\$A\$2:\$D\$13,2,0)的第一个参数"B2"表示要查找的数据是销售记录表里的商品编码"D2004"；第二个参数"商品资料!\$A\$2:\$D\$13"就是指定查找区域，查找区域是"商品资料"表的"\$A\$2:\$D\$13"，商品编码这一列数据必须位于查找区域的第一列；第三参数"2"表示根据商品编码查出来的商品名称位于查找区域的第二列；第四个参数"0"表示返回精确匹配值。

在 D2 单元格中输入公式"=VLOOKUP(B2,商品资料!\$A\$2:\$D\$13,3,0)"。

在 E2 单元格中输入公式"=VLOOKUP(B2,商品资料!\$A\$2:\$D\$13,4,0)"。

用 VLOOKUP 函数查询商品信息的部分公式和最终结果如图4-55所示。

	A	B	C	D
1	商品编码	商品名称	单价	单位
2	D2001	C-5	689	套
3	D2002	C-6	1159	件
4	D2003	C-12	80	台
5	D2004	C-9	1350	台
6	D2005	C-3	2600	套
7	D2006	C-8	510	件
8	D2007	C-7	329	件
9	D2008	C-3	2539	台
10	D2009	C-10	640	件
11	D2010	C-4	2130	台
12	D2011	C-1	576	套
13	D2012	C-2	460	套

图4-54 指定查找区域

C2				fx	=VLOOKUP(B2,商品资料!\$A\$2:\$D\$13,2,0)	
	A	B	C	D	E	F	G
1	日期	商品编码	商品名称	单价	单位	销售量	金额
2	2018/5/1	D2004	C-9	1350	台	500	675000
3	2018/5/2	D2008	C-3	2539	台	200	507800
4	2018/5/3	D2012	C-2	460	套	400	184000

图4-55 用 VLOOKUP 函数查询商品信息

4.5.2 LOOKUP 函数

 视频演示 4-21 LOOKUP 函数

(1)用途：在单行或单列区域(向量)中查找数值，然后返回第二个单行或单列区域中相同位置的数值。

(2)语法：LOOKUP(lookup_value,lookup_vector,result_vector)。

(3)参数含义：参数 lookup_value 表示要查询的条件，参数 lookup_vector 表示查询条件所在的单行或者单列区域，参数 result_vector 表示查询结果所在的单行或者单列区域。

> 说明：参数 lookup_value 中的值必须按照升序排列，否则 LOOKUP 函数可能无法返回正确的值。当查找不到指定的条件时，会查找小于或等于该条件的最大值对应的数据。

【例 4-42】 输入商品编号查询商品信息，具体操作步骤如下。

在商品信息表的 A3 单元格中输入"1005"，在 B3 单元格中输入"=LOOKUP(A3,商品信息表!A3:A11,商品信息表!B3:B11)"，按〈Enter〉键后，B3 单元格返回商品编号"1005"对应的商品名称"C-5"。

函数 LOOKUP(A3,商品信息表!A3:A11,商品信息表!B3:B11)的第一个参数"A3"表示从 A3 单元格提取要查询的条件"1005"，第二个参数"商品信息表!A3:A11"表示查询条件商品编号"1005"在"商品信息表"的 A3:A11 区域，第三个参数"商品信息表!B3:B11"表示查询结果商品名称在"商品信息表"的 B3:B11 区域，返回值为"C-5"。

在 C3 单元格中输入公式"=LOOKUP(A3,商品信息表!A3:A11,商品信息表!C3:C11)"。

在 D3 单元格中输入公式"=LOOKUP(A3,商品信息表!A3:A11,商品信息表!D3:D11)"。

商品信息表及用 LOOKUP 函数查询商品信息的最终结果分别如图 4-56、图 4-57 所示。

商品编号	商品名称	进货单价（元）	进货数量（台）
1001	C-1	320	35
1002	C-2	360	25
1003	C-3	422	30
1004	C-4	251	15
1005	C-5	410	20
1006	C-6	520	25
1007	C-7	466	20
1008	C-8	500	28
1009	C-9	280	30

图 4-56 商品信息表

图 4-57 用 LOOKUP 函数查询商品信息

【例 4-43】 利用 LOOKUP 函数实现模糊定位查找：输入座位号查询对应的座位区间。具体操作步骤如下。

在 E3 单元格中输入"25"，在 F3 单元格中输入"=LOOKUP(E3,$B$3:$B$8,$A$3:$A

$8）$"，按〈Enter〉键后，F3 单元格返回座位号"25"对应的座位区间为"A 区"。

在这个例子里，要查询的座位号"25"这个数字并不在 B 列或 C 列中，但是要提取"25"所对应的座位区间为"A 区"，可以设置函数"LOOKUP（E3,\$B\$3:\$B\$8,\$A\$3:\$A\$8）"，在 B 列中查找，当查找不到时，就会在 B 列中查找小于 25 的数值所对应的 A 列数值。最终结果如图 4-58 所示。

F3				✕ ✓	fx	=LOOKUP(E3,$B$3:$B$8,$A$3:$A$8)	
	A	B	C	D	E	F	
1	座位区间名	座位号			查询座位号	对应区间	
2		起始号	终止号				
3	A区	1	30		25	A区	
4	B区	31	60		32	B区	
5	C区	61	90		80	C区	
6	D区	91	120		99	D区	
7	E区	121	150		130	E区	
8	F区	151	180		155	F区	
9					52	B区	

图 4-58　用 LOOKUP 函数实现模糊定位查找

 视频演示 4-22　MATCH、INDEX、OFFSET、INDIRECT 函数

4.5.3　MATCH 函数

（1）用途：查找数据区域中某个值的位置（行或列）。

（2）语法：MATCH（lookup_value,lookup_array,［match_type］）。

（3）参数含义：参数 lookup_value 表示要查找的值，参数 lookup_array 表示查找的值所在的数据区域，参数 match_type 表示指定查找的方式。

> **说明**：参数 lookup_array 表示指定的数据区域必须是单行多列或者单列多行；参数 match_type 有三种查找方式，分别用数字-1、0 或 1 表示。
>
> 当 match_type=-1 时，查找大于或等于 lookup_value 的最小值，参数 lookup_array 中的值必须按降序排列。
>
> 当 match_type=0 时，查找等于 lookup_value 的第一个数值，参数 lookup_array 中的值可以按任意顺序排列。
>
> 当 match_type=1 或省略时，查找小于或等于 lookup_value 的最大值，参数 lookup_array 中的值必须按升序排列。

【例 4-44】　查找商品销售量等于 200 所在的位置，具体操作步骤如下。

在 E2 单元格中输入"=MATCH（D2,B2:B7,0）"，按〈Enter〉键后，E2 单元格返回销售量 200 所在的数据区域位置为 3。最终结果如图 4-59 所示。

E2 =MATCH(D2,B2:B7,0)

	A	B	C	D	E
1	商品名称	销售量		查找数值	所在位置
2	商品A	120		200	3
3	商品B	80			
4	商品C	200			
5	商品D	150			
6	商品E	80			
7	商品F	220			

图 4-59 用 MATCH 函数查找位置

4.5.4 INDEX 函数

(1)用途：查询指定单元格区域中行序号和列序号交叉处的值。

(2)语法一(数组形式)：INDEX(array,row_num,[column_num])。

参数含义：参数 array 表示单元格区域或数组常量；参数 row_num 表示选择数组中的某行，函数从该行返回数值；参数 column_num 表示选择数组中的某列，函数从该列返回数值。

> **说明：** 当参数 array 为数组常量时，使用数组形式。如果数组只有一行或一列，则参数 row_num 或参数 column_num 为可选参数。如果数组有多行和多列，但只使用参数 row_num 或参数 column_num 时，函数 INDEX 返回数组中的整行或整列，且返回值也为数组。

(3)语法二(引用形式)：INDEX(reference,row_num,column_num,[area_num])。

参数含义：参数 reference 表示对一个或多个单元格区域的引用；参数 row_num 表示引用中某行的行号；参数 column_num 表示引用中某列的列号；参数 area_num 是可选的，指定返回的交叉点值位于第几个区域。

【例 4-45】 指定设备号和地区查询销售量，具体操作步骤如下。

在 L2 单元格中输入“=INDEX(B2:H9,J2,K2)”，按〈Enter〉键后，L2 单元格返回设备号为“3”、地区为“5”的销售量是“833”，如图 4-60 所示。

函数“INDEX(B2:H9,J2,K2)”的第一个参数“B2:H9”是区域引用，因为区域引用只有一个，因此参数 area_num 省略。

L2 =INDEX(B2:H9,J2,K2)

	A	B	C	D	E	F	G	H	I	J	K	L
1	地区 / 设备号	1	2	3	4	5	6	7		设备号	地区	销售量
2	1	820	539	244	859	868	538	404		3	5	833
3	2	538	258	393	669	580	410	689				
4	3	843	691	498	370	833	234	858				
5	4	771	758	468	252	590	478	380				
6	5	786	834	791	364	617	239	276				
7	6	442	691	220	553	602	715	542				
8	7	363	659	540	650	403	872	259				
9	8	778	469	647	336	811	282	384				

图 4-60 用 INDEX 函数查询销售量

在实际的应用中，经常把 MATCH 函数和 INDEX 函数联合起来使用，方法是用MATCH 函数确定查找数据的位置，再用 INDEX 函数把具体的数据查找出来。

4.5.5　OFFSET 函数

（1）用途：以指定的单元格引用为参照系，通过给定的偏移量得到新的引用。

（2）语法：OFFSET(reference,rows,cols,[height],[width])。

（3）参数含义：参数 reference 表示指定的单元格引用；参数 rows 表示从参照系的左上角单元格开始，向上或向下偏移的行数，正数表示向下偏移，负数表示向上偏移；参数cols 表示从参照系的左上角单元格开始，向左或向右偏移的列数，正数表示向右偏移，负数表示向左偏移；参数 height 是可选的，表示要返回的引用区域的行数；参数 width 表示返回的引用区域的列数。

> **说明：** 如果省略参数 height，则返回的引用区域和参数 reference 的行数相同；如果省略参数 width，则返回的引用区域和参数 reference 的列数相同。

【例4-46】　累计职工的销售额，具体操作步骤如下。

在 P1 单元格中输入需要累计截止的月份"6 月"，然后在 P3 单元格中输入" = SUM(OFFSET(D3,0,0,1,MATCH($P$1,$D$2:$O$2,0)))"，按〈Enter〉键后，P3 单元格返回值为"EM001"号职工 1—6 月的累计销售额。从 P3 单元格往下填充，即可得到每个职工 1—6月的累计销售额。

函数"OFFSET(D3,0,0,1,MATCH($P$1,$D$2:$O$2,0)"的第二、三个参数设置为"0"或者省略，表示不偏移，累计的单元格区域从 D3 单元格开始。函数"MATCH($P$1,$D$2:$O$2,0)"可以计算出 OFFSET 函数的第五个参数值为"6"，即累计单元格的总列数。最终结果如图 4-61 所示。

P3						=SUM(OFFSET(D3,0,0,1,MATCH($P$1,$D$2:$O$2,0)))										
	A	B	C	D	E	F	G	H	I	J	K	L	M	N	O	P
1												销售额累计截止月份：				6月
2	职工号	姓名	性别	1月	2月	3月	4月	5月	6月	7月	8月	9月	10月	11月	12月	累计销售额
3	EM001	高晓慧	女	7	9	12	4	18	4	9	6	7	31	6	14	54
4	EM002	郭燕妮	男	14	4	7	1	14	7	7	10	10	15	4	3	47
5	EM003	张宝强	男	8	7	10	4	19	3	11	5	6	18	8	10	51
6	EM004	赵静静	女	5	2	5	9	20	7	9	10	10	16	6	14	48
7	EM005	张茹娜	男	16	8	11	8	19	8	12	7	11	11	9	9	70
8	EM006	赵玥	女	14	4	9	6	16	9	10	10	12	23	7	8	58
9	EM007	李欣然	女	17	7	10	12	9	5	14	9	8	9	11	8	60
10	EM008	张琛	男	7	1	4	8	23	7	9	12	10	14	6	13	50
11	EM009	张靖岚	女	10	8	10	16	18	5	8	8	18	0	12		67
12	EM010	王媛	女	8	5	9	17	8	8	11	11	14	5	10		55
13	EM011	张皓昱	男	14	3	6	9	19	3	5	6	6	19	2	13	54
14	EM012	马佳	女	7		10	3	14	9	6	5	12	16	3	4	50
15	EM013	胡娜雪	女	6	1	5	3	17	5	11	8	8	15	8	11	37
16	EM014	郝玉琴	女	8		8	2	12	4	6	6	7	23	3	6	39
17	EM015	张乐天	男	13	3	6	5	18	8	7	7	11	16	4	10	53
18	EM016	曹婷婷	女	7		6	9	4	6	6	9	6	6		8	46
19	EM017	周鑫	女	4	7	7	9	17	6	6	4	11	14	3	7	52
20	EM018	高静雨	男		8	8	11	3	4	3	8	6	18	5	9	37
21	EM019	周亚静	女	4	3	6	4	19	7	6	6	10	22	3	11	43
22	EM020	赵艳青	女	8		4	9	17	8	11	11	14	5		14	55

图 4-61　用 OFFSET 函数累计职工的销售额

4.5.6 INDIRECT 函数

(1)用途：返回由文本字符串指定的引用。

(2)语法：INDIRECT(ref_text,[a1])

(3)参数含义：参数 ref_text 表示对单元格的引用；参数 a1 是可选的，表示指定单元格引用的类型。

> **说明**：参数 a1 是一个逻辑值，如果 a1 为 TRUE 或者省略，引用为 A1 样式，系统默认是 A1 样式；如果 a1 为 FALSE，引用为 R1C1 样式。

【例4-47】 跨表统计上半年利润，具体操作步骤如下。

在 B2 单元格中输入" =SUM(INDIRECT(A2&"!B:B"))"，按〈Enter〉键后，B2 单元格返回值为 1 月份所有分类商品的利润总和。从 B2 单元格向下填充，即可计算出每个月的利润总和。函数"INDIRECT(A2&"!B:B")"的第一个参数" A2&"!B:B""中的"A2"表示直接引用 A2 单元格的数据得到表的名称"1 月"，用"&"连接上"!B:B"，表示引用的是表"1 月"中的 B 列区域，加上外层函数 SUM 可求出 1 月表中所有分类商品的利润总和。1 月商品利润及上半年利润统计情况分别如图4-62、图4-63 所示。

	A	B	C	D
1	商品分类	利润		
2	电脑办公	¥11,919.80		
3	手机数码	¥12,624.00		
4	大家电	¥11,309.80		
5	小家电	¥4,417.80		

上半年利润 1月 2月 3月 4月 5月 6月 ...

图4-62 用 INDIRECT 函数统计 1 月商品利润

B2 | =SUM(INDIRECT(A2&"!B:B"))

	A	B	C	D	E
1	月份	利润			
2	1月	¥40,271.40			
3	2月	¥31,916.00			
4	3月	¥40,767.80			
5	4月	¥41,734.30			
6	5月	¥32,138.00			
7	6月	¥37,872.70			

上半年利润 1月 2月 3月 4月 5月 6月 ...

图4-63 用 INDIRECT 函数统计上半年利润

4.6 数组公式

视频演示4-23 数组公式

在 Excel 工作表中，数组有两种：一维数组和二维数组。数组中的各个数据需要用逗号或分号隔开。行数组的数据之间用","隔开，列数组的数据之间用";"隔开。如：一维数组的表示方法为{1，2，3，4，5}，二维数组的表示方法为{1，2，3，4，5；6，7，8，9，10；11，12，13，14，15}。

将一维水平数组{1，2，3，4，5}输入Excel工作表中，如图4-64所示，表示工作表的某行连续的单元格数据，相当于单元格数据区域A2:E2。

将一维垂直数组{1；2；3；4；5}输入Excel工作表中，如图4-65所示，表示工作表的某列连续的单元格数据，相当于单元格数据区域B2:B6。

	A	B	C	D	E
1	一维水平数组				
2	1	2	3	4	5
3					

图4-64　一维水平数组

	A	B	C
1		一维垂直数组	
2		1	
3		2	
4		3	
5		4	
6		5	

图4-65　一维垂直数组

将二维数组{1，2，3，4，5；6，7，8，9，10；11，12，13，14，15}输入Excel工作表中，如图4-66所示，表示工作表中一个矩形单元格数据区域，相当于单元格数据区域A2:E4。

	A	B	C	D	E
1	二维数组				
2	1	2	3	4	5
3	6	7	8	9	10
4	11	12	13	14	15

图4-66　二维数组

工作表的函数基本上只能返回一个计算结果，使用数组公式可以对两组或者两组以上的数据进行计算，返回一个或者多个计算结果。

注意：输入数组公式后，同时按〈Ctrl+Shift+Enter〉组合键，Excel会自动在公式的两边加上大括号“{}”，这样系统才会把公式视为一个数组公式；不能在输入数组公式时在数组公式的两端添加大括号。如果输入数组公式后只按〈Enter〉键，则输入的只是一个普通的公式，只在选中的单元格区域的第一个单元格显示出一个计算结果。

4.6.1　单一单元格数组公式

使用数据区域或者内存中的数组，在单一单元格内输入数组公式，并在单个单元格中返回计算结果。

【例4-48】 计算产品的销售总额，具体操作步骤如下。

在F2单元格中输入“=SUM(C2:C11*D2:D11)”，然后同时按〈Ctrl+Shift+Enter〉组合键后，F2单元格返回值为所有产品的销售总额。最终结果如图4-67所示。

注意：定义好数组公式后如果需要修改，在修改结束后也必须按〈Ctrl+Shift+Enter〉组合键，这样才能得到正确的结果。

图 4-67　单一单元格数组公式

4.6.2　多单元格数组公式

使用数据区域或者内存中的数组，选择连续的多个单元格输入一个数组公式后，可以在连续的多个单元格中同时返回计算结果。

【例 4-49】　计算每个产品的销售额，具体操作步骤如下。

（1）选中单元格区域 E2:E11，如图 4-68 所示。

（2）在公式编辑栏中输入"＝"，然后用鼠标选取单元格区域 C2:C11，如图 4-69 所示。

	A	B	C	D	E
1	销售日期	产品编号	单价	数量	销售金额
2	2022年5月	D2240	899	12	
3	2022年5月	SX19	680	14	
4	2022年5月	M2250	888	14	
5	2022年5月	D2240	899	13	
6	2022年5月	M2250	888	13	
7	2022年5月	SX22	839	10	
8	2022年5月	D2740	2630	9	
9	2022年5月	SX22	839	5	
10	2022年5月	P236	950	18	
11	2022年5月	M2255	750	17	

图 4-68　选中要输入数组公式的区域

C2 　　　　　　　×　✓　fx　=C2:C11

	A	B	C	D	E
1	销售日期	产品编号	单价	数量	销售金额
2	2022年5月	D2240	899	12	=C2:C11
3	2022年5月	SX19	680	14	
4	2022年5月	M2250	888	14	
5	2022年5月	D2240	899	13	
6	2022年5月	M2250	888	13	
7	2022年5月	SX22	839	10	
8	2022年5月	D2740	2630	9	
9	2022年5月	SX22	839	5	
10	2022年5月	P236	950	18	
11	2022年5月	M2255	750	17	

图 4-69　选择单元格区域 C2:C11

（3）在公式编辑栏中输入"＊"，然后用鼠标选取单元格区域 D2:D11，如图 4-70 所示。

（4）同时按下〈Ctrl+Shift+Enter〉组合键后，公式两边自动加上大括号{}，E2：E11 单元格区域内返回各产品的销售额，如图 4-71 所示。

	A	B	C	D	E
	销售日期	产品编号	单价	数量	销售金额
2	2022年5月	D2240	899	12	*D2:D11
3	2022年5月	SX19	680	14	
4	2022年5月	M2250	888	14	
5	2022年5月	D2240	899	13	
6	2022年5月	M2250	888	13	
7	2022年5月	SX22	839	10	
8	2022年5月	D2740	2630	9	
9	2022年5月	SX22	839	5	
10	2022年5月	P236	950	18	
11	2022年5月	M2255	750	17	

图 4-70　选择单元格区域 D2:D11

	A	B	C	D	E
	销售日期	产品编号	单价	数量	销售金额
2	2022年5月	D2240	899	12	10788
3	2022年5月	SX19	680	14	9520
4	2022年5月	M2250	888	14	12432
5	2022年5月	D2240	899	13	11687
6	2022年5月	M2250	888	13	11544
7	2022年5月	SX22	839	10	8390
8	2022年5月	D2740	2630	9	23670
9	2022年5月	SX22	839	5	4195
10	2022年5月	P236	950	18	17100
11	2022年5月	M2255	750	17	12750

图 4-71　得到各产品的销售额

> **注意**：如果要修改多单元格数组公式，必须选择设置数组公式的整个区域再进行修改，不能只更改区域中的某个单元格，否则会报错。

第5章 使用 Excel Power Query 对财经数据进行查询编辑

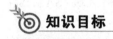 **知识目标**

> 本章主要介绍使用 Excel 2019 中的 Power Query 获取数据、清洗数据、转换和组合数据的方法。
>
> 本章重点：获取数据、清洗与转换。
>
> 本章难点：数据的转换与组合。

Power Query 是微软公司开发的一个用来对数据进行清洗、整合的工具，可以在 Excel、Power BI Desktop、Power BI Online 等分析平台上使用。Excel 2007 及之前的版本不支持 Power Query；Excel 2010 和 Excel 2013 版本需要下载"Microsoft Power Query for Excel"插件并安装、加载后才能使用；Excel 2016 及以后的版本，Power Query 嵌入到 Excel 中作为一个独立的功能来直接使用。Power Query 可以处理的数据比 Excel 多，效率也更高，如果数据的来源比较多、数据量大、重复的操作多、处理的过程复杂，可以通过 Power Query 获取数据，并对数据进行转换，然后加载数据进入 Excel 工作表、Excel 数据模型以及 Power BI Desktop 数据模型以备后续分析使用。

5.1　数据获取与上载

使用 Power Query 对数据进行转换需要先获取数据，Power Query 获取数据的途径很多，它不仅可以从 Excel 文件、文本/CSV、XML、JSON、文件夹中获取数据，还可以从 SQL Server 数据库、Access 数据库、Oracle 数据库、MySQL 数据库中获取数据，甚至还可以通过网站、SharePoint Online、OData 源、Hadoop 文件等获取数据。

5.1.1　从 Excel 中获取数据

从 Excel 工作簿获取数据分两种情形，一是从当前打开的工作簿中获取数据，二是从没有打开的工作簿中获取数据。

1. 从打开的工作簿中获取数据

 视频演示 5-1　从打开的工作簿中获取数据

【例 5-1】　打开"员工信息表 . xlsx"工作簿，并将"Sheet1"工作表中的数据导入 Power Query。使用 Power Query 从打开的工作簿获取数据的具体操作步骤如下。

（1）打开"员工信息表 . xlsx"工作簿的"Sheet1"工作表，选中工作表数据区域中的任意一个单元格，单击"数据"选项卡下"获取和转换数据"组中的"来自表格/区域"按钮，如图 5-1 所示。或者单击"数据"选项卡下"获取和转换数据"组中的"获取数据"下拉按钮，单击"自其他源"，在下级菜单中选择"来自表格/区域(I)"选项，如图 5-2 所示。打开"创建表"对话框，在"表数据的来源"栏中，自动选中了包含所有数据的单元格区域"$A$1:$G$41"，保持选中该单元格区域不变，并选择"表包含标题"选项，如图 5-3 所示。

只启动 Power Query 编辑器的方法

图 5-1　单击"获取和转换数据"按钮

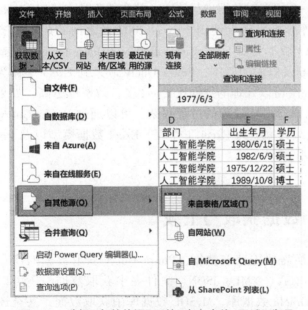

图 5-2　选择"自其他源"下的"来自表格/区域"选项

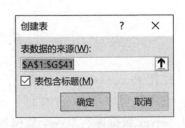

图 5-3　"创建表"对话框

（2）单击"确定"按钮，启动 Power Query 编辑器，数据被导入到 Power Query，如图 5-4 所示。

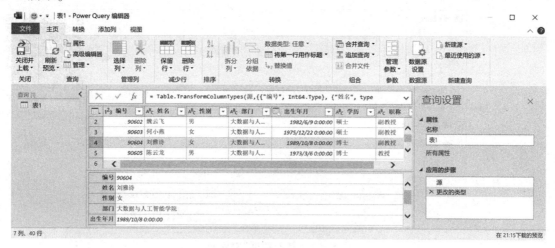

图 5-4　"Power Query 编辑器"窗口

2. 从没有打开的工作簿中获取数据

 视频演示 5-2　从没有打开的工作簿中获取数据

使用 Power Query 从没打开的工作簿中获取数据的具体操作步骤如下。

（1）打开 Excel 后，单击"数据"选项卡下"获取和转换数据"组中的"获取数据"下拉按钮，单击"自文件"，在下级菜单中选择"从 Excel 工作簿"选项，如图 5-5 所示。

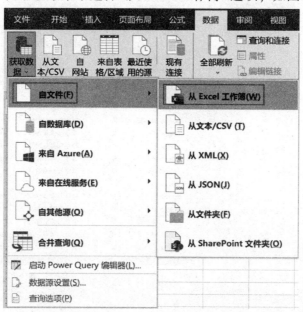

图 5-5　选择"自文件"下的"从 Excel 工作簿"选项

（2）打开"导入数据"对话框，找到存放工作簿的文件夹，选择要导入数据的工作簿，如图5-6所示。

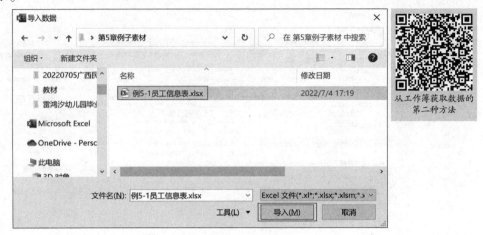

从工作簿获取数据的
第二种方法

图5-6 "导入数据"对话框

（3）单击"导入"按钮，打开"导航器"对话框，在左侧的导航窗格中选中数据所在的工作表，预览原始数据，然后单击右下角的"转换数据"按钮，如图5-7所示，启动Power Query编辑器，结果如图5-8所示。

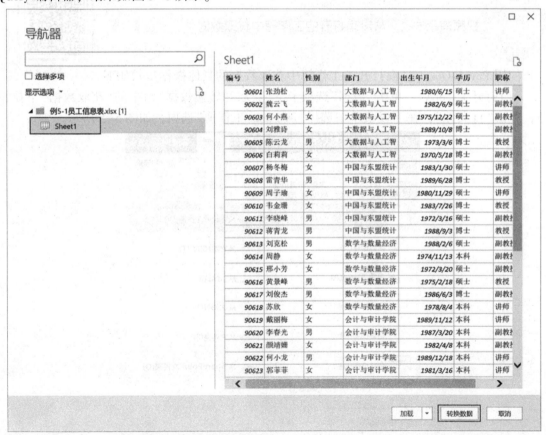

图5-7 在"导航器"对话框中选择要建立查询的工作表，单击"转换数据"按钮

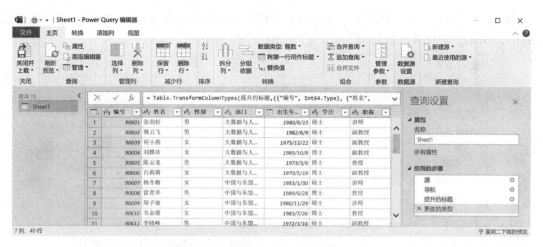

图 5-8　"Power Query 编辑器"窗口

5.1.2　从文本/CSV 文件获取数据

视频演示 5-3　从文本/CSV 文件获取数据

不管是 TXT 格式还是 CSV 格式的文本文件，使用 Power Query 获取数据的方法是一样的。

【例 5-2】　使用 Power Query 获取"2021 年中国水果进出口贸易额.csv"文件中的数据，具体操作步骤如下。

（1）在 Excel 中，单击"数据"选项卡下"获取和转换数据"组中的"从文本/CSV"按钮，如图 5-9 所示，或者单击"数据"选项卡下"获取和转换数据"组中的"获取数据"下拉按钮，单击"自文件"，在下级菜单中选择"从文本/CSV"选项，如图 5-10 所示。

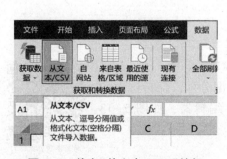

图 5-9　单击"从文本/CSV"按钮

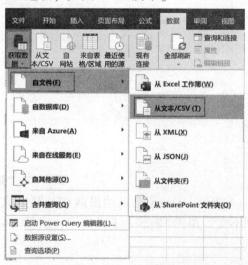

图 5-10　选择"自文件"下的"从文本/CSV"选项

（2）打开"导入数据"对话框，找到存放 CSV 文件的文件夹后，选择要建立查询的"2021 年中国水果进出口贸易额.csv"文件，如图 5-11 所示。

图 5-11 "导入数据"对话框

（3）单击"导入"按钮，打开数据预览窗口，如图 5-12 所示。

Classification	Year	Period	Period Desc.	Aggregate Level	Is Leaf Code	Trade Flow Code	Trade Flow	Reporter Code	Reporte
H5	2021	2021	2021	4	0	0	X	156	China
H5	2021	2021	2021	4	0	0	X	156	China
H5	2021	2021	2021	4	0	0	X	156	China
H5	2021	2021	2021	4	0	0	X	156	China
H5	2021	2021	2021	4	0	0	X	156	China
H5	2021	2021	2021	4	0	0	X	156	China
H5	2021	2021	2021	4	0	0	X	156	China
H5	2021	2021	2021	4	0	0	X	156	China
H5	2021	2021	2021	4	0	0	X	156	China
H5	2021	2021	2021	4	0	0	X	156	China
H5	2021	2021	2021	4	0	0	X	156	China
H5	2021	2021	2021	4	0	0	X	156	China
H5	2021	2021	2021	4	0	0	X	156	China
H5	2021	2021	2021	4	0	0	X	156	China
H5	2021	2021	2021	4	0	0	X	156	China
H5	2021	2021	2021	4	0	0	X	156	China
H5	2021	2021	2021	4	0	0	X	156	China
H5	2021	2021	2021	4	0	0	X	156	China

图 5-12 "数据预览"窗口

（4）Power Query 会自动根据 CSV 格式文件进行数据分列，保持选中的选项不变，单击"转换数据"按钮，启动 Power Query 编辑器，如图 5-13 所示。

从文本获取数据的
第二种方法

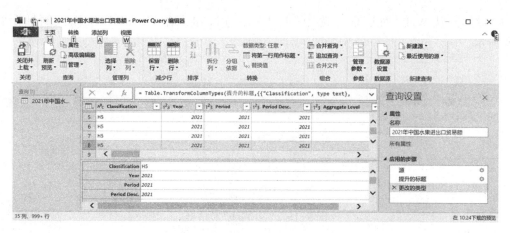

图 5-13　"Power Query 编辑器"窗口

5.1.3　从网页获取数据

视频演示 5-4　从网页获取数据

除了从本地获取数据外，Power Query 还可以从网站获取数据并进行下一步的数据转换操作。

【例 5-3】　使用 Power Query 获取广西商务厅网站上的广西进出口贸易分类统计表数据，具体操作步骤如下。

(1)在 Excel 中，单击"数据"选项卡下"获取和转换数据"组中的"自网站"按钮，如图 5-14 所示。或者单击"数据"选项卡下"获取和转换数据"组中的"获取数据"下拉按钮，单击"自其他源"，在下级菜单中选择"自网站"选项，如图 5-15 所示。

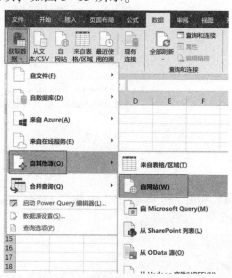

图 5-14　单击"自网站"按钮　　　图 5-15　选择"自其他源"下的"自网站"选项

（2）打开"从Web"对话框，选中"基本"单选按钮，在"URL"栏中输入网址，如图5-16所示。

图5-16 "从Web"对话框

（3）单击"确定"按钮，打开"导航器"对话框，在左边的窗格中选择"Table 0"，如图5-17所示。

图5-17 "导航器"对话框

（4）单击"转换数据"按钮，启动Power Query编辑器，如图5-18所示。

从网页获取数据的
第二种方法

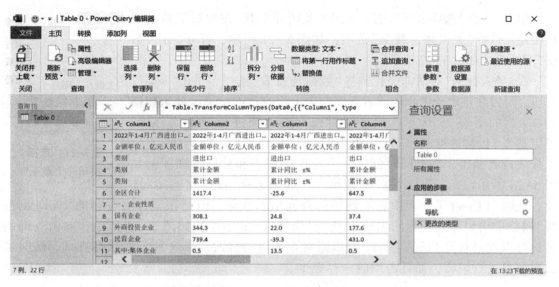

图 5-18　"Power Query 编辑器"窗口

5.1.4　数据的上载

视频演示 5-5　数据的上载

通过以上几种方法，Power Query 即可获取数据建立查询，对数据进行清洗、转换和组合等操作。操作结束后，把数据上载到 Excel 中即可保存查询的结果。单击"主页"选项卡下"关闭"组中的"关闭并上载"按钮，如图 5-19 所示，可把 Power Query 中的数据上载至 Excel 中，此时，Excel 会自动在工作簿中创建一张工作表并以超级表的形式显示查询的结果，如图 5-20 所示。

	A	B	C	D	E	F	G
1	编号	姓名	性别	部门	出生年月	学历	职称
2	90601	张劲松	男	大数据与人工智能学院	1980/6/15	硕士	讲师
3	90602	魏云飞	男	大数据与人工智能学院	1982/6/9	硕士	副教授
4	90603	何小燕	女	大数据与人工智能学院	1975/12/22	硕士	副教授
5	90604	刘雅诗	女	大数据与人工智能学院	1989/10/8	博士	副教授
6	90605	陈云龙	男	大数据与人工智能学院	1973/3/6	博士	教授

图 5-19　单击　　　　　　　　图 5-20　以超级表形式显示的"员工信息表"
"关闭并上载"按钮

提示：超级表是相对普通表而言的，它具有美化表格、数据统计、自动填充、切片器等功能。通过超级表不仅可以更轻松、高效地设置表格样式，还可以快速实现排序、筛选、运算等基础操作。

查询结果除了可以保存为表外，还可以保存为数据透视表、数据透视图、仅创建连接或者将数据添加到数据模型。

单击"主页"选项卡下"关闭"组中"关闭并上载"按钮右下角的下拉按钮，选择"关闭并上载至"选项，如图5-21所示，打开"导入数据"对话框，如图5-22所示。

在"导入数据"对话框中，选择"数据透视表"选项，单击"确定"按钮，可以在指定分工作表或者新工作表上将查询的结果保存为数据透视表，如图5-23所示；如果想对查询的结果进行可视化分析，可以选择"数据透视图"选项后单击"确定"按钮，Excel会在指定分工作表或者新工作表上同时创建一个数据透视表和数据透视图，如图5-24所示；在"导入数据"对话框中，如果选择"仅创建连接"选

图5-21 选择
"关闭并上载至"

项，此时在Excel工作表中看不到任何查询出的数据，但是在工作表右侧的"查询 & 连接"窗格中可以看到查询的名称以及"仅限连接"的字样，如图5-25所示，双击查询的名称可以重新打开Power Query编辑器对查询进行修改。以这种方式保存查询，随时可以对数据进行编辑，而且占用的内存更少。

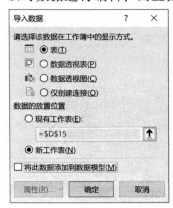

图5-22 "导入数据"对话框

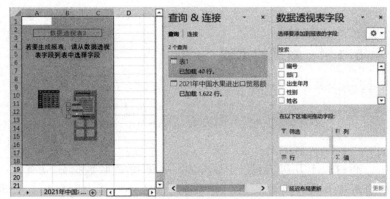

图5-23 保存为数据透视表

图5-24 将查询结果保存为数据透视表和数据透视图

图5-25 "查询 &
连接"窗格

在"导入数据"对话框中，如果单击选中"将此数据添加到数据模型"复选按钮，无论以上哪种保存方式，都可以同时将查询结果添加到数据模型中，这样即使不导入数据，也可以利用这个数据模型进行数据分析。

5.2　Power Query 的界面

"Power Query 编辑器"窗口的组成

视频演示 5-6　Power Query 的界面

"Power Query 编辑器"窗口的界面与 Excel 主程序的界面非常相似，主要由选项卡、功能区、导航窗格、数据区域、编辑栏、查询设置窗格、预览窗格和状态栏组成，如图 5-26 所示。

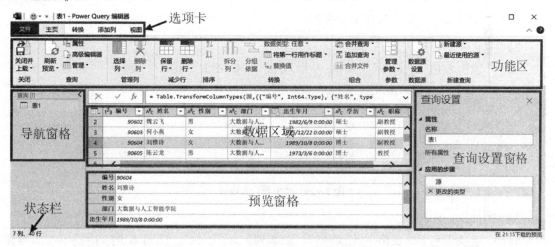

图 5-26　"Power Query 编辑器"窗口组成

1. 选项卡及功能区

Power Query 编辑器上方是"文件""主页""转换""添加列"和"视图"5 个选项卡，下面是功能区。单击每个选项卡即可切换到对应的功能区，通过功能区可以实现 Power Query 相关操作的具体功能。除"文件"选项卡外，双击任何一个选项卡标题可以显示或隐藏功能区。Power Query 的操作主要通过主页、转换、添加列选项卡的相关功能实现，这 3 个选项卡的主要功能将在后续结合具体案例来介绍。

（1）"文件"选项卡。

"文件"选项卡包括"关闭并上载""关闭并上载至""放弃并关闭""选项和设置"和"帮助"5 个选项，如图 5-27 所示。"关闭并上载"是在 Power Query 中所有的步骤都操作完后关闭"Power Query 编辑器"并把结果直接上载到 Excel 工作表中，该选项是直接在工作簿中新建一个工作表并从 A1 单元格开始上载。"关闭并上载至"可以根据自定义需求进行加载数据，是在 Power Query 中所有的步骤都操作完后关闭"Power Query 编辑器"并把结果以表、数据透视表、数据透视图等方式上载到 Excel，如图 5-28 所示。"放弃并关闭"顾名思义就是放弃对数据的修改，关闭"Power Query 编辑器"并回到 Excel。"选项和设置"主要是对查询和数据源进行设置。单击"帮助"选项可以打开微软的官网查看 Power Query 的相关帮助。

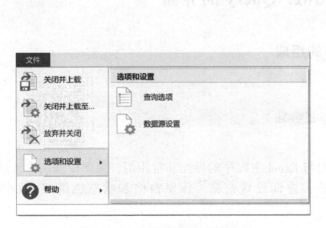

图 5-27 "文件"选项卡中的选项　　图 5-28 "导入数据"对话框

（2）"主页"选项卡。

"主页"选项卡包括"关闭""查询""管理列""减少行""排序""转换""组合""参数""数据源"和"新建查询"功能组，如图 5-29 所示。

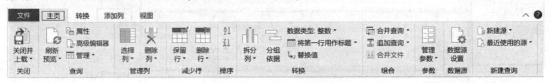

图 5-29 "主页"选项卡

（3）"转换"选项卡。

"转换"选项卡包括"表格""任意列""文本列""编号列""日期 & 时间列"和"结构化列"功能组，如图 5-30 所示。

图 5-30 "转换"选项卡

（4）"添加列"选项卡。

"添加列"选项卡包括"常规""从文本""从数字"和"从日期和时间"功能组，如图 5-31 所示。

图 5-31 "添加列"选项卡

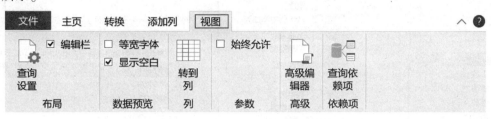

（5）"视图"选项卡。

"视图"选项卡包括"布局""数据预览""列""参数""高级"和"依赖项"功能组，如图5-32所示。

图 5-32 　"视图"选项卡

2. 导航窗格

Power Query 编辑器的左侧是导航窗格，主要是管理组和查询表。右击窗格的空白位置可以进行新建查询和新建组等操作，如图5-33所示。右击某个查询可进行复制、粘贴、重命名、删除、上移、下移等操作，如图5-34所示。单击窗格右上角的 < 按钮或 > 按钮可以折叠或展开其中的内容。

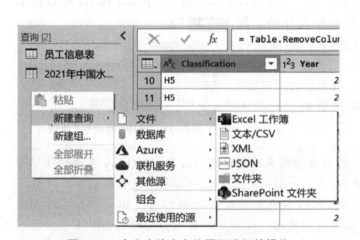

图 5-33 　右击窗格空白位置可进行的操作

图 5-34 　右击某个查询可进行的操作

3. 数据区域

Power Query 编辑器中间区域为数据区域，主要显示查询表或参数、自定义函数等。在将数据上载到报表前通过数据区域不仅可以查看数据的格式还可以进行转换。单击列标题前面的按钮可以更改数据的格式，如图5-35所示；双击列标题可以进行重命名列操作，右击列标题可以进行删除列、重复列等操作，如图5-36所示；单击列标题右侧的筛选按钮可以进行排序、筛选操作，如图5-37所示。

图5-35　更改数据格式　　图5-36　右击列标题对列进行操作　　图5-37　排序和筛选操作

4. 编辑栏

数据区域上方是编辑栏，以 M 语言来实现 Power Query 操作。Power Query 编辑器中创建的每个转换步骤，从数据的初始导入开始，都会在编辑栏中生成公式。通常情况下，编辑栏在 Power Query 编辑器中是不显示的。当需要使用编辑栏进行编辑时，可以单击"视图"选项卡，在"布局"组中选中"编辑栏"复选按钮，显示编辑栏，如图 5-38 所示。

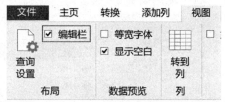

图5-38　选中"编辑栏"选项

> **提示**：M 语言是 Power Query 的后台函数式编程语言，在 Power Query 界面的操作过程都会记录下来并翻译成 M 语言。Power Query 上手十分容易，通过图形界面操作可以解决大部分需求。一般情况下，我们不用去深入学习 M 语言，但是，如果对 M 语言有了一定的了解可以对操作步骤进行优化，让其更加智能，同时也能解决一些图形界面操作不能完成的任务。

5. 查询设置窗格

Power Query 编辑器的右侧是查询设置窗格，包括"属性"窗格和"应用的步骤"窗格两个部分。"属性"窗格可用来修改查询的名称以及查看、查询属性信息。"应用的步骤"窗格主要用于管理操作步骤，该窗格记录了查询的所有操作步骤，通过该窗格可以查看和撤销之前所做的操作或者对参数进行修改。需要注意的是在 Power Query 编辑器里没有撤销的操作，如果要进行撤销操作，在"应用的步骤"窗格中单击相应步骤前面的 ✕ 按钮即可，如图 5-39

删除步骤的方法

所示。如果某个操作步骤的后面带有 ✿ 图标，表示该步骤可修改参数，单击该图标可以打开相应的对话框进行参数调整。图 5-40 所示的是单击"员工信息表"查询"已添加自定义"步骤后面的 ✿ 按钮后打开的求年龄时的"自定义列"对话框，通过该对话框可以对列名和公式进行修改。

图 5-39　"应用的步骤"窗格

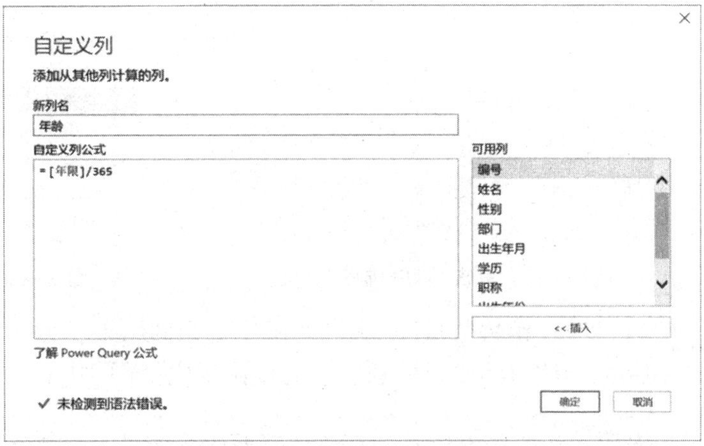

图 5-40　"自定义列"对话框

6. 预览窗格

数据区域的下方是预览窗格，当在数据区域中选择一个单元格或者一行时，预览窗格会显示选中的内容。

7. 状态栏

Power Query 编辑器的最下方是状态栏，显示查询的行数和列数以及上一次刷新的时间。

状态栏显示条数的提示

5.3　数据的清洗

5.3.1　数据的排序

排序是指对表中的数据按照列中的相关值进行有序排列，在 Power Query 中，数据的排序同样可以分为单条件排序和多条件排序。下面以"销售表"查询的数据为例，介绍这两种排序方法。

1. 单条件排序

视频演示 5-7　单条件排序

【例 5-4】　使用 Power Query 对"销售表"中的数据按"销售数量"从大到小进行排序，具体操作步骤如下。

（1）把"销售表"的数据导入 Power Query，在"Power Query 编辑器"中选择"销售数量"列。

（2）单击"主页"选项卡下"排序"组中的"降序排序"按钮，如图 5-41 所示。或者单击"销售数量"列标题右边的下拉按钮，在打开的对话框中选择"降序排序"选项，如图 5-42 所示。

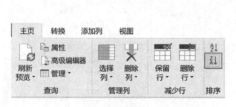

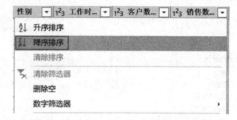

图 5-41   单击"降序排序"按钮   图 5-42   选择"降序排序"选项

（3）得到按"销售数量"从大到小降序排列的结果，如图 5-43 所示。从图 5-43 可以看到排序后的"销售数量"列标题右边的按钮变成了图标。

> 提示：如果要清除排序可通过下面的方法进行：单击"销售数量"列标题右边的按钮，在弹出的对话框中选择"清除排序"选项，如图 5-44 所示，查询中的数据即恢复到初始的状态。

	ABC 员工编...	ABC 姓名	ABC 性别	1²3 工作时...	1²3 客户数...	1²3 销售数...
1	GX2018013	覃青云	男	14	28	95
2	GX2018169	刘宁强	男	20	12	94
3	GX2018241	胡宇森	男	12	50	93
4	GX2018121	韦红玉	女	17	47	92
5	GX2018012	张维艳	女	8	24	88
6	GX2018456	周异决	男	15	27	87
7	GX2018130	刘周月	女	18	41	87
8	GX2018285	何小丽	女	12	32	81
9	GX2018015	陈立国	男	20	49	77
10	GX2018432	宁丹丹	女	8	23	75
11	GX2018025	雷州峰	男	12	41	75
12	GX2018445	何芳青	女	12	48	69
13	GX2018285	敬舒雅	女	8	23	61
14	GX2018065	李乔蕾	女	9	20	61
15	GX2018123	王永新	女	14	18	57
16	GX2018085	黄景华	男	11	46	54
17	GX2018054	杨树才	男	10	21	51

图 5-43   按"销售数量"从高到低进行排序的结果

图 5-44   选择"清除排序"选项

2. 多条件排序

视频演示 5-8　多条件排序

如果把多个字段按一定的顺序进行排序，可以通过多条件排序来实现。

【例 5-5】　使用 Power Query 把"销售表"中的数据先按"工作时长"升序排序，如果工作时长一样，再依次按"性别"和"销售数量"降序排序，具体操作步骤如下。

（1）把"销售表"的数据导入 Power Query，在"Power Query 编辑器"中选择"工作时长"列。

（2）单击"主页"选项卡下"排序"组中的"升序排序"按钮，将数据按"工作时长"从小到大升序排列。

（3）选择"性别"列，单击"主页"选项卡下"排序"组中的"降序排序"按钮。

（4）选择"销售数量"列，单击"主页"选项卡下"排序"组中的"降序排序"按钮，得到如图 5-45 所示的结果。

从图 5-45 可以看到，"工作时长"列标题后面的按钮变成了带向上箭头的按钮且前面多了数字"1"，表示以"工作时长"为主要关键字进行升序排序；"性别"列标题后面的按钮变成了带向下箭头的按钮且前面多了数字"2"，表示以"性别"为第二关键字（次要关键字）进行降序排序；"销售数量"列标题后面的按钮变成了带向下箭头的按钮且前面多了数字"3"，表示以"销售数量"为第三关键字进行降序排序。

	员工编...	姓名	性别 2↓	工作时长 1↑	客户数...	销售数量 3↓
1	GX2018012	张维艳	女	8	24	88
2	GX2018432	宁丹丹	女	8	23	75
3	GX2018285	敬舒雅	女	8	23	61
4	GX2018065	李乔蕾	女	9	20	61
5	GX2018054	杨树才	男	10	21	51
6	GX2018085	黄景华	男	11	46	54
7	GX2018445	何芳青	女	11	48	69
8	GX2018241	胡宇森	男	12	50	93
9	GX2018025	雷州峰	男	12	41	75
10	GX2018285	何小丽	女	12	32	81
11	GX2018013	覃青云	男	14	28	95
12	GX2018123	王永新	女	14	18	57
13	GX2018456	周异决	男	15	27	87
14	GX2018121	韦红玉	女	17	47	92
15	GX2018130	刘周月	女	18	41	87
16	GX2018169	刘宁强	男	20	12	94
17	GX2018015	陈立国	男	20	49	77

图 5-45　多条件排序结果

提示：最先选择的列作为主要关键字，后面依次选择的列作为次要关键字进行排序。

5.3.2　数据的筛选

筛选就是将表中满足条件的记录显示出来，将不满足条件的记录隐藏起来。在 Power Query 中可以使用自动筛选和筛选器筛选两种方法来进行数据的筛选。

1. 自动筛选

视频演示 5-9　自动筛选

使用"自动筛选"功能可以更轻松地指定筛选条件，显示或隐藏值。

【例 5-6】　使用 Power Query 把"商品销售表"中"明秀西路分店"的"漓泉啤酒"和"水牛奶"的销售信息显示出来，具体的操作步骤如下。

（1）把"商品销售表"的数据导入 Power Query，单击"分店"列标题右边的下拉按钮 ▾，在打开的对话框中，取消选择"全选"选项，然后选择"明秀西路分店"选项，单击"确定"按钮，如图 5-46 所示。

筛选列表项不完整的问题

（2）单击"名称"列标题右边的下拉按钮 ▾，在打开的对话框中，取消选择"全选"选项，然后选择"漓泉啤酒"和"水牛奶"选项，单击"确定"按钮，如图 5-47 所示。最后的结果如图 5-48 所示。

清除筛选的方法

图 5-46　选择"明秀西路分店"选项

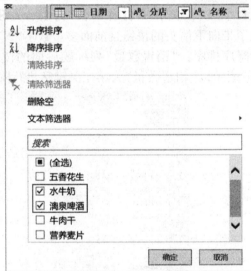

图 5-47　选择"漓泉啤酒"和"水牛奶"选项

	日期 ▾	ABC 分店 ▾	ABC 名称 ▾	ABC 单位 ▾	1.2 单价(元) ▾	1²₃ 销售量 ▾	1.2 销售额(元) ▾
1	2022/2/15	明秀西路分店	漓泉啤酒	打	30.8	4	123.2
2	2022/8/6	明秀西路分店	水牛奶	袋	5.5	22	121

图 5-48　筛选的结果

2. 筛选器筛选

在 Power Query 中，根据数据类型的不同，筛选器有"文本筛选器""数字筛选器""日期/时间筛选器"。下面通过具体案例介绍这几种筛选器筛选数据的方法。

（1）文本筛选器。

视频演示 5-10　文本筛选器筛选

【例 5-7】　使用 Power Query，把"员工信息表"中出生年份为 1988 年或 1989 年，职称为"教授"或者"副教授"的员工记录筛选出来，具体操作步骤如下。

1）把"员工信息表"的数据导入 Power Query，单击"身份证号码"列标题右边的下拉按钮□，在打开的对话框中，单击"文本筛选器"，在打开的列表中单击"包含"选项，如图 5-49 所示。

图 5-49　选择"包含"选项

2）在"筛选行"对话框中，选中"高级"选项，在设置区第一行的"柱"框中选择"身份证号码"，"运算符"框中选择"包含"，"值"框中输入"1988"；第二行的"和/或"框中选择"或"，"柱"框中选择"身份证号码"，"运算符"框中选择"包含"，"值"框中输入"1989"。单击"添加子句"按钮，在第三行的"和/或"框中选择"且"，"柱"框中选择"职称"，"运算符"框中选择"结尾为"，"值"框中输入"教授"，如图 5-50 所示。

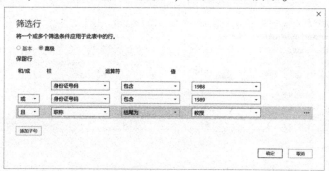

图 5-50　"筛选行"对话框

3）单击"确定"按钮，得到如图 5-51 所示的最终的筛选结果。

编号	姓名	性别	部门	身份证号码	出生年…	学历	职称	年龄
1	090604	刘雅诗	女	大数据与人…	45012219891008**86	1989/10/8	博士	副教授	33
2	090608	雷青华	男	中国与东盟…	45010219890628**11	1989/6/28	博士	教授	33
3	090612	蒋青龙	男	中国与东盟…	45010519880903**17	1988/9/3	博士	教授	34
4	090613	刘克松	男	数学与数量…	45012219880206**39	1988/2/6	硕士	副教授	34

图 5-51 筛选结果

（2）数字筛选器。

视频演示 5-11 数字筛选器筛选

【例 5-8】 使用 Power Query，在"员工信息表"中把年龄在 30~35 之间，学历为"博士"的员工记录筛选出来，具体操作步骤如下。

1）把"员工信息表"的数据导入 Power Query，单击"年龄"列标题右边的下拉按钮▼，在打开的对话框中，单击"数字筛选器"，在打开的列表中单击"介于"选项，如图 5-52 所示。

图 5-52 选择"介于"选项

2）在"筛选行"对话框中，选择"高级"选项，在设置区第一行的"柱"框中选择"年龄"，"运算符"框中选择"大于或等于"，"值"框中输入"30"；第二行的"和/或"框中选择"且"，"柱"框中选择"年龄"，"运算符"框中选择"小于或等于"，"值"框中输入"35"。单击"添加子句"按钮，在第三行的"和/或"框中选择"且"，"柱"框中选择"学历"，"运算符"框中选择"等于"，"值"框中输入"博士"，如图 5-53 所示。

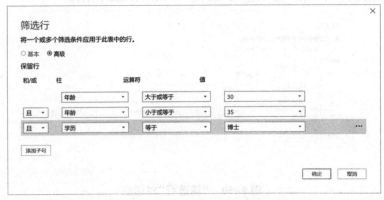

图 5-53 "筛选行"对话框

3）单击"确定"按钮，得到如图5-54所示的最终筛选结果。

	编号	姓名	性别	部门	身份证号码	出生年...	学历	职称	年龄
1	090604	刘雅诗	女	大数据与人...	45012219891008**86	1989/10/8	博士	副教授	33
2	090608	雷青华	男	中国与东盟...	45010219890628**11	1989/6/28	博士	教授	33
3	090612	蒋青龙	男	中国与东盟...	45010519880903**17	1988/9/3	博士	教授	34

图 5-54 筛选结果

（3）日期筛选器。

视频演示 5-12 日期筛选器筛选

【例5-9】 使用 Power Query，在"员工信息表"中把"大数据与人工智能学院"的生日在第四季度的员工记录筛选出来，具体操作步骤如下。

1）把"员工信息表"的数据导入 Power Query，单击"出生年月"列标题右边的下拉按钮，在打开的对话框中，单击"日期/时间筛选器"，在打开的列表中单击"季度"，在打开的列表中单击"第四季度"选项，如图5-55所示。

2）在"筛选行"对话框中，选择"高级"选项，在设置区第一行的"柱"框中选择"出生年月"，"运算符"框中选择"按季度"，"值"框中输入"第四季度"；第二行的"和/或"框中选择"且"，"柱"框中选择"部门"，"运算符"框中选择"等于"，"值"框中输入"大数据与人工智能学院"，如图5-56所示。

图 5-55 选择"第四季度"选项

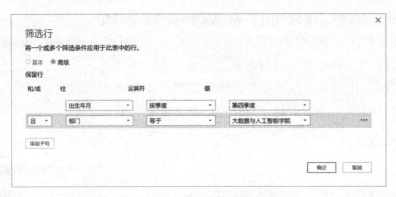

图5-56 "筛选行"对话框

3）单击"确定"按钮，得到如图5-57所示的最终筛选结果。

	编号	姓名	性别	部门	身份证号码	出生年月	学历	职称	年龄
1	090603	何小燕	女	大数据与人...	45092319751222**24	1975/12/22 0:00:00	硕士	副教授	47
2	090604	刘雅婷	女	大数据与人...	45012219891008**86	1989/10/8 0:00:00	博士	副教授	33

图5-57 筛选结果

5.3.3 删除重复项

视频演示5-13 删除重复项

在Power Query中，删除重复项的功能与Excel自带的删除重复项功能相同。操作也比较简单，方法如下。

（1）把数据导入Power Query后，按〈Ctrl+A〉组合键选中全部数据。

（2）单击"主页"选项卡下"减少行"组中的"删除行"按钮，在打开的下拉菜单中选择"删除重复项"选项，如图5-58所示。或者右击任意一个列标题，在打开的下拉菜单中选择"删除重复项"选项，如图5-59所示。

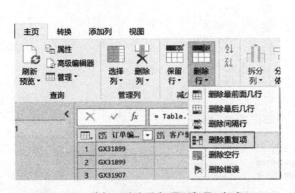

图5-58 选择"删除重复项"选项（方式1）

图5-59 选择"删除重复项"选项（方式2）

Power Query 的删除重复项功能，在对数据进行清洗和分析时非常有用。

【例 5-10】　在"2022 年 8 月各分店销售额汇总 . xlsx"工作簿的 Sheet1 工作表中，各个分店的销售数据分别存放在不同的区域，如图 5-60 所示。要求把各个分店的数据整合在一起，并计算每类产品的销售额总和，具体的操作步骤如下。

（1）打开"2022 年 8 月各分店销售额汇总 . xlsx"工作簿，在 Sheet1 工作表中，单击"数据"选项卡下"获取和转换数据"组中的"自表格/区域"按钮。

（2）打开"创建表"对话框，在"表数据的来源"栏中，选择包含所有数据的单元格区域"$A$1:$C$41"，并选中"表包含标题"复选按钮，如图 5-61 所示。

（3）单击"确定"按钮，打开"Power Query 编辑器"窗口，如图 5-62 所示。

图 5-60　源数据

图 5-61　"创建表"对话框　　　图 5-62　"Power Query 编辑器"窗口

（4）从图 5-62 可以看到每个分店数据标题行的上面都有空行，需要进行删除操作。按〈Ctrl+A〉组合键选中全部数据，单击"主页"选项卡下"减少行"组中的"删除行"按钮，在打开的下拉菜单中选择"删除空行"选项，如图 5-63 所示。删除空行后的数据如图 5-64 所示。

图 5-63　选择"删除空行"选项

图 5-64　删除空行后的数据

（5）从图 5-64 可以看到数据区域包含多个重复标题行，需要进行删除操作。单击"主页"选项卡下"减少行"组中的"删除行"按钮，在打开的下拉菜单中选择"删除重复项"选项，如图 5-65 所示。删除重复标题后的数据如图 5-66 所示。

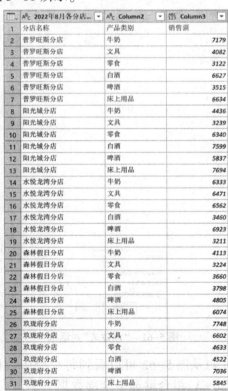

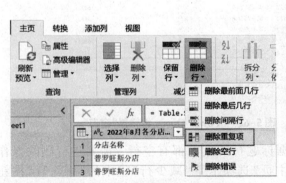

图 5-65　选择"删除重复项"选项

图 5-66　删除重复标题的数据

（6）从图 5-66 可以看到标题行作为数据放在第一行，需要把其提升为标题。单击"主页"选项卡下"转换"组中的"将第一行用作标题"按钮，如图 5-67 所示。提升标题行后的数据如图 5-68 所示。

图 5-67　单击"将第一行用作标题"按钮

（7）单击"主页"选项卡下"关闭"组中"关闭并上载"按钮右下角的下拉按钮，选择"关闭并上载至"选项，打开"导入数据"对话框，在"请选择该数据在工作簿中的显示方式"栏中，选择"表"单选按钮，在"数据的放置位置"栏中，选择"新工作表"单选按钮，如图 5-69 所示，单击"确定"按钮，把数据上载至 Excel 中。

	分店名…	产品类…	销售额
1	普罗旺斯分店	牛奶	7179
2	普罗旺斯分店	文具	4082
3	普罗旺斯分店	零食	3122
4	普罗旺斯分店	白酒	6627
5	普罗旺斯分店	啤酒	3515
6	普罗旺斯分店	床上用品	6634
7	阳光城分店	牛奶	4436
8	阳光城分店	文具	3239
9	阳光城分店	零食	6340
10	阳光城分店	白酒	7599
11	阳光城分店	啤酒	5837
12	阳光城分店	床上用品	7694
13	水悦龙湾分店	牛奶	6333
14	水悦龙湾分店	文具	6471
15	水悦龙湾分店	零食	6562
16	水悦龙湾分店	白酒	3460
17	水悦龙湾分店	啤酒	6923
18	水悦龙湾分店	床上用品	3211
19	森林假日分店	牛奶	4113
20	森林假日分店	文具	3224
21	森林假日分店	零食	3660
22	森林假日分店	白酒	3798
23	森林假日分店	啤酒	4805
24	森林假日分店	床上用品	6074
25	玫瑰府分店	牛奶	7748
26	玫瑰府分店	文具	6602
27	玫瑰府分店	零食	4633
28	玫瑰府分店	白酒	4522
29	玫瑰府分店	啤酒	7036
30	玫瑰府分店	床上用品	5845

图 5-68　提升标题行后的结果

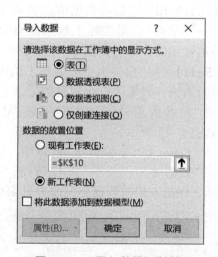

图 5-69　"导入数据"对话框

（8）在 Excel 中，选择数据区域的任意一个单元格，单击"插入"选项卡下"表格"组中的"数据透视表"按钮，插入一个数据透视表，然后在"数据透视表字段"窗格中，把"产品类别"拖至"行"栏中，把"销售额"拖至"值"栏中，如图 5-70 所示，得到汇总各类商品销售额的透视表，如图 5-71 所示。

行标签	求和项:销售额
白酒	26006
床上用品	29458
零食	24317
牛奶	29809
啤酒	28116
文具	23618
总计	161324

图 5-70　"数据透视表字段"窗格　　　　图 5-71　汇总各类商品的销售额的透视表

5.3.4 删除错误值

 视频演示 5-14　删除错误值

在对数据清洗过程中，如果表格里面有错误值，可根据实际情况进行替换或者删除操作。删除错误值时，如果包含错误值的数据少，直接删除就可以了，如果数据多可以使用 Power Query 的"删除错误"功能来实现。

在 Power Query 中，删除错误值的操作比较简单，但是如果能把它与其他功能结合使用可以提高数据清洗的效率。另外，一些表不会显示错误（没有 Error 等字样），但实际上数据是有错误的，此时就要"制造错误"，然后再检测错误值并把它们删除。

常见的错误类型

【例 5-11】　对"白沙大道分店员工销售额.xlsx"工作簿的 Sheet1 工作表中不符合规范的数据进行清洗，只保留符合规范的记录，具体的操作步骤如下。

（1）把"白沙大道分店员工销售额.xlsx"工作簿 Sheet1 工作表中的数据导入 Power Query，如图 5-72 所示。

（2）在"Power Query 编辑器"窗口中，选择"销售日期"列，单击"主页"选项卡下"转换"组中的"数据类型：任意"下拉按钮，在打开的下拉菜单中选择"日期"选项，如图 5-73 所示，即把该列的数据类型改为日期型格式。

图 5-72　导入 Power Query 后的数据　　　　图 5-73　选择"日期"选项

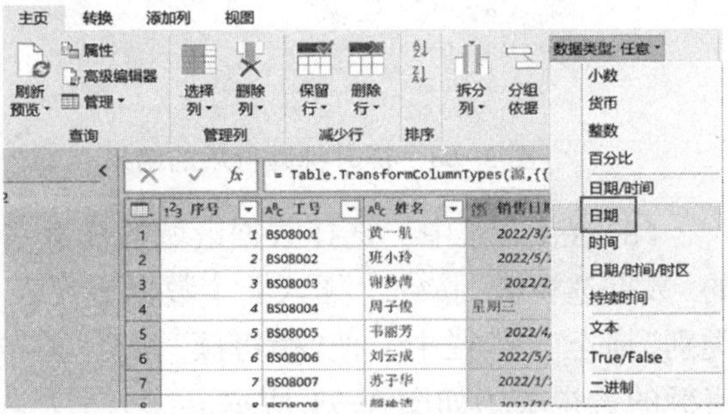

（3）选择"销售额"列，单击"主页"选项卡下"转换"组中的"数据类型：任意"按钮，在打开的下拉菜单中选择"货币"选项，如图 5-74 所示，即把该列的数据类型改为货币型格式。更改后的数据，如图 5-75 所示。

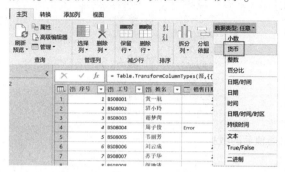

图 5-74　选择"货币"选项

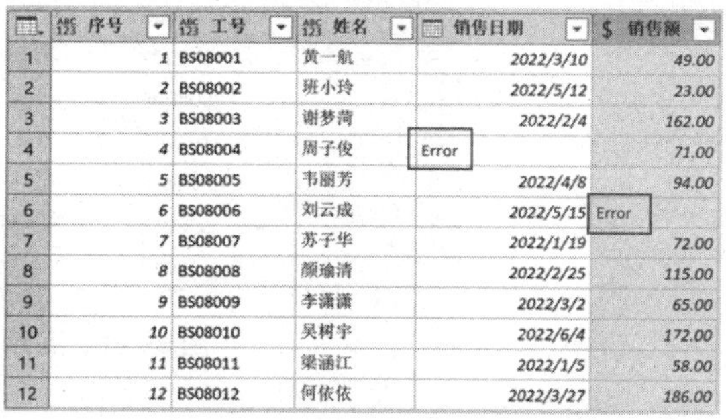

图 5-75　出现"Error"错误值的数据

（4）从图 5-75 可以看到，周子俊的"销售日期"和刘云成的"销售额"由于与所在列的格式不一致，变成了"Error"错误值，需要进行删除操作。按住〈Ctrl〉键，同时选中"销售日期"列和"销售额"列，单击"主页"选项卡下"减少行"组中的"删除行"下拉按钮，在打开的下拉菜单中选择"删除错误"选项，如图 5-76 所示，或者右击表格左上角的 按钮，在打开的列表中选择"删除错误"选项，如图 5-77 所示。删除错误值后的数据如图 5-78 所示。

（5）关闭"Power Query 编辑器"把数据上载到 Excel 后保存。

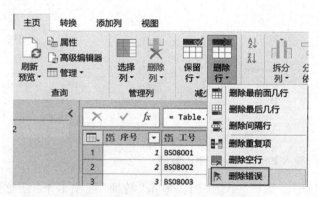

图 5-76　选择"删除错误"选项（方式 1）

图 5-77　选择"删除错误"选项（方式 2）

	123 序号 ▼	ABC 工号 ▼	123 姓名 ▼	销售日... ▼	$ 销售额 ▼
1	1	BS08001	黄一航	2022/3/10	49.00
2	2	BS08002	班小玲	2022/5/12	23.00
3	3	BS08003	谢梦菁	2022/2/4	162.00
4	5	BS08005	韦丽芳	2022/4/8	94.00
5	7	BS08007	苏子华	2022/1/19	72.00
6	8	BS08008	颜瑜清	2022/2/25	115.00
7	9	BS08009	李潇潇	2022/3/2	65.00
8	10	BS08010	吴树宇	2022/6/4	172.00
9	11	BS08011	梁涵江	2022/1/5	58.00
10	12	BS08012	何依依	2022/3/27	186.00

图5-78 删除错误值后的数据

5.3.5 替换错误值

 视频演示5-15 替换错误值

在 Excel 中，出现错误值不能简单删除了事，有时候还要根据实际情况把错误值替换成其他的数据。

【例5-12】 在"明秀西路分店商品销售表.xlsx"工作簿的 Sheet1 工作表中，由于输入错误或者公式使用不当等原因出现了不同类型的错误，要求把"单位"列中的错误值替换成"瓶"，"单价"列中的错误值替换成平均值"21.4"，"销售额"列和 G 列中的错误值替换成"0"。具体的操作步骤如下。

（1）把"明秀西路分店商品销售表.xlsx"工作簿 Sheet1 工作表中的数据导入 Power Query，如图5-79所示。从图5-79可以看到，Excel 中所有的错误在 Power Query 编辑器中都显示为"Error"字样。

	ABC 商品名... ▼	销售日期 ▼	123 销售量 ▼	123 单位 ▼	123 单价 ▼	123 销售额(元) ▼	123 列1 ▼
1	牛奶	2022/6/9 0:00:00	null	盒	3.8	0	Error
2	白酒	2022/4/19 0:00:00	5	瓶	36.5	182.5	单价
3	香烟	2022/5/3 0:00:00 7盒		包	20	Error	3.8
4	啤酒	2022/1/25 0:00:00	20	听	5.5	110	2004000
5	97香米	2022/3/6 0:00:00	36	斤	3.2	115.2	Error
6	茶籽油	2022/1/30 0:00:00	6	Error	Error	Error	Error
7	可乐	2022/7/4 0:00:00	17	听	6	102	1684000
8	酱油	2022/5/17 0:00:00	16	瓶	Error	Error	Error
9	方便面	2022/6/8 0:00:00	23	桶	6.8	156.4	Error
10	花生油	2022/2/22 0:00:00	8	Error	Error	Error	Error

图5-79 导入 Power Query 后的数据

（2）在"Power Query 编辑器"窗口中，选择"单位"列，单击"转换"选项卡下"任意列"组中的"替换值"下拉按钮，在打开的下拉菜单中选择"替换错误"选项，如图5-80所示。

（3）打开"替换错误"对话框，在对话框的"值"框中输入"瓶"，单击"确定"按钮，如图5-81所示。

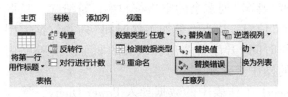

图 5-80　选择"替换错误"选项　　　　　　图 5-81　修改错误选项

（4）选择"单价"列，单击"转换"选项卡下"任意列"组中的"替换值"下拉按钮，在打开的下拉菜单中选择"替换错误"选项。

（5）打开"替换错误"对话框，在对话框的"值"框中输入"21.4"，单击"确定"按钮。

（6）选择"销售额"列和"列 1"列（即 Excel 中的 G 列），单击"转换"选项卡下"任意列"组中的"替换值"按钮，在打开的下拉菜单中选择"替换错误"选项。

（7）打开"替换错误"对话框，在对话框的"值"框中输入"0"，单击"确定"按钮。最后的结果如图 5-82 所示。

	商品名...	销售日期	销售量	单位	单价	销售额(元)	列1
1	牛奶	2022/6/9 0:00:00	null	盒	3.8	0	0
2	白酒	2022/4/19 0:00:00	5	瓶	36.5	182.5	单价
3	香烟	2022/5/3 0:00:00	7盒	包	20	0	3.8
4	啤酒	2022/1/25 0:00:00	20	听	5.5	110	2004000
5	97香米	2022/3/6 0:00:00	36	斤	3.2	115.2	0
6	茶籽油	2022/1/30 0:00:00	6	瓶	21.4	0	0
7	可乐	2022/7/4 0:00:00	17	听	6	102	1684000
8	酱油	2022/5/17 0:00:00	16	瓶	21.4	0	0
9	方便面	2022/6/8 0:00:00	23	桶	6.8	156.4	0
10	花生油	2022/2/22 0:00:00	8	瓶	21.4	0	0

图 5-82　替换错误值后的数据

（8）关闭"Power Query 编辑器"把数据上载到 Excel 后保存。

5.4　数据的转换

5.4.1　格式转换

视频演示 5-16　格式转换

在对数据清洗和转换过程中经常要对数据进行格式转换，如转置数据、调整数据类型、对文本增加前缀或后缀、填充缺失值等。下面通过一个具体案例介绍格式转换的实际应用。

【例 5-13】　在"职工防暑补贴表.xlsx"工作簿的 Sheet1 工作表中，由于输入错误等各种原因，表中的数据存在以下的问题：①"姓名"列的数据不规范，有的姓名的前面或后面带有空格符，有的姓名后面有换行符；②"职工号"的前面忘记添加"GC"信息；③"参加工作时间"列的数据为"常规"型；④"防暑补贴"列有缺失值。

　　要求对表中的数据进行以下的处理：①把"姓名"列多余的空格符和换行符清除，只保留姓名信息；②在每个职工号的前面添加"GC"信息；③把"参加工作时间"列的数据类型改成"日期"型；④把所有的职工按"参加工作时间"升序排序后，缺失的职工防暑补贴用下一个职工的职工防暑补贴进行填充。具体的操作步骤如下。

　　（1）把"职工防暑补贴表.xlsx"工作簿 Sheet1 工作表中的数据导入 Power Query，导入的数据如图 5-83 所示。

　　（2）在"Power Query 编辑器"窗口中，选择"姓名"列，单击"转换"选项卡下"文本列"组中的"格式"下拉按钮，在打开的下拉菜单中选择"修整"选项，如图 5-84 所示，清除姓名前后多余的空格符和换行符。

图 5-83　导入 Power Query 后的数据　　　　　　**图 5-84　选择"修整"选项**

　　（3）选择"职工号"列，单击"转换"选项卡下"文本列"组中的"格式"按钮，在打开的下拉菜单中选择"添加前缀"选项，如图 5-85 所示。打开"前缀"对话框，在"值"框中输入"GC"，单击"确定"按钮，如图 5-86 所示。

图 5-85　选择"添加前缀"选项　　　　　　　**图 5-86　在"值"框中输入"GC"**

　　（4）选择"参加工作时间"列，单击"转换"选项卡下"任意列"组中的"数据类型：整数"按钮，在打开的下拉菜单中选择"文本"选项，如图 5-87 所示。

　　（5）选择"参加工作时间"列，单击"转换"选项卡下"任意列"组中的"数据类型：文本"下拉按钮，在打开的下拉菜单中选择"日期"选项，如图 5-88 所示。此时，Power Query 会弹出"更改列类型"对话框，提示"替换当前转换"还是"添加新步骤"，如图 5-89 所示。这是因为前面已经进行了一次类型转换，在"应用的步骤"窗格中已经有了"更改的类型 1"的步骤，Power Query 自动判断用户前面的步骤是不是误操作。此时，单击"添加新步骤"按钮，"应用的步骤"窗格中添加一个步骤"更改的类型 2"，如图 5-90 所示。如果单击"替换当前转换"按钮则前面的"整数"转换为"文本"的步骤就会被替换。

更改数据类型的
另外两种方法

图 5-87　选择"文本"选项

图 5-88　选择"日期"选项

图 5-89　"更改类型"对话框

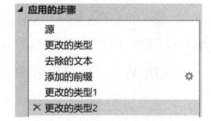

图 5-90　"应用的步骤"窗格

注意： 在 Power Query 中，如果要把"整数"型数据转换成"日期"型，要先把"整数"型数据转换成"文本"型后才能转换成"日期"型，如果直接把"整数"型转换成"日期"型，就会出现错误值，如图 5-91 所示。

	用户ID	姓名	职工号	部门	参加工作...	防署补...
1	1	黄建民	GC2001421751	经济与贸易...	Error	350
2	2	彭晓梅	GC2001421752	离退休	Error	250
3	3	廖秋芳	GC2001421753	中国东盟统...	Error	200
4	4	邓贤林	GC2001421754	体育与经济...	Error	null
5	5	羌俊	GC2001421755	法学院	Error	250
6	6	卢小严	GC2001421756	会计与审计...	Error	300
7	7	徐政浩	GC2001421757	工商管理学院	Error	400
8	8	王勖宇	GC2001421758	继续教育学院	Error	300
9	9	赖涛松	GC2001421759	采购办	Error	400
10	10	马冰梅	GC2001421760	广西金融与...	Error	250
11	11	余正华	GC2001421761	学生工作部...	Error	300
12	12	洪诗语	GC2001421762	新闻与文化...	Error	null
13	13	孙国兴	GC2001421763	马克思主义...	Error	350
14	14	陈丽鸣	GC2001421764	管理科学与...	Error	250
15	15	张暖冬	GC2001421765	国际教育学院	Error	null

图 5-91　直接把"整数"型转换成"日期"型出现错误值

（6）单击"参加工作时间"列标题右边的下拉按钮 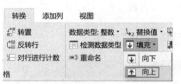，在打开的对话框中选择"升序排序"选项。

（7）选择"防暑补贴"列，单击"转换"选项卡下"任意列"组中的"填充"按钮，在打开的下拉菜单中选择"向上"选项，如图 5-92 所示。得到最终的转换结果如图 5-93 所示。

	1²₃ 用户ID	A⁸c 姓名	A⁸c 职工号	A⁸c 部门	参加工作...	1²₃ 防暑补...
1	12	洪诗语	GC2001421762	新闻与文化...	1970/1/1	400
2	7	徐政浩	GC2001421757	工商管理学院	1975/11/1	400
3	9	赖涛松	GC2001421759	采购办	1979/5/1	400
4	1	黄建民	GC2001421751	经济与贸易...	1982/7/1	350
5	4	邓贤林	GC2001421754	体育与经济...	1985/7/1	350
6	13	孙国兴	GC2001421763	马克思主义...	1987/7/1	350
7	6	卢小严	GC2001421756	会计与审计...	1987/9/1	300
8	8	王勋宇	GC2001421758	继续教育学院	1990/12/1	300
9	14	陈丽鸣	GC2001421764	管理科学与...	1993/7/1	250
10	11	余正华	GC2001421761	学生工作部...	1995/7/1	300
11	10	马冰梅	GC2001421760	广西金融与...	2002/7/1	250
12	15	张暖冬	GC2001421765	国际教育学院	2006/7/1	250
13	2	彭晓梅	GC2001421752	离退休	2007/9/1	250
14	5	羌俊	GC2001421755	法学院	2009/7/1	250
15	3	廖秋芳	GC2001421753	中国东盟统...	2014/7/1	200

图 5-92　选择"向上"选项　　　　　　**图 5-93　最终的转换结果**

（8）关闭"Power Query 编辑器"把数据上载到 Excel 后保存。

5.4.2　拆分列

视频演示 5-17　拆分列

在数据处理过程中，经常在表格中看到把多个信息写在一列的情形，特别是从网上获取或者从系统导出的数据，如把邮编、地址写在一列的，把上班打卡时间和下班打卡分两行写在一列等，这些都影响到后续的数据分析，因此需要对列进行拆分处理，把不同的信息分开到不同列进行存放。

拆分列有按分隔符、按字符数、按位置、按大小写转换和按数字到非数字转换等几种。下面通过具体的案例介绍常见的拆分列的方法。

【例 5-14】　打开"楼盘信息表.xlsx"工作簿的 Sheet1 工作表，要求对数据进行以下拆分：①把"项目名称及编号"拆分成"项目名称"和"项目编号"两列；②把"置业代码"拆分成"项目代码""开盘时间"和"置业顾问代码"，其中"置业代码"前面的英文字母为"项目代码"，最后的英文字母为"置业顾问代码"，中间的数字为"开盘时间"；③从"地址"列中提取出"县区""区域"和"具体地址"信息并分别存放；④把价格和单位分成两列存放；⑤从"特点"中提取排在前三的特点并以"优点 1""优点 2"和"优点 3"存放。具体的操作步骤如下。

（1）把"楼盘信息表.xlsx"工作簿的 Sheet1 工作表中的数据导入 Power Query。

（2）在"Power Query 编辑器"窗口中，选择"项目名称及编号"列，单击"主页"选项卡下"转换"组中的"拆分列"下拉按钮，在打开的下拉菜单中选择"按字符数"选项，如图

5-94 所示。

> **提示：** 在 Power Query 中，还可以单击“转换”选项卡下“文本列”组中的“拆分列”按钮，然后在打开的下拉菜单中选择相应的选项拆分列，如图 5-95 所示。

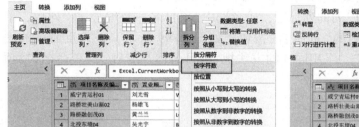

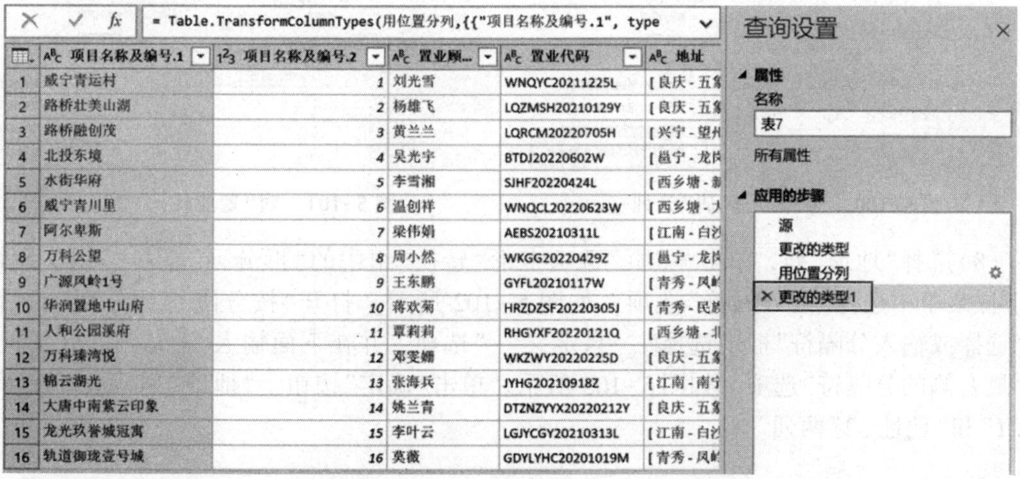

图 5-94　选择“按字符数”选项(方式 1)

图 5-95　选择“按字符数”选项(方式 2)

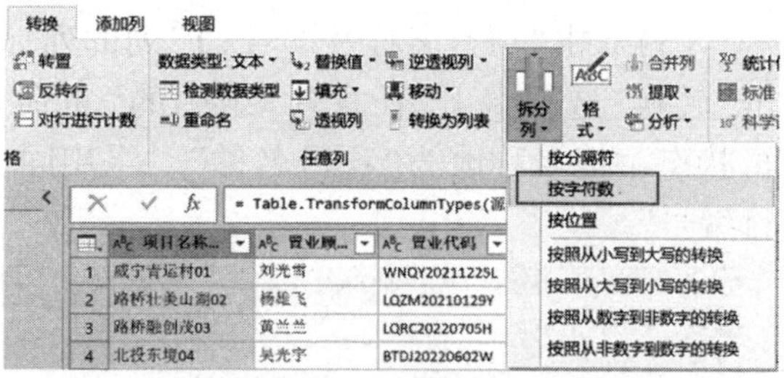

(3)打开“按字符数拆分列”对话框，在“字符数”框中输入“2”，“拆分”选择“一次，尽可能靠右”选项，如图 5-96 所示，单击“确定”按钮，“项目名称及编号”列被拆成了“项目名称及编号 .1”和“项目名称及编号 .2”两列，如图 5-97 所示。

图 5-96　“按字符数拆分列”对话框

	项目名称及编号.1	项目名称及编号.2	置业顾...	置业代码	地址
1	威宁青运村	1	刘光雪	WNQYC20211225L	[良庆 - 五象
2	路桥壮美山湖	2	杨雄飞	LQZMSH20210129Y	[良庆 - 五象
3	路桥融创茂	3	黄兰兰	LQRCM20220705H	[兴宁 - 望州
4	北投东境	4	吴光宇	BTDJ20220602W	[邕宁 - 龙岗
5	水街华府	5	李雪湘	SJHF20220424L	[西乡塘 - 新
6	威宁青川里	6	温创祥	WNQCL20220623W	[西乡塘 - 大
7	阿尔卑斯	7	梁伟娟	AEBS20210311L	[江南 - 白沙
8	万科公望	8	周小然	WKGG20220429Z	[邕宁 - 龙岗
9	广源风岭1号	9	王东鹏	GYFL20210117W	[青秀 - 凤岭
10	华润置地中山府	10	蒋欢菊	HRZDZSF20220305J	[青秀 - 民族
11	人和公园溪府	11	覃莉莉	RHGYXF20220121Q	[西乡塘 - 北
12	万科臻湾悦	12	邓雯姗	WKZWY20220225D	[良庆 - 五象
13	锦云湖光	13	张海兵	JYHG20210918Z	[江南 - 南宁
14	大唐中南紫云印象	14	姚兰青	DTZNZYYX20220212Y	[良庆 - 五象
15	龙光玖誉城冠寓	15	李叶云	LGJYCGY20210313L	[江南 - 白沙
16	轨道御珑壹号城	16	龚薇	GDYLYHC20201019M	[青秀 - 凤岭

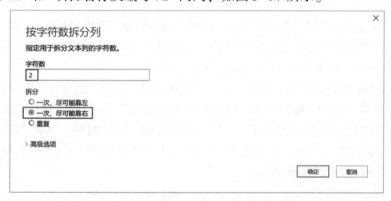

图 5-97　“按字符数拆分列”后的结果

（4）从图5-97可以看到，"项目名称及编号.2"列的数据类型被自动改成了"整数"型，同时在"应用的步骤"窗格中，最后多了一个"更改的类型1"的步骤。这是因为分列后Power Query根据该列的内容（数值）自动进行了类型的调整，实际上"项目编号"应该为"文本"型，因此需要进行更改。单击"更改的类型1"步骤前面的删除按钮删除该步骤，可以看到"项目名称及编号.2"列改成了"文本"型，如图5-98所示。

（5）双击"项目名称及编号.1"列的列标题，或者选中"项目名称及编号.1"列后，单击"转换"选项卡下"任意列"组中的"重命名"按钮，如图5-99所示，进入重命名的编辑状态，把名称改为"项目名称"。采用同样的方法把"项目名称及编号.2"重命名为"项目编号"。

图5-98　"项目名称及编号.2"列改成了"文本"型　　　　图5-99　单击"重命名"按钮

（6）选择"置业代码"列，单击"主页"选项卡下"转换"组中的"拆分列"下拉按钮，在打开的下拉菜单中选择"按照从非数字到数字的转换"选项，如图5-100所示。此时，"置业代码"列被拆分成"置业代码.1""置业代码.2"两列。

（7）选择"置业代码.2"列，单击"主页"选项卡下"转换"组中的"拆分列"下拉按钮，在打开的下拉菜单中选择"按照从数字到非数字的转换"选项，如图5-101所示，此时，"置业代码.2"列被拆分成"置业代码.2.1""置业代码.2.2"两列。采用与步骤（5）同样的方法分别把"置业代码.1"列"置业代码.2.1"列和"置业代码.2.2"列重命名为"项目代码""开盘时间"和"置业顾问代码"。

图5-100　对"置业代码"分列　　　　　　　图5-101　对"置业代码.2"分列

（8）选择"地址"列，单击"主页"选项卡下"转换"组中的"拆分列"下拉按钮，在打开的下拉菜单中选择"按分隔符"选项，如图5-102所示。打开"按分隔符拆分列"对话框，在"选择或输入分隔符"框中选择"--自定义--"选项，并在下面输入"]"，"拆分位置"选择"最右侧的分隔符"选项，如图5-103所示。单击"确定"按钮，"地址"列就被拆成了"地址.1"和"地址.2"两列。

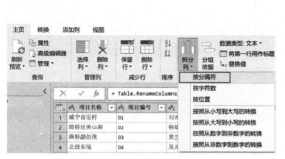

图 5-102　选择"按分隔符"选项　　　　　　　图 5-103　设置拆分项

（9）选择"地址.1"列，单击"主页"选项卡下"转换"组中的"拆分列"下拉按钮，在打开的下拉菜单中选择"按分隔符"选项。打开"按分隔符拆分列"对话框，在"选择或输入分隔符"框中选择"--自定义--"选项，并在下面输入"-"，"拆分位置"选择"最右侧的分隔符"选项，单击"确定"按钮，"地址.1"列被拆成了"地址.1.1"和"地址.1.2"两列。

（10）选择"地址.1.1"列，单击"主页"选项卡下"转换"组中的"拆分列"下拉按钮，在打开的下拉菜单中选择"按分隔符"选项。打开"按分隔符拆分列"对话框，在"选择或输入分隔符"框中选择"--自定义--"选项，并在下面输入"["，"拆分位置"选择"最左侧的分隔符"选项，单击"确定"按钮，"地址.1.1"列被拆成了"地址.1.1.1"和"地址.1.1.2"两列，如图 5-104 所示。

^{ABC} 置业顾问代码	^{ABC} 地址.1.1.1	^{ABC} 地址.1.1.2	^{ABC} 地址.1.2	^{ABC} 地址.2
L		良庆	五象大道	庆歌路10号
Y		良庆	五象湖	坛兴路48号
H		兴宁	望州南	朝阳街道望州…
W		邕宁	龙岗新区	江湾路202号
L		西乡塘	新阳路	水街66号
W		西乡塘	大学东路	陈西路5号
L		江南	白沙大道	友谊路东一里…

图 5-104　拆分地址列后的结果

（11）右击"地址.1.1.1"列标题，在打开的列表中选择"删除"选项，如图 5-105 所示，或者选择"地址.1.1.1"列后单击"主页"选项卡下"管理列"组中的"删除列"按钮，如图 5-106 所示，删除该列。采用与步骤（5）同样的方法分别把"地址.1.1.2"列"地址.1.2"列和"地址.2"列重命名为"县区""区域"和"具体地址"。

（12）选择"价格"列，单击"主页"选项卡下"转换"组中的"拆分列"下拉按钮，在打开的下拉菜单中选择"按照从数字到非数字的转换"选项，此时，"价格"列被拆分成"价格.1""价格.2"两列。采用与步骤（5）同样的方法分别把"价格.1"列和"价格.2"列重命名为"价格"和"单位"。

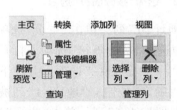

图 5-105　选择"删除"选项　　　　图 5-106　单击"删除列"按钮

（13）选择"特点"列，单击"主页"选项卡下"转换"组中的"拆分列"下拉按钮，在打开的下拉菜单中选择"按分隔符"选项。打开"按分隔符拆分列"对话框，在"选择或输入分隔符"框中选择"空格"选项，"拆分位置"选择"每次出现分隔符时"选项，单击"确定"按钮，"特点"列被拆成了"特点.1""特点.2""特点.3""特点.4"和"特点.5"5列。

（14）选择"特点.4"和"特点.5"两列，单击"主页"选项卡下"管理列"组中的"删除列"按钮删除这两列。采用与步骤（5）同样的方法分别把"特点.1""特点.2"和"特点.3"列重命名为"优点1""优点2"和"优点3"。最终的结果如图 5-107 所示。

（15）关闭"Power Query 编辑器"，把数据上载到 Excel 后保存。

	项目名...	项目编...	置业顾...	项目代...	开盘时...	置业顾问...	县区	区域	具体地址	价格	单位	优点1	优点2	优点3
1	威宁青运村	01	刘光雪	WNQYC	20211225	L	良庆	五象大道	庆歌路10号	15800	元/㎡	独家特价房源	智能住宅	高性价比
2	路桥社美山湖	02	杨雄飞	LQZMSH	20210129	Y	良庆	五象湖	坛兴路48号	11500	元/㎡	独家特价房源	轨交城	绿色住宅
3	路桥融创茂	03	黄兰兰	LQRCM	20220705	H	兴宁	望州南	朝阳街道望州...	10500	元/㎡	特价房源	医院	学校
4	北投东境	04	吴光宇	BTDJ	20220602	W	邕宁	龙岗新区	江湾路202号	9500	元/㎡	大户型	厨卫全明	厨卫全明
5	水街华府	05	李雪湘	SJHF	20220424	L	西乡塘	新阳路	水街66号	13000	元/㎡	一房一价	改善置业	江景地产
6	威宁青川里	06	滔创祥	WNQCL	20220623	W	西乡塘	大学东路	陈西路5号	9000	元/㎡	一房一价	卧室全明南	南北通透
7	阿尔卑斯	07	梁伟娟	AEBS	20210311	L	江南	白沙大道	友谊路东一里...	10000	元/㎡	一房一价	大户型	南北通透
8	万科公馆	08	周小然	WKGG	20220429	Z	邕宁	龙岗新区	平沙路21号	12000	元/㎡	一房一价	厨卫全明	大阳台
9	广源风帆1号	09	王东鹏	GYFL	20210117	W	青秀	凤岭南	凤岭南路22号	16500	元/㎡	一房一价	复式	VR看房
10	华润置地中山府	10	蒋农菊	HRZDZSF	20220305	J	青秀	民族广场	中山路229号	21000	元/㎡	一房一价	多轨交	江景地产
11	人和公园御府	11	覃莉莉	RHGYXF	20220121	Q	西乡塘	北湖路	北湖路49号	9500	元/㎡	一房一价	项目在建	厨卫全明
12	万科珠湾悦	12	邓奕娜	WKZWY	20220225	D	良庆	五象湖	良玉大道23号	26000	元/㎡	一房一价	装修交付	轨交房
13	锦云融光	13	张海兵	JYHG	20210616	Z	江南	南宁国家经济...	国凯二支路9号	9500	元/㎡	一房一价	湖景地产	自持物业
14	大唐中海繁云...	14	姚兰青	DTZNZYYX	20220212	Y	良庆	五象湖	玉洞大道12号	10500	元/㎡	一房一价	大型社区	绿色住宅
15	龙光玖誉城冠寓	15	李叶云	LGJYCGY	20210913	L	江南	白沙大道	白沙大道57	6000	元/㎡	低单价	一房一价	商住公寓
16	轨道御捷壹号城	16	莫磊	GDYLYHC	20201019	M	青秀	凤岭北	高坡岭路36号	13000	元/㎡	项目在建	轨交房	南北通透

图 5-107　最终的结果

5.4.3　添加列

　视频演示 5-18　添加列

在对数据进行整理的过程中，经常会遇到原始数据字段太少、信息不够丰富、无法进行数据分析的情况，此时可以通过添加列的方法对原始数据进行扩展。

在 Power Query 中，添加列功能包括重复列、添加索引列、添加自定义列、添加条件列等，下面通过具体案例介绍添加列的方法。

【例5-15】　在"职工医疗费用支出表.xlsx"工作簿的 Sheet1 工作表中，对数据进行以下的操作：①在"编号"列的前面添加名为"序号"的列，序号从"101"开始并以奇数递增；②从"身份证号码"提取出"出生日期"信息并计算职工的年龄；③根据"身份证号码"信息判断职工的"性别"；④根据年龄计算职工医疗费的应付比例，具体为：年龄小于30岁的应付比例为30%，年龄在30~39岁之间的应付比例为25%，年龄在40~49岁之间的应付比例为20%，年龄50岁及50岁以上的应付比例为15%；⑤计算每位职工的实际支付医疗费。具体的操作步骤如下。

(1)把"职工医疗费用支出表.xlsx"工作簿的 Sheet1 工作表中的数据导入 Power Query，如图5-108所示。

图5-108　导入 Power Query 后的数据

(2)从图5-108可以看到，第1列的数据类型被自动更改成"整数"型，与原始数据"编号"的文本数据类型不符合，因此需要修改。单击"应用的步骤"窗格中"更改的类型"前面的删除按钮，恢复"编号"列的数据类型为"文本"型。

(3)在"Power Query 编辑器"窗口中，单击"添加列"选项卡下"常规"组中的"索引列"下拉按钮，在打开的下拉菜单中选择"自定义"选项，如图5-109所示。打开"添加索引列"对话框，在"起始索引"框中输入"101"，在"增量"框中输入"2"选项，如图5-110所示。单击"确定"按钮，在表中的最后添加了名为"索引"的列，把列标题改名为"序号"，数据类型改为"文本"型，然后拖动该列到"编号"列的前面。

图5-109　选择"自定义"选项　　　　　　**图5-110　"添加索引列"对话框**

(4)选择"身份证号码"列，单击"添加列"选项卡下"从文本"组中的"提取"下拉按钮，在打开的下拉菜单中选择"范围"选项，如图5-111所示。打开"提取文本范围"对话框，在"起始索引"框中输入"6"，在"字符数"框中输入"8"，如图5-112所示。单击"确定"按钮，在表格的最后添加了名为"文本范围"的列，把列标题重命名"出生日期"，把数据类型改为"日期"型。

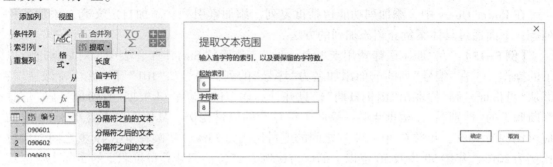

图 5-111 选择"范围"选项   图 5-112 "提取文本范围"对话框

> **提示**：在 Power Query 中，"提取"下拉菜单中的"长度"选项的功能类似 Excel 的"LEN( )"函数，"首字符"选项的功能类似 Excel 的"LEFT( )"函数，"结尾字符"选项的功能类似 Excel 的"RIGHT( )"函数，"范围"选项的功能类似 Excel 的"MID( )"函数。

> **注意**：18 位身份证号码中的前 6 位数字为行政区代码，从第 7 位开始的 8 位数字为出生年月日信息，但是在 Power Query 中，索引默认从 0 开始，因此在"提取文本范围"对话框的"起始索引"框中输入的是"6"而不是"7"。

（5）选择"出生日期"列，单击"添加列"选项卡下"从日期和时间"组中的"日期"下拉按钮，在打开的下拉菜单中选择"年限"选项，如图 5-113 所示。在表格的最后添加了名为"年限"的列，里面的数据为从出生日期到目前持续的时间。

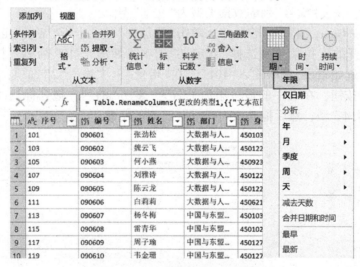

图 5-113 选择"年限"选项

（6）选择"年限"列，单击"转换"选项卡下"日期 & 时间"组中的"持续时间"下拉按钮，在打开的下拉菜单中选择"总年数"选项，如图 5-114 所示，求出"年限"的年数。把列标题重命名为"年龄"，把数据类型改为"整数"型。

图 5-114 选择"总年数"选项

（7）选择"身份证号码"列，单击"添加列"选项卡下"从文本"组中的"提取"下拉按钮，在打开的下拉菜单中选择"范围"选项。打开"提取文本范围"对话框，在"起始索引"框中输入"16"，在"字符数"框中输入"1"。单击"确定"按钮，在表格的最后添加了名为"文本范围"的列，修改该列的数据类型为"整数"型。

"添加列"选项卡功能按钮和"转换"选项卡功能按钮的异同点

（8）选择上一步添加的"文本范围"列，单击"转换"选项卡下"编号列"组中的"信息"下拉按钮，在打开的下拉菜单中选择"偶数"选项，如图 5-115 所示，把列标题重命名"偶数"。

（9）单击"添加列"选项卡下"常规"组中的"条件列"按钮，如图 5-116 所示。打开"添加条件列"对话框，在"新列名"框中输入"性别"，"if"语句的"列名"框中选择"偶数"，"运算符"框中选择"等于"，"值"框中输入"TRUE"，"输出"框中输入"女"，"ELSE"框中输入"男"，如图 5-117 所示。单击"确定"按钮，在表格的最后添加了名为"性别"的列，删除多余的"偶数"列。

图 5-115 选择"偶数"选项　　　　　　**图 5-116 选择"条件列"选项**

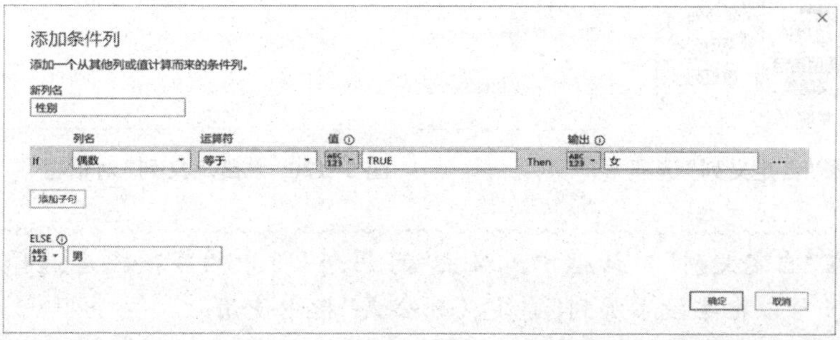

图 5-117 "添加条件列"对话框

（10）单击"添加列"选项卡下"常规"组中的"条件列"按钮。打开"添加条件列"对话框，在"新列名"框中输入"应付比例"，"If"语句的"列名"框中选择"年龄"，"运算符"框中选择"小于"，"值"框中输入"30"，"输出"框中输入"0.3"；单击"添加子句"按钮，在"Else If"语句的"列名"框中选择"年龄"，"运算符"框中选择"小于"，"值"框中输入"40"，"输出"框中输入"0.25"；单击"添加子句"按钮，在第二个"Else If"语句的"列名"框中选择"年龄"，"运算符"框中选择"小于"，"值"框中输入"50"，"输出"框中输入"0.2"；在"ELSE"框中输入"0.15"，如图 5-118 所示。单击"确定"按钮，在表格的最后添加了名为"应付比例"的列。修改该列的数据类型为"百分比"型。

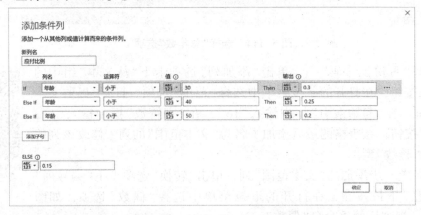

图 5-118　"添加条件列"对话框

（11）单击"添加列"选项卡下"常规"组中的"自定义列"按钮，如图 5-119 所示。打开"自定义列"对话框，在"新列名"框中输入"应付医疗费"，"自定义列公式"框中输入"=［医疗费］*［应付比例］"，如图 5-120 所示。单击"确定"按钮，在表格的最后添加了名为"应付医疗费"的列，修改该列的数据类型为"货币"型。

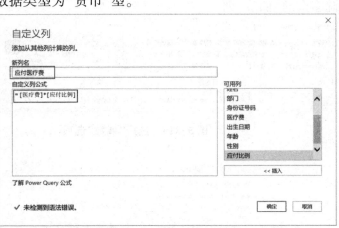

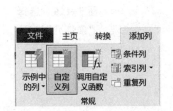

图 5-119　选择"自定义列"选项　　　　**图 5-120　"自定义列"对话框**

> **提示：** 在"自定义列"对话框中，双击"可用列"框中的字段或者选择字段后单击"插入"按钮，可以把字段添加到"自定义列公式"框中使用。

（12）关闭"Power Query 编辑器"，把数据上载到 Excel 后保存。

5.4.4　透视列与逆透视列

1. 透视列

视频演示 5-19　透视列（数字型数据）

透视列就是将某列按照每个项目生成多列数据。例如，该列有 6 个项目，那么透视列之后就生成了 6 列数据。透视列实质上就是把一维表转换成二维表。在 Power Query 中，透视的方法比较简单，下面通过具体案例介绍透视的方法。

【例 5-16】 把如图 5-121 所示的"2022 年上半年各部门报账支出表"按照部门和支出内容，构建一张二维表，部门在一列，支出内容在一行，结果如图 5-122 所示。具体的操作步骤如下。

	A	B	C	D
1	日期	部门	支出内容	金额
2	2022年6月15日	财政与公共管理学院	印刷费	450
3	2022年3月7日	财政与公共管理学院	维修维护费	180
4	2022年5月26日	财政与公共管理学院	邮寄费	310
5	2022年5月27日	财政与公共管理学院	科研业务费	200
6	2022年1月31日	财政与公共管理学院	交通费	890
7	2022年3月9日	财政与公共管理学院	邮寄费	970
8	2022年6月3日	财政与公共管理学院	科研业务费	750
9	2022年3月29日	财政与公共管理学院	租赁费	580
10	2022年3月30日	财政与公共管理学院	交通费	720
11	2022年1月26日	财政与公共管理学院	印刷费	720
12	2022年5月18日	财政与公共管理学院	咨询、劳务费	780
13	2022年1月29日	财政与公共管理学院	电话费	920
14	2022年5月25日	财政与公共管理学院	公务性差旅费	810
15	2022年4月17日	财政与公共管理学院	培训费	880
16	2022年3月29日	财政与公共管理学院	交通费	520
17	2022年5月21日	大数据与人工智能学院	邮寄费	450
18	2022年4月24日	大数据与人工智能学院	租赁费	420
19	2022年1月18日	大数据与人工智能学院	培训费	260
20	2022年1月9日	大数据与人工智能学院	印刷费	900
21	2022年3月10日	大数据与人工智能学院	培训费	930
22	2022年6月30日	大数据与人工智能学院	公务性差旅费	150
23	2022年2月7日	大数据与人工智能学院	培训费	350
24	2022年5月16日	大数据与人工智能学院	其他工资性支出	390
25	2022年6月12日	大数据与人工智能学院	科研业务费	570
26	2022年1月28日	大数据与人工智能学院	交通费	960
27	2022年3月30日	大数据与人工智能学院	其他工资性支出	720
28	2022年2月10日	大数据与人工智能学院	印刷费	270
29	2022年2月19日	大数据与人工智能学院	印刷费	630
30	2022年2月20日	大数据与人工智能学院	交通费	480
31	2022年3月16日	法学院	委托业务费	620
32	2022年2月8日	法学院	租赁费	960
33	2022年3月18日	法学院	其他工资性支出	770

图 5-121　一维表格数据

	A 支出内容	B 财政与公共管理学院	C 大数据与人工智能学院	D 法学院
2	交通费	2130	1440	570
3	会议费			
4	公务性差旅费	810	150	
5	其他工资性支出		1110	2200
6	办公费			
7	印刷费	1170	1800	320
8	咨询、劳务费	780		
9	培训费	880	1540	390
10	委托业务费			2910
11	电话费	920		600
12	科研业务费	950	570	
13	租赁费	580	420	960
14	维修维护费	180		
15	邮寄费	1280	450	930

图 5-122　二维表格

（1）对数据区域建立查询，如图 5-123 所示。

（2）选择并删除"日期"列。

（3）选择"部门"列，单击"转换"选项卡下"任意列"组中的"透视列"按钮，如图 5-124 所示。打开"透视列"对话框，在"值列"框中选择"金额"，单击"高级选项"按钮，在"聚合值函数"框中选择"求和"，如图 5-125 所示。单击"确定"按钮，得到图 5-126 所示的透视图。

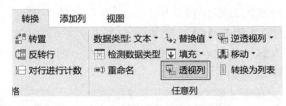

	日期	部门	支出内...	金额
1	2022/6/15 0:00:00	财政与公共...	印刷费	450
2	2022/3/7 0:00:00	财政与公共...	维修维护费	180
3	2022/5/26 0:00:00	财政与公共...	邮寄费	310
4	2022/5/27 0:00:00	财政与公共...	科研业务费	200
5	2022/1/31 0:00:00	财政与公共...	交通费	890
6	2022/3/9 0:00:00	财政与公共...	邮寄费	970
7	2022/6/3 0:00:00	财政与公共...	科研业务费	750
8	2022/3/29 0:00:00	财政与公共...	租赁费	580
9	2022/3/30 0:00:00	财政与公共...	交通费	720
10	2022/1/26 0:00:00	财政与公共...	印刷费	720
11	2022/5/18 0:00:00	财政与公共...	咨询、劳务费	780
12	2022/1/29 0:00:00	财政与公共...	电话费	920
13	2022/5/25 0:00:00	财政与公共...	公务性差旅费	810
14	2022/4/17 0:00:00	财政与公共...	培训费	880
15	2022/3/29 0:00:00	财政与公共...	交通费	520
16	2022/5/21 0:00:00	大数据与人...	邮寄费	450
17	2022/4/24 0:00:00	大数据与人...	租赁费	420
18	2022/1/18 0:00:00	大数据与人...	培训费	260
19	2022/1/9 0:00:00	大数据与人...	印刷费	900
20	2022/3/10 0:00:00	大数据与人...	培训费	930

图 5-123　对数据区域建立查询　　　　图 5-124　单击"透视列"按钮

图 5-125　"透视列"对话框

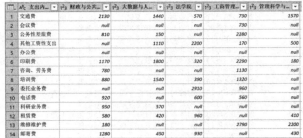

图 5-126　以"部门"作为透视列的结果

> **提示**：在"透视列"对话框中，"值列"是指要做透视计算的列。如果是数字类型的列，聚合值函数会自动设置成求和。

（4）关闭"Power Query 编辑器"，把数据上载到 Excel 后保存。

图 5-126 是以"部门"作为透视列的效果，如果以"支出内容"作为透视列，最终的效果如图 5-127 所示。

	A	B	C	D	E	F
1	部门	印刷费	维修维护费	邮寄费	科研业务费	交通费
2	中国—东盟统计学院	850			600	1140
3	会计与审计学院	330		2530	830	
4	体育经济与管理学院	1370	440			
5	商务外国语学院	730	1260	1140	960	820
6	国际教育学院		1530	410		450
7	大数据与人工智能学院	1800		450	570	1440
8	工商管理学院	2290	2790			730
9	数学与数量经济学院		600	460	980	
10	新闻与文化传播学院	540	800			2050
11	法学院	320		930		570
12	管理科学与工程学院	180	2200	430		1570
13	经济与贸易学院	340	820	920	900	600
14	财政与公共管理学院	1170	180	1280	950	2130
15	金融与保险学院	780	990	760	970	620
16	马克思主义学院	330	1490	220		1370

图 5-127　以"支出内容"作为透视列的结果

上面的例子是对数字类型透视并利用聚合值函数聚合的情形，在实际工作中还会遇到对文本透视的情况，这时可以通过"不要聚合"的方式来实现透视效果。

 视频演示 5-20　透视列(文本型数据)

【例 5-17】　在"各学院专业代码.xlsx"工作簿的 Sheet1 工作表中，包含了"学院代码""学院名称""专业名称"和"专业代码"等信息，如图 5-128 所示。要求按照学院名称和专业代码，构建一张二维表，学院名称在一列，专业代码在一行，结果如图 5-129 所示。

	A	B	C	D
1	学院代码	学院名称	专业名称	专业代码
2	4002	经济与贸易学院	经济学（拔尖人才）	01
3	4002	经济与贸易学院	农林经济管理（专升本）	02
4	4002	经济与贸易学院	土地资源管理	03
5	4002	经济与贸易学院	商务经济学	04
6	4002	经济与贸易学院	国际经济与贸易（专升本）	05
7	4002	经济与贸易学院	国际经济与贸易	06
8	4002	经济与贸易学院	国际商务（专升本）	07
9	4003	财政与公共管理学院	财政学	01
10	4003	财政与公共管理学院	税收学（专升本）	02
11	4003	财政与公共管理学院	税收学	03
12	4003	财政与公共管理学院	税收学（航信创新）	04
13	4003	财政与公共管理学院	劳动与社会保障	05
14	4003	财政与公共管理学院	公共事业管理（专升本）	06
15	4003	财政与公共管理学院	公共事业管理	07
16	4003	财政与公共管理学院	公共关系学（专升本）	08
17	4004	金融与保险学院	金融学（专升本）	01
18	4004	金融与保险学院	金融学	02

图 5-128　数据清单

	A	B	C	D
1	专业代码	经济与贸易学院	财政与公共管理学院	金融与保险学院
2	01	经济学（拔尖人才）	财政学	金融学（专升本）
3	02	农林经济管理（专升本）	税收学（专升本）	金融学
4	03	土地资源管理	税收学	投资学
5	04	商务经济学	税收学（航信创新）	保险学
6	05	国际经济与贸易（专升本）	劳动与社会保障	金融工程
7	06	国际经济与贸易	公共事业管理（专升本）	
8	07	国际商务（专升本）	公共事业管理	
9	08		公共关系学（专升本）	

图 5-129　二维表

具体的操作步骤如下。

（1）对数据区域建立查询，如图 5-130 所示。

（2）从图 5-130 可以看到"学院代码"列和"专业代码"列自动转换成"整数"型。单击"应用的步骤"窗格中"更改的类型"前面的删除按钮，把这两列的数据类型恢复成"文本"型。

（3）删除不需要透视的"学院代码"列。选择"学院名称"列，单击"转换"选项卡下"任意列"组中的"透视列"按钮。打开"透视列"对话框，在"值列"下拉列表中选择"专业名称"，单击"高级选项"按钮，在"聚合值函数"下拉列表中选择"不要聚合"，如图 5-131 所示。单击"确定"按钮，得到如图 5-132 所示的透视图。

	1²₃ 学院代...	A$C 学院名...	A$C 专业名称	1²₃ 专业代...
1	4002	经济与贸易学院	经济学（拔尖人才）	1
2	4002	经济与贸易学院	农林经济管理（专...	2
3	4002	经济与贸易学院	土地资源管理	3
4	4002	经济与贸易学院	商务经济学	4
5	4002	经济与贸易学院	国际经济与贸易（...	5
6	4002	经济与贸易学院	国际经济与贸易	6
7	4002	经济与贸易学院	国际商务（专升本）	7
8	4003	财政与公共管...	财政学	1
9	4003	财政与公共管...	税收学（专升本）	2
10	4003	财政与公共管...	税收学	3
11	4003	财政与公共管...	税收学（航信创新）	4
12	4003	财政与公共管...	劳动与社会保障	5
13	4003	财政与公共管...	公共事业管理（专...	6
14	4003	财政与公共管...	公共事业管理	7
15	4003	财政与公共管...	公共关系学（专升...	8
16	4004	金融与保险学院	金融学（专升本）	1
17	4004	金融与保险学院	金融学	2

图 5-130　对数据区域建立查询

图 5-131　"透视列"对话框

	专业代...	经济与贸...	财政与公共...	金融与保...	商务外国语...	工商管理...
1	01	经济学（拔尖人...	财政学	金融学（专升本）	英语（经贸翻译方...	市场营销（专升...
2	02	农林经济管理（...	税收学（专升本）	金融学	商务英语（跨境电...	市场营销
3	03	土地资源管理	税收学	投资学	商务英语（国际贸...	工商管理（专升...
4	04	商务经济学	税收学（航信创新）	保险学	商务英语（跨境电...	工商管理
5	05	国际经济与贸易	劳动与社会保障	金融工程	法语（商务方向）	旅游管理（专升...
6	06	国际经济与贸易	公共事业管理（专...	null	null	旅游管理
7	07	国际商务（专升本）	公共事业管理	null	null	人力资源管理（...
8	08	null	公共关系学（专升...	null	null	人力资源管理
9	09	null	null	null	null	null
10	10	null	null	null	null	null
11	11	null	null	null	null	null
12	12	null	null	null	null	null

图 5-132　透视后的结果

（4）关闭"Power Query 编辑器"，把数据上载到 Excel 后保存。

2. 逆透视

视频演示 5-21　逆透视列（二维转一维）

逆透视列就是把很多列数据逆变转换为少数几列数据，是透视列的反向操作，即把二维表变为一维表。逆透视列常见的有将简单的二维表转换成一维表和将有多列的二维表转换为一维表两种情形，操作都比较简单。下面以具体例子来介绍这两种情形下的逆透视列。

【例 5-18】 把如图 5-133 所示"部门经费使用明细"二维表转换成如图 5-134 所示的一维表。

	A	B	C	D	E	F	G	H	I	J	K
1	部门	交通费	邮寄费	咨询、劳务费	培训费	公务性差旅费	办公费	委托业务费	电话费	维修维护费	会议费
2	教务处	1300	475	1339	1001	494	1082	1125	479	1360	1040
3	发展规划处	482	638	757	530	1048	816	1470	936	1034	968
4	科研处	430	617	1120	1100	827	497	1075	1165	1118	1474
5	财务处	1385	1470	639	1492	1440	1418	665	1157	918	949
6	审计处	985	425	599	698	763	1261	1319	1325	670	1383
7	离退休工作处	1096	678	1341	1417	1002	1002	1186	454	533	708
8	基本建设管理中心	880	898	503	926	646	986	500	1432	1146	1110
9	采购管理服务中心	1471	451	1098	1052	761	945	607	1288	884	1245
10	图书馆	1201	917	1193	681	453	1414	1069	1345	878	1173
11	学报编辑部	1464	815	1321	1404	787	442	518	481	970	912
12	实验教学中心	1098	1157	1322	519	1334	1077	797	1073	1466	909
13	工会	813	1391	1332	1178	1194	1434	921	1187	1083	1108
14	团委	881	645	1001	1123	608	1378	577	1374	661	658
15	人事处	694	1006	1390	777	1296	467	1370	447	1165	604

图 5-133　二维表格数据

	A	B	C
1	部门	费用	金额
2	教务处	交通费	1300
3	教务处	邮寄费	475
4	教务处	咨询、劳务费	1339
5	教务处	培训费	1001
6	教务处	公务性差旅费	494
7	教务处	办公费	1082
8	教务处	委托业务费	1125
9	教务处	电话费	479
10	教务处	维修维护费	1360
11	教务处	会议费	1040
12	发展规划处	交通费	482
13	发展规划处	邮寄费	638
14	发展规划处	咨询、劳务费	757
15	发展规划处	培训费	530
16	发展规划处	公务性差旅费	1048
17	发展规划处	办公费	816
18	发展规划处	委托业务费	1470
19	发展规划处	电话费	936
20	发展规划处	维修维护费	1034
21	发展规划处	会议费	968
22	科研处	交通费	430
23	科研处	邮寄费	617

图 5-134　一维表

具体的操作步骤如下。

（1）对数据区域建立查询，如图 5-135 所示。

	部门 ▼	交通费 ▼	邮寄费 ▼	咨询、劳务… ▼	培训费 ▼	公务性差… ▼	办公费 ▼	委托业… ▼	电话费 ▼	维修维… ▼	会议费 ▼
1	教务处	1300	475	1339	1001	494	1082	1125	479	1360	1040
2	发展规划处	482	638	757	530	1048	816	1470	936	1034	968
3	科研处	430	617	1120	1100	827	497	1075	1165	1118	1474
4	财务处	1385	1470	639	1492	1440	1418	665	1157	918	949
5	审计处	985	425	599	698	763	1261	1319	1325	670	1383
6	离退休工作处	1096	678	1341	1417	681	1002	1186	454	533	708
7	基本建设管…	880	898	503	926	646	986	500	1432	1146	1110
8	采购管理处	1471	451	1098	1052	761	945	607	1288	884	1245
9	图书馆	1201	917	1193	681	453	1414	1069	1345	878	1173
10	学报编辑部	1464	815	1321	1404	787	442	518	481	970	912
11	实验教学中心	1098	1157	1303	519	1334	1077	797	1073	1466	909
12	工会	813	1391	1332	1178	1194	1434	921	1187	1083	1108
13	团委	881	645	1001	1123	608	1378	577	1374	661	658
14	人事处	694	1006	1390	777	1296	467	1370	447	1165	604

图 5-135　对数据区域建立查询

（2）本案例是对各种费用项目进行逆透视。由于费用项目较多，因此选择"部门"列，单击"转换"选项卡下"任意列"组中的"逆透视列"下拉按钮，在打开的下拉菜单中选择"逆透视其他列"选项，如图 5-136 所示，得到如图 5-137 所示的结果。

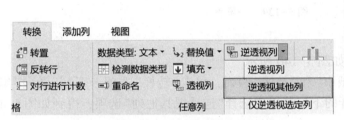

	部门 ▼	属性 ▼	值 ▼
1	教务处	交通费	1300
2	教务处	邮寄费	475
3	教务处	咨询、劳务费	1339
4	教务处	培训费	1001
5	教务处	公务性差旅费	494
6	教务处	办公费	1082
7	教务处	委托业务费	1125
8	教务处	电话费	479
9	教务处	维修维护费	1360
10	教务处	会议费	1040
11	发展规划处	交通费	482
12	发展规划处	邮寄费	638

图 5-136　选择"逆透视其他列"选项　　**图 5-137　逆透视后的结果**

（3）分别把"属性"列和"值"列的列标题重命名为"费用"和"金额"。

（4）关闭"Power Query 编辑器"，把数据上载到 Excel 后保存。

将有多列的二维表转换为一维表的情况也经常遇到。

视频演示 5-22　逆透视列（多列二维转一维）

【例 5-19】　如图 5-138 所示的数据区域前面有两列文本，要求从第三列开始逆透视，转换成如图 5-139 所示的一维表。

	A	B	C	D	E	F	G	H	I	J	K	L	M	N
1	城市	县区	1月	2月	3月	4月	5月	6月	7月	8月	9月	10月	11月	12月
2	南宁市	兴宁区	4272	2002	1822	2077	1904	4924	2073	2746	4928	3895	4561	2849
3	南宁市	青秀区	4073	1852	4428	3983	2272	3976	4802	3696	4221	3930	1521	3608
4	南宁市	江南区	3797	4257	3967	2448	4131	2701	4708	4693	3663	1596	4495	4776
5	南宁市	西乡塘区	2882	3790	2464	4653	4357	1687	1586	2658	3842	4356	4002	1866
6	南宁市	良庆区	2097	2874	2530	4436	4770	2788	4665	3689	4423	4803	4694	2429
7	南宁市	邕宁区	3307	2519	3406	3164	4453	3527	2722	4601	3805	3102	2938	2043
8	南宁市	武鸣区	3400	3496	4346	2820	4528	3598	1824	2813	1511	3275
9	南宁市	横州市	3798	1538	2248	3559	3880	3670	4454	4645	4808	1943	1653	3068
10	南宁市	宾阳县	3592	4581	2935	2417	4102	4310	4525	1916	2380	2340	3150	1744
11	南宁市	上林县	1658	1791	2466	3661	2464	2809	3561	3126	2541	3430	4407	4553
12	南宁市	隆安县	1666	3168	3677	4162	4928	2312	4547	4366	2418	1716	1569	2175
13	南宁市	马山县	3791	2727	4285	4201	4158	2804	3242	3411	3367	3930	2431	4643
14	柳州市	城中区	4485	2461	4663	3063	4511	2028	2236	4241	3906	2377	2341	4342
15	柳州市	鱼峰区	2236	3368	3283	2476	4029	4173	4147	4148	3464	2123	2466	4892
16	柳州市	柳南区	1815	2098	2328	1983	1974	3183	3956	3837	3646	3889	4330	2884

图 5-138　二维表格数据

城市	县区	月份	缴费人数
南宁市	兴宁区	1月	4272
南宁市	兴宁区	2月	2002
南宁市	兴宁区	3月	1822
南宁市	兴宁区	4月	2077
南宁市	兴宁区	5月	1904
南宁市	兴宁区	6月	4924
南宁市	兴宁区	7月	2073
南宁市	兴宁区	8月	2746
南宁市	兴宁区	9月	4928
南宁市	兴宁区	10月	3895
南宁市	兴宁区	11月	4561
南宁市	兴宁区	12月	2849
南宁市	青秀区	1月	4073
南宁市	青秀区	2月	1852
南宁市	青秀区	3月	4428
南宁市	青秀区	4月	3983
南宁市	青秀区	5月	2272
南宁市	青秀区	6月	3976
南宁市	青秀区	7月	4802
南宁市	青秀区	8月	3696
南宁市	青秀区	9月	4221
南宁市	青秀区	10月	3930
南宁市	青秀区	11月	1521
南宁市	青秀区	12月	3608
南宁市	江南区	1月	3797
南宁市	江南区	2月	4257

图5-139　一维表

具体的操作步骤如下。

（1）对数据区域建立查询，如图5-140所示

（2）按住〈Shift〉键，选择"城市"和"县区"两列，单击"转换"选项卡下"任意列"组中的"逆透视列"下拉按钮，在打开的下拉菜单中选择"逆透视其他列"选项，得到如图5-141所示的结果。

（3）分别把"属性"列和"值"列的列标题重命名为"月份"和"缴费人数"。

（4）关闭"Power Query 编辑器"，把数据上载到 Excel 后保存。

	城市	县区	属性	值
1	南宁市	兴宁区	1月	4272
2	南宁市	兴宁区	2月	2002
3	南宁市	兴宁区	3月	1822
4	南宁市	兴宁区	4月	2077
5	南宁市	兴宁区	5月	1904
6	南宁市	兴宁区	6月	4924
7	南宁市	兴宁区	7月	2073
8	南宁市	兴宁区	8月	2746
9	南宁市	兴宁区	9月	4928
10	南宁市	兴宁区	10月	3895
11	南宁市	兴宁区	11月	4561
12	南宁市	兴宁区	12月	2849
13	南宁市	青秀区	1月	4073
14	南宁市	青秀区	2月	1852
15	南宁市	青秀区	3月	4428
16	南宁市	青秀区	4月	3983
17	南宁市	青秀区	5月	2272
18	南宁市	青秀区	6月	3976
19	南宁市	青秀区	7月	4802
20	南宁市	青秀区	8月	3696
21	南宁市	青秀区	9月	4221
22	南宁市	青秀区	10月	3930
23	南宁市	青秀区	11月	1521
24	南宁市	青秀区	12月	3608
25	南宁市	江南区	1月	3797

	城市	县区	1月	2月	3月	4月	5月	6月
1	南宁市	兴宁区	4272	2002	1822	2077	1904	4924
2	南宁市	青秀区	4073	1852	4428	3983	2272	3976
3	南宁市	江南区	3797	4257	3967	—	4131	2701
4	南宁市	西乡塘区	2882	3790	2464	4653	4357	1687
5	南宁市	良庆区	2097	2874	2530	4436	4770	2788
6	南宁市	邕宁区	3307	2519	3406	3164	4453	3527
7	南宁市	武鸣区	3400	3496	4346	2820	4250	2934
8	南宁市	横州市	3798	1538	2248	3559	3880	3670
9	南宁市	宾阳县	3592	4581	2935	2417	4102	4310
10	南宁市	上林县	1658	1791	2486	3661	2464	2809
11	南宁市	隆安县	1666	3168	3677	4162	4928	2312
12	南宁市	马山县	3791	2727	4285	4201	4158	2804
13	柳州市	城中区	4485	2461	4663	3063	4511	2028
14	柳州市	鱼峰区	2236	3368	3283	2476	4029	4173
15	柳州市	柳南区	1815	2098	2328	1983	1974	3183

图5-140　对数据区域建立查询　　　　　图5-141　逆透视后的结果

5.4.5　分组依据

在 Power Query 中，通过"分组依据"功能可以把数据按照某一列或某几列进行分组汇总，其效果与"透视列"的效果类似。但是与"透视列"把一维数据转换成二维数据不同的是，"分组依据"是从一维数据到一维数据的汇总。"分组依据"在数据分析时非常有用。"分组依据"分"基本分组"和"高级分组"两种情况，通常与"透视列"或"逆透视列"搭配使用。

1. 基本分组

视频演示 5-23　基本分组

【例 5-20】　如图 5-142 所示的 2022 年 7 月各部门的加班时长情况，通过"Power Query"的"分组依据"功能求出每个部门的总加班时长。具体的操作步骤如下。

(1) 对数据区域建立查询，如图 5-143 所示。

	A	B	C
1	日期	部门	加班时长
2	2022年7月2日	教务处	4
3	2022年7月9日	后勤处	2
4	2022年7月23日	审计处	8
5	2022年7月10日	教务处	3
6	2022年7月16日	教务处	8
7	2022年7月16日	组织部	8
8	2022年7月7日	宣传部	2
9	2022年7月2日	图书馆	5
10	2022年7月13日	基建处	2
11	2022年7月13日	审计处	2
12	2022年7月10日	图书馆	7
13	2022年7月21日	财务处	5
14	2022年7月13日	后勤处	8
15	2022年7月3日	图书馆	4
16	2022年7月1日	人事处	5
17	2022年7月6日	财务处	7
18	2022年7月31日	学工处	4
19	2022年7月11日	审计处	2

图 5-142　原始数据

	日期	部门	加班时…
1	2022/7/2 0:00:00	教务处	4
2	2022/7/9 0:00:00	后勤处	2
3	2022/7/23 0:00:00	审计处	8
4	2022/7/10 0:00:00	教务处	3
5	2022/7/16 0:00:00	教务处	8
6	2022/7/16 0:00:00	组织部	8
7	2022/7/7 0:00:00	宣传部	2
8	2022/7/2 0:00:00	图书馆	5
9	2022/7/13 0:00:00	基建处	2
10	2022/7/13 0:00:00	审计处	2
11	2022/7/10 0:00:00	图书馆	7
12	2022/7/21 0:00:00	财务处	5
13	2022/7/13 0:00:00	后勤处	8

图 5-143　对数据区域建立查询

(2) 从图 5-143 可以看到"日期"列的数据类型自动改成了"整数"型，并且以"日期/时间"的形式显示，与原始数据类型不一致，因此需要恢复成原来的"日期"型。单击"应用的步骤"窗格中"更改的类型"前面的删除按钮，删除自动更改数据类型的步骤，然后单击"日期"列标题左侧的按钮，在打开的下拉菜单中选择"日期"选项，如图 5-144 所示，修改"日期"列的数据类型为"日期"型。

(3) 单击"转换"选项卡下"表格"组中的"分组依据"按钮，如图 5-145 所示，打开"分组依据"对话框，选中"基本"单选按钮，并在下面的下拉列表中选择"部门"，在"新列名"

框中输入"总加班时长"，在"操作"下拉列表中选择"求和"，在"柱"下拉列表中选择"加班时长"，如图 5-146 所示。单击"确定"按钮，得到图 5-147 所示的结果。

（4）关闭"Power Query 编辑器"，把数据上载到 Excel 后保存。

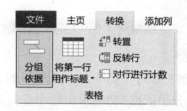

图 5-144　选择"日期"选项　　　　图 5-145　单击"分组依据"按钮

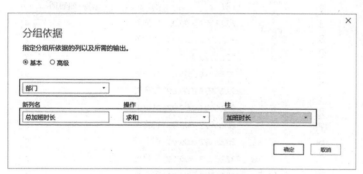

图 5-146　"分组依据"对话框

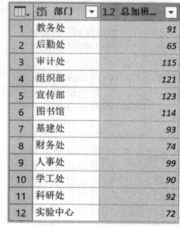

图 5-147　最终的结果

2. 高级分组

 视频演示 5-24　高级分组

在图 5-146 所示的"分组依据"对话框中，当选中分组依据中的"高级"单选按钮时，可以建立多项目分组统计，并对不同的项目进行不同的汇总计算。

【例 5-21】　在"2022 年上半年食品销售情况表 . xlsx"工作簿的 Sheet1 工作表中，记录了某超市 2022 年 1—6 月的各食品类别的销售量和销售额，如图 5-148 所示。要求按月份和商品类别分组，计算销售量的最大值和销售额合计，结果如图 5-149 所示。

	A	B	C	D
1	月份	商品类别	销售量	销售额
2	1月	方便食品	155	47169
3	1月	调味品	292	41153
4	1月	米面	51	33017
5	1月	食用油	200	23976
6	1月	饼干蛋糕	79	43115
7	1月	杂粮	166	31309
8	1月	休闲零食	275	49701
9	1月	南北干货	192	43150
10	1月	糖巧	76	30696
11	1月	蜜饯果干	179	40095
12	1月	坚果炒货	144	45158
13	1月	肉干肉脯	152	47309
14	2月	南北干货	120	47422
15	2月	食用油	242	39475
16	2月	米面	85	30759
17	2月	糖巧	261	44945

图 5-148　原始数据

	A	B	C	D
1	月份	商品类别	最大销售量	销售额合计
2	1月	米面	192	239295
3	3月	杂粮	171	167997
4	4月	米面	167	333077
5	4月	食用油	194	248844
6	3月	食用油	185	294372
7	6月	米面	183	299119
8	5月	食用油	192	337087
9	2月	食用油	141	259083
10	3月	米面	137	253853
11	5月	米面	158	325868
12	1月	食用油	178	335963
13	6月	杂粮	185	167512
14	1月	杂粮	138	189132
15	2月	米面	198	319737
16	5月	杂粮	189	393366
17	4月	杂粮	190	234859
18	2月	杂粮	188	124062
19	6月	食用油	127	24841

图 5-149　最终的结果

具体的操作步骤如下。

（1）对数据区域建立查询，如图 5-150 所示。

（2）从图 5-150 可以看到，"月份"列的数据类型自动改成了日期型，与原始数据类型不一致，因此需要恢复成原来的"文本"型。单击"应用的步骤"窗格中"更改的类型"前面的删除按钮，删除自动更改数据类型的步骤，然后单击"月份"列标题左侧的按钮，在打开的下拉菜单中选择"日期"选项，如图 5-151 所示，修改"月份"列的数据类型为"文本"型。

	月份	商品名...	商品类...	销售量	销售额
1	2022/1/1	挂面	米面	62	35640
2	2022/3/1	红豆	杂粮	171	33704
3	2022/4/1	长粒香米	米面	92	25821
4	2022/4/1	菜籽油	食用油	194	27678
5	2022/3/1	菜籽油	食用油	139	34515
6	2022/4/1	长粒香米	米面	118	28687
7	2022/6/1	东北大米	米面	143	31180
8	2022/6/1	面粉	米面	133	21984
9	2022/5/1	亚麻籽油	食用油	151	45056
10	2022/4/1	进口大米	米面	92	20708
11	2022/2/1	大豆油	食用油	73	44769
12	2022/3/1	长粒香米	米面	137	42547
13	2022/5/1	烘焙面粉	米面	135	46796
14	2022/1/1	调和油	食用油	64	47902

图 5-150　对数据区域建立查询

图 5-151　选择"文本"选项

（3）单击"转换"选项卡下"表格"组中的"分组依据"按钮，打开"分组依据"对话框。选中"高级"选项，并在其下面的下拉列表中选择"月份"，单击"添加分组"按钮，在第二个下拉列表中选择"商品类别"；在"新列名"框中输入"最大销售量"，在"操作"下拉列表中选择"最大值"，在"柱"下拉列表中选择"销售量"；单击"添加聚合"按钮，在第二行的"新列名"栏中输入"销售额合计"，在"操作"下拉列表中选择"求和"，在"柱"下拉列表中选择"销售额"，如图 5-152 所示。单击"确定"按钮，得到图 5-153 所示的结果。

（4）关闭"Power Query 编辑器"，把数据上载到 Excel 后保存。

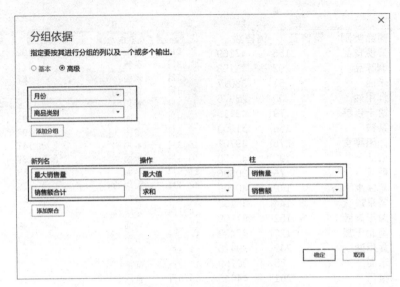

图 5-152 "分组依据"对话框

	ABC 月份	商品类...	1.2 最大销...	1.2 销售额...
1	1月	米面	192	239295
2	3月	杂粮	171	167997
3	4月	米面	167	333077
4	4月	食用油	194	248844
5	3月	食用油	185	294372
6	6月	米面	183	299119
7	5月	食用油	192	337087
8	2月	食用油	141	259083
9	3月	米面	137	253853
10	5月	米面	158	325868
11	1月	食用油	178	335963
12	6月	杂粮	185	167512
13	1月	杂粮	138	189132
14	2月	米面	198	319737
15	5月	杂粮	189	393366
16	4月	杂粮	190	234859
17	2月	杂粮	188	124062
18	6月	食用油	127	24841

图 5-153 最终的结果

5.5　数据的组合查询

在 Power Query 中，追加查询和合并查询是非常有用的功能，通过这两个功能能够把不同来源的数据组合到一起，为以后的数据分析做好准备。

5.5.1   追加查询

 视频演示 5-25   追加查询

追加查询是在现有记录的基础上，在下面添加新的行数据，属于一种纵向合并。如果两张表格式相同，可以通过追加查询实现数据合并。下面通过具体案例介绍追加查询的方法。

【例 5-22】   在"2022 年 6 月西乡塘各分店商品销售表.xlsx"工作簿中，"明秀分店""北湖分店""友爱分店"和"安吉分店"4 张工作表分别记录了某连锁超市 2022 年 6 月份 4 个分店的商品销售信息，要求把这 4 张工作表数据汇总到一张表上。具体的操作步骤如下。

（1）在 Excel 中，单击"数据"选项卡下"获取和转换数据"组中的"获取数据"按钮，单击"自文件"，在下级菜单中选择"从 Excel 工作簿"选项。

（2）打开"导入数据"对话框，找到存放工作簿的文件夹，选择要建立查询的工作簿"2022 年 6 月西乡塘各分店商品销售表.xlsx"，单击"导入"按钮

（3）打开"导航器"对话框，在左侧的导航窗格中选中"选择多项"，然后选中所有的工作表，如图 5-154 所示，单击"转换数据"按钮，启动 Power Query 编辑器，如图 5-155 所示。

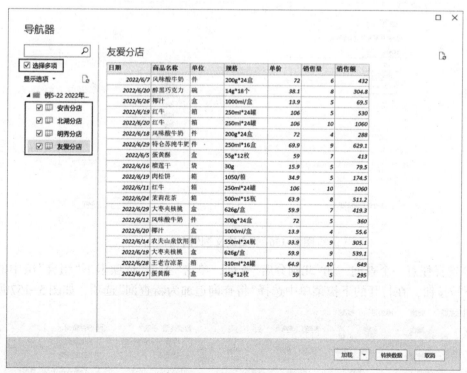

图 5-154   "导航器"对话框

查询[4]		日期	商品名...	单位	规格	单价	销售量	销售额
北湖分店	1	2022/6/18	红牛	箱	250ml*24罐	106	3	318
安吉分店	2	2022/6/4	脉动青柠口味	箱	400ml*15瓶	47.9	8	383.2
明秀分店	3	2022/6/5	花生油	桶	6.18L	129.9	6	779.4
友爱分店	4	2022/6/10	板栗	袋	80g	16.8	4	67.2
	5	2022/6/1	风味酸牛奶	件	200g*24盒	72	10	720
	6	2022/6/21	农夫山泉饮用水	箱	550ml*24瓶	33.9	3	101.7
	7	2022/6/24	料酒	瓶	450ml	7.5	4	30
	8	2022/6/1	榴莲干	袋	30g	15.9	5	79.5
	9	2022/6/24	肉松饼	箱	1050/箱	34.9	4	139.6
	10	2022/6/4	茉莉花茶	箱	500ml*15瓶	63.9	5	319.5
	11	2022/6/15	茉莉花茶	箱	500ml*15瓶	63.9	5	319.5
	12	2022/6/27	话梅	袋	140g	18.9	5	94.5
	13	2022/6/14	农夫山泉饮用水	箱	550ml*24瓶	33.9	10	339
	14	2022/6/30	肉松饼	箱	1050/箱	34.9	3	104.7
	15	2022/6/26	椰汁	盒	1000ml/盒	13.9	5	69.5
	16	2022/6/24	蛋黄酥	盒	55g*12枚	59	8	472
	17	2022/6/13	特仑苏纯牛奶	件	250ml*16盒	69.9	9	629.1
	18	2022/6/27	风味酸牛奶	件	200g*24盒	72	3	216
	19	2022/6/28	榴莲干	袋	30g	15.9	10	159

公式栏：= Table.TransformColumnTypes(提升的标题,{{"日期", type date}, {"商品名称", type

图5-155　将数据导入Power Query

（4）由于是把4个分店的数据汇总到一起，为了以后能够区别是哪个分店的数据，先为每个查询添加一个名为"分店"的列。选中"北湖分店"查询，单击"添加列"选项卡下"常规"组中的"自定义列"按钮。打开"自定义列"对话框，在"新列名"栏中输入"分店"，在"自定义列公式"栏中输入"="北湖分店""，如图5-156所示，单击"确定"按钮。采用同样的方法为其他查询添加名为"分店"的列。

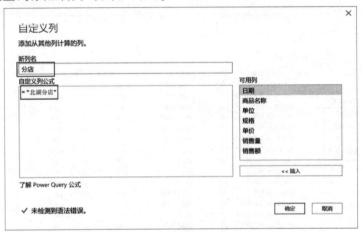

图5-156　"自定义列"对话框

（5）选择任意一个查询，如"北湖分店"查询，单击"主页"选项卡下"组合"组中的"追加查询"下拉按钮，在打开的下拉菜单中选择"将查询追加为新查询"选项，如图5-157所示。

图5-157　选择"将查询追加为新查询"选项

(6)打开"追加"对话框,选中"三个或更多表"单选按钮,双击"可用表"列表框中的表,或者选中表后单击"添加"按钮,把4张表全部添加到"要追加的表"列表框中,如图5-158所示。单击"确定"按钮,把4张表的数据合并到一张名为"追加1"的查询中,如图5-159所示。

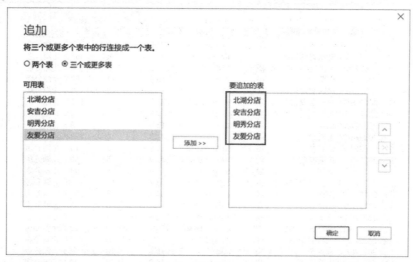

图5-158 "追加"对话框

图5-159 追加查询后的合并数据

(7)右击"追加1"查询,在打开的列表框在选择"重命名",或者双击"追加1",进入重命名编辑后输入"汇总表",把"追加1"查询重命名为"汇总表"。

(8)选中"汇总表"查询,把数据上载到 Excel 后保存,结果如图5-160所示。

提示：在追加查询时，几个表格中字段顺序、字段项目都可以不同，合并的数据也可以不是同一个数据源。但是表头字段标题名称要一致，就是指各个数据源中打开的字段标题一定要相同。

	A	B	C	D	E	F	G	H
1	日期	商品名称	单位	规格	单价	销售量	销售额	分店
2	2022/6/18	红牛	箱	250ml*24罐	106	3	318	北湖分店
3	2022/6/4	脉动青柠口味	箱	400ml*15瓶	47.9	8	383.2	北湖分店
4	2022/6/5	花生油	桶	6.18L	129.9	6	779.4	北湖分店
5	2022/6/10	板栗	袋	80g	16.8	4	67.2	北湖分店
6	2022/6/1	风味酸牛奶	件	200g*24盒	72	10	720	北湖分店
7	2022/6/21	农夫山泉饮用水	箱	550ml*24瓶	33.9	3	101.7	北湖分店
8	2022/6/24	料酒	瓶	450ml	7.5	4	30	北湖分店
9	2022/6/1	榴莲干	袋	30g	15.9	5	79.5	北湖分店
10	2022/6/24	肉松饼	箱	1050/箱	34.9	4	139.6	北湖分店
11	2022/6/4	茉莉花茶	箱	500ml*15瓶	63.9	5	319.5	北湖分店
12	2022/6/15	茉莉花茶	箱	500ml*15瓶	63.9	5	319.5	北湖分店
13	2022/6/27	话梅	袋	140g	18.9	5	94.5	北湖分店
14	2022/6/14	农夫山泉饮用水	箱	550ml*24瓶	33.9	10	339	北湖分店
15	2022/6/30	肉松饼	箱	1050/箱	34.9	3	104.7	北湖分店
16	2022/6/26	椰汁	盒	1000ml/盒	13.9	5	69.5	北湖分店
17	2022/6/24	蛋黄酥	盒	55g*12枚	59	8	472	北湖分店
18	2022/6/13	特仑苏纯牛奶	件	250ml*16盒	69.9	9	629.1	北湖分店
19	2022/6/27	风味酸牛奶	件	200g*24盒	72	3	216	北湖分店
20	2022/6/28	榴莲干	袋	30g	15.9	10	159	北湖分店
21	2022/6/20	板栗	袋	80g	16.8	3	50.4	安吉分店
22	2022/6/14	茉莉花茶	箱	500ml*15瓶	63.9	4	255.6	安吉分店
23	2022/6/19	大枣夹核桃	盒	626g/盒	59.9	8	479.2	安吉分店
24	2022/6/8	肉松饼	箱	1050/箱	34.9	4	139.6	安吉分店
25	2022/6/18	酱油	瓶	1.9L	25.9	10	259	安吉分店
26	2022/6/23	肉松饼	箱	1050/箱	34.9	9	314.1	安吉分店

汇总表　友爱分店　明秀分店　安吉分店　北湖分店　…　⊕

图5-160　上载到Excel中的结果

5.5.2　合并查询

视频演示5-26　合并查询

合并查询虽然也是对数据进行组合，但是与追加查询的纵向合并不同的是合并查询是横向合并，就是把两张表根据选定的列进行匹配，把满足条件的数据合并到一张表中，类似于在Excel中使用VLOOKUP函数，根据数据表中的关键信息将另一个表的相关信息合并过来，使要进行分析的数据源列字段更加完整。但是合并查询的功能比Excel中的VLOOKUP函数更加强大。下面通过具体的案例来介绍合并查询的方法。

【例5-23】　在"2022年6月职工工资表.xlsx"工作簿中，"职工基本信息表"工作表记录了职工的姓名、性别、部门等基本信息，"职工工资表"中记录了职工的岗位工资、薪级工资等工资信息，要求把这两张工作表数据汇总到一张表上，而且两张表中每位职工的信息都要保留。具体的操作步骤如下。

（1）采用与【例5-22】同样的方法把两张表格的数据导入Power Query中，得到名为"职工工资表"和"职工基本信息表"的两个查询，如图5-161所示。

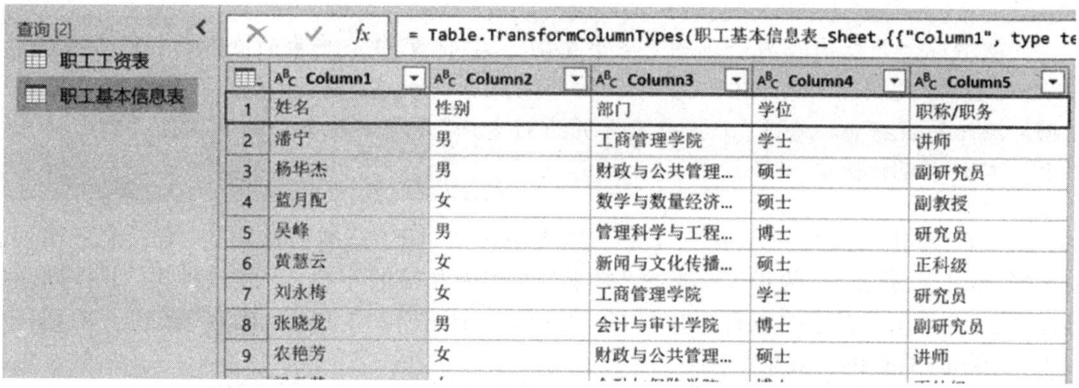

图 5-161　将数据导入 Power Query

（2）把两张表格的数据导入 Power Query 后，发现"职工基本信息表"查询中原始数据的字段名变成了第一行数据，因此需要提升第一行作为标题。选中"职工基本信息表"查询，单击"主页"选项卡下"转换"组中的"将第一行用作标题"按钮，如图 5-162 所示，或者单击"转换"选项卡下"表格"组中的"将第一行用作标题"按钮，如图 5-163 所示。提升第一行作为标题，结果如图 5-164 所示。

图 5-162　设置第一行为
标题（方法 1）

图 5-163　设置第一行为
标题（方法 2）

图 5-164　提升第一行作为标题

（3）选中"职工基本信息表"查询，单击"主页"选项卡下"组合"组中"合并查询"下拉按钮，在打开的下拉菜单中选择"将查询合并为新查询"选项，如图 5-165 所示，打开"合并"对话框。

图 5-165　选择"将查询合并为新查询"选项

> **提示**：合并查询的两个选项"合并查询"和"将查询合并为新查询"的区别在于："合并查询"是在原来的表中做查询，把不满足条件的数据剔除，保留满足条件的数据，原始的数据会被修改；"将查询合并为新查询"是把满足条件的数据保存到新的表中，不影响原始数据。

（4）在"合并"对话框中，第一个下拉列表中选择"职工基本信息表"，第二个下拉列表中选择"职工工资表"，两张表都选择"姓名"列作为联接的字段，"联接种类"下拉列表中选择"完全外部（两者中的所有行）"选项，如图5-166所示。单击"确定"按钮，得到一个名为"合并1"的查询，效果如图5-167所示。

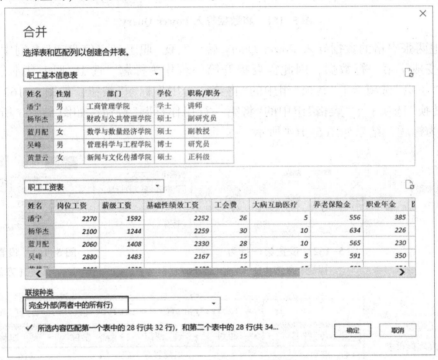

图5-166　"合并"对话框

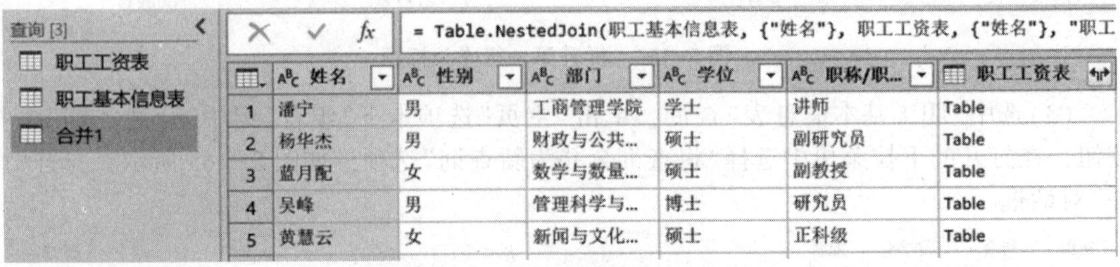

图5-167　得到"合并1"

（5）在"合并1"查询的最右边有一个名为"职工工资表"的列，该列保存了第二张表的满足条件的数据，单击列标题右侧的展开按钮，打开筛选窗格。

（6）在筛选窗格中，选中"展开"选项，取消选中"使用原始列作为前缀"选项，如图5-168所示。

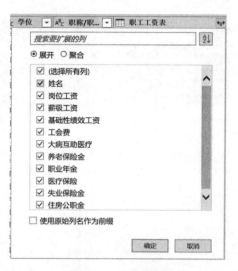

图 5-168　筛选窗格

(7) 单击"确定"按钮，得到如图 5-169 所示的结果。从图 5-169 可以看到有部分职工只有基本信息数据而没有工资数据，部分职工则只有工资数据而没有基本信息数据，在后续的数据处理中需要对缺失值进一步处理。

	姓名	性别	部门	学位	职称/职...	姓名.1	岗位工...	薪级工...	基础性绩...
6	刘永梅	女	工商管理学院	学士	研究员	刘永梅	2060	1281	2091
7	张晓龙	男	会计与审计...	博士	副研究员	张晓龙	2310	1859	1995
8	农艳芳	女	财政与公共...	博士	讲师	农艳芳	2640	1719	1895
9	梁元芳	女	金融与保险...	博士	正处级	梁元芳	3000	1379	1868
10	冯青均	男	管理科学与...	硕士	副研究员	冯青均	2620	1629	2263
11	卢业明	男	新闻与文化...	学士	副处级	卢业明	2250	1837	2004
12	罗明顺	男	商务外国语...	博士	副科级	罗明顺	2090	1504	2310
13	李明新	女	中国一东盟...	硕士	讲师	李明新	2170	1777	2042
14	韦丽凤	女	会计与审计...	学士	副教授	韦丽凤	2380	1333	2098
15	曹冰强	男	会计与审计...	硕士	副教授	曹冰强	2570	1920	1877
16	周明理	男	大数据与人...	博士	正科级	周明理	2130	1814	2484
17	欧阳莹莹	女	管理科学与...	学士	副研究员	欧阳莹莹	2540	1953	1933
18	佟小夏	女	工商管理学院	硕士	副科级	佟小夏	2600	1904	2144
19	黎诗韵	女	金融与保险...	硕士	讲师	黎诗韵	2190	1741	1828
20	唐雪英	女	经济与贸易...	博士	副处级	唐雪英	2980	1338	2105
21	王高云	女	经济与贸易...	博士	正处级	王高云	2940	1471	2142
22	赵忠国	男	大数据与人...	博士	副处级	赵忠国	2430	1219	2492
23	莫树虹	女	会计与审计...	学士	副教授	莫树虹	2070	1939	1848
24	曾凯宏	男	管理科学与...	硕士	讲师	曾凯宏	2160	1968	2272
25	党正海	男	商务外国语...	博士	研究员	党正海	2670	1840	2021
26	何海涛	男	商务外国语...	硕士	正科级	何海涛	2850	1974	2349
27	雷凌燕	女	数学与数量...	博士	副处级	雷凌燕	2800	1276	2011
28	李香洁	女	管理科学与...	博士	正处级	李香洁	2700	1479	2486
29	null	null	null	null	null	廖飞云	2650	1940	2492
30	null	null	null	null	null	马开城	2710	1286	1853
31	null	null	null	null	null	庄小艳	2350	1875	2080
32	null	null	null	null	null	陈景山	2190	1203	2287
33	null	null	null	null	null	罗宇浩	2530	1809	2322
34	null	null	null	null	null	方云丽	2220	1830	2032
35	林娟	女	金融与保险...	学士	副科级	null	null	null	null
36	覃百颂	男	经济与贸易...	学士	教授	null	null	null	null
37	唐伊丽	女	新闻与文化...	学士	副校	null	null	null	null
38	谢盈强	男	新闻与文化...	博士	副研究员	null	null	null	null

图 5-169　合并后的结果

(8) 双击左侧导航窗格的"合并 1"查询名称，进入编辑状态后输入"汇总表"作为合并查询的名称。

(9) 选中"汇总表"查询，把数据上载到 Excel 后保存，结果如图 5-170 所示。

姓名	性别	部门	学位	职称/职务	姓名.1	岗位工资	薪级工资	基础性绩效工资
潘宁	男	工商管理学院	学士	讲师	潘宁	2270	1592	2252
杨华杰	男	财政与公共管理学院	硕士	副研究员	杨华杰	2100	1244	2259
蓝月配	女	数学与数量经济学院	硕士	副教授	蓝月配	2060	1408	2330
吴峰	男	管理科学与工程学院	博士	研究员	吴峰	2880	1483	2167
黄慧云	女	新闻与文化传播学院	博士	正科级	黄慧云	2900	1829	2482
刘永梅	女	工商管理学院	学士	研究员	刘永梅	2060	1281	2091
张晓龙	男	会计与审计学院	博士	副研究员	张晓龙	2310	1859	1995
农艳芳	女	财政与公共管理学院	学士	讲师	农艳芳	2640	1719	1895
梁元芳	女	金融与保险学院	博士	正处级	梁元芳	3000	1379	1868
冯青均	男	管理科学与工程学院	硕士	副研究员	冯青均	2620	1629	2263
卢业明	男	新闻与文化传播学院	学士	副教授	卢业明	2250	1837	2004
罗明顺	男	商务外国语学院	硕士	副科级	罗明顺	2090	1504	2310
李明新	女	中国—东盟统计学院	硕士	讲师	李明新	2170	1777	2042
韦丽凤	女	会计与审计学院	硕士	副教授	韦丽凤	2380	1333	2098
曹冰强	男	会计与审计学院	硕士	副教授	曹冰强	2570	1920	1877
周明理	男	大数据与人工智能学院	博士	正科级	周明理	2130	1814	2484
欧阳莹莹	女	管理科学与工程学院	学士	副研究员	欧阳莹莹	2540	1953	1933
佟小夏	女	工商管理学院	硕士	副科级	佟小夏	2600	1904	2144
黎诗韵	女	金融与保险学院	学士	副研究员	黎诗韵	2190	1741	1828
唐雪英	女	经济与贸易学院	博士	副处级	唐雪英	2980	1338	2105
王高云	女	经济与贸易学院	硕士	副处级	王高云	2940	1471	2142
赵忠国	男	大数据与人工智能学院	硕士	副处级	赵忠国	2430	1219	2492
莫树虹	女	会计与审计学院	硕士	副科级	莫树虹	2070	1939	1848
曾凯宏	男	管理科学与工程学院	博士	讲师	曾凯宏	2160	1968	2272
党正海	男	商务外国语学院	博士	研究员	党正海	2670	1840	2021
何海涛	男	商务外国语学院	硕士	正科级	何海涛	2850	1974	2349
雷凌燕	女	数学与数量经济学院	博士	研究员	雷凌燕	2800	1276	2011
李香洁	女	管理科学与工程学院	博士	正处级	李香洁	2700	1479	2486
					廖飞云	2650	1940	2492
					马开城	2710	1286	1853
					庄小艳	2350	1875	2080
					孙景山	2190	1203	2287
					罗宇浩	2530	1809	2322
					方云丽	2220	1830	2032
林娟	女	金融与保险学院	学士	副科级				
覃百领	男	经济与贸易学院	博士	教授				
唐伊丽	女	新闻与文化传播学院	学士	副科级				
谢益强	男	新闻与文化传播学院	博士	副研究员				

汇总表 | 职工基本信息表 | 职工工资表 | Sheet1

联接种类的6种情况

图 5-170　上载到 Excel 中的结果

5.6　工作表合并与多文件合并

多个工作表合并和多文件汇总是在数据分析中经常遇到的一个问题，传统的方法是打开每个表格后复制、粘贴。如果表格和文件数量少，可以采用这样的操作方法，但是如果表数量多，这样的操作就很费力费神，效率非常低下。使用 Power Query，几步操作就可以解决多工作表合并和多文件合并的问题。

5.6.1　同一工作簿多张工作表合并

视频演示 5-27　同一工作簿多张工作表合并

对同一工作簿的多张工作表进行合并，当工作表数量不多的时候可以采用追加查询的方法，但是如果工作表的数量很多，追加查询就要花很多的时间，此时可以采用合并整个工作簿的方法，不过要保证合并的工作簿中的所有表格都是要合并的表格。

【例 5-24】　在"2012—2021 年中国与 RCEP14 国水果进出口贸易额 .xlsx"工作簿中（RCEP 指区域全面经济伙伴关系协定），14 张工作表分别存放了中国与 14 个 RCEP 成员国 2012—2021 年的水果进出口贸易额，如图 5-171 所示。要求把这 14 张工作表的数据合并到一个工作表。

	A	B	C	D	E	F	G		H	I	J	K	L
1	年份	贸易流向	贸易国代码	贸易国	贸易国ISO	商品代码	商品		数量单位代码	数量单位	数量	重量 (kg)	贸易额（美元）
2	2012	出口	360	印度尼西亚	IDN	803	新鲜或干的香蕉,包扎		8	kg	115805	115805	291194
3	2012	出口	360	印度尼西亚	IDN	805	新鲜或晒干的柑橘类		8	kg	174756258	174756258	171204508
4	2012	出口	360	印度尼西亚	IDN	813	坚果或干果混合物中		8	kg	122836	122836	409470
5	2012	出口	360	印度尼西亚	IDN	2008	水果、坚果和植物的		8	kg	30524944	30524944	71795693
6	2012	出口	360	印度尼西亚	IDN	802	新鲜的或干的坚果(		8	kg	179261	179261	498752
7	2012	出口	360	印度尼西亚	IDN	806	新鲜或晒干的葡萄		8	kg	14580265	14580265	32045973
8	2012	出口	360	印度尼西亚	IDN	807	新鲜的甜瓜(含西瓜)		8	kg	313961	313961	454921
9	2012	出口	360	印度尼西亚	IDN	808	新鲜的苹果、梨和木		8	kg	255517893	255517893	227126496
10	2012	出口	360	印度尼西亚	IDN	809	新鲜的杏子、樱桃、		8	kg	38500	38500	69241
11	2012	出口	360	印度尼西亚	IDN	810	在第八章其他地方没		8	kg	561446	561446	1237864
12	2012	出口	360	印度尼西亚	IDN	811	生的或在水里蒸或		8	kg	761000	761000	901496
13	2012	出口	360	印度尼西亚	IDN	2006	用糖腌制（沥干、		8	kg	87472	87472	315894
14	2012	出口	360	印度尼西亚	IDN	2007	不论是否含添加糖或		8	kg	234238	234238	336290
15	2012	出口	360	印度尼西亚	IDN	2009	无论是否有添加糖或		8	kg	1260957	1260957	2543420
16	2012	出口	360	印度尼西亚	IDN	2001	用醋或醋酸制作或保		8	kg	1000	1000	2700

印度尼西亚 | 文莱 | 新加坡 | 缅甸 | 菲律宾 | 老挝 | 澳大利亚 | 泰国 | 柬埔寨 | 日本 ...

图 5-171   包含 14 张工作表的工作簿

具体的操作步骤如下。

（1）打开 Excel，单击"数据"选项卡下"获取和转换数据"组中的"获取数据"按钮，单击"自文件"，在下级菜单中选择"从 Excel 工作簿"选项。

（2）打开"导入数据"对话框，找到存放"2012—2021 年中国与 RCEP14 国水果进出口贸易额 . xlsx"工作簿的文件夹后选择该工作簿，单击"导入"按钮。

（3）打开"导航器"对话框，在左侧导航窗格中的顶部选中"2012—2021 年中国与 RCEP14 国水果进出口贸易额 . xlsx"工作簿，如图 5-172 所示，单击"转换数据"按钮，启动 Power Query 编辑器，如图 5-173 所示。

图 5-172   "导航器"对话框

（4）在"查询编辑器"窗口中，查询的第一列"Name"为原来工作表的名称，第二列"Data"是原来各个表的内容，"Item"列为查询记录集的项，"Kind"列为每张工作表的类型，"Hidden"列表示工作表是否为隐藏状态（TRUE 为隐藏，FALSE 为非隐藏）。除了"Data"列之外，其他列都是无用的列。右击"Data"列标题，在弹出的下拉列表中选择"删除其他列"选项，删除除了"Data"列的其余列，仅保留所需的"Data"列，如图 5-174 所示。

图5-173　导入整个工作簿后的"Power Query 编辑器"窗口　　　**图5-174　仅保留需要的**
"Data"列

（5）单击"Data"列标题右侧的展开按钮 ，在打开的列表框中选中"选择所有列"选项，取消选中"使用原始列名作为前缀"复选按钮，如图5-175所示。单击"确定"，得到如图5-176所示的结果。

图5-175　取消选中"使用原始列名作为前缀"选项

	Column1	Column2	Column3	Column4	Column5	Column6	Column7
1	年份	贸易流向	贸易国代码	贸易国	贸易国ISO	商品代码	商品
2	2012	出口	360	印度尼西亚	IDN	803	新鲜或干的香蕉,包括大蕉
3	2012	出口	360	印度尼西亚	IDN	805	新鲜或晒干的柑橘类水果
4	2012	出口	360	印度尼西亚	IDN	813	坚果或干果混合物中除0801至0806代码外...
5	2012	出口	360	印度尼西亚	IDN	2008	水果、坚果和植物的其他可食用部分：以...
6	2012	出口	360	印度尼西亚	IDN	802	新鲜的或干的坚果(不包括椰子、巴西坚果...
7	2012	出口	360	印度尼西亚	IDN	806	新鲜或晒干的葡萄
8	2012	出口	360	印度尼西亚	IDN	807	新鲜的甜瓜(含西瓜)、木瓜(番木瓜)
9	2012	出口	360	印度尼西亚	IDN	808	新鲜的苹果、梨和木瓜
10	2012	出口	360	印度尼西亚	IDN	809	新鲜的杏子、樱桃、桃子(包括油桃)、李子...
11	2012	出口	360	印度尼西亚	IDN	810	在第八章其他地方没有分类的新鲜水果

图5-176　展开"Data"列后的数据

（6）从查询中可以看到列标题是系统自动设置的"Column1""Column2"等，原始工作表的列标题作为了第一行的内容，需要把第一行内容提升作为列标题。单击"主页"选项卡下"转换"组中的"将第一行用作标题"按钮，得到如图 5-177 所示的提升标题后的结果。

	1²3 年份 ▼	ABC 贸易流 ▼	1²3 贸易国… ▼	ABC 贸易国 ▼	ABC 贸易国ISO ▼	1²3 商品代… ▼	ABC 商品 ▼
1	2012	出口	360	印度尼西亚	IDN	803	新鲜或干的香蕉,包括大蕉
2	2012	出口	360	印度尼西亚	IDN	805	新鲜或晒干的柑橘类水果
3	2012	出口	360	印度尼西亚	IDN	813	坚果或干果混合物中除0801至0806代码外的干燥水果
4	2012	出口	360	印度尼西亚	IDN	2008	水果、坚果和植物的其他可食用部分；以非特定方式制备或保…
5	2012	出口	360	印度尼西亚	IDN	802	新鲜的或干的坚果(不包括椰子、巴西坚果及腰果);不论是否去…

图 5-177　把第一行数据提升为标题

（7）向下拖动滚动条，可以看到记录中包含多个原来工作表的标题，如图 5-178 所示，这是因为汇总的时候把 14 张工作表的数据与标题一起进行了汇总，此时可以通过筛选的方法删除多余的标题。选择项目内容较少的列，如"贸易流向"列，单击列标题右侧的筛选按钮，在打开的列表框中取消选中"贸易流向"选项，如图 5-179 所示，单击"确定"按钮，得到如图 5-180 所示的结果。

	1²3 年份 ▼	ABC 贸易流… ▼	1²3 贸易国… ▼	ABC 贸易国 ▼	ABC 贸易国ISO ▼	1²3 商品代… ▼	ABC 商品 ▼
341	2021	进口	360	印度尼西亚	IDN	2006	用糖腌制(沥干、糖化或结晶)的蔬菜、水果、坚果、果皮或…
342	2021	进口	360	印度尼西亚	IDN	2007	不论是否添加糖或其他甜味物质，煮熟的果酱、果胶、果冻…
343	2021	进口	360	印度尼西亚	IDN	2009	无论是否含有添加糖或其他的未发酵、不含酒精的果汁(包括…
344	Error	贸易流向	Error	贸易国	贸易国ISO	Error	商品
345	2012	出口	96	文莱	BRN	810	在第八章其他地方没有分类的新鲜水果
346	2012	进口	96	文莱	BRN	2009	无论是否含有添加糖或其他的未发酵、不含酒精的果汁(包括…
347	2012	出口	96	文莱	BRN	808	新鲜的苹果、梨和木瓜
348	2012	出口	96	文莱	BRN	2006	用糖腌制(沥干、糖化或结晶)的蔬菜、水果、坚果、果皮或…
349	2012	出口	96	文莱	BRN	2007	不论是否含有其他甜味物质，煮熟的果酱、果胶、果冻…
350	2012	出口	96	文莱	BRN	2008	水果、坚果和植物的其他可食用部分；以非特定方式制备或保…
351	2012	出口	96	文莱	BRN	805	新鲜或晒干的柑橘类水果

图 5-178　包含多个标题的数据

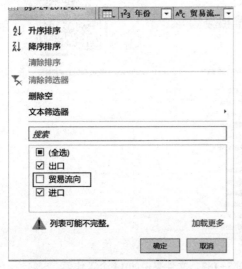

图 5-179　取消选中"贸易流向"选项

图 5-180　删除取消"贸易流向"选项后的数据

（8）把数据上载到 Excel 后保存，结果如图 5-181 所示。

图 5-181　最后的结果

5.6.2　同一文件夹多个工作簿合并

在对数据处理的过程中，经常遇到将多个工作簿合并到一个工作簿的一张工作表中的情况，如果每个工作簿的所有工作表都是要合并的工作表，而且每张工作表的列结构都相同，此时可使用 Power Query 对工作簿进行合并。使用 Power Query 合并工作簿的一个好处是，当新增需要合并的工作簿时，只需要单击刷新按钮，就可以将新增工作簿合并到汇总表中。

使用 Power Query 合并工作簿分两种情形。一是每个工作簿的工作表名称相同；二是每个工作簿的工作表名称不同。

1. 待合并工作簿的工作表名称相同

 视频演示 5-28　待合并工作簿的工作表名称相同

【**例 5-25**】　在"2012—2021 年中国与 RCEP14 国水果进出口贸易情况"文件夹中有 14 个工作簿，分别为中国与 14 个 RCEP 成员国 2012—2021 年的水果销售情况，如图 5-182 所示。要求将这 14 个工作簿合并到一个工作簿的一个工作表中，即把中国与各国的水果销售信息汇总到一个工作表中。

当 14 个工作簿中的工作表名称相同，如都为"Sheet1"时，如图 5-183 所示，合并工作簿的具体的操作步骤如下。

图 5-182　文件夹中的 14 个工作簿

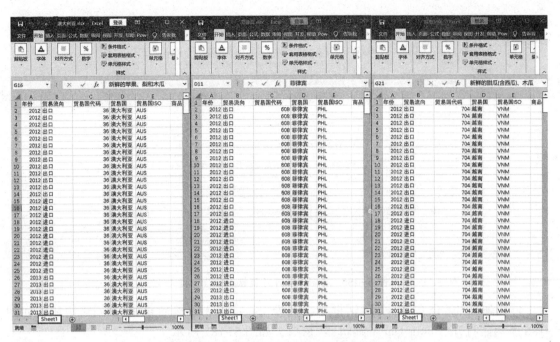

图 5-183　待合并工作簿的工作表名称相同

（1）新建一个工作簿"各国汇总表"，单击"数据"选项卡下"获取和转换数据"组中的"获取数据"按钮，单击"自文件"选项，在下级菜单中选择"从文件夹"选项。

（2）打开"浏览"对话框，选择待合并工作簿所在的文件夹，如图 5-184 所示，单击"打开"按钮。

（3）在打开的对话框中列出了该文件夹下所有的工作簿信息，单击"组合"下拉按钮，在下拉菜单中选择"合并并转换数据"选项，如图 5-185 所示。

图 5-184　选择待合并工作簿所在的文件夹

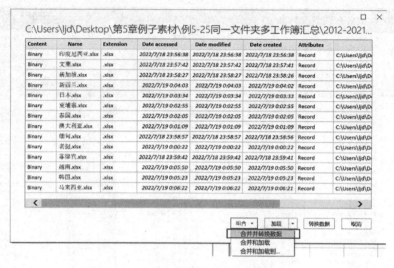

图 5-185　选择"合并并转换数据"选项

（4）在弹出的"合并文件"对话框中，选择"Sheet1"表，然后单击"确定"按钮，如图5-186所示。打开"Power Query 编辑器"窗口，如图5-187所示。

图 5-186　"合并文件"对话框

图 5-187　打开"Power Query 编辑器"窗口

（5）从合并的表格中可以看到第一列"Source. Name"存放的是各个工作簿的名字，而原来工作簿的名字是以贸易国命名，与原来工作表中的"贸易国"列中的信息重复，因此需要删除。选中"Source. Name"列后右击列标题，在打开的对话框中选择"删除"即可。

（6）把数据上载到 Excel 后保存，结果如图 5-188 所示。

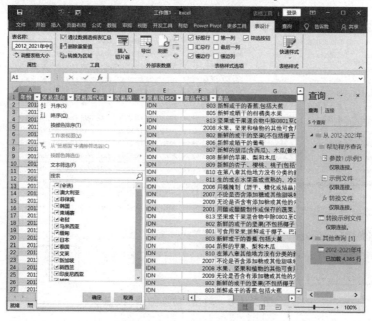

图 5-188　合并 14 个工作簿后的结果

2. 待合并工作簿的工作表名称不同

视频演示 5-29　待合并工作簿的工作表名称不同

当 14 个工作簿中的工作表名称不同，如每个工作表的名字为各个国家名称时，如图 5-189 所示，合并工作簿的具体的操作步骤如下。

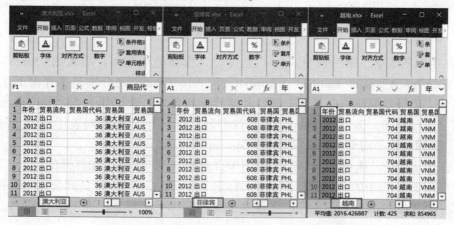

图 5-189　待合并工作簿的工作表名称不同

（1）采用与前面工作表名称相同时的方法打开存放工作簿的文件夹，在打开的对话框中，单击“转换数据”按钮，如图5-190所示。打开“Power Query编辑器”窗口，得到如图5-191所示的转换数据。

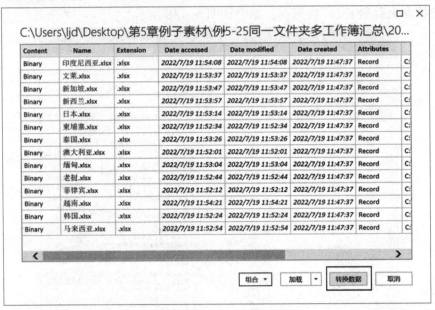

Content	Name	Extension	Date accessed	Date modified	Date created	Attributes	
Binary	印度尼西亚.xlsx	.xlsx	2022/7/19 11:54:08	2022/7/19 11:54:08	2022/7/19 11:47:37	Record	C:
Binary	文莱.xlsx	.xlsx	2022/7/19 11:53:37	2022/7/19 11:53:37	2022/7/19 11:47:37	Record	C:
Binary	新加坡.xlsx	.xlsx	2022/7/19 11:53:47	2022/7/19 11:53:47	2022/7/19 11:47:37	Record	C:
Binary	新西兰.xlsx	.xlsx	2022/7/19 11:53:57	2022/7/19 11:53:57	2022/7/19 11:47:37	Record	C:
Binary	日本.xlsx	.xlsx	2022/7/19 11:53:14	2022/7/19 11:53:14	2022/7/19 11:47:37	Record	C:
Binary	柬埔寨.xlsx	.xlsx	2022/7/19 11:52:34	2022/7/19 11:52:34	2022/7/19 11:47:37	Record	C:
Binary	泰国.xlsx	.xlsx	2022/7/19 11:53:26	2022/7/19 11:53:26	2022/7/19 11:47:37	Record	C:
Binary	澳大利亚.xlsx	.xlsx	2022/7/19 11:52:01	2022/7/19 11:52:01	2022/7/19 11:47:37	Record	C:
Binary	缅甸.xlsx	.xlsx	2022/7/19 11:53:04	2022/7/19 11:53:04	2022/7/19 11:47:37	Record	C:
Binary	老挝.xlsx	.xlsx	2022/7/19 11:52:44	2022/7/19 11:52:44	2022/7/19 11:47:37	Record	C:
Binary	菲律宾.xlsx	.xlsx	2022/7/19 11:52:12	2022/7/19 11:52:12	2022/7/19 11:47:37	Record	C:
Binary	越南.xlsx	.xlsx	2022/7/19 11:54:21	2022/7/19 11:54:21	2022/7/19 11:47:37	Record	C:
Binary	韩国.xlsx	.xlsx	2022/7/19 11:52:24	2022/7/19 11:52:24	2022/7/19 11:47:37	Record	C:
Binary	马来西亚.xlsx	.xlsx	2022/7/19 11:52:54	2022/7/19 11:52:54	2022/7/19 11:47:37	Record	C:

图5-190　单击“转换数据”按钮

	Content	Name	Extension	Date accessed	Date modified	Date created	Attributes	Folder Path
1	Binary	印度尼西亚.xl...	.xlsx	2022/7/19 11:54:08	2022/7/19 11:54:08	2022/7/19 11:47:37	Record	C:\Users\ljd\Deskt
2	Binary	文莱.xlsx	.xlsx	2022/7/19 11:53:37	2022/7/19 11:53:37	2022/7/19 11:47:37	Record	C:\Users\ljd\Deskt
3	Binary	新加坡.xlsx	.xlsx	2022/7/19 11:53:47	2022/7/19 11:53:47	2022/7/19 11:47:37	Record	C:\Users\ljd\Deskt
4	Binary	新西兰.xlsx	.xlsx	2022/7/19 11:53:57	2022/7/19 11:53:57	2022/7/19 11:47:37	Record	C:\Users\ljd\Deskt
5	Binary	日本.xlsx	.xlsx	2022/7/19 11:53:14	2022/7/19 11:53:14	2022/7/19 11:47:37	Record	C:\Users\ljd\Deskt
6	Binary	柬埔寨.xlsx	.xlsx	2022/7/19 11:52:34	2022/7/19 11:52:34	2022/7/19 11:47:37	Record	C:\Users\ljd\Deskt
7	Binary	泰国.xlsx	.xlsx	2022/7/19 11:53:26	2022/7/19 11:53:26	2022/7/19 11:47:37	Record	C:\Users\ljd\Deskt
8	Binary	澳大利亚.xlsx	.xlsx	2022/7/19 11:52:01	2022/7/19 11:52:01	2022/7/19 11:47:37	Record	C:\Users\ljd\Deskt
9	Binary	缅甸.xlsx	.xlsx	2022/7/19 11:53:04	2022/7/19 11:53:04	2022/7/19 11:47:37	Record	C:\Users\ljd\Deskt
10	Binary	老挝.xlsx	.xlsx	2022/7/19 11:52:44	2022/7/19 11:52:44	2022/7/19 11:47:37	Record	C:\Users\ljd\Deskt
11	Binary	菲律宾.xlsx	.xlsx	2022/7/19 11:52:12	2022/7/19 11:52:12	2022/7/19 11:47:37	Record	C:\Users\ljd\Deskt
12	Binary	越南.xlsx	.xlsx	2022/7/19 11:54:21	2022/7/19 11:54:21	2022/7/19 11:47:37	Record	C:\Users\ljd\Deskt
13	Binary	韩国.xlsx	.xlsx	2022/7/19 11:52:24	2022/7/19 11:52:24	2022/7/19 11:47:37	Record	C:\Users\ljd\Deskt
14	Binary	马来西亚.xlsx	.xlsx	2022/7/19 11:52:54	2022/7/19 11:52:54	2022/7/19 11:47:37	Record	C:\Users\ljd\Deskt

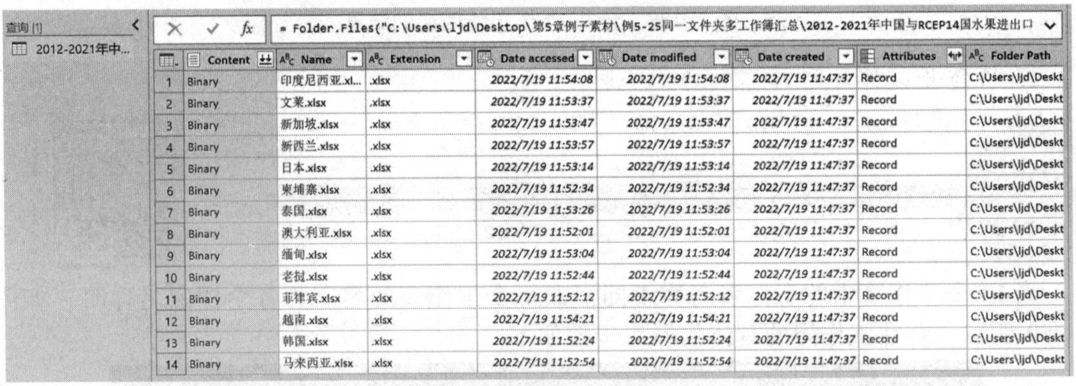

图5-191　转换后的数据

（2）在生成的表中，第一列“Content”是每个工作簿的数据集，后面的“Name”“Extension”“Date accessed”“Date modified”“Attributes”“Folder Path”列分别是工作簿的名称、文件的扩展名、访问日期、修改日期、属性和文件夹路径等。除了第一列之外，后面的列不需要使用，可以删除。选中“Content”列，右击列标题，在打开的列表中选择“删除其他列”选项，删除其他不需要的列，只保留“Content”列。

（3）单击“添加列”选项卡下“常规”组中的“自定义列”按钮，在打开的“自定义列”对话框中，“新列名”栏中的名称保持默认的“自定义”不变，在“自定义列公式”栏中输入公式：“=Excel. Workbook([Content])”，注意公式中字母大小写要正确，如图5-192所示。

提示：Excel. Workbook 函数的作用是从 Excel 工作簿返回各工作表的记录。在"自定义列公式"栏中的公式"＝Excel. Workbook(［Content］)"，表示把该工作簿中的"Content"列展开，内容放在自定义列中。

（4）单击"确定"按钮，得到如图 5-193 所示的结果。要汇总的所有工作簿的数据都在"自定义"列的 Table 中。

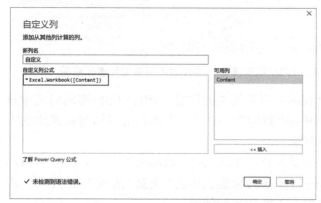

图 5-192 "自定义"列对话框

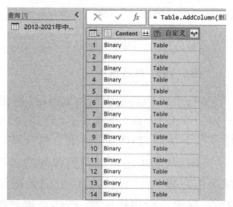

图 5-193 添加"自定义"列后的结果

（5）单击"自定义"列标题右侧的展开按钮 ，在弹出的对话框中选中"展开"单选按钮和选中"Name"和"Data"复选项，取消选中"使用原始列名作为前缀"复选项，如图 5-194 所示。

（6）单击"确定"按钮，展开每个工作簿的工作表，如图 5-195 所示。

图 5-194 选中"Name"和"Data"复选项

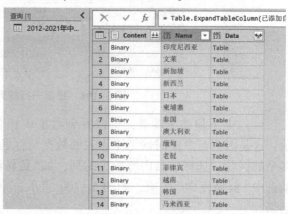

图 5-195 展开每个工作簿的工作表

（7）要汇总的工作表数据保存在"Data"列中，单击其列标题右侧的展开按钮 ，在弹出的对话框中选中所有的列，并取消选中"使用原始列名作为前缀"复选项，如图 5-196 所示。

（8）单击"确定"按钮，得到要合并工作簿内所有工作表的数据，如图 5-197 所示。

图5-196 修改选项

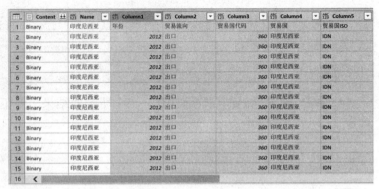

图5-197 得到要合并工作簿内所有工作表的数据

（9）可以看到前面的"Content"列和"Name"列是无关的信息，按住〈Ctrl〉键同时选中这两列，单击"主页"选项卡下"管理列"组中的"删除列"按钮，或者右击列标题在弹出的下拉菜单中选择"删除列"选项，将这两列删除。

（10）从表中还可以看到各列的名称还是默认的Column1、Column2等，而原始表格的标题作为第一行的内容，因此需要把第一行提升为标题，单击"主页"选项卡下"转换"组中的"将第一行用作标题"按钮，得到如图5-198所示的结果。

图5-198 把第一行提升为标题后的结果

（11）向下拖动滚动条，可以看到数据中包含多个原来工作表的标题，如图5-199所示，这是因为汇总的时候把工作表的数据与标题一起进行了合并，可通过筛选的方法删除多余的标题。选择项目内容较少的列，如"贸易流向"列，单击列标题右侧的筛选按钮，取消选中"贸易流向"选项，如图5-200所示，单击"确定"按钮，得到如图5-201所示的结果。

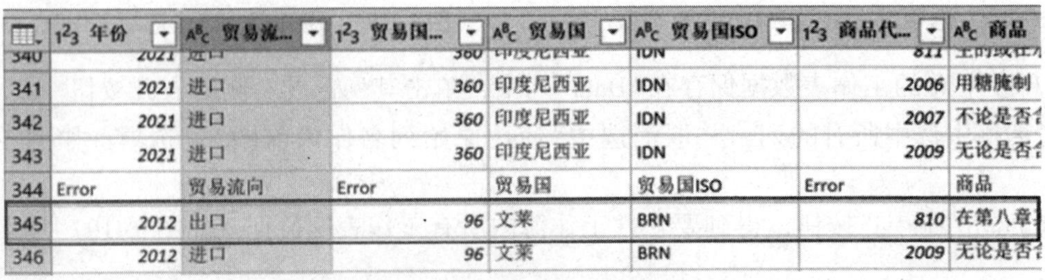

图5-199 包含多余标题的数据

图 5-200　取消选中
"贸易流向"选项

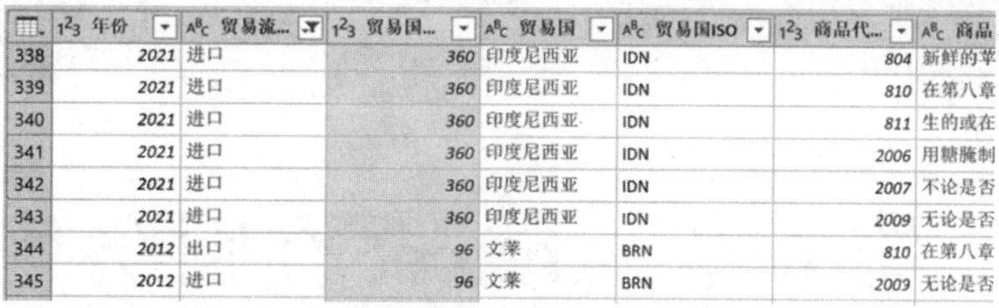

图 5-201　删除多余的标题后的数据

（12）把数据上载到 Excel 后保存，结果如图 5-202 所示。

图 5-202　合并后的结果

如果文件夹内新增了工作簿，只需要在 Excel 中单击"数据"选项卡下"查询和连接"组中的"全部刷新"按钮，即可将新增工作簿的数据合并到汇总表中。

第 6 章　Excel 在财务管理分析中的应用

🎯 知识目标

　　本章主要介绍 Excel 在时间序列预测、财务数据分析与处理、财务预算中数据分析与处理、营运资金数据分析与处理中的应用，及如何利用 Excel 的公式和函数完成相关的财务运算。

　　本章重点：运用 Excel 建立财务基本分析模型的方法。

　　本章难点：Excel 财务函数的实际运用方法，利用 Excel 获取数据的方法。

6.1　时间序列预测

　　移动平均法是用一组最近的数据来预测未来一期或几期内的数据的方法。当产品需求既不快速增长也不快速下降，且不存在季节性因素时，移动平均法可以有效地消除短期内实际数据的随机波动，得到较为平滑的数据变动趋势图表，通过对历史趋势变动的分析，可以预测未来一期或几期内数据的变动方向。

6.1.1　利用简单移动平均法预测

视频演示 6-1　利用简单移动平均法预测

　　简单移动平均法就是依次选取时间序列的 n 个数据进行算术平均，依次滑动后得到一个平均值序列，并以 n 个数据的平均值作为下一期的预测值。简单移动平均法各元素的权重都相等。

【例6-1】 某相机销售公司在 2021 年 1—12 月份的销售额如图 6-1 所示。请利用移动平均工具预测 2022 年 1 月的销售额。

Excel 提供的数据分析工具包括在"分析工具库"里，要使用这些数据分析工具首先要安装分析工具库。具体的操作步骤如下。

(1)单击"文件"选项卡，选择"选项"，打开"Excel 选项"对话框，在左侧选择"加载项"，在列表选中"分析工具库"，单击"转到"按钮，打开"加载项"对话框，单击选中"分析工具库"复选按钮，最后单击"确定"按钮。

(2)单击"数据"选项卡下"分析"组中的"数据分析"按钮，打开"数据分析"对话框，在"分析工具"列表框中选择"移动平均"，单击"确定"按钮，打开"移动平均"对话框，如图 6-2 所示。

图6-1 2021 年相机销售额

图6-2 打开"移动平均"对话框

(3)把光标放在"输入区域"编辑框中，用鼠标选择数据区域"B2:B13"，单击选中"标志位于第一行"复选按钮，在"间隔"编辑框中输入"3"，把光标放在"输出区域"编辑框中，用鼠标选择单元格"C4"，选中"图表输出"和"标准误差"复选按钮，最后单击"确定"按钮，得到的数据和图表如图 6-3 所示。

	A	B	C	D
1	月份	销售额（万元）	移动平均预测值	标准误差
2	1月	56.8		
3	2月	54.5		
4	3月	66.5	#N/A	#N/A
5	4月	67.7	#N/A	#N/A
6	5月	71.4	62.9	#N/A
7	6月	75.8	68.5	#N/A
8	7月	76.3	71.6	4.0
9	8月	89.3	74.5	3.1
10	9月	99.9	80.5	5.7
11	10月	113.1	88.5	8.4
12	11月	110.8	100.8	11.0
13	12月	117.1	107.9	9.8
14	2022年1月		113.7	7.6

图6-3 简单移动平均预测

> 说明："输入区域"为需要分析的数据区域，如果有数据标签，需要选中"标志位于第一行"复选按钮；"间隔"为移动平均的时间跨度，指定用几组数据来计算平均值；"输出区域"为移动平均数显示的起始区域；"图表输出"为实际数值和移动平均预测值以图表形式显示，进行对比；"标准误差"为实际数值和移动平均预测值的标准误差，显示预测值与实际值的差距，标准误差数值越小越好。

图 6-3 中"预测值"数据系列是使用移动平均数绘制的折线图，可以进行趋势的判断。因为本例中设定的移动平均时间跨度为 3，所以 C4、C5 单元格的值为"#N/A"。标准误差的计算是从 5 月份的预测值开始算起，经过 3 个月的时间跨度，在 7 月份得出第一个标准误差。

结论：由图 6-3 得出 2022 年 1 月的预测销售额为 113.7 万元。

6.1.2 利用加权移动平均法预测

视频演示 6-2 利用加权移动平均法预测

如果越是近期的观测数据对预测值的影响越大，就可以采用加权移动平均法。加权移动平均法是对实际的观测数据分别赋予不同的权重，在预测时对近期观测值赋予较大权重，对远期观测值赋予较小权重，使预测值能够更好地反映市场未来的发展趋势。加权移动平均法可以弥补简单移动平均法的不足。

【例 6-2】 沿用【例 6-1】的数据，用加权移动平均法预测 2022 年 1 月相机的销售额。具体的操作步骤如下。

（1）设置权重。以近期权重大、远期权重小的原则，凭经验进行设置，或用试算法设置；各个权重值之和为 1。移动平均的时间跨度 $n=3$，权重分配如图 6-4 所示。

（2）计算预测值。在 C5 单元格中输入"=B2*\$H\$3+B3*\$H\$4+B4*\$H\$5"，按〈Enter〉键后，从 C5 单元格向下复制公式至 C14，得出 2022 年 1 月的预测销售额为 114.4 万元，如图 6-5 所示。

间隔 $n=3$ 时权重值

期数	权重值
$n-2$	0.2
$n-1$	0.3
n	0.5
权重和	1

图 6-4 设置权重值

月份	销售额（万元）	加权移动平均预测值	误差	误差平方		间隔$n=3$时权重值	
						期数	权重值
1月	56.8						
2月	54.5					$n-2$	0.2
3月	66.5					$n-1$	0.3
4月	67.7	61.0				n	0.5
5月	71.4	64.7				权重和	1
6月	75.8	69.3					
7月	76.3	72.9					
8月	89.3	75.2					
9月	99.9	82.7					
10月	113.1	92.0					
11月	110.8	104.4					
12月	117.1	109.3					
2022年1月		114.4					

图 6-5 计算加权移动平均预测值

（3）计算平均误差。在 D5 单元格中输入"＝ABS(B5-C5)"，按〈Enter〉键后，返回 4 月的销售额误差值。从 D5 单元格向下复制公式至 D13 单元格，得到其他月份的销售额误差值，如图 6-6 所示。在 D14 单元格中输入"＝AVERAGE(D5:D13)"，按〈Enter〉键后，得到平均误差值，如图 6-7 所示。

	A	B	C	D	E	F	G	H
	D5		fx	=ABS(B5-C5)				
1	月份	销售额（万元）	加权移动平均预测值	误差	误差平方		间隔n=3时权重值	
2	1月	56.8					期数	权重值
3	2月	54.5					n-2	0.2
4	3月	66.5					n-1	0.3
5	4月	67.7	61.0	6.7			n	0.5
6	5月	71.4	64.7	6.7			权重和	1
7	6月	75.8	69.3	6.5				
8	7月	76.3	72.9	3.4				
9	8月	89.3	75.2	14.1				
10	9月	99.9	82.7	17.2				
11	10月	113.1	92.0	21.1				
12	11月	110.8	104.4	6.4				
13	12月	117.1	109.3	7.8				
14	2022年1月		114.4					

图 6-6　计算平均误差

	A	B	C	D	E	F	G	H
	D14		fx	=AVERAGE(D5:D13)				
1	月份	销售额（万元）	加权移动平均预测值	误差	误差平方		间隔n=3时权重值	
2	1月	56.8					期数	权重值
3	2月	54.5					n-2	0.2
4	3月	66.5					n-1	0.3
5	4月	67.7	61.0	6.7			n	0.5
6	5月	71.4	64.7	6.7			权重和	1
7	6月	75.8	69.3	6.5				
8	7月	76.3	72.9	3.4				
9	8月	89.3	75.2	14.1				
10	9月	99.9	82.7	17.2				
11	10月	113.1	92.0	21.1				
12	11月	110.8	104.4	6.4				
13	12月	117.1	109.3	7.8				
14	2022年1月		114.4	10.0				

图 6-7　得到平均误差值

（4）计算误差平方。在 E5 单元格中输入"＝D5^2"，按〈Enter〉键后，返回 4 月的销售误差的平方。从 E5 单元格向下复制公式至 E13，得到其他月份的误差平方值。在 E14 单元格中输入"＝AVERAGE(E5:E13)"，按〈Enter〉键后，得到误差平方的平均值，如图 6-8 所示。

E14 | × ✓ fx =AVERAGE(E5:E13)

	A	B	C	D	E	F	G	H
1	月份	销售额（万元）	加权移动平均预测值	误差	误差平方		间隔n=3时权重值	
2	1月	56.8					期数	权重值
3	2月	54.5					n-2	0.2
4	3月	66.5					n-1	0.3
5	4月	67.7	61.0	6.7	45.4		n	0.5
6	5月	71.4	64.7	6.7	44.9		权重和	1
7	6月	75.8	69.3	6.5	42.1			
8	7月	76.3	72.9	3.4	11.8			
9	8月	89.3	75.2	14.1	199.7			
10	9月	99.9	82.7	17.2	295.8			
11	10月	113.1	92.0	21.1	445.2			
12	11月	110.8	104.4	6.4	41.2			
13	12月	117.1	109.3	7.8	60.7			
14	2022年1月		114.4	10.0	131.9			

图 6-8　计算误差平方

（5）调整第 $n-2$、第 $n-1$ 期和第 n 期的权重值，得出调整后的平均误差和误差平方的平均值，如图 6-9 所示。预测平均误差和误差平方的平均值数据越小，预测的效果越好。

K9 | × ✓ fx

	A	B	C	D	E	F	G	H
1	月份	销售额（万元）	加权移动平均预测值	误差	误差平方		间隔n=3时权重值	
2	1月	56.8					期数	权重值
3	2月	54.5					n-2	0.1
4	3月	66.5					n-1	0.4
5	4月	67.7	60.7	7.0	48.6		n	0.5
6	5月	71.4	65.9	5.5	30.3		权重和	1
7	6月	75.8	69.4	6.4	40.6			
8	7月	76.3	73.2	3.1	9.4			
9	8月	89.3	75.6	13.7	187.4			
10	9月	99.9	82.8	17.2	294.1			
11	10月	113.1	93.3	19.8	392.0			
12	11月	110.8	105.4	5.4	28.7			
13	12月	117.1	110.6	6.5	41.9			
14	2022年1月		114.2	9.4	119.2			

图 6-9　调整权重值

6.1.3　利用指数平滑法预测

视频演示 6-3　利用指数平滑法预测

指数平滑法是对移动平均法的改进，以本期实际数据和本期预测数据为基础，使用一个平滑系数得到一个新的预测值，修正前期预测值的误差。

【例 6-3】 沿用【例 6-1】的数据，要求用 Excel 的指数平滑工具预测 2022 年 1 月相机的销售额。具体的操作步骤如下。

（1）单击"数据"选项卡下"分析"组中的"数据分析"按钮，打开"数据分析"对话框，在"分析工具"列表框中选择"指数平滑"，单击"确定"按钮，打开"指数平滑"对话框，把光标放在"输入区域"编辑框中，用鼠标选择数据区域"B1:B13"，在"阻尼系数"编辑框中输入"0.4"；单击选中"标志"复选按钮；把光标放在"输出区域"编辑框中，用鼠标选择单元格"C2"；选中"图表输出"和"标准误差"复选按钮；最后单击"确定"按钮，如图 6-10 所示，得到的预测数据和图表如图 6-11 所示。

图 6-10　打开"指数平滑"对话框并设置参数

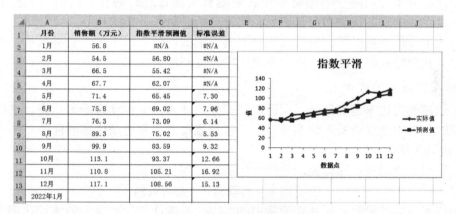

图 6-11　指数平滑预测数据和图表

（2）选中 C13:D13 单元格向下复制公式，得到 2022 年 1 月的预测销售额为"113.69"，标准误差为"12.82"，如图 6-12 所示。

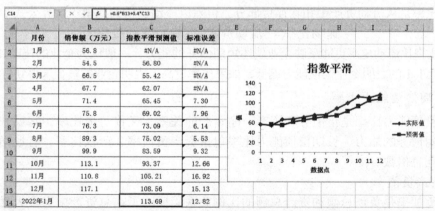

图 6-12　指数平滑法预测 2022 年 1 月销售额

说明：选中 C14 单元格，其中的公式为"=0.6*B13+0.4*C13"，公式中的 0.6 是平滑系数 α，0.4 是设置的阻尼系数 β，两者的关系为：平滑系数(α)=1-阻尼系数(β)

在指数平滑法中，平滑系数 α 的取值可以参考以下三点。

（1）当时间序列比较稳定时，α 应取较小值，如 0.1 ~ 0.3。

（2）当时间序列变化较大时，α 应取中间值，如 0.3 ~ 0.5。

（3）当时间序列具有明显的上升或下降趋势时，α 应取较大值，如 0.6 ~ 0.8。

在实际运用中，可取若干个 α 值进行试算，通过比较后选择预测误差最小的 α 值。

6.2　财务数据分析与处理

6.2.1　财务比率分析

财务比率分析是把同一时期财务报表中的有关项目进行对比，得出一系列的财务比率，以评价企业的财务状况和经营成果，比率分析是财务分析的核心。

财务比率分析主要以资产负债表和利润表为依据，分析以下四类指标数据：短期偿债能力比率、长期偿债能力比率、资产管理比率和盈利能力比率。

1．短期偿债能力比率

短期偿债能力比率是衡量公司偿还短期债务的能力，又称变现能力比率，它取决于可以在近期转变为现金流动资产的多少，主要包括流动比率和速动比率两种。

（1）流动比率。

流动比率是流动资产除以流动负债的比值，计算公式如下：

$$流动比率 = 流动资产 / 流动负债$$

流动比率可以衡量企业短期偿债能力的大小，一般认为生产企业的流动比率为 2 比较合理。如果比率过低，说明该企业可能要出现债务问题；如果比率过高，说明该企业资金未得到有效利用。

（2）速动比率。

速动比率是从流动资产中扣除存货部分，再除以流动负债的比值，计算公式如下：

$$速动比率 = (流动资产 - 存货) / 流动负债$$

速动比率比流动比率更能反映企业偿还短期债务的能力，一般认为企业的速动比率为 1 比较合理，低于 1 的表明企业偿债能力偏低，如果比率过高，表明企业的资金未得到有效利用。

2．长期偿债能力比率

长期偿债能力比率是指债务和资产、净资产的关系，又称负债比率，它反映了企业偿还到期长期债务的能力。长期偿债能力比率包括资产负债率、产权比率、有形净值债务比率和已获利息倍数。

（1）资产负债率。

资产负债率是负债总额和资产总额的比例关系，反映了在总资产中有多大比例是通过借债来筹资的，计算公式如下：

$$资产负债率 = 负债总额 / 资产总额$$

资产负债率越高，表明企业的偿还能力越差。

（2）产权比率。

产权比率是负债总额与股东权益总额之比，是衡量长期偿债能力的指标之一，也称为长期偿债能力比率，计算公式如下：

$$产权比率 = 负债总额 / 股东权益$$

产权比率越低，说明企业的长期财务状况越好，债权人贷款的安全越有保障，企业的财务风险越小。

（3）有形净值债务比率。

有形净值债务比率是企业负债总额与有形净值的比例关系，是产权比率的延伸。有形净值是股东权益减去无形资产净值后的净值，计算公式如下：

$$有形净值债务比率 = 负债总额 / (股东权益 - 无形资产净值)$$

有形净值债务比率越低说明企业财务风险越小。

（4）已获利息倍数。

已获利息倍数又称利息保障倍数，指企业经营业务收益与利息费用的比例关系，用来衡量企业偿付借款利息的能力，相关计算公式如下。

$$已获利息倍数 = 息税前利润 / 利息费用$$

息税前利润是指利润表中未扣除利息费用和所得税之前的利润。利息费用是指本期发生的全部应付利息。一般来说，企业已获利息倍数至少要大于 1，否则难以偿还债务及利息。

3. 资产管理比率

资产管理比率是用来衡量企业在资产管理方面的效率的财务比率，又称营运效率比率。资产管理比率包括总资产周转率、固定资产周转率、流动资产周转率、应收账款周转率、存货周转率等。

（1）总资产周转率。

总资产周转率用来分析企业全部资产的使用效率。如果该比率越低，说明企业利用其资产进行经营的效果越差，会降低企业的获利能力，计算公式如下：

$$总资产周转率 = 销售收入 / 平均资产总额$$
$$平均资产总额 = (期初资产总额 + 期末资产总额) / 2$$

式中，销售收入来源于利润表的"营业收入"项目，平均资产总额来源于资产负债表的资产总计数的"年初数"和"期末数"的平均数。

（2）固定资产周转率。

固定资产周转率主要用来分析对固定资产的利用效率，固定资产周转率越高，说明企业对固定资产的利用率越高，管理水平越高，计算公式如下：

$$固定资产周转率 = 销售收入 / 平均固定资产净值$$
$$平均固定资产净值 = (期初固定资产 + 期末固定资产) / 2$$

式中，销售收入来源于利润表的"营业收入"项目，平均固定资产净值来源于资产负债表的固定资产的"年初数"和"期末数"的平均数。

（3）流动资产周转率。

流动资产周转率可以反映企业在一个会计年度内流动资产周转的速度，流动资产周转率越高，说明企业流动资产的利用率越高，计算公式如下：

$$流动资产周转率 = 销售收入 / 平均流动资产$$
$$平均流动资产 = (期初流动资产余额 + 期末流动资产余额) / 2$$

式中，销售收入来源于利润表的"营业收入"项目，平均流动资产来源于资产负债表的流动资产总计数的"年初数"和"期末数"的平均数。

（4）应收账款周转率。

应收账款周转率是指年度内应收账款转为现金的平均次数，它反映了应收账款的流动速度。应收账款的周转率越高，说明企业催收账款的效率越高；应收账款的周率越低，说明企业催收账款的效率越低，可能影响现金的正常周转，计算公式如下：

$$应收账款周转率=销售收入/平均应收账款$$
$$平均应收账款=（期初应收账款+期末应收账款）/2$$

式中，销售收入来源于利润表的"营业收入"项目，平均应收账款来源于资产负债表的应收账款的"年初数"和"期末数"的平均数。

用时间表示的应收账款周转率就是应收账款周转天数，也称为平均收现期，计算公式如下：

$$应收账款周转天数=360/应收账款周转率$$
$$=360×平均应收账款/销售收入$$

应收账款周转天数越短说明应收账款的周转速度越快。

（5）存货周转率。

存货周转率是衡量和评价企业购入存货、投入生产、销售收回货款等环节管理状况的综合性指标，也称为存货周转次数。存货周转率可以反映企业的销售效率和存货使用效率。通常情况下，企业存货周转率越高，说明存货的周转速度越快，企业的销售能力越强，计算公式如下：

$$存货周转率=销售成本/平均存货$$
$$平均存货=（期初存货余额+期末存货余额）/2$$

式中，销售成本来源于利润表的"营业成本"项目，平均存货来源于资产负债表的存货的"年初数"和"年初数"的平均数。

4. 盈利能力比率

盈利能力就是指企业赚取利润的能力。评价盈利能力的指标主要包括销售净利率、销售毛利率、资产净利率和权益报酬率。

（1）销售净利率。

销售净利率指净利润和销售收入的比率关系，是衡量公司能否持续获得利润能力的重要指标。销售净利率越高，企业通过扩大销售获取收益的能力就越强，计算公式如下：

$$销售净利率=净利润/销售收入$$

（2）销售毛利率。

销售毛利率是销售毛利占销售收入的百分比，毛利率是商品流通企业和制造企业反映商品或产品销售获利能力的重要财务指标。销售毛利率越大，说明销售收入中销售成本所占的比重越小，企业通过销售获取利润的能力就越强，计算公式如下：

$$销售毛利率=销售毛利/销售收入$$
$$销售毛利=销售收入-销售成本$$

（3）资产净利率。

资产净利率是企业净利润与平均资产总额的比率关系，也称为资产报酬率，它反映了企业资产的利用效率，是衡量企业利用资产获利的能力。资产净利率越高，说明企业的获利能力越强，计算公式如下：

$$资产净利率=净利润/平均资产总额$$

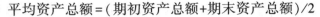

平均资产总额＝(期初资产总额+期末资产总额)/2

平均资产总额来源于资产负债表的资产总计数的"年初数"和"期末数"的平均数。

(4)权益报酬率。

权益报酬率是净利润和股东权益平均总额的比率关系，也称为净值报酬率或净资产收益率，它反映了企业股东获取投资报酬的高低，权益报酬率越高说明企业的获利能力越强，计算公式如下：

权益报酬率＝净利润/股东权益平均总额

股东权益平均总额＝(期初股东权益+期末股东权益)/2

在了解了财务比率分析指标后，就可以根据已有的资产负债表、利润表来对财务比率进行分析。

 视频演示6-4 建立财务比率分析表

【例6-4】 建立财务比率分析表，具体的操作步骤如下。

(1)新建工作簿，重命名为"6.2财务数据处理与分析.xlsx"，将"资产负债表.xlsx"工作簿中的资产负债表、"利润表.xlsx"工作簿中的利润表的数据。

(2)计算流动比率。流动比率＝流动资产/流动负债，在B5单元格中输入"＝资产负债表!C16/资产负债表!G17"，按〈Enter〉键后，B5单元格返回流动比率为"1.46"，如图6-13所示。其中"资产负债表!C16"的值为流动资产合计数，"资产负债表!G18"的值为流动负债合计数。

(3)计算速动比率。速动比率＝(流动资产-存货)/流动负债，在B6单元格中输入"＝(资产负债表!C16-资产负债表!C11)/资产负债表! G17"，按〈Enter〉键后，B6单元格返回速动比率为"0.84"，如图6-14所示。其中"资产负债表!C16"的值为流动资产合计数，"资产负债表!C11"的值为存货合计数，"资产负债表!G17"的值为流动负债合计数。

图6-13 计算流动比率　　　　图6-14 计算速动比率

（4）计算资产负债率。资产负债率=负债总额/资产总额，在 B8 单元格中输入"=资产负债表!G29/资产负债表!C41"，按〈Enter〉键后，B8 单元格返回资产负债率为"0.44"，如图 6-15 所示。其中"资产负债表!G29"的值为负债合计数，"资产负债表!C41"为资产总计数。

（5）计算产权比率。产权比率=负债总额/股东权益，在 B9 单元格中输入"=资产负债表!G29/资产负债表!G40"，按〈Enter〉键后，B9 单元格返回产权比率为"0.77"，如图 6-16 所示。其中，"资产负债表!G29"的值为负债合计数，"资产负债表!G40"的值为股东权益合计数。

指标名称	比率	指标说明
财务比率分析		
		货币单位：元
一、短期偿债能力分析		
1.流动比率	1.46	流动资产/流动负债
2.速动比率	0.84	（流动资产-存货）/流动负债
二、长期偿债能力分析		
1.资产负债率	0.44	负债总额/资产总额
2.产权比率		负债总额/股东权益
3.有形净值债务比率		负债总额/（股东权益-无形资产）
4.已获利息倍数		息税前利润/利息费用
三、资产管理效果分析		
1.总资产周转率		销售收入/平均资产总额
2.固定资产周转率		销售收入/平均固定资产
3.流动资产周转率		销售收入/平均流动资产
4.应收账款周转率		销售收入/平均应收账款
5.应收账款周转天数		360/应收账款周转率
6.存货周转率		销售成本/平均存货
四、盈利能力分析		
1.销售净利率		净利润/销售收入
2.销售毛利率		销售毛利/销售收入
3.资产净利率		净利润/平均资产余额
4.权益报酬率		净利润/股东权益平均总额

图 6-15　计算资产负债率

指标名称	比率	指标说明
财务比率分析		
		货币单位：元
一、短期偿债能力分析		
1.流动比率	1.46	流动资产/流动负债
2.速动比率	0.84	（流动资产-存货）/流动负债
二、长期偿债能力分析		
1.资产负债率	0.44	负债总额/资产总额
2.产权比率	0.77	负债总额/股东权益
3.有形净值债务比率		负债总额/（股东权益-无形资产）
4.已获利息倍数		息税前利润/利息费用
三、资产管理效果分析		
1.总资产周转率		销售收入/平均资产总额
2.固定资产周转率		销售收入/平均固定资产
3.流动资产周转率		销售收入/平均流动资产
4.应收账款周转率		销售收入/平均应收账款
5.应收账款周转天数		360/应收账款周转率
6.存货周转率		销售成本/平均存货
四、盈利能力分析		
1.销售净利率		净利润/销售收入
2.销售毛利率		销售毛利/销售收入
3.资产净利率		净利润/平均资产余额
4.权益报酬率		净利润/股东权益平均总额

图 6-16　计算产权比率

（6）计算有形净值债务比率。有形净值债务比率=负债总额/（股东权益-无形资产净值），因为资产负债表中没有涉及无形资产的发生额，因此在单元格 B10 中输入公式"=资产负债表!G29/（资产负债表!G40-0）"，按〈Enter〉键后，B10 单元格返回有形净值债务比率为"0.77"，如图 6-17 所示。其中，"资产负债表!G29"的值为负债合计数，"资产负债表!G40"的值为股东权益合计数。

（7）计算已获利息倍数。已获利息倍数=息税前利润/利息费用，"息税前利润"用利润表中的"利润总额"加"财务费用"来估算，因此在 B11 单元格中输入"=（利润表!C13+利润表!C9）/利润表!C9"，按〈Enter〉键后，B11 单元格返回已获利息倍数为"48.31"，如图 6-18 所示。其中"利润表!C13"的值为利润总额，"利润表!C9"的值为财务费用。

B10 ｜ × ✓ fx =资产负债表!G29/(资产负债表!G40-0)

	A	B	C
	财务比率分析		
1			
2			货币单位：元
3	指标名称	比率	指标说明
4	一、短期偿债能力分析		
5	1.流动比率	1.46	流动资产/流动负债
6	2.速动比率	0.84	（流动资产-存货）/流动负债
7	二、长期偿债能力分析		
8	1.资产负债率	0.44	负债总额/资产总额
9	2.产权比率	0.77	负债总额/股东权益
10	3.有形净值债务比率	0.77	负债总额/（股东权益－无形资产）
11	4.已获息倍数		息税前利润/利息费用
12	三、资产管理效果分析		
13	1.总资产周转率		销售收入/平均资产总额
14	2.固定资产周转率		销售收入/平均固定资产
15	3.流动资产周转率		销售收入/平均流动资产
16	4.应收账款周转率		销售收入/平均应收账款
17	5.应收账款周转天数		360/应收账款周转率
18	6.存货周转率		销售成本/平均存货
19	四、盈利能力分析		
20	1.销售净利率		净利润/销售收入
21	2.销售毛利率		销售毛利/销售收入
22	3.资产净利率		净利润/平均资产余额
23	4.权益报酬率		净利润/股东权益平均总额

图 6-17　计算有形净值债务比率

B11 ｜ × ✓ fx =(利润表!C13+利润表!C9)/利润表!C9

	A	B	C
	财务比率分析		
1			
2			货币单位：元
3	指标名称	比率	指标说明
4	一、短期偿债能力分析		
5	1.流动比率	1.46	流动资产/流动负债
6	2.速动比率	0.84	（流动资产-存货）/流动负债
7	二、长期偿债能力分析		
8	1.资产负债率	0.44	负债总额/资产总额
9	2.产权比率	0.77	负债总额/股东权益
10	3.有形净值债务比率	0.77	负债总额/（股东权益－无形资产）
11	4.已获息倍数	48.31	息税前利润/利息费用
12	三、资产管理效果分析		
13	1.总资产周转率		销售收入/平均资产总额
14	2.固定资产周转率		销售收入/平均固定资产
15	3.流动资产周转率		销售收入/平均流动资产
16	4.应收账款周转率		销售收入/平均应收账款
17	5.应收账款周转天数		360/应收账款周转率
18	6.存货周转率		销售成本/平均存货
19	四、盈利能力分析		
20	1.销售净利率		净利润/销售收入
21	2.销售毛利率		销售毛利/销售收入
22	3.资产净利率		净利润/平均资产余额
23	4.权益报酬率		净利润/股东权益平均总额

图 6-18　计算已获利息倍数

（8）计算总资产周转率。总资产周转率=销售收入/平均资产总额，在 B13 单元格中输入"=2*利润表!C4/(资产负债表!B41+资产负债表!C41)"，按〈Enter〉键后，B13 单元格返回总资产周转率为"1.06"，如图 6-19 所示。其中"利润表!C4"的值为营业收入（销售收入），"资产负债表!B41"的值为年初资产总计数，"资产负债表!C41"的值为期末资产总计数。

（9）计算固定资产周转率。固定资产周转率=销售收入/平均固定资产，在 B14 单元格中输入"=2*利润表!C4/(资产负债表!B25+资产负债表!C25)"，按〈Enter〉键后，B14 单元格返回固定资产周转率为"2.19"，如图 6-20 所示。其中"利润表!C4"的值为营业收入（销售收入），"资产负债表!B25"的值为年初固定资产合计数，"资产负债表!C25"的值为期末固定资产合计数。

B13 ｜ × ✓ fx =2*利润表!C4/(资产负债表!B41+资产负债表!C41)

	A	B	C
	财务比率分析		
1			
2			货币单位：元
3	指标名称	比率	指标说明
4	一、短期偿债能力分析		
5	1.流动比率	1.46	流动资产/流动负债
6	2.速动比率	0.84	（流动资产-存货）/流动负债
7	二、长期偿债能力分析		
8	1.资产负债率	0.44	负债总额/资产总额
9	2.产权比率	0.77	负债总额/股东权益
10	3.有形净值债务比率	0.77	负债总额/（股东权益－无形资产）
11	4.已获息倍数	48.31	息税前利润/利息费用
12	三、资产管理效果分析		
13	1.总资产周转率	1.06	销售收入/平均资产总额
14	2.固定资产周转率		销售收入/平均固定资产
15	3.流动资产周转率		销售收入/平均流动资产
16	4.应收账款周转率		销售收入/平均应收账款
17	5.应收账款周转天数		360/应收账款周转率
18	6.存货周转率		销售成本/平均存货
19	四、盈利能力分析		
20	1.销售净利率		净利润/销售收入
21	2.销售毛利率		销售毛利/销售收入
22	3.资产净利率		净利润/平均资产余额
23	4.权益报酬率		净利润/股东权益平均总额

图 6-19　计算总资产周转率

B14 ｜ × ✓ fx =2*利润表!C4/(资产负债表!B25+资产负债表!C25)

	A	B	C
	财务比率分析		
1			
2			货币单位：元
3	指标名称	比率	指标说明
4	一、短期偿债能力分析		
5	1.流动比率	1.46	流动资产/流动负债
6	2.速动比率	0.84	（流动资产-存货）/流动负债
7	二、长期偿债能力分析		
8	1.资产负债率	0.44	负债总额/资产总额
9	2.产权比率	0.77	负债总额/股东权益
10	3.有形净值债务比率	0.77	负债总额/（股东权益－无形资产）
11	4.已获息倍数	48.31	息税前利润/利息费用
12	三、资产管理效果分析		
13	1.总资产周转率	1.06	销售收入/平均资产总额
14	2.固定资产周转率	2.19	销售收入/平均固定资产
15	3.流动资产周转率		销售收入/平均流动资产
16	4.应收账款周转率		销售收入/平均应收账款
17	5.应收账款周转天数		360/应收账款周转率
18	6.存货周转率		销售成本/平均存货
19	四、盈利能力分析		
20	1.销售净利率		净利润/销售收入
21	2.销售毛利率		销售毛利/销售收入
22	3.资产净利率		净利润/平均资产余额
23	4.权益报酬率		净利润/股东权益平均总额

图 6-20　计算固定资产周转率

（10）计算流动资产周转率。流动资产周转率=销售收入/平均流动资产，在B15单元格中输入"=2*利润表!C4/(资产负债表!B16+资产负债表!C16)"，按〈Enter〉键后，B15单元格返回流动资产周转率为"3.08"，如图6-21所示。其中"利润表!C4"的值为营业收入，"资产负债表!B16"的值为年初流动资产合计数，"资产负债表!C16"的值为期末流动资产合计数。

（11）计算应收账款周转率。应收账款周转率=销售收入/平均应收账款，在B16单元格中输入"=2*利润表!C4/(资产负债表!B8+资产负债表!C8)"，按〈Enter〉键后，B16单元格返回应收账款周转率为"10.24"，如图6-22所示。其中"利润表!C4"的值为营业收入（销售收入），"资产负债表!B8"的值为年初应收账款数，"资产负债表!C8"的值为期末应收账款数。

图6-21　计算流动资产周转率　　　图6-22　计算应收账款周转率

（12）计算应收账款周转天数。应收账款周转天数=360/应收账款周转率，在B17单元格中输入"=360/B16"，按〈Enter〉键后，B17单元格返回应收账款周转天数为"35.16"，如图6-23所示。

（13）计算存货周转率。存货周转率=销售成本/平均存货，在B18单元格中输入"=2*利润表!C5/(资产负债表!B11+资产负债表!C11)"，按〈Enter〉键后，B18单元格返回存货周转率为"5.93"，如图6-24所示。其中"利润表!C5"的值为营业成本，"资产负债表!B11"的值为存货的年初数，"资产负债表!C11"的值为存货的期末数。

B17				fx	=360/B16	

财务比率分析

货币单位：元

	A	B	C
1	财务比率分析		
2			货币单位：元
3	指标名称	比率	指标说明
4	一、短期偿债能力分析		
5	1.流动比率	1.46	流动资产/流动负债
6	2.速动比率	0.84	（流动资产-存货）/流动负债
7	二、长期偿债能力分析		
8	1.资产负债率	0.44	负债总额/资产总额
9	2.产权比率	0.77	负债总额/股东权益
10	3.有形净值债务比率	0.77	负债总额/（股东权益－无形资产）
11	4.已获息息倍数	48.31	息税前利润/利息费用
12	三、资产管理效果分析		
13	1.总资产周转率	1.06	销售收入/平均资产总额
14	2.固定资产周转率	2.19	销售收入/平均固定资产
15	3.流动资产周转率	3.08	销售收入/平均流动资产
16	4.应收账款周转率	10.24	销售收入/平均应收账款
17	5.应收账款周转天数	35.16	360/应收账款周转率
18	6.存货周转率		销售成本/平均存货
19	四、盈利能力分析		
20	1.销售净利率		净利润/销售收入
21	2.销售毛利率		销售毛利/销售收入
22	3.资产净利率		净利润/平均资产余额
23	4.权益报酬率		净利润/股东权益平均总额

图6-23 计算应收账款周转天数

B18				fx	=2*利润表!C5/(资产负债表!B11+资产负债表!C11)	

	A	B	C
1	财务比率分析		
2			货币单位：元
3	指标名称	比率	指标说明
4	一、短期偿债能力分析		
5	1.流动比率	1.46	流动资产/流动负债
6	2.速动比率	0.84	（流动资产-存货）/流动负债
7	二、长期偿债能力分析		
8	1.资产负债率	0.44	负债总额/资产总额
9	2.产权比率	0.77	负债总额/股东权益
10	3.有形净值债务比率	0.77	负债总额/（股东权益－无形资产）
11	4.已获息息倍数	48.31	息税前利润/利息费用
12	三、资产管理效果分析		
13	1.总资产周转率	1.06	销售收入/平均资产总额
14	2.固定资产周转率	2.19	销售收入/平均固定资产
15	3.流动资产周转率	3.08	销售收入/平均流动资产
16	4.应收账款周转率	10.24	销售收入/平均应收账款
17	5.应收账款周转天数	35.16	360/应收账款周转率
18	6.存货周转率	5.93	销售成本/平均存货
19	四、盈利能力分析		
20	1.销售净利率		净利润/销售收入
21	2.销售毛利率		销售毛利/销售收入
22	3.资产净利率		净利润/平均资产余额
23	4.权益报酬率		净利润/股东权益平均总额

图6-24 计算存货周转率

（14）计算销售净利率。销售净利率＝净利润/销售收入，在B20单元格中输入"＝利润表!C15/利润表!C4"，按〈Enter〉键后，B20单元格返回销售净利率为"0.15"，如图6-25所示。其中，"利润表!C15"的值为净利润，"利润表!C4"的值为营业收入（销售收入）。

（15）计算销售毛利率。销售毛利率＝销售毛利/销售收入，在B21单元格中输入"＝（利润表!C4－利润表!C5）/利润表!C4"，按〈Enter〉键后，B21单元格返回销售毛利率为"0.23"，如图6-26所示。其中"利润表!C4"的值为营业收入（销售收入），"利润表!C5"的值为营业成本。

B20				fx	=利润表!C15/利润表!C4	

	A	B	C
1	财务比率分析		
2			货币单位：元
3	指标名称	比率	指标说明
4	一、短期偿债能力分析		
5	1.流动比率	1.46	流动资产/流动负债
6	2.速动比率	0.84	（流动资产-存货）/流动负债
7	二、长期偿债能力分析		
8	1.资产负债率	0.44	负债总额/资产总额
9	2.产权比率	0.77	负债总额/股东权益
10	3.有形净值债务比率	0.77	负债总额/（股东权益－无形资产）
11	4.已获息息倍数	48.31	息税前利润/利息费用
12	三、资产管理效果分析		
13	1.总资产周转率	1.06	销售收入/平均资产总额
14	2.固定资产周转率	2.19	销售收入/平均固定资产
15	3.流动资产周转率	3.08	销售收入/平均流动资产
16	4.应收账款周转率	10.24	销售收入/平均应收账款
17	5.应收账款周转天数	35.16	360/应收账款周转率
18	6.存货周转率	5.93	销售成本/平均存货
19	四、盈利能力分析		
20	1.销售净利率	0.15	净利润/销售收入
21	2.销售毛利率		销售毛利/销售收入
22	3.资产净利率		净利润/平均资产余额
23	4.权益报酬率		净利润/股东权益平均总额

图6-25 计算销售净利率

B21				fx	=(利润表!C4-利润表!C5)/利润表!C4	

	A	B	C
1	财务比率分析		
2			货币单位：元
3	指标名称	比率	指标说明
4	一、短期偿债能力分析		
5	1.流动比率	1.46	流动资产/流动负债
6	2.速动比率	0.84	（流动资产-存货）/流动负债
7	二、长期偿债能力分析		
8	1.资产负债率	0.44	负债总额/资产总额
9	2.产权比率	0.77	负债总额/股东权益
10	3.有形净值债务比率	0.77	负债总额/（股东权益－无形资产）
11	4.已获息息倍数	48.31	息税前利润/利息费用
12	三、资产管理效果分析		
13	1.总资产周转率	1.06	销售收入/平均资产总额
14	2.固定资产周转率	2.19	销售收入/平均固定资产
15	3.流动资产周转率	3.08	销售收入/平均流动资产
16	4.应收账款周转率	10.24	销售收入/平均应收账款
17	5.应收账款周转天数	35.16	360/应收账款周转率
18	6.存货周转率	5.93	销售成本/平均存货
19	四、盈利能力分析		
20	1.销售净利率	0.15	净利润/销售收入
21	2.销售毛利率	0.23	销售毛利/销售收入
22	3.资产净利率		净利润/平均资产余额
23	4.权益报酬率		净利润/股东权益平均总额

图6-26 计算销售毛利率

（16）计算资产净利率。资产净利率＝净利润/平均资产余额，在B22单元格中输入"＝2*利润表!C15/（资产负债表!B41+资产负债表!C41）"，按〈Enter〉键后，B22单元格返回资产净利率为"0.16"，如图 6-27 所示。其中"利润表!C15"的值为净利润，"资产负债表!B41"的值为年初资产总计数，"资产负债表!C41"为期末资产总计数。

（17）计算权益报酬率。权益报酬率=净利润/股东权益平均总额。在 B23 单元格中输入"=2*利润表!C15/(资产负债表!F40+资产负债表!G40)"，按〈Enter〉键后，B23 单元格返回权益报酬率为"0.29"，如图 6-28 所示。其中，"利润表!C15"的值为净利润，"资产负债表!F40"的值为年初股东权益合计数，"资产负债表!G40"为期末股东权益合计数。

B22	fx =2*利润表!C15/(资产负债表!B41+资产负债表!C41)	

	A	B	C
	财务比率分析		
1			
2			货币单位：元
3	**指标名称**	**比率**	**指标说明**
4	**一、短期偿债能力分析**		
5	1.流动比率	1.46	流动资产/流动负债
6	2.速动比率	0.84	（流动资产-存货）/流动负债
7	**二、长期偿债能力分析**		
8	1.资产负债率	0.44	负债总额/资产总额
9	2.产权比率	0.77	负债总额/股东权益
10	3.有形净值债务比率	0.77	负债总额/（股东权益-无形资产）
11	4.已获利息倍数	48.31	息税前利润/利息费用
12	**三、资产管理效果分析**		
13	1.总资产周转率	1.06	销售收入/平均资产总额
14	2.固定资产周转率	2.19	销售收入/平均固定资产
15	3.流动资产周转率	3.08	销售收入/平均流动资产
16	4.应收账款周转率	10.24	销售收入/平均应收账款
17	5.应收账款周转天数	35.16	360/应收账款周转率
18	6.存货周转率	5.93	销售成本/平均存货
19	**四、盈利能力分析**		
20	1.销售净利率	0.15	净利润/销售收入
21	2.销售毛利率	0.23	销售毛利/销售收入
22	3.资产净利率	0.16	净利润/平均资产总额
23	4.权益报酬率		净利润/股东权益平均总额

图 6-27　计算资产净利率

B23	fx =2*利润表!C15/(资产负债表!F40+资产负债表!G40)	

	A	B	C
	财务比率分析		
1			
2			货币单位：元
3	**指标名称**	**比率**	**指标说明**
4	**一、短期偿债能力分析**		
5	1.流动比率	1.46	流动资产/流动负债
6	2.速动比率	0.84	（流动资产-存货）/流动负债
7	**二、长期偿债能力分析**		
8	1.资产负债率	0.44	负债总额/资产总额
9	2.产权比率	0.77	负债总额/股东权益
10	3.有形净值债务比率	0.77	负债总额/（股东权益-无形资产）
11	4.已获利息倍数	48.31	息税前利润/利息费用
12	**三、资产管理效果分析**		
13	1.总资产周转率	1.06	销售收入/平均资产总额
14	2.固定资产周转率	2.19	销售收入/平均固定资产
15	3.流动资产周转率	3.08	销售收入/平均流动资产
16	4.应收账款周转率	10.24	销售收入/平均应收账款
17	5.应收账款周转天数	35.16	360/应收账款周转率
18	6.存货周转率	5.93	销售成本/平均存货
19	**四、盈利能力分析**		
20	1.销售净利率	0.15	净利润/销售收入
21	2.销售毛利率	0.23	销售毛利/销售收入
22	3.资产净利率	0.16	净利润/平均资产总额
23	4.权益报酬率	0.29	净利润/股东权益平均总额

图 6-28　计算权益报酬率

6.2.2　财务比较分析

财务比较分析是财务分析中常用的技术方法之一。在分析企业经营和财务状况时，除了与本企业的历史数据相比较外，还需要与同行业、同规模的其他企业的财务比率进行比较，从中发现差距，以明确在市场竞争中的地位。行业平均水平的财务比率通常被用作比较的标准，被称为标准财务比率。目前一些发达国家的金融机构和企业在专门的刊物上定期公布各行业的财务统计指标，我国尚未有专门的刊物或机构从事该工作，用户可以参考各种统计年鉴或类似《中国证券报》等报刊提供的上市公司的财务比率，包括一些行业的平均数据，综合之后作为财务比较分析中的标准财务比率。

 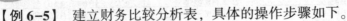 视频演示 6-5　建立财务比较分析表

【例 6-5】　建立财务比较分析表，具体的操作步骤如下。

（1）打开"6.2 财务数据处理与分析.xlsx"工作簿，在工作簿中新建一个工作表，将其重命名为"财务比较分析"。

（2）输入财务比较分析的相关项目，设置表格格式，如图 6-29 所示。

（3）输入标准财务比率数据，如图 6-30 所示。

	A	B	C	D
1	财务比较分析			
2				货币单位：元
3	指标名称	标准财务比率	企业财务比率	差异
4	一、短期偿债能力分析			
5	1. 流动比率			
6	2. 速动比率			
7	二、长期偿债能力分析			
8	1. 资产负债率			
9	2. 产权比率			
10	3. 有形净值债务比率			
11	4. 已获利息倍数			
12	三、资产管理效果分析			
13	1. 总资产周转率			
14	2. 固定资产周转率			
15	3. 流动资产周转率			
16	4. 应收账款周转率			
17	5. 应收账款周转天数			
18	6. 存货周转率			
19	四、盈利能力分析			
20	1. 销售净利率			
21	2. 销售毛利率			
22	3. 资产净利率			
23	4. 权益报酬率			

图 6-29　设置财务比较分析表的项目和格式

	A	B	C	D
1	财务比较分析			
2				货币单位：元
3	指标名称	标准财务比率	企业财务比率	差异
4	一、短期偿债能力分析			
5	1. 流动比率	2.2		
6	2. 速动比率	1.35		
7	二、长期偿债能力分析			
8	1. 资产负债率	0.2		
9	2. 产权比率	1		
10	3. 有形净值债务比率	0.5		
11	4. 已获利息倍数	150		
12	三、资产管理效果分析			
13	1. 总资产周转率	1.6		
14	2. 固定资产周转率	0.85		
15	3. 流动资产周转率	1.5		
16	4. 应收账款周转率	15		
17	5. 应收账款周转天数	24		
18	6. 存货周转率	10		
19	四、盈利能力分析			
20	1. 销售净利率	0.26		
21	2. 销售毛利率	0.5		
22	3. 资产净利率	0.25		
23	4. 权益报酬率	0.18		

图 6-30　输入标准财务比率

（4）输入企业财务比率数据。数据可以直接引用"财务比率分析"表里的数据，在 C5 单元格里输入"=财务比率分析表!B5"，按〈Enter〉键后，C5 单元格返回流动比率数据。从 C5 单元格向下复制公式至 C23，得到企业财务比率数据，如图 6-31 所示。

（5）计算企业财务比率和标准财务比率的差异值。在 D5 单元格中输入"=C5-B5"，按〈Enter〉键后，D5 单元格返回企业流动比率和标准流动比率的差异值为"-0.74"，如图 6-32 所示。从 D5 单元格向下复制公式至 D23 单元格，即可得到企业财务比率和标准财务比率的差异值。

C5 | =财务比率分析!B5

	A	B	C	D
1	财务比较分析			
2				货币单位：元
3	指标名称	标准财务比率	企业财务比率	差异
4	一、短期偿债能力分析			
5	1. 流动比率	2.2	1.46	
6	2. 速动比率	1.35	0.84	
7	二、长期偿债能力分析			
8	1. 资产负债率	0.2	0.44	
9	2. 产权比率	1	0.77	
10	3. 有形净值债务比率	0.5	0.77	
11	4. 已获利息倍数	150	48.31	
12	三、资产管理效果分析			
13	1. 总资产周转率	1.6	1.06	
14	2. 固定资产周转率	0.85	2.19	
15	3. 流动资产周转率	1.5	3.08	
16	4. 应收账款周转率	15	10.24	
17	5. 应收账款周转天数	24	35.16	
18	6. 存货周转率	10	5.93	
19	四、盈利能力分析			
20	1. 销售净利率	0.26	0.15	
21	2. 销售毛利率	0.5	0.23	
22	3. 资产净利率	0.25	0.16	
23	4. 权益报酬率	0.18	0.29	

图 6-31　输入标准财务比率

D5 | =C5-B5

	A	B	C	D
1	财务比较分析			
2				货币单位：元
3	指标名称	标准财务比率	企业财务比率	差异
4	一、短期偿债能力分析			
5	1. 流动比率	2.2	1.46	-0.74
6	2. 速动比率	1.35	0.84	-0.51
7	二、长期偿债能力分析			
8	1. 资产负债率	0.2	0.44	0.24
9	2. 产权比率	1	0.77	-0.23
10	3. 有形净值债务比率	0.5	0.77	0.27
11	4. 已获利息倍数	150	48.31	-101.69
12	三、资产管理效果分析			
13	1. 总资产周转率	1.6	1.06	-0.54
14	2. 固定资产周转率	0.85	2.19	1.34
15	3. 流动资产周转率	1.5	3.08	1.58
16	4. 应收账款周转率	15	10.24	-4.76
17	5. 应收账款周转天数	24	35.16	11.16
18	6. 存货周转率	10	5.93	-4.07
19	四、盈利能力分析			
20	1. 销售净利率	0.26	0.15	-0.11
21	2. 销售毛利率	0.5	0.23	-0.27
22	3. 资产净利率	0.25	0.16	-0.09
23	4. 权益报酬率	0.18	0.29	0.11

图 6-32　计算差异值

6.2.3　图解分析

Excel 提供了多种标准图表类型，如柱形图、折线图、饼图、条形图、面积图、散点图、股价图、曲面图、雷达图等，每个类型又包括了不同的子类型，用户可以根据不同的需要选择适当的图表类型，还可以自定义图表类型。这些图表给财务分析提供了极大的帮助。

视频演示6-6　对利润率进行趋势分析

【例6-6】　根据1—12月的产品利润率数据，对利润率进行趋势分析。具体的操作步骤如下。

（1）打开"6.2财务数据处理与分析.xlsx"工作簿，在工作簿中新建一个工作表，将其重命名为"图解分析"，将"产品利润趋势图表.xlsx"工作簿的数据复制到"图解分析"表中。选择单元格区域A2:M3，单击"插入"选项卡下"图表"组中的"推荐的图表"按钮，打开"插入图表"对话框。单击"所有图表"选项卡，在左侧选择"折线图"，选择图表类型为"带数据标记的折线图"，单击"确定"按钮，如图6-33所示。最终得到利润率折线图如图6-34所示。

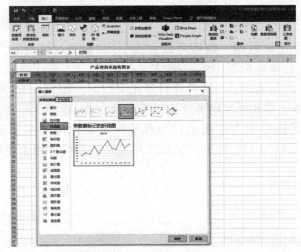

图6-33　选择图表类型

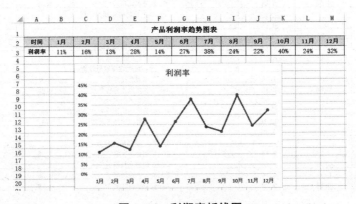

图6-34　利润率折线图

（2）选择数据折线右击，在弹出的快捷菜单中选择"添加趋势线"，如图6-35所示。打开"设置趋势线格式"窗格，选择表格右边的"设置趋势线格式"，在"趋势线选项"列表中选择"线性"，单击选中"显示公式"和"显示R平方值"复选按钮，如图6-36所示。

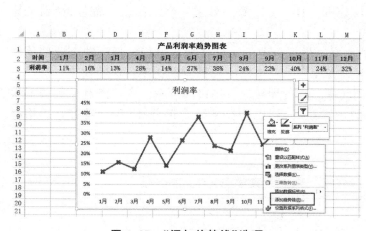

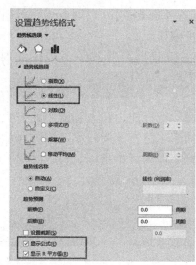

图 6-35　"添加趋势线"选项　　　　　图 6-36　设置趋势线格式

（3）单击图表区域，单击"图表工具"下"图表设计"选项卡下"图表布局"组中的"添加图表元素"下拉按钮，选择对应选项可以对图表的坐标轴、轴标题、图表标题、数据标签、误差线、网格线、图例、线条、趋势线、涨/跌柱线等进行设置，如图 6-37 所示。

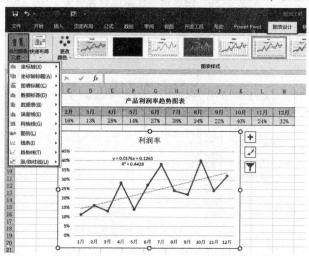

图 6-37　"添加图表元素"选项

6.2.4　综合分析

财务综合分析将企业的偿债能力、资金周转状况、盈利能力等方面看作一个分析系统，对企业的财务状况和经营效果进行解释和评价，以便了解企业的财务状况全貌。综合财务分析的常用方法有财务比率综合评分法和杜邦分析法等。

视频演示 6-7　编制财务比率综合评分表

【例6-7】 以财务比率分析表的数据为依据，编制财务比率综合评分表，具体的操作步骤如下。

（1）打开"6.2财务数据处理与分析.xlsx"工作簿，新建一个工作表，命名为"财务比率综合评分表"。

（2）选择评价企业财务状况的比率。根据企业的不同情况，选择包括反映企业偿债能力、营运能力和盈利能力的三大类财务比率，在本例中选择流动比率、速动比率、资产负债率、总资产周转率、应收账款周转率、存货周转率、销售净利率、资产净利率和权益报酬率作为评价指标。将上述选择的指标输入到"财务比率综合评分表"中，设置好表格格式，如图6-38所示。

图6-38 设置财务比率综合评分表

（3）输入各项财务比率的实际值。数据可以直接引用"财务比率分析"表中的数据，B3:B11单元格中的公式输入，如图6-39所示。

图6-39 输入财务比率实际值

（4）输入各项财务比率的标准值。数据可以直接引用"财务比较分析"表中的数据，C3:C11单元格中的公式输入，如图6-40所示。

图6-40 输入财务比率标准值

（5）计算关系比率。关系比率即各项财务比率的实际值与标准值的比率。在 D3 单元格中输入"=B3/C3"，按〈Enter〉键后，D3 单元格返回流动比率的关系比率值为"0.66"，如图 6-41 所示。从 D3 单元格向下复制公式至 D11 单元格，即可得到各项财务比率的关系比率。

	A	B	C	D	E	F
D3			fx	=B3/C3		
1	财务比率综合评分表					
2	指标名称	实际值	标准值	关系比率	评分值	综合得分
3	流动比率	1.46	2.20	0.66		
4	速动比率	0.84	1.35	0.62		
5	资产负债率	0.44	0.20	2.20		
6	总资产周转率	1.06	1.60	0.66		
7	应收账款周转率	10.24	15.00	0.68		
8	存货周转率	5.93	10.00	0.59		
9	销售净利率	0.15	0.26	0.58		
10	资产净利率	0.16	0.25	0.64		
11	权益报酬率	0.29	0.18	1.61		
12	合计					

图 6-41　计算关系比率

（6）设定评分值。评分值也称为重要性系数，根据各项财务比率的重要程度，确定评分值，各项评分值之和应等于 100。将评分值分别输入到 E3:E11 单元格中，如图 6-42 所示。

	A	B	C	D	E	F
E3			fx	12		
1	财务比率综合评分表					
2	指标名称	实际值	标准值	关系比率	评分值	综合得分
3	流动比率	1.46	2.20	0.66	12	
4	速动比率	0.84	1.35	0.62	10	
5	资产负债率	0.44	0.20	2.20	10	
6	总资产周转率	1.06	1.60	0.66	10	
7	应收账款周转率	10.24	15.00	0.68	8	
8	存货周转率	5.93	10.00	0.59	10	
9	销售净利率	0.15	0.26	0.58	15	
10	资产净利率	0.16	0.25	0.64	15	
11	权益报酬率	0.29	0.18	1.61	10	
12	合计				100	

图 6-42　设定评分值

（7）计算综合得分。各项财务比率的综合得分是关系比率和评分值的乘积。在 F3 单元格中输入"=D3*E3"，按〈Enter〉键后，F3 单元格返回流动比率的综合得分为"7.92"，从 F3 单元格向下复制公式至 F11 单元格，即可得到各项财务比率的综合得分。在 F12 单元格中输入"=SUM(F3:F11)"，即可得到各项财务比率综合得分的合计数为"88.46"，如图 6-43 所示。

	A	B	C	D	E	F
F3			fx	=D3*E3		
1	财务比率综合评分表					
2	指标名称	实际值	标准值	关系比率	评分值	综合得分
3	流动比率	1.46	2.20	0.66	12	7.92
4	速动比率	0.84	1.35	0.62	10	6.20
5	资产负债率	0.44	0.20	2.20	10	22.00
6	总资产周转率	1.06	1.60	0.66	10	6.60
7	应收账款周转率	10.24	15.00	0.68	8	5.44
8	存货周转率	5.93	10.00	0.59	10	5.90
9	销售净利率	0.15	0.26	0.58	15	8.70
10	资产净利率	0.16	0.25	0.64	15	9.60
11	权益报酬率	0.29	0.18	1.61	10	16.10
12	合计				100	88.46

图 6-43　计算综合得分

企业财务指标的综合得分反映了企业财务状况是否良好。一般情况下，如果综合得分等于或接近 100 分，说明企业财务状况良好，基本达到预先的要求；如果综合得分低于 100 分，且与 100 分有较大差距，说明企业财务状况较差；如果综合得分超过 100 分很多，说明企业的财务状况非常理想。

6.3　财务预算中数据分析与处理

在编制财务预算之前，需要对一些基本数据进行预测，例如预计销售量、预计定额成本、预计制造费用等。因此，先建立一些基本的数据表，以便进行数据引用。建立的基本的数据表如图 6-44 所示。

6.3.1　销售预算

销售预算是以企业的销售预测为基础，为销售活动按季度编制的预算。

视频演示 6-8　编制公司年度销售预算表

【例 6-8】　编制××公司年度销售预算表。表中原始数据如图 6-45 所示。

预计销售量表

时间	预计销售量
第一季度	120
第二季度	150
第三季度	200
第四季度	180
预计单价（元）	300

预计定额成本

项目	数值
单位产品材料消耗定额（千克）	2
单位产品工时（小时）	1.5
单位工时工资标准（元）	12

预计制造费表

变动制造费用	费用分配率
（1）间接人工	6.00
（2）间接材料	0.80
（3）维修费用	6.30
（4）其他费用	0.50
固定制造费用	**费用标准**
（1）间接人工	3000
（2）间接材料	600
（3）维修费用	80
（4）折旧费用	330
（5）其他费用	50

图 6-44　建立基本数据表

	第一季度	第二季度	第三季度	第四季度	全年
XX公司销售预算					
项目	第一季度	第二季度	第三季度	第四季度	全年
预计销售量	120	150	200	180	
预计单价	300	300	300	300	
销售收入					
预计现金收入					
上年应收账款	6300				
第一季度					
第二季度					
第三季度					
第四季度					
合计					

图 6-45　销售预算原始数据

表内数据的计算公式如下：

各季度的销售收入=各季度预计销售量×预计单价

第一季度预计现金收入=第一季度销售收入×预计收现率+上年应收账款

第二季度现金收入=本季度销售收入×预计收现率+上季度销售收入×（1-预计收现率）

第三、四季度现金收入公式同第二季度现金收入公式。预计收现率定义为 60%。具体的操作步骤如下。

（1）打开"6.3 财务预算中数据分析与处理 .xlsx"工作簿中的"6.3.1 销售预算"表，计算全年预计销售量。在 F3 单元格中输入公式"=SUM(B3:E3)"。

（2）计算各季度和全年的销售收入。在 B5 单元格中输入公式"=B3*B4"，然后向右复制至 F5。

（3）计算各季度预计现金收入。计算第一季度的预计现金收入：在 B9 单元格中输入公式"=B5*0.6"；计算第二季度的预计现金收入：在 C10 单元格中输入公式"=C5*0.6"；计算第三季度的预计现金收入：在 D11 单元格中输入公式"=D5*0.6"；计算第四季度的预计现金收入，在 E12 单元格中输入公式"=E5*0.6"。

（4）计算上季度销售收入中的现金收入。在 C9 单元格中输入公式"=B5-B9"；在 D10 单元格中输入公式"=C5-C10"；在 E11 单元格中输入公式"=D5-D11"。

（5）计算各季度预计现金收入合计。在 B13 单元格中输入公式"=SUM(B8:B12)"，向右复制至 E13 单元格。

（6）计算各季度销售收入合计。在 F8 单元格中输入公式"=SUM(B8:E8)"，向下复制至 F13 单元格。

以上操作结果如图 6-46 所示。

	A	B	C	D	E	F
1			XX公司销售预算			
2	项目	第一季度	第二季度	第三季度	第四季度	全年
3	预计销售量	120	150	200	180	650
4	预计单价	300	300	300	300	300
5	销售收入	36000	45000	60000	54000	195000
6						
7			预计现金收入			
8	上年应收账款	6300				6300
9	第一季度	21600	14400			36000
10	第二季度		27000	18000		45000
11	第三季度			36000	24000	60000
12	第四季度				32400	32400
13	合计	27900	41400	54000	56400	179700

图 6-46　销售预算计算结果

6.3.2　生产预算

企业在确定产品生产预算时，有关的生产量应与其销售量相对应。在具体确定预算（计）期产品生产量时，还必须考虑预计期初和预计期末库存。期末库存量由下季度预计销售量的一定百分比确定。期初库存量可以根据期初实际的库存量或者在编制预算时预计。产品的生产量和销售量计算公式如下：

预计生产量=（预计销售量+预计期末库存量）-预计期初库存量

视频演示 6-9　编制公司年度生产预算

【例 6-9】　编制××公司年度生产预算，具体的操作步骤如下。

（1）打开"6.3 财务预算中数据分析与处理 .xlsx"工作簿中的"6.3.2 生产预算"表，在 B3 单元格中输入"='6.3.1预计销售量表' 表!B3"，按〈Enter〉键后，B3 单元格返回第一季度的预计销售量，从 B3 单元格向右复制公式至 E3 单元格，从"6.3.1 预计销售量表"中得到各季度的预计销售量，如图 6-47 所示。

（2）在 F3 单元格中输入公式"=SUM(B3:E3)"，求出全年合计。

（3）计算预计期末库存量和预计期初库存量。

本例设定期初库存量为 10，因此在 B5 单元格中输入"10"。因为期末库存量可以根据长期的销售趋势来确定，设定期末库存量为15，因此在E4单元格中输入15，如图6-48所示。

| 图 6-47 得到各季度预计销售量 | 图 6-48 设定期初、期末库存量 |

在本例中设定"预计期末库存量＝下季度预计销售量*10%"，假设产品数量是整数，所以在B4单元格中输入公式"＝INT(C3*0.1)"，按〈Enter〉键后，B4单元格返回第一季度的预计期末库存量为"15"，从B4单元格向右复制公式至D4单元格，在F4单元格中输入公式"＝E4"，如图6-49所示。

同时设定"预计期初库存量＝上期期末库存量"，在C5单元格中输入公式"＝B4"，按〈Enter〉键后，C5单元格返回第二季度预计期初库存量为"15"。从C5单元格向右复制公式至E5单元格，在F5单元格中输入公式"＝B5"，如图6-50所示。

| 图 6-49 设定预计期末库存量 | 图 6-50 设定预计期初库存量 |

（4）计算预计生产量。在B6单元格中输入公式"＝B3+B4-B5"，按〈Enter〉键后，B6单元格返回第一季度的预计生产量为"125"。从B6单元格向右复制公式至F6单元格，即可得到各季度和全年的预计生产量，如图6-51所示。

（5）计算直接材料消耗和直接人工消耗。在B9单元格中输入公式"＝B6*'6.3预计定额成本'!$B$3"，按〈Enter〉键后，B9单元格返回第一季度的直接材料消耗数量。从B9单元格向右复制公式至F9单元格，可计算出各季度和全年的直接材料消耗数量，如图6-52所示。

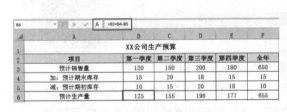

| 图 6-51 计算预计生产量 | 图 6-52 计算直接材料消耗 |

在B11单元格中输入"＝B6*'6.3预计定额成本'!$B$4"，按〈Enter〉键后，B11单元格返回第一季度的直接人工消耗数量。从B11单元格向右复制公式至F11单元格，可计算出各季度和全年的直接人工消耗数量，如图6-53所示。

图6-53 计算直接人工消耗

6.3.3 直接材料预算

直接材料预算是根据生产预算编制的,可以确定预算期的直接材料需用量、采购量和采购金额。直接材料预算包括三个部分:一是直接材料需用量;二是直接材料采购量;三是计算当期需要支付的材料采购款。

视频演示6-10 编制公司年度直接材料预算

【例6-10】 编制××公司年度直接材料预算,具体的操作步骤如下。

(1)打开"6.3财务预算中数据分析与处理.xlsx"工作簿中的"6.3.3直接材料预算"表,输入各季度的预计生产用量。在B3单元格中输入"='6.3.2生产预算'表!B9",按〈Enter〉键后,B3单元格返回第一季度的预计生产用量为"250"。从B3单元格向右复制公式至F3单元格,可计算出各季度和全年的预计生产用量,如图6-54所示。

(2)本例中设定期初存量为20,期末存量为30,因此在B6单元格中输入"20.0",在E4单元格中输入"30.0",如图6-55所示。

图6-54 输入预计生产用量

图6-55 设定期末、期初存量

(3)计算预计期末存量。本例中设定"预计期末存量=下一季度生产用量×20%"。在B4单元格中输入公式"=C3*0.2",按〈Enter〉键后,B4单元格返回第一季度预计期末存量。从B4单元格向右复制公式至D4单元格,即可计算出第二、三季度的预计期末存量。在F4单元格中输入"=E4",如图6-56所示。

(4)计算预计需求量合计。在B5单元个中输入公式"=B3+B4",按〈Enter〉键后,B5单元格返回第一季度预计需求量合计数。从B5单元格向右复制公式至F5单元格,即可计算出各季度和全年的预计需求量合计数,如图6-57所示。

图 6-56　计算预计期末存量

图 6-57　计算预计需求量合计

（5）计算预计期初存量。本例中设定"预计期初存量=上一季度预计期末存量"。因此，在 C6 单元格中输入公式" =B4 "，在 D6 单元格中输入公式" =C4 "，在 E6 单元格中输入公式" =D4 "，在 F6 单元格中输入公式" =B6 "，如图 6-58 所示。

（6）计算预计材料采购量。本例中，"预计材料采购量=（预计生产用量+预计期末存量）-预计期初存量"。

在 B7 单元格中输入公式" =B5-B6 "，按〈Enter〉键后，B7 单元格返回第一季度的预计材料采购量。从 B7 单元格向右复制公式至 F7 单元格，可计算出各季度和全年的预计材料采购量，如图 6-59 所示。

图 6-58　计算预计期初存量

图 6-59　计算预计材料采购量

（7）计算预计材料采购金额。本例中预计材料采购金额为"预计材料采购金额=预计材料采购量×预计材料单价"。

在 B8:F8单元格中输入预计单价"10.0"，B9 单元格中输入公式" =B7*B8 "，按〈Enter〉键后，B9 单元格返回第一季度预计材料采购金额为"2920.0"。从 B9 单元格向右复制公式至 F9 单元格，即可计算出各季度和全年预计材料采购金额，如图 6-60 所示。

项目	第一季度	第二季度	第三季度	第四季度	全年
预计生产用量	250	310	396	354	1310
加：预计期末存量	62.0	79.2	70.8	30.0	30.0
预计需求量合计	312.0	389.2	466.8	384.0	1340.0
减：预计期初存量	20.0	62.0	79.2	70.8	20.0
预计材料采购量	292.0	327.2	387.6	313.2	1320.0
预计材料单价（元）	10.0	10.0	10.0	10.0	10.0
预计材料采购金额	2920.0	3272.0	3876.0	3132.0	13200.0

图 6-60　计算预计材料采购金额

6.3.4　直接人工预算

直接人工预算是以生产预算为基础，根据预计生产量进行编制的，主要包括预计产量、单位产品工时、预计人工总工时、每小时人工成本和预计人工总成本。直接人工预算可以反映出预算期内人工工时的消耗水平和人工成本，计算公式如下：

产品消耗的直接人工工时 = 单位产品工时定额 × 该产品预计产量

产品耗用的直接人工成本 = 单位工时工资 × 该产品消耗的直接人工工时

视频演示 6-11　编制公司年度直接人工预算

【例 6-11】　编制 ×× 公司年度直接人工预算，具体的操作步骤如下。

(1) 计算预计人工总工时。打开"6.3 财务预算中数据分析与处理 . xlsx"工作簿中的"6.3.4 直接人工预算"表，预计人工总工时可以直接引用例 6-9 的生产预算表里的数据，在 B3 单元格中输入"='6.3.2生产预算' 表!B11"，按〈Enter〉键后，B3 单元格返回第一季度的预计人工总工时数为"187.5"，从 B3 单元格向右复制至 F3，即可得出各季度的预计人工总工时和合计数，如图 6-61 所示。

B3	▼	× ✓	fx	='6.3.2生产预算'!B11	

	A	B	C	D	E	F
1	XX公司直接人工预算					
2	项目	第一季度	第二季度	第三季度	第四季度	合计
3	预计人工总工时	187.5	232.5	297.0	265.5	982.5
4	单位工时工资率					
5	预计人工总成本					

图 6-61　计算预计人工总工时

(2) 输入单位工时工资率。单位工时工资率可以从"6.3 预计定额成本"表里引用，在 B4 单元格中输入"='6.3预计定额成本' !$B$5"，按〈Enter〉键后，B4 单元格返回单位工时工资率为"12.0"。从 B4 单元格向右复制公式至 F4 单元格，如图 6-62 所示。

B4	▼	× ✓	fx	='6.3预计定额成本'!$B$5	

	A	B	C	D	E	F
1	XX公司直接人工预算					
2	项目	第一季度	第二季度	第三季度	第四季度	合计
3	预计人工总工时	187.5	232.5	297.0	265.5	982.5
4	单位工时工资率	12.0	12.0	12.0	12.0	12.0
5	预计人工总成本					

图 6-62　输入单位工时工资率

(3) 计算预计人工总成本。在 B5 单元格中输入公式"=B3*B4"，按〈Enter〉键后，B5 单元格返回第一季度预计人工总成本。从 B5 单元格向右复制公式至 F5 单元格，即可计算出各季度的预计人工总成本和合计数，如图 6-63 所示。

B5		× ✓ fx	=B3*B4			
	A	B	C	D	E	F
1	XX公司直接人工预算					
2	项目	第一季度	第二季度	第三季度	第四季度	合计
3	预计人工总工时	187.5	232.5	297.0	265.5	982.5
4	单位工时工资率	12.0	12.0	12.0	12.0	12.0
5	预计人工总成本	2250.0	2790.0	3564.0	3186.0	11790.0

图 6-63   计算预计人工成本

6.3.5　制造费用预算

制造费用预算的编制可以反映除直接材料、直接人工以外的其他一切生产费用的预算。它包括变动制造费用和固定制造费用两大部分。变动制造费用可以用预计人工总工时和预计的变动制造费用分配率来计算。

 视频演示 6-12   编制公司年度制造费用预算

【**例 6-12**】　编制××公司年度制造费用预算，具体操作步骤如下。

（1）打开"6.3 财务预算中数据分析与处理.xlsx"工作簿中的"6.3.5 制造费用预算"表，输入各季度的预计人工总工时。预计人工总工时可以直接引用表"6.3.4 直接人工预算"里的数据，在 C3 单元格中输入"='6.3.4直接人工预算'表!B3"，按〈Enter〉键后，C3 单元格返回第一季度的预计人工总工时"187.50"，从 C3 单元格向右复制公式至 G3 单元格，即可得到各季度和全年的预计人工总工时，如图 6-64 所示。

C3		× ✓ fx	='6.3.4直接人工预算'!B3				
	A	B	C	D	E	F	G
1	XX公司制造费用预算						
2	项目	费用标准数据	第一季度	第二季度	第三季度	第四季度	全年
3	预计人工总工时		187.50	232.50	297.00	265.50	982.50
4	1.变动制造费用						
5	（1）间接人工						
6	（2）间接材料						
7	（3）维修费用						
8	（4）其他费用						
9	变动制造费用合计						
10	2.固定制造费用						
11	（1）间接人工						
12	（2）间接材料						
13	（3）维修费用						
14	（4）折旧费用						
15	（5）其他费用						
16	固定制造费用合计						
17	3.制造费用合计						
18	付现的制造费用合计						
19	固定制造费用分配率						

图 6-64   输入预计人工总工时

（2）输入变动制造费用分配率。变动制造费用分配率数据来源于表"6.3 预计制造费用"，在 B5 单元格中输入公式"=VLOOKUP(A5,'6.3预计制造费用'表!$A$3:$B$6,2,FALSE)"，按〈Enter〉键后，B5 单元格返回变动制造费用中的间接人工费用分配率。从 B5 单元格向下复制公式至 B8 单元格, 即可得到变动制造费用的各项费用分配率, 如图 6-65 所示。

B5		✕ ✓ fx =VLOOKUP(A5,'6.3预计制造费用'!$A$3:$B$6,2,FALSE)					
	A	B	C	D	E	F	G
1	XX公司制造费用预算						
2	项目	费用标准数据	第一季度	第二季度	第三季度	第四季度	全年
3	预计人工总工时		187.50	232.50	297.00	265.50	982.50
4	1. 变动制造费用						
5	(1)间接人工	6.00					
6	(2)间接材料	0.80					
7	(3)维修费用	6.30					
8	(4)其他费用	0.50					
9	变动制造费用合计						
10	2. 固定制造费用						
11	(1)间接人工						
12	(2)间接材料						
13	(3)维修费用						
14	(4)折旧费用						
15	(5)其他费用						
16	固定制造费用合计						
17	3. 制造费用合计						
18	付现的制造费用合计						
19	固定制造费用分配率						

图 6-65　输入变动制造费用分配率

(3)计算各季度变动制造费用的预算数据。计算公式如下:

变动制造费用 = 预计人工总工时 × 变动制造费用分配率

在 C5 单元格中输入公式 "=C$3*$B$5", 按〈Enter〉键后, C5 单元格返回第一季度间接人工的预算数据, 从 C5 单元格向右复制公式至 F5 单元格, 即可计算出各季度的间接人工预算数据, 如图 6-66 所示。

C5		✕ ✓ fx =C$3*$B$5					
	A	B	C	D	E	F	G
1	XX公司制造费用预算						
2	项目	费用标准数据	第一季度	第二季度	第三季度	第四季度	全年
3	预计人工总工时		187.50	232.50	297.00	265.50	982.50
4	1. 变动制造费用						
5	(1)间接人工	6.00	1125.00	1395.00	1782.00	1593.00	
6	(2)间接材料	0.80					
7	(3)维修费用	6.30					
8	(4)其他费用	0.50					
9	变动制造费用合计						
10	2. 固定制造费用						
11	(1)间接人工						
12	(2)间接材料						
13	(3)维修费用						
14	(4)折旧费用						
15	(5)其他费用						
16	固定制造费用合计						
17	3. 制造费用合计						
18	付现的制造费用合计						
19	固定制造费用分配率						

图 6-66　计算各季度间接人工预算数据

在 C6 单元格输入公式 "=C$3*$B$6", 向右复制公式至 F6 单元格, 即可计算出各季度间接材料预算数据; 在 C7 单元格输入公式 "=C$3*$B$7", 向右复制公式至 F7 单元格即可计算出各季度维修费用预算数据；在 C8 单元格输入公式"=C\$3*\$B\$8"，向右复制公式至 F8 单元格即可计算出各季度其他费用预算数据，如图 6-67 所示。

	A	B	C	D	E	F	G
		C6	fx	=C\$3*\$B\$6			
1			XX公司制造费用预算				
2	项目	费用标准数据	第一季度	第二季度	第三季度	第四季度	全年
3	预计人工总工时		187.50	232.50	297.00	265.50	982.50
4	1.变动制造费用						
5	（1）间接人工	6.00	1125.00	1395.00	1782.00	1593.00	
6	（2）间接材料	0.80	150.00	186.00	237.60	212.40	
7	（3）维修费用	6.30	1181.25	1464.75	1871.10	1672.65	
8	（4）其他费用	0.50	93.75	116.25	148.50	132.75	
9	变动制造费用合计						
10	2.固定制造费用						
11	（1）间接人工						
12	（2）间接材料						
13	（3）维修费用						
14	（4）折旧费用						
15	（5）其他费用						
16	固定制造费用合计						
17	3.制造费用合计						
18	付现的制造费用合计						
19	固定制造费用分配率						

图 6-67　计算各项目预算数据

（4）计算变动制造费用各项目的合计数。在 B9 单元格中输入公式"=SUM(B5:B8)"，按〈Enter〉键后，再从 B9 单元格向右复制公式至 F9 单元格，如图 6-68 所示。

	A	B	C	D	E	F	G
		B9	fx	=SUM(B5:B8)			
1			XX公司制造费用预算				
2	项目	费用标准数据	第一季度	第二季度	第三季度	第四季度	全年
3	预计人工总工时		187.50	232.50	297.00	265.50	982.50
4	1.变动制造费用						
5	（1）间接人工	6.00	1125.00	1395.00	1782.00	1593.00	
6	（2）间接材料	0.80	150.00	186.00	237.60	212.40	
7	（3）维修费用	6.30	1181.25	1464.75	1871.10	1672.65	
8	（4）其他费用	0.50	93.75	116.25	148.50	132.75	
9	变动制造费用合计	13.60	2550.00	3162.00	4039.20	3610.80	
10	2.固定制造费用						
11	（1）间接人工						
12	（2）间接材料						
13	（3）维修费用						
14	（4）折旧费用						
15	（5）其他费用						
16	固定制造费用合计						
17	3.制造费用合计						
18	付现的制造费用合计						
19	固定制造费用分配率						

图 6-68　计算变动制造费用各季度合计数

在 G5 单元格中输入公式"=SUM(C5:F5)"，按〈Enter〉键后，从 G5 单元格向下复制公式至 G9 单元格，如图 6-69 所示。

| G5 | | ▼ | : | × | ✓ | f_x | =SUM(C5:F5) | |

	A	B	C	D	E	F	G
1	XX公司制造费用预算						
2	项目	费用标准数据	第一季度	第二季度	第三季度	第四季度	全年
3	预计人工总工时		187.50	232.50	297.00	265.50	982.50
4	1. 变动制造费用						
5	(1)间接人工	6.00	1125.00	1395.00	1782.00	1593.00	5895.00
6	(2)间接材料	0.80	150.00	186.00	237.60	212.40	786.00
7	(3)维修费用	6.30	1181.25	1464.75	1871.10	1672.65	6189.75
8	(4)其他费用	0.50	93.75	116.25	148.50	132.75	491.25
9	变动制造费用合计	13.60	2550.00	3162.00	4039.20	3610.80	13362.00
10	2. 固定制造费用						
11	(1)间接人工						
12	(2)间接材料						
13	(3)维修费用						
14	(4)折旧费用						
15	(5)其他费用						
16	固定制造费用合计						
17	3. 制造费用合计						
18	付现的制造费用合计						
19	固定制造费用分配率						

图 6-69　计算变动制造费用全年合计数

（5）输入固定制造费用数据。因为固定制造费用的各项数据不会随着人工总工时的变动而变动，所以各季度的固定制造费用可以直接引用表"6.3 预计制造费用"里的数据。

在 B11 单元格中输入公式 "= VLOOKUP(A11,' 6.3预计制造费用' 表!A9:B13,2,FALSE)"，按〈Enter〉键后，从 B11 单元格向下复制公式至 B15 单元格，得到固定制造费用的各项费用标准数据，如图6-70所示。

| B11 | | ▼ | : | × | ✓ | f_x | =VLOOKUP(A11,'6.3预计制造费用'!A9:B13,2,FALSE) | |

	A	B	C	D	E	F	G
1	XX公司制造费用预算						
2	项目	费用标准数据	第一季度	第二季度	第三季度	第四季度	全年
3	预计人工总工时		187.50	232.50	297.00	265.50	982.50
4	1. 变动制造费用						
5	(1)间接人工	6.00	1125.00	1395.00	1782.00	1593.00	5895.00
6	(2)间接材料	0.80	150.00	186.00	237.60	212.40	786.00
7	(3)维修费用	6.30	1181.25	1464.75	1871.10	1672.65	6189.75
8	(4)其他费用	0.50	93.75	116.25	148.50	132.75	491.25
9	变动制造费用合计	13.60	2550.00	3162.00	4039.20	3610.80	13362.00
10	2. 固定制造费用						
11	(1)间接人工	3000.00					
12	(2)间接材料	500.00					
13	(3)维修费用	80.00					
14	(4)折旧费用	330.00					
15	(5)其他费用	50.00					
16	固定制造费用合计						
17	3. 制造费用合计						
18	付现的制造费用合计						
19	固定制造费用分配率						

图 6-70　得到固定制造费用的各项费用标准数据

计算各季度的固定制造费用数据，如图6-71所示。

| C11 | | | fx | =$B$11 | | |

	A	B	C	D	E	F	G
1				XX公司制造费用预算			
2	项目	费用标准数据	第一季度	第二季度	第三季度	第四季度	全年
3	预计人工总工时		187.50	232.50	297.00	265.50	982.50
4	1.变动制造费用						
5	（1）间接人工	6.00	1125.00	1395.00	1782.00	1593.00	5895.00
6	（2）间接材料	0.80	150.00	186.00	237.60	212.40	786.00
7	（3）维修费用	6.30	1181.25	1464.75	1871.10	1672.65	6189.75
8	（4）其他费用	0.50	93.75	116.25	148.50	132.75	491.25
9	变动制造费用合计	13.60	2550.00	3162.00	4039.20	3610.80	13362.00
10	2.固定制造费用						
11	（1）间接人工	3000.00	3000.00	3000.00	3000.00	3000.00	
12	（2）间接材料	500.00	500.00	500.00	500.00	500.00	
13	（3）维修费用	80.00	80.00	80.00	80.00	80.00	
14	（4）折旧费用	330.00	330.00	330.00	330.00	330.00	
15	（5）其他费用	50.00	50.00	50.00	50.00	50.00	
16	固定制造费用合计						
17	3.制造费用合计						
18	付现的制造费用合计						
19	固定制造费用分配率						

图6-71　计算各季度固定制造费用

（6）计算固定制造费用各项目的合计数。在B16单元格中输入公式"=SUM(B11:B15)"，按〈Enter〉键后，从B16单元格向右复制公式至F16单元格，如图6-72所示。

| B16 | | | fx | =SUM(B11:B15) | | |

	A	B	C	D	E	F	G
1				XX公司制造费用预算			
2	项目	费用标准数据	第一季度	第二季度	第三季度	第四季度	全年
3	预计人工总工时		187.50	232.50	297.00	265.50	982.50
4	1.变动制造费用						
5	（1）间接人工	6.00	1125.00	1395.00	1782.00	1593.00	5895.00
6	（2）间接材料	0.80	150.00	186.00	237.60	212.40	786.00
7	（3）维修费用	6.30	1181.25	1464.75	1871.10	1672.65	6189.75
8	（4）其他费用	0.50	93.75	116.25	148.50	132.75	491.25
9	变动制造费用合计	13.60	2550.00	3162.00	4039.20	3610.80	13362.00
10	2.固定制造费用						
11	（1）间接人工	3000.00	3000.00	3000.00	3000.00	3000.00	
12	（2）间接材料	500.00	500.00	500.00	500.00	500.00	
13	（3）维修费用	80.00	80.00	80.00	80.00	80.00	
14	（4）折旧费用	330.00	330.00	330.00	330.00	330.00	
15	（5）其他费用	50.00	50.00	50.00	50.00	50.00	
16	固定制造费用合计	3960.00	3960.00	3960.00	3960.00	3960.00	
17	3.制造费用合计						
18	付现的制造费用合计						
19	固定制造费用分配率						

图6-72　计算固定制造费用各季度合计数

在G11单元格中输入公式"=SUM(C11:F11)"，按〈Enter〉键后，从G11单元格向下复制公式至G16单元格，如图6-73所示。

G11		▼	:	×	✓	fx	=SUM(C11:F11)	

	A	B	C	D	E	F	G
1	XX公司制造费用预算						
2	项目	费用标准数据	第一季度	第二季度	第三季度	第四季度	全年
3	预计人工总工时		187.50	232.50	297.00	265.50	982.50
4	1.变动制造费用						
5	(1)间接人工	6.00	1125.00	1395.00	1782.00	1593.00	5895.00
6	(2)间接材料	0.80	150.00	186.00	237.60	212.40	786.00
7	(3)维修费用	6.30	1181.25	1464.75	1871.10	1672.65	6189.75
8	(4)其他费用	0.50	93.75	116.25	148.50	132.75	491.25
9	变动制造费用合计	13.60	2550.00	3162.00	4039.20	3610.80	13362.00
10	2.固定制造费用						
11	(1)间接人工	3000.00	3000.00	3000.00	3000.00	3000.00	12000.00
12	(2)间接材料	500.00	500.00	500.00	500.00	500.00	2000.00
13	(3)维修费用	80.00	80.00	80.00	80.00	80.00	320.00
14	(4)折旧费用	330.00	330.00	330.00	330.00	330.00	1320.00
15	(5)其他费用	50.00	50.00	50.00	50.00	50.00	200.00
16	固定制造费用合计	3960.00	3960.00	3960.00	3960.00	3960.00	15840.00
17	3.制造费用合计						
18	付现的制造费用合计						
19	固定制造费用分配率						

图 6-73 计算固定制造费用全年合计数

（7）计算制造费用合计数。计算公式如下：

制造费用合计 = 变动制造费用合计 + 固定制造费用合计

在 C17 单元格中输入"公式 = C9+C16"，按〈Enter〉键后，C17 单元格返回第一季度制造费用合计数。从 C17 单元格向右复制公式至 G17 单元格，即可计算出各季度和全年制造费用合计数，如图 6-74 所示。

C17		▼	:	×	✓	fx	=C9+C16	

	A	B	C	D	E	F	G
1	XX公司制造费用预算						
2	项目	费用标准数据	第一季度	第二季度	第三季度	第四季度	全年
3	预计人工总工时		187.50	232.50	297.00	265.50	982.50
4	1.变动制造费用						
5	(1)间接人工	6.00	1125.00	1395.00	1782.00	1593.00	5895.00
6	(2)间接材料	0.80	150.00	186.00	237.60	212.40	786.00
7	(3)维修费用	6.30	1181.25	1464.75	1871.10	1672.65	6189.75
8	(4)其他费用	0.50	93.75	116.25	148.50	132.75	491.25
9	变动制造费用合计	13.60	2550.00	3162.00	4039.20	3610.80	13362.00
10	2.固定制造费用						
11	(1)间接人工	3000.00	3000.00	3000.00	3000.00	3000.00	12000.00
12	(2)间接材料	500.00	500.00	500.00	500.00	500.00	2000.00
13	(3)维修费用	80.00	80.00	80.00	80.00	80.00	320.00
14	(4)折旧费用	330.00	330.00	330.00	330.00	330.00	1320.00
15	(5)其他费用	50.00	50.00	50.00	50.00	50.00	200.00
16	固定制造费用合计	3960.00	3960.00	3960.00	3960.00	3960.00	15840.00
17	3.制造费用合计		6510.00	7122.00	7999.20	7570.80	29202.00
18	付现的制造费用合计						
19	固定制造费用分配率						

图 6-74 计算各季度及全年制造费用合计数

（8）计算付现的制造费用合计数。因为后期编制现金预算时需要预计现金支出，在制造费用中，折旧费用是非付现的项目，其余的费用都需要支付现金。付现的制造费用合计数的计算公式如下：

付现的制造费用 = 费用合计 - 折旧费用

在 C18 单元格中输入公式" = C17-C14"，按〈Enter〉键后，C18 单元格返回第一季度付现的制造费用合计数。从 C18 单元格向右复制公式至 G18 单元格，即可计算出各季度和全年的付现制造费用合计数，如图 6-75 所示。

	C18		× ✓ fx	=C17-C14		
	A	B	C	D	E	F	G

XX公司制造费用预算

项目	费用标准数据	第一季度	第二季度	第三季度	第四季度	全年
预计人工总工时		187.50	232.50	297.00	265.50	982.50
1.变动制造费用						
（1）间接人工	6.00	1125.00	1395.00	1782.00	1593.00	5895.00
（2）间接材料	0.80	150.00	186.00	237.60	212.40	786.00
（3）维修费用	6.30	1181.25	1464.75	1871.10	1672.65	6189.75
（4）其他费用	0.50	93.75	116.25	148.50	132.75	491.25
变动制造费用合计	13.60	2550.00	3162.00	4039.20	3610.80	13362.00
2.固定制造费用						
（1）间接人工	3000.00	3000.00	3000.00	3000.00	3000.00	12000.00
（2）间接材料	500.00	500.00	500.00	500.00	500.00	2000.00
（3）维修费用	80.00	80.00	80.00	80.00	80.00	320.00
（4）折旧费用	330.00	330.00	330.00	330.00	330.00	1320.00
（5）其他费用	50.00	50.00	50.00	50.00	50.00	200.00
固定制造费用合计	3960.00	3960.00	3960.00	3960.00	3960.00	15840.00
3.制造费用合计		6510.00	7122.00	7999.20	7570.80	29202.00
付现的制造费用合计		6180.00	6792.00	7669.20	7240.80	27882.00
固定制造费用分配率						

图6-75 计算各季度及全年的付现制造费用合计数

（9）计算固定制造费用分配率。后期编制产品成本预算时需要用到固定制造费用分配率，计算公式如下：

固定制造费用分配率＝固定制造费用合计／人工总工时

在 B19 单元格中输入公式"＝G16/G3"，按〈Enter〉键后，B19 单元格返回固定制造费用分配率为"16.12"，如图 6-76 所示。

	B19		× ✓ fx	=G16/G3		

XX公司制造费用预算

项目	费用标准数据	第一季度	第二季度	第三季度	第四季度	全年
预计人工总工时		187.50	232.50	297.00	265.50	982.50
1.变动制造费用						
（1）间接人工	6.00	1125.00	1395.00	1782.00	1593.00	5895.00
（2）间接材料	0.80	150.00	186.00	237.60	212.40	786.00
（3）维修费用	6.30	1181.25	1464.75	1871.10	1672.65	6189.75
（4）其他费用	0.50	93.75	116.25	148.50	132.75	491.25
变动制造费用合计	13.60	2550.00	3162.00	4039.20	3610.80	13362.00
2.固定制造费用						
（1）间接人工	3000.00	3000.00	3000.00	3000.00	3000.00	12000.00
（2）间接材料	500.00	500.00	500.00	500.00	500.00	2000.00
（3）维修费用	80.00	80.00	80.00	80.00	80.00	320.00
（4）折旧费用	330.00	330.00	330.00	330.00	330.00	1320.00
（5）其他费用	50.00	50.00	50.00	50.00	50.00	200.00
固定制造费用合计	3960.00	3960.00	3960.00	3960.00	3960.00	15840.00
3.制造费用合计		6510.00	7122.00	7999.20	7570.80	29202.00
付现的制造费用合计		6180.00	6792.00	7669.20	7240.80	27882.00
固定制造费用分配率	16.12					

图6-76 固定制造费用分配率

6.3.6 产品成本预算

产品成本预算是以生产预算、直接材料预算、直接人工预算和制造费用预算为基础进行编制的，反映了预算期内各种产品生产成本水平。

视频演示 6-13 编制公司年度产品成本预算

【例 6-13】 编制××公司年度产品成本预算，具体的操作步骤如下。

（1）输入各项目的生产成本数据。打开"6.3 财务预算中数据分析与处理 . xlsx"工作簿中的"6.3.6 产品成本预算"表，在 B3 单元格中输入" ='6.3.3直接材料预算'!F9"，按〈Enter〉键后，B3 单元格返回直接材料的生产成本为"13200.00"（该数据来源于"6.3.3 直接材料预算"表），如图 6-77 所示；在 B4 单元格中输入" ='6.3.4直接人工预算'!F5"，按〈Enter〉键后，B4 单元格返回直接人工的生产成本为"11790.00"（该数据来源于"6.3.4 直接人工预算"表），如图 6-78 所示。

图 6-77 直接材料成本

图 6-78 直接人工成本

在 B5 单元格中输入" ='6.3.5制造费用预算'!G9"，按〈Enter〉键后，B5 单元格返回变动制造费用成本为"13362.00"（该数据来源于"6.3.5 制造费用预算"表），如图 6-79 所示；在 B6 单元格中输入" ='6.3.5制造费用预算'!G16"，按〈Enter〉键后，B6 单元格返回固定制造费用成本为"15840.00"（该数据来源于"6.3.5 制造费用预算"表），如图 6-80 所示。

图 6-79 变动制造费用成本

图 6-80 固定制造费用成本

（2）计算各项目的单位成本。计算公式如下：

$$单位成本=生产成本/预计生产量$$

在 C3 单元格中输入" =B3/'6.3.2生产预算'!\$F\$6"，按〈Enter〉键后，C3 单元格返回直接材料的单位成本为"20.15"，从 C3 单元格向下复制公式至 C6 单元格，可得到各项目的单位成本数据。如图 6-81 所示。

（3）计算各项目的期末存货。期末存货预算是指为规划一定预算期末的在产品、产成品和原材料预计成本水平而编制的一种日常业务预算，它为预计资产负债表中的期末材料存货和期末产成品存货项目提供数据。计算公式如下：

$$期末存货=单位成本×预计期末库存$$

在 D3 单元格中输入"=C3*'6.3.2生产预算'!\$E\$4"，按〈Enter〉键后，D3 单元格返回直接材料的期末存货为"302.25"。从 D3 单元格向下复制公式至 D6 单元格，即可得到各项目的期末存货数据，如图 6-82 所示。

图 6-81　各项目的单位成本　　　　　　图 6-82　各项目的期末存货

（4）计算各项目的销货成本。计算公式如下：

销货成本＝单位成本×预计销售量

在 E3 单元格中输入"=C3*'6.3.2生产预算'!\$F\$3"，按〈Enter〉键后，E3 单元格返回直接材料的销货成本为"13097.50"。从 E3 单元格向下复制公式至 E6 单元格，即可得到各项目的销货成本数据，如图 6-83 所示。

（5）计算成本合计数。在 B7 单元格中输入公式"=SUM(B3:B6)"，按〈Enter〉键后，B7 单元格返回生产成本的合计数为"54192.00"，从 B7 单元格向右复制公式至 E7 单元格，即可得到单位成本、期末存货和销货成本的合计数据，如图 6-84 所示。

图 6-83　各项目的销货成本　　　　　　图 6-84　成本合计数

6.3.7　销售与管理费用预算

销售费用预算是指为了实现销售预算所需支付的费用预算。销售费用预算以销售预算为基础，它可以分为变动销售费用预算和固定销售费用预算两部分。

管理费用预算是指企业日常生产经营中为搞好一般管理业务所必需的费用预算。

 视频演示6-14　编制公司年度销售与管理费用预算

【例6-14】　编制××公司年度销售与管理费用预算，具体的操作步骤如下。

（1）计算变动销售及管理费用。在本例中设定预计变动销售及管理费用为预计销售收入的1%。打开"6.3 财务预算中数据分析与处理.xlsx"工作簿中的"6.3.7 销售、管理费用预算"表，在 B3 单元格中输入"='6.3.1销售预算'!B5*1%"，按〈Enter〉键后，B3 单元格返回第一季度的预计变动销售及管理费用数据"360.00"，从 B3 单元格向右复制公式至 E3 单元格，即可得出各季度的变动销售及管理费用，如图 6-85 所示。

图 6-85　计算预计变动销售及管理费用

（2）输入预计固定销售及管理费用。在本例中直接输入相应的预算数据，如图 6-86 所示。相应的合计数用 SUM 函数进行计算。在 B10 单元格中输入公式"＝SUM(B5:B9)"，按〈Enter〉键后，B10 单元格返回第一季度预计固定销售及管理费用合计，从 B10 单元格向右复制公式至 E10 单元格，可得出各季度的预计固定销售及管理费用合计数，如图 6-87 所示。

图 6-86　输入预计固定销售及管理费用

图 6-87　计算预计固定销售及管理费用合计数

（3）计算销售与管理费用合计。在 B11 单元格中输入公式"＝B3＋B10"，按〈Enter〉键后，B11 单元格返回第一季度的销售与管理费用合计数为"4810.00"，从 B11 单元格向右复制公式至 E11 单元格，可得到各季度的销售与管理费用合计数据，如图 6-88 所示。

	A	B	C	D	E	F
	B11	=B3+B10				
1	XX公司产品销售与管理费用预算					
2	项目	第一季度	第二季度	第三季度	第四季度	全年
3	1.预计变动销售及管理费用	360.00	450.00	600.00	540.00	
4	2.预计固定销售及管理费用					
5	管理人员工资	1800.00	1800.00	1800.00	1800.00	
6	广告费	2000.00	2000.00	2000.00	2000.00	
7	保险费	150.00	150.00	150.00	150.00	
8	折旧费	300.00	300.00	300.00	300.00	
9	其他	200.00	200.00	200.00	200.00	
10	预计固定销售及管理费用合计	4450.00	4450.00	4450.00	4450.00	
11	3.销售及管理费用合计	4810.00	4900.00	5050.00	4990.00	
12	减：折旧费					
13	4.销售及管理费用现金支付数					

图 6-88　各季度销售及管理费用合计数

（4）计算销售及管理费用中应扣除的折旧费。管理费中的固定资产折旧费属于不需要现金支出的项目，在预计销售与管理费用现金支出时应予以扣除。在 B12 单元格中输入"＝B8"，按〈Enter〉键后，从 B12 单元格向右复制公式至 E12 单元格，得到要扣除的折旧费，如图 6-89 所示。

	A	B	C	D	E	F
	B12	=B8				
1	XX公司产品销售与管理费用预算					
2	项目	第一季度	第二季度	第三季度	第四季度	全年
3	1.预计变动销售及管理费用	360.00	450.00	600.00	540.00	
4	2.预计固定销售及管理费用					
5	管理人员工资	1800.00	1800.00	1800.00	1800.00	
6	广告费	2000.00	2000.00	2000.00	2000.00	
7	保险费	150.00	150.00	150.00	150.00	
8	折旧费	300.00	300.00	300.00	300.00	
9	其他	200.00	200.00	200.00	200.00	
10	预计固定销售及管理费用合计	4450.00	4450.00	4450.00	4450.00	
11	3.销售及管理费用合计	4810.00	4900.00	5050.00	4990.00	
12	减：折旧费	300.00	300.00	300.00	300.00	
13	4.销售及管理费用现金支付数					

图 6-89　计算要扣除的折旧费

在 B13 单元格中输入"＝B11-B12"，按〈Enter〉键后，B13 单元格返回第一季度的销售及管理费用现金支付数为"4510.00"，从 B13 单元格向右复制公式至 E13 单元格，可得到各季度的销售及管理费用现金支付数，如图 6-90 所示。

	A	B	C	D	E	F
	B13	=B11-B12				
1	XX公司产品销售与管理费用预算					
2	项目	第一季度	第二季度	第三季度	第四季度	全年
3	1.预计变动销售及管理费用	360.00	450.00	600.00	540.00	
4	2.预计固定销售及管理费用					
5	管理人员工资	1800.00	1800.00	1800.00	1800.00	
6	广告费	2000.00	2000.00	2000.00	2000.00	
7	保险费	150.00	150.00	150.00	150.00	
8	折旧费	300.00	300.00	300.00	300.00	
9	其他	200.00	200.00	200.00	200.00	
10	预计固定销售及管理费用合计	4450.00	4450.00	4450.00	4450.00	
11	3.销售及管理费用合计	4810.00	4900.00	5050.00	4990.00	
12	减：折旧费	300.00	300.00	300.00	300.00	
13	4.销售及管理费用现金支付数	4510.00	4600.00	4750.00	4690.00	

图 6-90　计算销售及管理费用现金支付数

（5）计算全年合计数。在 F3 单元格中输入公式"=SUM(B3:E3)"，按〈Enter〉键后，F3 单元格返回预计变动销售及管理费用的全年合计数。从 F3 单元格向下复制公式至 F13 单元格，可得到各项目的全年合计数，如图 6-91 所示。

	A	B	C	D	E	F
1	XX公司产品销售与管理费用预算					
2	项目	第一季度	第二季度	第三季度	第四季度	全年
3	1.预计变动销售及管理费用	360.00	450.00	600.00	540.00	1950.00
4	2.预计固定销售及管理费用					
5	管理人员工资	1800.00	1800.00	1800.00	1800.00	7200.00
6	广告费	2000.00	2000.00	2000.00	2000.00	8000.00
7	保险费	150.00	150.00	150.00	150.00	600.00
8	折旧费	300.00	300.00	300.00	300.00	1200.00
9	其他	200.00	200.00	200.00	200.00	800.00
10	预计固定销售及管理费用合计	4450.00	4450.00	4450.00	4450.00	17800.00
11	3.销售及管理费用合计	4810.00	4900.00	5050.00	4990.00	19750.00
12	减：折旧费	300.00	300.00	300.00	300.00	1200.00
13	4.销售及管理费用现金支付数	4510.00	4600.00	4750.00	4690.00	18550.00

图 6-91　计算全年合计数

6.4　营运资金数据分析与处理

6.4.1　最佳现金持有量决策模型

1. 成本分析模式

成本分析模式是一种传统的分析方法，通过分析持有现金的成本，将总成本最低时的现金持有量作为最佳现金持有量。

决策的原则是：通过计算，将各个现金持有量方案的总成本（包括机会成本、管理成本和短缺成本）进行比较，选取总成本最低的方案作为最佳方案。

　视频演示6-15　确定最佳现金持有方案　

【例6-15】　分析某企业的三种现金持有方案，确定最佳现金持有方案，具体的操作步骤如下。

（1）打开"6.4 营运资金数据分析与处理.xlsx"工作簿，选择"成本分析模式"表，该表中已有数据如图 6-92 所示。

（2）计算现金持有总成本。在 B8 单元格中输入"=SUM(B5:B7)"，按〈Enter〉键后，B8 单元格返回方案一的现金持有总成本数为"20300"。从 B8 单元格向右复制公式至 D8 单元格，即可得到三种方案的现金持有总成本，如图 6-93 所示。可见方案三的现金持有总成本最低，因此方案三为最佳现金持有方案。

	A	B	C	D
1	最佳现金持有量决策（成本分析模式）			
2		方案一	方案二	方案三
3	现金持有量	200000	300000	500000
4	成本构成			
5	机会成本	2000	2500	3500
6	管理成本	3300	3300	3300
7	短缺成本	15000	7500	3500
8	现金持有总成本			

图 6-92　"成本分析模式"已有数据

B8   fx =SUM(B5:B7)

	A	B	C	D
1	最佳现金持有量决策（成本分析模式）			
2		方案一	方案二	方案三
3	现金持有量	200000	300000	500000
4	成本构成			
5	机会成本	2000	2500	3500
6	管理成本	3300	3300	3300
7	短缺成本	15000	7500	3500
8	现金持有总成本	20300	13300	10300

图 6-93　计算三种方案的现金持有总成本

2. 存货模式

存货模式是一种比较简单、直观的确定最佳现金持有量的方法，又称鲍曼模型，用这种方法确定最佳现金持有量时，通常作以下假设：①企业在预算期内对现金的需求量是可以预测的；②现金的支出比较稳定，当现金余额趋于零时，企业可以出售有价证券来补充现金；③证券的利率或报酬率以及每次固定性交易费用可以获悉。

最佳现金持有量的计算公式如下：

$$C = \sqrt{(2T \times F)/K}$$

式中：C 为最佳现金持有量；T 为一定时期内的现金需求量；F 为现金交易性成本；K 为持有现金的机会成本率。

视频演示6-16　计算公司的最佳现金持有量

【例6-16】　已知某公司现金收支比较稳定，预计全年现金需求量为30万元，现金交易性成本为每次400元，有价证券年利率为12%，计算该公司的最佳现金持有量。具体的操作步骤如下。

（1）打开"6.4 营运资金数据分析与处理.xlsx"工作簿，新建一个工作表并重命名为"存货模式"。输入初始数据并调整表格格式，如图6-94所示。

（2）计算最佳现金持有量。在B5单元格中输入"=SQRT(2*B2*B3/B4)"，按〈Enter〉键后，B5单元格返回最佳现金持有量为"44721"。SQRT函数的作用是计算一个非负实数的平方根，计算结果如图6-95所示。

E5   fx

	A	B
1	最佳现金持有量（存货模式）	
2	全年现金需求量T（元）	300000
3	现金交易性成本F（元/次）	400
4	有价证券利率（%）	12%
5	最佳现金持有量(元)	

图 6-94　输入存货模式初始数据

B5   fx =SQRT(2*B2*B3/B4)

	A	B
1	最佳现金持有量（存货模式）	
2	全年现金需求量T（元）	300000
3	现金交易性成本F（元/次）	400
4	有价证券利率（%）	12%
5	最佳现金持有量(元)	44721

图 6-95　计算最佳现金持有量

6.4.2　应收账款信用政策决策模型

应收账款是指企业因销售商品、提供劳务等经营活动，应向购货单位或接受劳务单位收取的款项。应收账款信用政策又称应收账款政策，是指企业为对应收账款进行规划与控

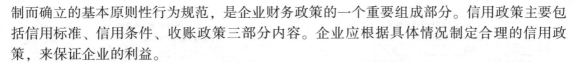

制而确立的基本原则性行为规范，是企业财务政策的一个重要组成部分。信用政策主要包括信用标准、信用条件、收账政策三部分内容。企业应根据具体情况制定合理的信用政策，来保证企业的利益。

1. 信用标准决策模型

信用标准是企业同意向客户提供商业信用而提出的基本要求，如果客户达不到该项信用标准，就不能享受企业按商业信用赋予的各种优惠，通常以预期的坏账损失率作为判断标准。信用标准决策的方法是判断信用标准的变化是否能为企业带来正的增量利润，选取增量利润为正并且最大的方案为最佳方案。

视频演示 6-17　信用标准决策模型

【例 6-17】　某企业目前的经营状况和信用标准如图 6-96 所示，企业现提出三种信用标准方案如图 6-97 所示，请分析企业应采用哪个方案。具体的操作步骤如下。

目前经营状况及信用标准	
项目	数据
销售收入（元）	300000
变动成本率	60%
利润（元）	70000
销售利润率	25%
信用标准	10%
平均坏账损失率	5%
信用条件	30天付清
平均收款期（天）	45
机会成本率	15%

图 6-96　经营状况和信用标准

新的信用标准方案有关数据			
项目	方案A	方案B	方案C
信用标准	5%	8%	15%
由于标准变化增加或减少的销售额（元）	-5000	6000	10000
增加或减少的销售额的平均收款期（天）	60	70	80
增加或减少的销售额的平均坏账损失率	8%	9%	12%

图 6-97　三种信用标准方案

（1）计算方案 A 各项目的数据，在计算时需要用到以下公式：

信用标准变化对利润的影响＝标准变化增加或减少的销售额×销售利润率

信用标准变化对机会成本的影响＝增加或减少的销售额的平均收款期/360×

标准变化增加或减少的销售额×

变动成本率×机会成本率

信用标准变化对坏账损失的影响＝标准变化增加或减少的销售额×

增加或减少的销售额的平均坏账损失率

信用标准变化带来的增量利润＝信用标准变化对利润的影响－

信用标准变化对机会成本的影响－

信用标准变化对坏账损失的影响

打开"6.4 营运资金数据分析与处理.xlsx"工作簿的"信用标准决策模型"表，在 B23 单元格中输入公式"＝B17*\$B\$7"，在 B24 单元格中输入公式"＝B18/360*B17*\$B\$5*\$B\$12"，在 B25 单元格中输入公式"＝B17*B19"，在 B26 单元格中输入公式"＝B23－B24－B25"，计算结果如图 6-98 所示。

（2）计算方案 B、方案 C 各项目的数据。选择 B23:B26 单元格区域，向右复制公式至 C23:C26 单元格区域，即可得到方案 B 和方案 C 的数据，如图 6-99 所示。

	A	B	C	D
1	信用标准决策模型			
2	目前经营状况及信用标准			
3	项目	数据		
4	销售收入（元）	300000		
5	变动成本率	60%		
6	利润（元）	70000		
7	销售利润率	25%		
8	信用标准	10%		
9	平均坏账损失率	5%		
10	信用条件	30天付清		
11	平均收款期（天）	45		
12	机会成本率	15%		
13				
14	新的信用标准方案有关数据			
15	项目	方案A	方案B	方案C
16	信用标准	5%	8%	15%
17	由于标准变化增加或减少的销售额（元）	-5000	6000	10000
18	增加或减少的销售额的平均收款期（天）	60	70	80
19	增加或减少的销售额的平均坏账损失率	8%	9%	12%
20				
21	分析			
22	项目	方案A	方案B	方案C
23	信用标准变化对利润的影响（元）	-1250		
24	信用标准变化对机会成本的影响（元）	-75		
25	信用标准变化对坏账损失的影响（元）	-400		
26	信用标准变化带来的增量利润（元）	-775		
27	结论			

图6-98　方案A的计算数据

	A	B	C	D
1	信用标准决策模型			
2	目前经营状况及信用标准			
3	项目	数据		
4	销售收入（元）	300000		
5	变动成本率	60%		
6	利润（元）	70000		
7	销售利润率	25%		
8	信用标准	10%		
9	平均坏账损失率	5%		
10	信用条件	30天付清		
11	平均收款期（天）	45		
12	机会成本率	15%		
13				
14	新的信用标准方案有关数据			
15	项目	方案A	方案B	方案C
16	信用标准	5%	8%	15%
17	由于标准变化增加或减少的销售额（元）	-5000	6000	10000
18	增加或减少的销售额的平均收款期（天）	60	70	80
19	增加或减少的销售额的平均坏账损失率	8%	9%	12%
20				
21	分析			
22	项目	方案A	方案B	方案C
23	信用标准变化对利润的影响（元）	-1250	1500	2500
24	信用标准变化对机会成本的影响（元）	-75	105	200
25	信用标准变化对坏账损失的影响（元）	-400	558	1200
26	信用标准变化带来的增量利润（元）	-775	837	1100
27	结论			

图6-99　方案B和方案C的计算数据

（3）输出结论。在B27单元格中输入公式"=IF(MAX(B26:D26)<=0,"采用目前的信用标准","采用"&INDEX(B22:D22,,MATCH(MAX(B26:D26),B26:D26)))"，按〈Enter〉键后，即可得出"采用方案C"的结论，如图6-100所示。

公式的含义为，如果方案A、B、C的增量利润都小于或等于0，就仍然采用目前的信用标准，否则，就选取方案A、B、C中增量利润最大的那个方案作为采用方案。公式中使用到的函数IF、MAX、INDEX和MATCH的用法，请参看第4章的相关内容。

B27　　　fx　=IF(MAX(B26:D26)<=0,"采用目前的信用标准","采用"&INDEX(B22:D22,,MATCH(MAX(B26:D26),B26:D26)))

	A	B	C	D	E	F	G
1	信用标准决策模型						
2	目前经营状况及信用标准						
3	项目	数据					
4	销售收入（元）	300000					
5	变动成本率	60%					
6	利润（元）	70000					
7	销售利润率	25%					
8	信用标准	10%					
9	平均坏账损失率	5%					
10	信用条件	30天付清					
11	平均收款期（天）	45					
12	机会成本率	15%					
13							
14	新的信用标准方案有关数据						
15	项目	方案A	方案B	方案C			
16	信用标准	5%	8%	15%			
17	由于标准变化增加或减少的销售额（元）	-5000	6000	10000			
18	增加或减少的销售额的平均收款期（天）	60	70	80			
19	增加或减少的销售额的平均坏账损失率	8%	9%	12%			
20							
21	分析						
22	项目	方案A	方案B	方案C			
23	信用标准变化对利润的影响（元）	-1250	1500	2500			
24	信用标准变化对机会成本的影响（元）	-75	105	200			
25	信用标准变化对坏账损失的影响（元）	-400	558	1200			
26	信用标准变化带来的增量利润（元）	-775	837	1100			
27	结论	采用方案C					

图6-100　输出结论

2. 信用条件决策模型

信用条件是企业要求赊购客户支付货款的条件，包括信用期限、折扣期限和现金折扣。信用期限是企业为客户规定的最长的付款时间界限，折扣期限为顾客规定的可享受现金折扣的付款时间，现金折扣是企业对客户在折扣期限内付款时给予的一种优惠。信用条件决策的方法是判断信用条件的变化是否能为企业带来正的增量利润，选取增量利润为正并且最大的方案为最佳方案。

视频演示6-18　信用条件决策模型

【例 6-18】　某企业拟改变信用条件，有三种可供选择的信用条件方案，相关数据如图 6-101 所示。请分析企业应采用哪个方案。具体的操作步骤如下。

信用条件决策模型

目前经营状况	
项目	**数据**
销售收入（元）	300000
变动成本率	60%
利润（元）	70000
销售利润率	25%
信用标准	10%
平均坏账损失率	5%
信用条件	30天付清
平均收款期（天）	45
机会成本率	15%

新的信用条件方案有关数据		
项目	**方案A**	**方案B**
信用条件	45天内付清，无现金折扣	3/10，n/30
由于信用条件变化增加或减少的销售额（元）	30000	35000
增加销售额的平均坏账损失率	10%	8%
需付现金折扣的销售额占总销售额的百分比	0%	60%
现金折扣率	0%	3%
平均收款期（天）	60	25

图 6-101　三种信用条件方案

(1)计算方案 A 各项目的数据。在计算时需要用到以下公式。

信用条件变化对利润的影响=信用条件变化增加或减少的销售额×销售利润率

信用条件变化对应收账款机会成本的影响=[（新方案的平均收款期−目前的平均收款期）/360×目前销售额+新方案的平均收款期/360×信用条件变化增加或减少的销售额]×变动成本率×机会成本率

信用条件变化对现金折扣成本的影响=（目前销售额+信用条件变化增加或减少的销售额）×需付现金折扣的销售额占总销售额的百分比×现金折扣率

信用条件变化对坏账损失的影响=信用条件变化增加或减少的销售额×增加销售额的平均坏账损失率

信用条件变化带来的增量利润=信用条件变化对利润的影响−信用条件变化对应收账款机会成本的影响−信用条件变化对现金折扣成本的影响−信用条件变化对坏账损失的影响

打开"6.4营运资金数据分析与处理.xlsx"工作簿的"信用条件决策模型"表，在B25单元格中输入公式"=B17*$B$7"，在B26单元格中输入公式"=((B21-$B$11)/360*$B$4+B21/360*B17)*$B$5*$B$12"，在B27单元格中输入公式"=($B$4+B17)*B19*B20"，在B28单元格中输入公式"=B17*B18"，在B29单元格中输入公式"=B25-B26-B27-B28"，计算结果如图6-102所示。

图6-102 方案A各项目的数据

（2）计算方案B各项目的数据。选择B25:B29单元格区域，向右复制公式至C25:C29单元格区域，即可得到方案B的数据，如图6-103所示。

图6-103 方案B各项目的数据

（3）输出结论。在 B30 单元格中输入公式"＝IF(AND(B29>0,C29>0),IF(B29>C29,"采用方案 A","采用方案 B"),IF(B29>0,"采用方案 A",IF(C29>0,"采用方案 B","采用目前的信用条件")))"，按〈Enter〉键后，即可得到"采用方案 B"的结论，如图 6-104 所示。

公式的含义为：如果两个方案的增量利润都为正值，就采用增量利润最大的方案；如果两个方案的增量利润是一正一负，就采用增量利润为正的方案；如果两个方案的增量利润都是负值，就采用目前的信用条件。公式中使用到的 IF 函数和 AND 函数的用法，请参看第 4 章的相关内容。

| | | fx | =IF(AND(B29>0,C29>0),IF(B29>C29,"采用方案A","采用方案B"),IF(B29>0,"采用方案A",IF(C29>0,"采用方案B","采用目前的信用条件"))) |

	A	B	C
1	信用条件决策模型		
2	目前经营状况		
3	项目	数据	
4	销售收入（元）	300000	
5	变动成本率	60%	
6	利润（元）	70000	
7	销售利润率	25%	
8	信用标准	10%	
9	平均坏账损失率	5%	
10	信用条件	30天付清	
11	平均收款期（天）	45	
12	机会成本率	15%	
13			
14	新的信用条件方案有关数据		
15	项目	方案A	方案B
16	信用条件	45天内付清，无现金折扣	2/10；n/30
17	由于信用条件变化增加或减少的销售额（元）	30000	35000
18	增加销售额的平均坏账损失率	10%	8%
19	需付现金折扣的销售额占总销售额的百分比	0%	60%
20	现金折扣率	0%	2%
21	平均收款期（天）	60	25
22			
23	分析		
24	项目	方案A	方案B
25	信用条件变化对利润的影响（元）	7500	8750
26	信用条件变化对应收账款机会成本的影响（元）	1575	-1281.25
27	信用条件变化对现金折扣成本的影响（元）	0	4020
28	信用条件变化对坏账损失的影响（元）	3000	2800
29	信用条件变化带来的增量利润（元）	2925	3211.25
30	结论	采用方案B	

图 6-104　输出结论

3. 收账政策决策模型

收账政策是指信用条件被违反时，企业采取的收账策略。企业要根据具体情况，采取合理的方法最大限度收回被拖欠的账款。收账政策决策的方法是判断收账政策是否为企业带来正的增量利润。

 视频演示 6-19　收账政策决策模型

【例 6-19】　某企业目前的收账政策采用方案一，现有方案二的收账政策，如图 6-105 所示。分析企业是否采用方案二的收账政策。具体的操作步骤如下。

（1）计算方案一的数据。在计算时需要用到以下公式：

应收账款的平均占用额＝销售收入/360×应收账款平均收款期

建议收账政策所节约的机会成本＝应收账款的平均占用额×变动成本率×机会成本率

坏账损失＝销售收入×坏账损失率

建议计划减少的坏账损失＝目前收账政策的坏账损失－建议收账政策的坏账损失

按建议收账政策所增加的收账费用＝建议收账政策的年收账费用－目前收账政策的年收账费用

建议收账政策可获得的净收益=建议收账政策所节约的机会成本+建议计划减少的坏账损失－
建议收账政策所增加的收账费用

打开"6.4 营运资金数据分析与处理.xlsx"工作簿的"收账政策决策模型"表，在 B16 单元格中输入公式"=$B$4/360*B11"，在 B18 单元格中输入公式"=$B$4*B12"，计算结果如图 6-106 所示。

图 6-105 两种收账政策方案

图 6-106 收账政策方案一的数据

（2）计算方案二各项目的数据。在 C16 单元格中输入公式"=$B$4/360*C11"，在 C17 单元格中输入公式"=(B16−C16)*B5*B6"，在 C18 单元格中输入公式"=$B$4*C12"，在 C19 单元格中输入公式"=B18−C18"，在 C20 单元格中输入公式"=C10−B10"，在 C21 单元格中输入公式"=C17+C19−C20"，计算结果如图 6-107 所示。

（3）输出结论。在单元格 B22 中输入公式"=IF(C21>0,"采用方案二","采用方案一")"，按〈Enter〉键后，得到结论为"采用方案二"，如图 6-108 所示。

图 6-107 收账政策方案二数据

图 6-108 输出结论

6.4.3 折旧函数

企业常用的折旧法包括直线折旧法(SLN 函数)、年数总和法(SYD 函数)、固定余额递减法(DB 函数)、双倍余额递减法(DDB 函数)、变数余额递减法(VDB 函数)。在进行固定资产投资分析时,选择适当的折旧方法是决策考虑的重要因素之一。财务部门通常需要制作几种固定资产折旧函数对比表,以便进行准确的决策。

1. 直线折旧法(SLN 函数)

(1)用途:计算某项资产在一个期间内的直线折旧值。

(2)语法:SLN(cost,salvage,life)

(3)参数含义:参数 cost 表示资产原值;参数 salvage 表示资产折旧期末时的值,也称资产残值;参数 life 表示资产的折旧期限,也称资产的使用寿命。

2. 年数总和法(SYD 函数)

(1)用途:使用年限总和折旧法,计算某项资产在指定期间内的折旧值。

(2)语法:SYD(cost,salvage,life,per)

(3)参数含义:参数 cost 表示资产原值;参数 salvage 表示资产折旧期末时的值,也称资产残值;参数 life 表示资产的折旧期限;参数 per 表示要计算的折旧时期,单位和参数 life 的相同。

3. 固定余额递减法(DB 函数)

(1)用途:使用固定余额递减法,计算某项资产在指定期间内的折旧值。

(2)语法:DB(cost,salvage,life,period,[month])

(3)参数含义:参数 cost 表示资产原值;参数 salvage 表示资产折旧期末时的值,也称资产残值;参数 life 表示资产的折旧期限;参数 period 表示要计算的折旧时期,单位和参数 life 的相同;参数 month 是可选的,表示第一年的月份数,如果省略,则默认值为12。

4. 双倍余额递减法(DDB 函数)

(1)用途:用双倍余额递减法或其他指定方法,计算某项资产在指定期间内的折旧值。

(2)语法:DDB(cost,salvage,life,period,[factor])

(3)参数含义:参数 cost 表示资产原值;参数 salvage 表示资产折旧期末时的值,也称资产残值;参数 life 表示资产的折旧期限;参数 period 表示要计算的折旧时期,单位和参数 life 的相同;参数 factor 是可选的,表示余额递减速率,如果省略,则默认值为2。

> **说明:** 双倍余额递减法是在不考虑固定资产残值的情况下,将固定资产使用年限最后两年的前面各年,用年限平均法(直线折旧法)折旧率的两倍作为固定的折旧率乘以逐年递减的固定资产期初净值,得出各年应提折旧额的方法;在固定资产使用年限的最后两年改用年限平均法,将倒数第二年年初的固定资产账面净值扣除预计净残值后的余额在这两年平均分摊。

5. 变数余额递减法(VDB 函数)

(1)用途:使用双倍余额递减法或其他指定方法,计算某项资产在指定期间(包括部分期间)内的折旧值。函数 VDB 代表可变余额递减法。

(2)语法:VDB(cost,salvage,life,start_period,end_period,[factor],[no_switch])

（3）参数含义：参数 cost 表示资产原值；参数 salvage 表示资产折旧期末时的值，也称资产残值；参数 life 表示资产的折旧期限；参数 period 表示要计算的折旧时期，单位和参数 life 的相同；参数 start_period 表示要计算折旧的起始时期，单位和参数 life 的相同；参数 end_period 表示要计算折旧的终止时期，单位和参数 life 的相同；参数 factor 表示余额递减速率，如果省略，则默认值为 2；参数 no_switch 表示逻辑值，指定当折旧值大于余额递减计算值时，是否转用直线折旧法。如果参数 no_switch 为 TRUE，即使折旧值大于余额递减计算值，Excel 也不转用直线折旧法；如果参数 no_switch 为 FALSE 或省略，且折旧值大于余额递减计算值时，Excel 将转用直线折旧法。

【例 6-20】 某公司的固定资产原值为 80 万元，预计使用年限为 10 年，资产残值为 5 万元，请用直线折旧法、年数总和法、固定余额递减法、双倍余额递减法、变数余额递减法分别计算每年的折旧额。具体的操作步骤如下。

视频演示 6-20 计算每年的折旧额

（1）在工作簿"6.4 营运资金数据分析与处理.xlsx"中新建一个表格，重命名为"折旧函数"。把原始数据输入表格中并设置表格的格式，如图 6-109 所示。

	A	B	C	D	E	F	G	H	I	J	K
1	固定资产原值	使用年限	资产残值								
2	800000	10	50000								
3											
4	折旧法	直线折旧法（SLN）		年数总和法（SYD）		固定余额递减法（DB）		双倍余额递减法（DDB）		变数余额递减法（VDB）	
5	年数	折旧金额	剩余价值	折旧金额	剩余价值	折旧金额	剩余价值	折旧金额	剩余价值	折旧金额	剩余价值
6	0										
7	1										
8	2										
9	3										
10	4										
11	5										
12	6										
13	7										
14	8										
15	9										
16	10										

图 6-109 设置"折旧函数"表格

（2）用直线折旧法计算折旧金额和剩余价值。在 B6 单元格中输入"0"，在 B7 单元格中输入公式"=SLN($A$2,$C$2,$B$2)"，按〈Enter〉键后，从 B7 单元格向下复制公式至 B16 单元格，得到折旧金额；在 C6 单元格中输入公式"=$A$2-SUM($B$6:B6)"，按〈Enter〉键后，从 C6 单元格向下复制公式至 C16 单元格，得到剩余价值，如图 6-110 所示。

B7 | =SLN($A$2,$C$2,$B$2)

	A	B	C	D	E	F	G	H	I	J	K
1	固定资产原值	使用年限	资产残值								
2	800000	10	50000								
3											
4	折旧法	直线折旧法（SLN）		年数总和法（SYD）		固定余额递减法（DB）		双倍余额递减法（DDB）		变数余额递减法（VDB）	
5	年数	折旧金额	剩余价值	折旧金额	剩余价值	折旧金额	剩余价值	折旧金额	剩余价值	折旧金额	剩余价值
6	0	0	800000								
7	1	75000	725000								
8	2	75000	650000								
9	3	75000	575000								
10	4	75000	500000								
11	5	75000	425000								
12	6	75000	350000								
13	7	75000	275000								
14	8	75000	200000								
15	9	75000	125000								
16	10	75000	50000								

图 6-110 用 SLN 函数计算折旧金额和剩余价值

（3）用年数总和法计算折旧金额和剩余价值。在 D6 单元格中输入"0"，在 D7 单元格中输入公式"=SYD($A$2,$C$2,$B$2,A7)"，按〈Enter〉键后，从 D7 单元格向下复制公式至 D16 单元格，得到折旧金额；在 E6 单元格中输入公式"=$A$2-SUM($D$6:D6)"，按〈Enter〉键后，从 E6 单元格向下复制公式至 E16 单元格，得到剩余价值，如图 6-111 所示。

	A	B	C	D	E	F	G	H	I	J	K
				D7 =SYD($A$2,$C$2,$B$2,A7)							
1	固定资产原值	使用年限	资产残值								
2	800000	10	50000								
3											
4	折旧法	直线折旧法（SLN）		年数总和法（SYD）		固定余额递减法（DB）		双倍余额递减法（DDB）		变数余额递减法（VDB）	
5	年数	折旧金额	剩余价值	折旧金额	剩余价值	折旧金额	剩余价值	折旧金额	剩余价值	折旧金额	剩余价值
6	0	0	800000	0	800000						
7	1	75000	725000	136364	663636						
8	2	75000	650000	122727	540909						
9	3	75000	575000	109091	431818						
10	4	75000	500000	95455	336364						
11	5	75000	425000	81818	254545						
12	6	75000	350000	68182	186364						
13	7	75000	275000	54545	131818						
14	8	75000	200000	40909	90909						
15	9	75000	125000	27273	63636						
16	10	75000	50000	13636	50000						

图 6-111　用 SYD 函数计算折旧金额和剩余价值

（4）用固定余额递减法计算折旧金额和剩余价值。在 F6 单元格中输入"0"，在 F7 单元格中输入公式"=DB($A$2,$C$2,$B$2,A7)"，按〈Enter〉键后，从 F7 单元格向下复制公式至 F16 单元格，得到折旧金额；在 G6 单元格中输入公式"=$A$2-SUM($F$6:F6)"，按〈Enter〉键后，从 G6 单元格向下复制公式至 G16 单元格，得到剩余价值，如图 6-112 所示。

	A	B	C	D	E	F	G	H	I	J	K
						F7 =DB($A$2,$C$2,$B$2,A7)					
1	固定资产原值	使用年限	资产残值								
2	800000	10	50000								
3											
4	折旧法	直线折旧法（SLN）		年数总和法（SYD）		固定余额递减法（DB）		双倍余额递减法（DDB）		变数余额递减法（VDB）	
5	年数	折旧金额	剩余价值	折旧金额	剩余价值	折旧金额	剩余价值	折旧金额	剩余价值	折旧金额	剩余价值
6	0	0	800000	0	800000	0	800000				
7	1	75000	725000	136364	663636	193600	606400				
8	2	75000	650000	122727	540909	146749	459651				
9	3	75000	575000	109091	431818	111236	348416				
10	4	75000	500000	95455	336364	84317	264099				
11	5	75000	425000	81818	254545	63912	200187				
12	6	75000	350000	68182	186364	48445	151742				
13	7	75000	275000	54545	131818	36722	115020				
14	8	75000	200000	40909	90909	27835	87185				
15	9	75000	125000	27273	63636	21099	66087				
16	10	75000	50000	13636	50000	15993	50094				

图 6-112　用 DB 函数计算折旧金额和剩余价值

（5）用双倍余额递减法计算折旧金额和剩余价值。在 H6 单元格中输入"0"，在 H7 单元格中输入公式"=DDB($A$2,$C$2,$B$2,A7)"，按〈Enter〉键后，从 H7 单元格向下复制公式至 H14 单元格，得到前 8 年的折旧金额，如图 6-113 所示。在 H15 单元格中输入公式"=($A$2-SUM($H$7:$H$14)-$C$2)/2"，按〈Enter〉键后，从 H15 单元格向下复制公式至 H16 单元格，得到最后两年的折旧金额，如图 6-114 所示。在 I6 单元格中输入公式"=$A$2-SUM($H$6:H6)"，按〈Enter〉键后，从 I6 单元格向下复制公式至 I16 单元格，得到剩余价值，如图 6-115 所示。

H7 | =DDB($A$2,$C$2,$B$2,A7)

固定资产原值	使用年限	资产残值
800000	10	50000

年数\折旧法	直线折旧法（SLN）		年数总和法（SYD）		固定余额递减法（DB）		双倍余额递减法（DDB）		变数余额递减法（VDB）	
	折旧金额	剩余价值	折旧金额	剩余价值	折旧金额	剩余价值	折旧金额	剩余价值	折旧金额	剩余价值
0	0	800000	0	800000	0	800000	0			
1	75000	725000	136364	663636	193600	606400	160000			
2	75000	650000	122727	540909	146749	459651	128000			
3	75000	575000	109091	431818	111236	348416	102400			
4	75000	500000	95455	336364	84317	264099	81920			
5	75000	425000	81818	254545	63912	200187	65536			
6	75000	350000	68182	186364	48445	151742	52429			
7	75000	275000	54545	131818	36722	115020	41943			
8	75000	200000	40909	90909	27835	87185	33554			
9	75000	125000	27273	63636	21099	66087				
10	75000	50000	13636	50000	15993	50094				

图 6-113　用 DDB 函数计算前 8 年折旧金额

H15 | =($A$2-SUM($H$7:$H$14)-$C$2)/2

固定资产原值	使用年限	资产残值
800000	10	50000

年数\折旧法	直线折旧法（SLN）		年数总和法（SYD）		固定余额递减法（DB）		双倍余额递减法（DDB）		变数余额递减法（VDB）	
	折旧金额	剩余价值	折旧金额	剩余价值	折旧金额	剩余价值	折旧金额	剩余价值	折旧金额	剩余价值
0	0	800000	0	800000	0	800000	0			
1	75000	725000	136364	663636	193600	606400	160000			
2	75000	650000	122727	540909	146749	459651	128000			
3	75000	575000	109091	431818	111236	348416	102400			
4	75000	500000	95455	336364	84317	264099	81920			
5	75000	425000	81818	254545	63912	200187	65536			
6	75000	350000	68182	186364	48445	151742	52429			
7	75000	275000	54545	131818	36722	115020	41943			
8	75000	200000	40909	90909	27835	87185	33554			
9	75000	125000	27273	63636	21099	66087	42109			
10	75000	50000	13636	50000	15993	50094	42109			

图 6-114　用 DDB 函数计算最后两年折旧金额

I6 | =$A$2-SUM($H$6:H6)

固定资产原值	使用年限	资产残值
800000	10	50000

年数\折旧法	直线折旧法（SLN）		年数总和法（SYD）		固定余额递减法（DB）		双倍余额递减法（DDB）		变数余额递减法（VDB）	
	折旧金额	剩余价值	折旧金额	剩余价值	折旧金额	剩余价值	折旧金额	剩余价值	折旧金额	剩余价值
0	0	800000	0	800000	0	800000	0	800000		
1	75000	725000	136364	663636	193600	606400	160000	640000		
2	75000	650000	122727	540909	146749	459651	128000	512000		
3	75000	575000	109091	431818	111236	348416	102400	409600		
4	75000	500000	95455	336364	84317	264099	81920	327680		
5	75000	425000	81818	254545	63912	200187	65536	262144		
6	75000	350000	68182	186364	48445	151742	52429	209715		
7	75000	275000	54545	131818	36722	115020	41943	167772		
8	75000	200000	40909	90909	27835	87185	33554	134218		
9	75000	125000	27273	63636	21099	66087	42109	92109		
10	75000	50000	13636	50000	15993	50094	42109	50000		

图 6-115　用 DDB 函数计算剩余价值

（6）用变数余额递减法计算折旧金额和剩余价值。在 J6 单元格中输入"0"，在 J7 单元格中输入公式"=VDB($A$2,$C$2,$B$2,A6,A7)"，按〈Enter〉键后，从 J7 单元格向下复制公式至 J16 单元格，得到折旧金额；在 K6 单元格中输入公式"=$A$2-SUM($J$6:J6)"，按〈Enter〉键后，从 K6 单元格向下复制公式至 K16 单元格，得到剩余价值，如图 6-116 所示。

| J7 | ▾ | : | × | ✓ | *fx* | =VDB($A$2, $C$2, $B$2, A6, A7) |

	A	B	C	D	E	F	G	H	I	J	K
1	固定资产原值	使用年限	资产残值								
2	800000	10	50000								
3											
4	折旧法 年数	直线折旧法（SLN）		年数总和法（SYD）		固定余额递减法（DB）		双倍余额递减法（DDB）		变数余额递减法（VDB）	
5		折旧金额	剩余价值	折旧金额	剩余价值	折旧金额	剩余价值	折旧金额	剩余价值	折旧金额	剩余价值
6	0	0	800000	0	800000	0	800000	0	800000	0	800000
7	1	75000	725000	136364	663636	193600	606400	160000	640000	160000	640000
8	2	75000	650000	122727	540909	146749	459651	128000	512000	128000	512000
9	3	75000	575000	109091	431818	111236	348416	102400	409600	102400	409600
10	4	75000	500000	95455	336364	84317	264099	81920	327680	81920	327680
11	5	75000	425000	81818	254545	63912	200187	65536	262144	65536	262144
12	6	75000	350000	68182	186364	48445	151742	52429	209715	52429	209715
13	7	75000	275000	54545	131818	36722	115020	41943	167772	41943	167772
14	8	75000	200000	40909	90909	27835	87185	33554	134218	39257	128515
15	9	75000	125000	27273	63636	21099	66087	42109	92109	39257	89257
16	10	75000	50000	13636	50000	15993	50094	42109	50000	39257	50000

图 6-116 用 VDB 函数计算折旧金额和剩余价值

第7章　Excel 在市场调查分析中的应用

知识目标

　　本章主要介绍 Excel 在市场调查分析方面的应用，包括数据整理和图示、数据静态分析、数据动态分析、随机抽样、参数估计、相关分析和回归分析等。

　　本章重点：参数估计；相关分析和回归分析。

　　本章难点：参数估计；相关分析和回归分析。

7.1　市场调查数据整理和图示制作

　　市场调查数据整理是根据市场分析研究的需要，对市场调查获得的大量原始资料进行审核、分组、汇总、列表的过程。市场调查数据整理的最终结果往往以某种形式呈现出来，如表格、柱形图、条形图、直方图、散点图等。下面介绍数据整理工作中常用的数据分组、频数统计和统计图制作的方法。

7.1.1　数据分组和频数统计

　　数据分组是根据统计研究的任务，按照一定的标志，将统计总体区分为多个性质相同的组。简单说，数据分组就是把总体中性质相同的数据归并在一起，把性质不同的数据区分开来。数据分组的方法包括按照属性标志分组和按变量标志分组。按照属性标志分组是根据属性取值的不同分为若干个分组；按变量标志分组是根据变量的值划分为多个区间组。

在数据分组的基础上，统计出各个分组的数据个数为该组的频数，各分组的频数之和等于数据的总个数。通过对每组频数的统计，可以看出数据的大体分布情况。例如，已知一批学生参加某门课程考试的成绩，要了解该课程的考试质量，可以将成绩划分为 90 分以上、80~89 分、70~79 分、60~69 分以及 60 分以下共五个分数段，统计每个分数段的学生人数，从而大致看出学生成绩的分布情况。

在 Excel 中，可以使用条件计数函数（COUNTIFS 函数）或者频数函数（FREQUENCY 函数）来统计数据分组的频数。

1. 利用 COUNTIFS 函数进行频数统计

COUNTIFS 函数计算满足一定条件的数据个数。通过构造一个包含 COUNTIFS 函数的公式，可以计算出各个区间的频数。有关 COUNTIFS 函数的详述，参见第 4 章的相关内容。

视频演示7-1　统计销售量位于各个区间的月份数

【例 7-1】　调查某商场的商品销售数据，抽取各月份的空调销售数量。现将销售量划分为四个区间：0~100，100~200，200~300，300~400，统计出销售量位于各个区间的月份个数。

分析：本例中，空调销售量最低的是 45，最大的是 310，不同月份的销售量相差较大，所以应将性质相似的数据分为同一组，考虑将销售量划分为四个区间：0~100，100~200，200~300，300~400，每个区间包含区间的上限值，不包含下限值，对销售量按照这四个区间进行分组。以下操作将各个区间的频数统计结果分别存放在 F2:F5 单元格区域。具体操作步骤如下。

（1）计算销售量在 0~100 区间的频数（即月份个数）。在 F2 单元格输入公式"= COUNTIFS(B2:B13,"<=100")"，按〈Enter〉键。

（2）计算销售量在 100~200 区间的频数。在 F3 单元格输入公式"= COUNTIFS(B2: B13,">100",B2:B13,"<=200")"，按〈Enter〉键。

（3）计算销售量在 200~300 区间的频数。在 F4 单元格输入公式"= COUNTIFS(B2: B13,">200",B2:B13,"<=300")"，按〈Enter〉键。

（4）计算销售量在 300~400 区间的频数。在 F5 单元格输入公式"=COUNTIFS(B2:B13,">300",B2:B13,"<=400")"，按〈Enter〉键。

完成以上操作后，得到各个区间段的频数统计结果，如图 7-1 所示。

	E	F
1	范围	频数
2	≤100	5
3	100~200	4
4	200~300	2
5	300~400	1

图 7-1　频数统计结果

2. 利用 FREQUENCY 函数进行频数统计

另一种频数统计方法是组距式分组的频数统计。组距式分组是将变量按照一定的数量或质量关系划分为多个区间段，并把一个区间段的所有变量值归为一组，形成组距式变量数列。区间段的距离就是组距。根据分组时所有组距的大小关系，组距式分组通常分为等距分组和不等距分组。等距分组就是分组标志在各组中都有相同的组距；不等距分组是分组标志在各组中的组距不完全相同。

在 Excel 中，利用 FREQUENCY 函数可以统计组距式分组的频数。FREQUENCY 函数的语法为"FREQUENCY（Data_array，Bins_array）"。其中，参数 Data_array 指定要分组的原始数据所在的区域引用。参数 Bins_array 指定区间数组或对区间的引用。

视频演示7-2　对课程成绩的总体水平进行频数统计

【例7-2】　随机抽取 2020 级 50 个学生期末考试的高等数学成绩，对该课程成绩的总体水平进行频数统计，具体操作过程如下。

（1）确定组数和组上限值。根据大学中常见的分数等级划分规则，将高等数学成绩分为五个等级：90 分以上、80~89 分、70~79 分、60~69 分和 60 分以下，分别表示优秀、良好、中等、及格和不及格。因此，确定组数为 5，组上限分别为 100、89、79、69、59。在 Sheet1 工作表的 C3:C7 单元格区域输入图 7-2 所示的 C 列分组区的内容。

（2）计算各分数段的人数，存放到 E3:E7 单元格区域。选中 E3:E7 单元格区域，在编辑栏输入公式"=FREQUENCY（A2:A51,C3:C7）"，然后按〈Ctrl+Shift+Enter〉组合键，执行数组公式，即可得到各组的频数，即各分数段的人数，如图 7-3 所示的 E 列的结果。

（3）利用数组公式计算各组的频率。频率=频数/总人数。选中 F3:F7 单元格区域，在编辑栏输入公式"=E3:E7/50"，然后按〈Ctrl+Shift+Enter〉组合键，执行数组公式，得到对应的频率，如图 7-3 所示的 F 列的结果。

B	C	D	E	F
		成绩分析区		
	组上限	分数段	频数(人数)	频率
	59	<60		
	69	60~69		
	79	70~79		
	89	80~89		
	100	90~100		

图7-2　分组区的初始数据

B	C	D	E	F
		成绩分析区		
	组上限	分数段	频数(人数)	频率
	59	<60	4	0.08
	69	60~69	3	0.06
	79	70~79	16	0.32
	89	80~89	20	0.4
	100	90~100	7	0.14

图7-3　频数和频率统计结果

7.1.2　频数统计直方图的制作

利用函数统计各种频数的操作比较复杂，而且统计结果缺乏直观的表示。利用"数据分析"工具的"直方图"功能，可以快速计算各组的频数，并以直方图形式展示，还可以输出更多的结果。

视频演示7-3　制作频数统计直方图

【例7-3】　利用例 7-2 的高等数学成绩和分组数据，制作频数统计直方图。具体的操作步骤如下。

（1）加载"数据分析"工具库。在默认情况下，Excel 不显示"数据分析"工具库。要显示该工具库，需要单击"文件"选项卡，选择"选项"，打开"Excel 选项"对话框，在左侧选择"加载项"，在列表中选择"分析工具库"，单击"转到"按钮，打开"加载项"对话框，单击选中"分析工具库"复选按钮，如图 7-4 所示，再单击"确定"按钮。

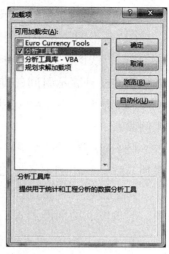

（2）单击 Sheet1 工作表的任一个空白的单元格，如 C2 单元格，选择"数据"选项卡下"分析"组中的"数据分析"按钮，打开"数据分析"对话框，在"分析工具"列表框中选择"直方图"，再单击"确定"按钮，打开"直方图"对话框，如图 7-5 所示。在该对话框中，设置各参数的值如下。

1）输入区域：选择 A2:A51 单元格区域为原始数据所在的区域。

图 7-4　"加载项"对话框

2）接收区域：选择 C3:C7 单元格区域为各分组的上限值所在区域。

3）输出区域：选择 C10 单元格，表示从该单元格开始输出直方图结果。

4）单击选中"图表输出"复选按钮，表示输出直方图。还可以单击选中"柏拉图""累积百分率"复选按钮。

设置好各个参数后，单击"确定"按钮，输出直方图结果，如图 7-6 所示。其中，"接收"列的值是各分组的上限值，"频率"列的值就是频数。

图 7-5　"直方图"对话框

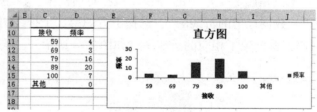

图 7-6　直方图结果

从图 7-6 中的直方图中可以直观地看出，70~79 分、80~89 分范围的学生人数较多，其他分数段的学生人数相对较少。

7.1.3　市场调查数据的图示制作

Excel 提供了丰富的图表功能，可以将工作表的数据以图形形式表示。在统计分析中，使用较多的图表有柱形图、条形图、折线图、饼图和面积图等图表类型。各种图表类型应用于不同表现形式的数据关系。下面介绍主要的图表类型和创建图表的基本方法。

1. 图表类型简介

（1）柱形图。柱形图，即直方图，用于显示某一段时间内数据的变化，或者比较各数据项之间的差别。横轴表示分类或时间，纵轴表示数值。

（2）条形图。条形图用于显示各个项目之间的比较情况，纵轴表示分类，横轴表示值。

（3）折线图。折线图用于显示数据的变化趋势，通常用来分析数据随时间的变化趋势。折线图的横轴表示时间的推移，而纵轴表示不同时刻的数值。

（4）饼图。饼图表示各组成部分在总体中所占的百分比，用来强调部分和总体之间的比例关系。

（5）面积图。面积图一般用于显示不同数据系列之间的对比关系，同时也显示各数据系列与整体的比例关系，强调随时间变化的幅度。

除了上述几种常用图表之外，Excel 提供的标准图表类型还有圆环图、气泡图、雷达图、股价图、曲面图和 XY 散点图等。

2. Excel 2019 图表的创建

在 Excel 中创建图表的常用方法是使用"图表向导"，根据操作提示，逐步完成图表的创建过程，具体分为三个步骤：①选择图表的数据源；②插入图表；③设置图表元素的格式。

视频演示 7-4　绘制就业人数折线图

【例 7-4】　根据我国 2000—2016 年的就业人数，绘制折线图。具体的操作步骤如下。

（1）选择图表的数据源所在区域 A2:B19，单击"插入"选项卡下"图表"组中的"推荐的图表"按钮，打开"插入图表"对话框，在对话框中单击"所有图表"选项卡，在左侧选择"折线图"，如图 7-7 所示。

（2）在图 7-7 所示的"插入图表"对话框中，在左侧选择"折线图"，右侧选择图表类型为"带数据标记的折线图"，选择下方的第二个折线图样式，参见图 7-7，然后单击"确定"按钮，就创建了相应的折线图，如图 7-8 所示。

图 7-7　"插入图表"对话框

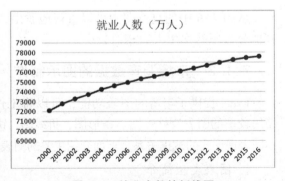

图 7-8　就业人数的折线图

7.2　市场调查数据分析

在统计分析中，对于市场调查获得的大量数据，要全面了解数据分布的特征，首先要对数据的基本特征进行分析，其次对数据随时间变化的趋势进行分析，找出其变化规律，才能进行有效的决策。市场调查数据分析包括市场调查数据静态分析和市场调查数据动态分析。

7.2.1　市场调查数据静态分析

市场调查数据静态分析可以从数据分布的集中趋势、数据分布的离散程度、数据分布的形状三个方面的指标进行描述和分析。

1. 描述数据集中趋势的统计指标

集中趋势是指一组数据向其中心值靠拢的倾向和程度，它反映了一组数据中心点的位置所在。描述集中趋势的统计指标有算术平均数、几何平均数、调和平均数、众数、中位数等。这些统计指标的计算公式和含义如表 7-1 所示。

表 7-1　集中趋势统计指标的计算公式和含义

指标名	计算公式	含义和说明
算术平均数	$\bar{x} = \dfrac{\sum x_i}{n}$	求 n 个样本数据的算术平均值。n 为样本数量，x_i 为样本数据
几何平均数	$G = \sqrt[n]{\prod x_i}$	几何平均值是 n 个样本数据相乘之积开 n 次方所得的方根。n 为样本数量，x_i 为样本数据
调和平均数	$H = \dfrac{1}{\dfrac{1}{n}\sum \dfrac{1}{x_i}}$	调和平均值是 n 个样本数据倒数的算术平均值的倒数。n 为样本数量，x_i 为样本数据
中位数	$M_e = \begin{cases} x\left(\dfrac{n+1}{2}\right),\ n\ \text{为奇数时} \\ \dfrac{1}{2}\left[x\left(\dfrac{n}{2}\right) + x\left(\dfrac{n+1}{2}\right)\right],\ n\ \text{为偶数时} \end{cases}$	假设 $x(1)$，$x(2)$，…，$x(n)$ 是从小到大排列好的有序样本数据；中位数是位于有序数列的中间位置的值
众数	$M_0 = L + \dfrac{f_b}{f_a + f_b} \cdot i$ 或 $M_0 = U - \dfrac{f_b}{f_a + f_b} \cdot i$	众数是一组数据中出现次数最多的那个数据。式中 L 表示众数所在组的下限；U 表示众数所在组的上限；f_b 表示众数所在组的次数与其下限的邻组的次数之差；f_a 表示众数所在组的次数与其上限的邻组的次数之差；i 表示众数所在组的组距。注：此公式用于采用组距统计数据出现次数的情形。

提示：表 7-1 的计算公式适用于未分组的样本数据序列。

2. 描述数据离散程度的统计指标

离散程度反映了各样本值离其中心值的程度，是数据分布的另一个基本特征。离散程度从另一个角度说明了集中趋势测度值的代表程度。数据的离散程度越大，集中趋势测度值对该组数据的代表性就越差；数据的离散程度越小，集中趋势测度值的代表性就越好。度量离散程度的统计指标主要有方差、标准差和四分位差。表7-2列出了主要的离散程度指标的计算公式和含义。

表7-2　离散程度指标的计算公式和含义

指标名	计算公式	含义和说明
标准差	$\sigma = \sqrt{\dfrac{\sum_{i=1}^{n}(x_i - \bar{x})^2}{n}}$	标准差是各样本值与其算术平均值之差平方的算术平均值的平方根，表示样本值对算术平均值的平均距离。标准差是对数据离散程度的最常用测度值；n 为样本数量，x_i 为第 i 个样本数据，$\bar{x}$ 是平均数
方差	$\sigma^2 = \dfrac{\sum_{i=1}^{n}(x_i - \bar{x})^2}{n}$	方差是各样本值与其算术平均值之差平方的算术平均值，方差较好地反映出数据的离散程度；n 为样本数量，x_i 为第 i 个样本数据，$\bar{x}$ 是平均数
四分位差	$Q_d = Q_3 - Q_1$	四分位差是第三个四分位值与第一个四位位值之差；Q_1 代表第一个四分位的值，其位置是 $(n+1)/4$；Q_3 是第三个四分位的值，其位置是 $3(n+1)/4$

提示：表7-2的计算公式适用于未分组的样本数据序列。

3. 描述数据分布形状的统计指标

分布形状的统计指标用于描述数据分布的形状是否对称、偏斜的程度，以及分布的扁平程度。分布形状的统计指标主要有偏度和峰度。

（1）偏度。偏度是数据分布对称性的度量。如果一组数据的分布是对称的，则偏度为0；如果偏度大于0，表明数据分布为右偏分布；如果偏度小于0，表明分布为左偏分布。偏度越大，表明偏斜的程度越大。偏度的计算公式为：

$$S_k = \frac{n\sum_{i=1}^{n}(x_i - \bar{x})^3}{(n-1)(n-2)\sigma^3}$$

（2）峰度。峰度是数据分布平峰或尖峰程度的测度。若一组数据服从标准正态分布，则峰度值为0；若峰度值明显不等于0，则表明分布比正态分布更平坦或更尖。峰度的计算公式为：

$$K = \frac{n(n+1)\sum_{i=1}^{n}(x_i - \bar{x})^4 - 3(n-1)\left[\sum_{i=1}^{n}(x_i - \bar{x})^2\right]^2}{(n-1)(n-2)(n-3)\sigma^4}$$

4. Excel 的统计指标函数

Excel 提供了上述统计指标的计算函数，利用这些函数可以快速计算出相应的统计指标的值，如表7-3所示。

表 7-3　Excel 2019 的统计指标函数

函数功能	函数格式	说明
算术平均数	AVERAGE(number1,[number2],…)	返回区域内一组数据的平均值
几何平均数	GEOMEAN(number1,[number2],…)	返回一组正数数据区域的几何平均值
调和平均数	HARMEAN(number1,[number2],…)	返回一组数据的调和平均值
中位数	MEDIAN(number1,[number2],…)	返回一组数据的中值
众数	MODE(number1,[number2],…)	返回数据区域中出现频率最高的值
标准差	STDEV(number1,[number2],…)	计算一组数据的标准差
方差	VAR(number1,[number2],…)	计算一组数据的方差
四分位值	QUARTILE(array,quart)	根据 0 到 1 之间的百分点值(包含 0 和 1)返回一组数据的四分位数。quart 指定返回哪个分位的值,其值为 0、1、2、3、4,分别表示取最小值、第一个四分位数、中分位数、第三个四分位数、最大值
偏度	SKEW(number1,[number2],…)	返回一组数据分布的偏度
峰度	KURT(number1,[number2],…)	返回一组数据的峰度

5. 用 Excel 的数据分析工具进行描述统计分析

利用 Excel 2019 的"数据分析"工具的"描述统计"功能,可以快速计算出上述各种静态描述统计指标的值。

视频演示 7-5　计算静态描述统计指标的值

【例 7-5】 以例 7-2 的 50 位学生的高等数学成绩为例,计算静态描述统计指标的值,具体的操作步骤如下。

(1)单击"数据"选项卡下"分析"组中的"数据分析"按钮,打开"数据分析"对话框,如图 7-9 所示;选择"描述统计",然后单击"确定"按钮,打开"描述统计"对话框,如图 7-10 所示。

提示:如果没有显示"数据分析"工具,参考前面 7.1.2 小节的方法加载"数据分析"工具。

(2)在图 7-10 所示的"描述统计"对话框中,设置输入区域、输出区域的值,并单击选中有关的复选按钮,参见图 7-10。设置完参数后,单击"确定"按钮,即可得到各个描述统计指标的值,如图 7-11 所示的 F 列和 G 列的结果。

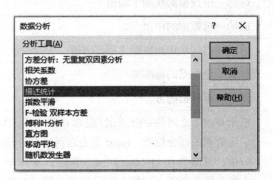

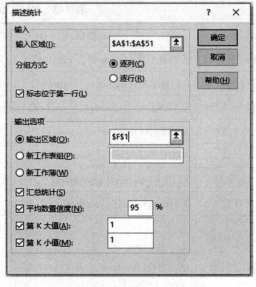

图7-9　"数据分析"对话框　　　　　图7-10　"描述统计"对话框

	A	B	C	D	E	F	G
1	高等数学成绩					高等数学成绩	
2	63		算术平均数	77.52			
3	73		几何平均数	76.55120859		平均	77.52
4	45		调和平均数	75.42725138		标准误差	1.635134645
5	82		中位数	80		中位数	80
6	80		众数	80		众数	80
7	70		标准差	11.56214795		标准差	11.56214795
8	88		方差	133.6832653		方差	133.6832653
9	80		四分位差	10.75		峰度	1.314392432
10	92		偏度	-0.98085035		偏度	-0.98085035
11	84		峰度	1.314392432		区域	53
12	95					最小值	45
13	82					最大值	98
14	75					求和	3876
15	71					观测数	50
16	70					最大(1)	98
17	80					最小(1)	45
18	78					置信度(95.0%)	3.285926091
19	80						

图7-11　各个描述统计指标的值

对于图7-11中的各个统计指标，也可以用表7-3所列的函数进行计算。各统计指标的计算如下：

算术平均数：=AVERAGE(A2:A51)；

几何平均数：=GEOMEAN(A2:A51)；

调和平均数：=HARMEAN(A2:A51)；

中位数：=MEDIAN(A2:A51)；

众数：=MODE(A2:A51)；

标准差：=STDEV(A2:A51)；

方差：=VAR(A2:A51)；

偏度：=SKEW(A2:A51)；

峰度：=KURT(A2:A51)；

四分位差：=QUARTILE. INC(A2:A51,3)- QUARTILE. INC(A2:A51,1)。

计算结果参见图 7-11 的 D 列内容。

7.2.2 市场调查数据动态分析

在市场调查中，按照时间顺序对现象进行观测并记录下来的一组数值，称为时间序列。其数据随时间变化而动态变化，例如，每天的股票价格，每年的国民生产总值等。本小节介绍时间序列的动态分析指标的计算，这些动态分析指标有发展水平、平均发展水平、增长量、平均增长量、发展速度、增长速度、平均发展速度、平均增长速度等。

1. 发展水平和平均发展水平

发展水平就是时间序列中记录下来的各个观测值。设时间长度为 n，时间 t_1，t_2，$\cdots$，t_n，对应的观测值表示为 Y_1，Y_2，$\cdots$，Y_n，其中 Y_1 称为最初发展水平，Y_n 称为最末发展水平。各时间的观测值 Y_1，Y_2，$\cdots$，Y_n 与某个特定时间 t_0 的观测值 Y_0 作比较时，其中 Y_0 称为基期水平，Y_1，Y_2，$\cdots$，Y_n 称为报告期水平。平均发展水平是现象在时间 $t_i(i=1$，2，$\cdots$，$n)$上各期观察值 Y_i 的平均数。

2. 增长量和平均增长量

增长量是时间序列中的报告期水平与基期水平之差，用于描述现象在一定时期内增长的绝对量。若增长量为正数，表示增长；若增长量为负数，则表示为下降或减少。

由于采用的基期不同，增长量有逐期增长量和累积增长量之分。设时间序列的观测值为 Y_1，Y_2，$\cdots$，Y_n，增长量为 ΔY_i，增长量和累积增长量的计算公式如下：

$$逐期增长量\ \Delta Y_i = Y_i - Y_{i-1}(i=1，2，\cdots，n)$$
$$累积增长量\ \Delta Y_i = Y_i - Y_0(i=1，2，\cdots，n)$$

平均增长量是观察期内各个逐期增长量的平均数，用于描述在观察期内平均增长的数量，计算公式如下：

$$平均增长量 = \frac{逐期增长量之和}{逐期增长量个数} = \frac{最末期累积增长量}{观察值个数 - 1} = \frac{Y_n - Y_0}{n-1}$$

视频演示 7-6 计算累积增长量、年平均增长量

【例 7-6】 根据我国 2005 年到 2016 年各年的国内生产总值资料，计算各年逐期增长量、以 2005 年为基期的累积增长量、年平均增长量，具体的操作步骤如下。

(1)计算各年逐期增长量。在 C3 单元格中输入公式"=B3-B2"，按〈Enter〉键。然后将 C3 单元格的公式向下复制到 C13 单元格。

(2)计算各期累积增长量。在 D3 单元格中输入公式"=B3-$B$2"，按〈Enter〉键。然后将 D3 单元格的公式向下复制到 D13 单元格。

(3)计算年平均增长量。在 D15 单元格中输入公式"=D13/(COUNT(B2:B13)-1)"，按〈Enter〉键。计算结果参见图 7-12 的 C 列、D 列的结果。

	A	B	C	D
1	年度	国内生产总值	逐期增长量	累积增长量（以2005年为基期）
2	2005	187,318.90	——	——
3	2006	219,438.50	32,119.60	32,119.60
4	2007	270,232.30	50,793.80	82,913.40
5	2008	319,515.50	49,283.20	132,196.60
6	2009	349,081.40	29,565.90	161,762.50
7	2010	413,030.30	63,948.90	225,711.40
8	2011	489,300.60	76,270.30	301,981.70
9	2012	540,367.40	51,066.80	353,048.50
10	2013	595,244.40	54,877.00	407,925.50
11	2014	643,974.00	48,729.60	456,655.10
12	2015	689,052.10	45,078.10	501,733.20
13	2016	743,585.50	54,533.40	556,266.60
14				
15			年平均增长量	50569.69

Sheet1

图7-12　国内生产总值增长量的计算

3. 发展速度和增长速度

（1）发展速度。发展速度是报告期水平与基期水平之比，用于描述现象在观察期内的相对发展变化程度。发展速度大于1，表明现象发展水平上升；反之，表明现象发展水平下降。

发展速度可以分为环比发展速度和定基发展速度。环比发展速度是报告期水平与前一期水平之比，说明现象逐期发展变化的程度；定基发展速度是报告期水平与某一固定时期水平之比，说明现象在整个观察期内总的发展变化程度。环比发展速度和定基发展速度的计算公式如下：

$$环比发展速度 = 报告期水平 / 前一期水平$$
$$定基发展速度 = 报告期水平 / 固定期水平$$

（2）增长速度。增长速度是增长量与基期水平之比，用于描述现象的相对增长速度，计算公式如下：

$$增长速度 = \frac{增长量}{基期水平} = \frac{报告期水平 - 基期水平}{基期水平} = 发展速度 - 1$$

增长速度可分为环比增长速度和定基增长速度。环比增长速度是逐期增长量与前一期水平之比，用于描述现象逐期增长的程度；定基增长速度是累积增长量与某一固定时期水平之比，用于描述现象在观察期内总的增长程度。环比增长速度和定基增长速度的计算公式如下。

$$环比增长速度 = 环比发展速度 - 1$$
$$定基增长速度 = 定基发展速度 - 1$$

（3）平均发展速度。平均发展速度是各个时期环比发展速度的平均数，一般用几何平均数计算方法来计算其值。

（4）平均增长速度。平均增长速度是各个时期环比增长速度的平均数，可用平均发展速度计算其值，计算公式如下：

$$平均增长速度 = 平均发展速度 - 1$$

视频演示7-7　计算发展速度、增长速度

【例 7-7】　根据我国 2007 年到 2016 年各年的出口总额数据，计算环比发展速度、环比增长速度、平均发展速度、平均增长速度，具体的操作步骤如下。

（1）计算环比发展速度。在 C3 单元格中输入公式"= B3/B2"，按〈Enter〉键。然后将 C3 单元格公式向下复制到 C11 单元格。

（2）计算环比增长速度。在 D3 单元格中输入公式"= C3-1"，按〈Enter〉键。然后将 D3 单元格公式向下复制到 D11 单元格。

（3）计算平均发展速度。在 C13 单元格中输入公式"= GEOMEAN(C3:C11)"，按〈Enter〉键。

（4）计算平均增长速度。在 C14 单元格中输入公式"=C13-1"，按〈Enter〉键。

（5）将 C3:D14 单元格区域设置为百分比样式，并设置小数位为 2 位。最终计算结果如图 7-13 所示。

	A	B	C	D
1	年度	出口总额(亿元)	环比发展速度(%)	环比增长速度(%)
2	2007	93627.1	— —	— —
3	2008	100394.9	107.23%	7.23%
4	2009	82029.7	81.71%	-18.29%
5	2010	107022.8	130.47%	30.47%
6	2011	123240.6	115.15%	15.15%
7	2012	129359.3	104.96%	4.96%
8	2013	137131.4	106.01%	6.01%
9	2014	143883.8	104.92%	4.92%
10	2015	141166.8	98.11%	-1.89%
11	2016	138419.3	98.05%	-1.95%
12				
13		平均发展速度	104.44%	
14		平均增长速度	4.44%	

Sheet1 ⊕

图 7-13　出口总额的速度指标计算结果

7.3　随机抽样

随机抽样是按照随机原则从一个容量为 N 的总体中抽取一个容量为 n 的随机样本。随机抽样是参数估计和假设检验等统计推断的前提。Excel 随机抽样的方法主要有两种：数据分析工具和应用随机函数。

7.3.1　用 Excel 2019 的数据分析工具进行随机抽样

视频演示 7-8　使用数据分析工具进行随机抽样

Excel 2019 的数据分析库提供了抽样功能，利用抽样功能可以完成样本的随机抽样。

【例 7-8】　在 Sheet1 工作表中存放了 2014 年全国 284 个地级市的生产总值增长率，单位是%，现要求从中随机抽取 20 个样本数据，具体的操作步骤如下。

（1）单击"数据"选项卡下"分析"组中的"数据分析"按钮，显示"数据分析"对话框，在"分析工具"列表框中选择"抽样"，单击"确定"按钮，显示"抽样"对话框，如图7-14所示。

（2）在图7-14所示的"抽样"对话框中，设置参数。"输入区域"框设置为B2:B285单元格区域；"抽样方法"设置为"随机"，"样本数"设置为"20"，表示随机抽取20个样本；"输出选项"设置为"新工作表组"。设置完后，单击"确定"按钮，则生成一个新的工作表Sheet2，该工作表的A列即为20个随机抽样的结果，如图7-15所示。

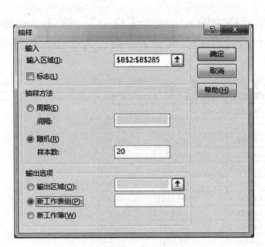

图7-14 "抽样"对话框　　　　　　图7-15 随机抽样结果

7.3.2 应用随机函数（RANDBETWEEN函数）进行随机抽样

应用随机函数进行随机抽样的基本思路是：首先用RANDBETWEEN函数生成的随机整数作为被抽取样本所在的行序号，然后应用INDEX函数获得所在行的样本数据。

RANDBETWEEN函数的语法为"RANDBETWEEN(bottom,top)"，其功能是返回位于两个指定数[bottom,top]区间的任一个随机整数。例如，RANDBETWEEN(2,284)的值是[2,284]内的任何一个随机整数。

INDEX()函数的语法为"INDEX(array,row_num,[column_num])"，其功能是返回单元格区域或数组中由行号和列号所指单元格的值。关于INDEX函数的用法参见第4章内容。

 视频演示7-9 使用数据分析工具进行随机抽取

【例7-9】 对例7-8的原始数据采用随机函数法实现随机抽样，抽取20个地区GDP增长率样本数据，具体的操作步骤如下。

（1）生成20个随机整数，存放到D2:D21单元格区域。在Sheet1工作表，选中D2单元格，在编辑栏输入公式"=RANDBETWEEN(2,284)"，按〈Enter〉键，产生2~284内的随机整数。然后将该单元格公式向下填充到D21单元格。这里，2和284分别是原始数据区域的起始行号和结束行号。

（2）用 D 列的整数作为待抽取样本的行号进行随机抽样。选中 E2:E21 单元格区域，在编辑栏输入公式"=INDEX(B2:B285,D2:D21)"，然后按〈Ctrl+Shift+Enter〉组合键，即可得到抽样结果，如图 7-16 所示。

	A	B	C	D	E
1	城市	地区GDP增长率(%)		随机整数	抽样结果
2	石家庄市	8.08		231	9.35
3	唐山市	4.43		24	2.74
4	秦皇岛市	2.58		103	10.54
5	邯郸市	1.23		22	-0.15
6	邢台市	4.73		151	14.22
7	保定市	6.74		232	12.55
8	张家口市	6.76		54	10.26
9	承德市	7.63		193	11.57
10	沧州市	7.13		266	-15.95
11	廊坊市	8.29		221	12.85
12	衡水市	5.86		231	9.35
13	太原市	4.39		243	21.71
14	大同市	3.87		211	18.28
15	阳泉市	1.64		262	6.62
16	长治市	0.38		173	10.68
17	晋城市	1.89		47	7.71
18	朔州市	1.91		251	17.23
19	晋中市	3.62		231	9.35
20	运城市	6.69		204	14.93
21	忻州市	5.44		182	10.93
22	临汾市	0.23			
23	吕梁市	-0.15			

Sheet1　Sheet2　Sheet3

图 7-16　随机数法的抽样结果

7.4　总体参数估计

7.4.1　参数估计概述

参数估计是在已知总体分布的情况下，根据样本统计量来估计总体的未知参数的方法。参数估计可以分为点估计和区间估计。

1. 点估计

点估计是用样本估计量的值直接作为总体未知参数的估计值。通常这些未知参数是总体的某个特征值。例如，用样本均值 $\bar{x}$ 直接作为总体均值 μ 的估计值；用样本方差 s^2 直接作为总体方差 σ^2 的估计值，等等。

2. 区间估计

区间估计是依据抽取的样本，根据给定的概率值，构造出适当的区间，作为总体的未知参数的真值所在范围的估计。在区间估计中，由样本统计量构造的总体未知参数的估计区间称为置信区间。总体参数真值落在置信区间内的概率称为置信水平，也称置信系数。置信系数越大，置信区间越可靠；区间越小，说明估计越准确。下面分多种情况来介绍区间估计的计算方法。

7.4.2　总体均值的区间估计

对总体均值进行区间估计时，分为以下三种情况。

（1）总体方差已知情况下总体均值的区间估计。

总体服从正态分布，且方差已知，或者总体为非正态分布、大样本、方差已知的情况下，总体均值的置信区间的计算公式为"$\bar{x} \pm Z_{\alpha/2} \frac{\sigma}{\sqrt{n}}$"。其中，$\bar{x}$ 为样本均值，n 为样本容量，σ 为已知的总体标准差，α 是事先确定的总体均值不包含在置信区间的概率，$1-\alpha$ 称为置信水平，$Z_{\alpha/2}$ 为正态分布临界值。

（2）总体方差未知且为大样本（样本数 ≥ 30）情况下总体均值的区间估计。

这种情况下，不管总体是否为正态分布，总体均值的置信区间的公式为"$\bar{x} \pm Z_{\alpha/2} \frac{S}{\sqrt{n}}$"。其中，S 为样本标准差，其他参数含义同上述第一种情况。

在 Excel 中，用 STDEV 函数计算标准差，$Z_{\alpha/2}$ 用正态分布的累积分布的反函数 NORMSINV 函数计算。NORMSINV 函数的语法为"NORMSINV（probability）"，其功能是返回标准正态累积分布函数的反函数值。其中，参数 probability 是对应于正态分布的概率。

（3）总体方差未知且为小样本情况下总体均值的区间估计。

总体为正态分布、方差未知时，均值的置信区间公式为"$\bar{x} \pm t_{\alpha/2} \frac{S}{\sqrt{n}}$"。其中，$t_{\alpha/2}$ 是自由度为 $n-1$ 时 t 分布中右侧面积为 $\alpha/2$ 的 t 值，该值用 Excel 的 TINV（）函数计算，语法为"TINV（α,df）"，其中参数 α 表示双尾 t 分布的概率，参数 df 表示样本的自由度。

> **说明：** 有关正态分布、t 分布的知识，可参考概率论与数理统计、统计学等相关书籍的内容。

 视频演示 7-10 全国 GDP 平均增长率的置信区间估计

【例 7-10】 假设 GDP 增长率服从正态分布，利用随机抽取的 20 个地区的 GDP 增长率数据，分两种情况估计全国 GDP 平均增长率的置信区间：①设已知 GDP 增长率方差为 24，估计在置信水平 95% 下全国 GDP 平均增长率的置信区间；②设总体方差未知，估计在置信水平 95% 下全国 GDP 平均增长率的置信区间。

（1）已知方差为 24，计算全国 GDP 平均增长率的置信区间，具体的操作步骤如下。

1）建立图 7-17 所示的区间估计计算表（不含 D 列、F 列的数据）。

2）在 D4 单元格输入方差值"24"；在 D6 单元格输入置信水平值"95%"。

3）在 D2 单元格输入公式"=COUNT(A2:A21)"，计算样本个数；在 D3 单元格输入公式"=AVERAGE(A2:A21)"，计算样本均值；在 D5 单元格输入公式"=SQRT(D4)"，计算总体标准差；在 D7 单元格输入公式"=ABS(NORMSINV((1−D6)/2))"，计算 $Z_{\alpha/2}$ 值；在 D8 单元格输入公式"=D3−D7*D5/SQRT(D2)"，计算置信区间下限；在 D9 单元格输入公式"=D3+D7*D5/SQRT(D2)"，计算置信区间上限。计算结果如图 7-17 的 D 列数据。

经过以上步骤后，得到方差为 24 时，在置信水平 95% 下全国 GDP 平均增长率的置信区间为 [8.35，12.65]。

▲	A	B	C	D	E	F
1	地区GDP增长率（%）		（1）的计算		（2）的计算	
2	9.4	样本个数		20	样本个数	20
3	8.23	样本均值		10.498	样本均值	10.498
4	13.79	总体方差		24	样本标准差	6.357067844
5	4.81	总体标准差		4.898979486	置信水平	95%
6	11.92	置信水平		95%	t值	2.093024054
7	17.23	Z值		1.959963985	置信区间下限	7.522800666
8	7.13	置信区间下限		8.350967028	置信区间上限	13.47319933
9	14.94	置信区间上限		12.64503297		
10	12.32					
11	-10.67					
12	9.92					
13	9.57					
14	11.86					
15	9.15					
16	6.94					
17	18.53					
18	9.35					
19	18.22					
20	17.23					
21	10.09					

Sheet1　Sheet2　Sheet3　⊕

图 7-17　GDP 增长率的置信区间的计算结果

（2）总体方差未知，计算全国 GDP 平均增长率的置信区间，具体的操作步骤如下。

1）在 F5 单元格输入置信水平值"95%"。

2）在 F2 单元格输入公式"=COUNT(A2:A21)"，计算样本个数；在 F3 单元格输入公式"=AVERAGE(A2:A21)"，计算样本均值；在 F4 单元格输入公式"=STDEV(A2:A21)"，计算样本标准差；在 F6 单元格输入公式"=TINV(1-F5,F2-1)"，计算 t 值；在 F7 单元格输入公式"=F3-F6*F4/SQRT(F2)"，计算置信区间下限；在 F8 单元格输入公式"=F3+F6*F4/SQRT(F2)"，计算置信区间上限。计算结果如图 7-17 的 F 列数据。

经过以上步骤后，总体方差未知，在置信水平 95% 下全国 GDP 平均增长率的置信区间为 [7.52，13.47]。

对于第二个问题，还可以用 Excel 的"数据分析"工具的"描述统计"功能进行 GDP 平均增长率的区间估计。具体操作方法为：在"描述统计"对话框中选中"平均数置信度"复选按钮，并输入置信度"95"，如图 7-18 所示。单击"确定"按钮后，输出结果包含图 7-19 所示的信息。

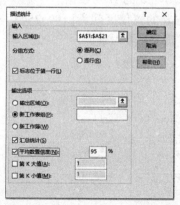

▲	A	B
1	地区GDP增长率（%）	
2		
3	平均	10.498
4	标准误差	1.4214836
5	中位数	10.005
6	众数	17.23
7	标准差	6.3570678
8	方差	40.412312
9	峰度	5.948758
10	偏度	-1.831697
11	区域	29.2
12	最小值	-10.67
13	最大值	18.53
14	求和	209.96
15	观测数	20
16	置信度(95.0%)	2.9751993
17		

Sheet1　Sheet4

图 7-18　"描述统计"对话框设置　　　　**图 7-19　"描述统计"的输出结果**

根据图 7-19 的"平均""置信度（95.0%）"两项指标值，得到 GDP 平均增长率在置信水平 95% 下的置信区间为 10.498 ±2.9752，即 [7.5228，13.4732]。

7.4.3　总体方差的区间估计

设样本总体服从正态分布，样本方差分布服从自由度为 $n-1$ 的 X^2 分布（也称卡方分布），因此，总体方差在 $1-\alpha$ 置信水平下的置信区间为：

$$\frac{(n-1)S^2}{X^2_{\alpha/2}(n-1)} \leqslant \sigma^2 \leqslant \frac{(n-1)S^2}{X^2_{1-\alpha/2}(n-1)}$$

其中，S^2 为样本方差，$X^2_{\alpha/2}(n-1)$、$X^2_{1-\alpha/2}(n-1)$ 为卡方值，可用 Excel 的 CHIINV 函数计算出来。CHIINV 函数的语法为"CHIINV（probability，deg_freedom）"，其功能是返回 X^2 分布的右尾概率的反函数值，其中，参数 probability 是与 X^2 分布相关联的概率，deg_freedom 是自由度。

> 说明：有关卡方分布的知识，可参考概率论与数理统计、统计学等书籍的相关内容。

视频演示7-11　销售额总体方差的区间估计

【例7-11】　已知某商场一位销售员的月销售额数据如图7-20 的 A 列所示。根据表中数据，在置信水平90%下进行销售额总体方差的区间估计，具体的操作步骤如下。

（1）输入图7-20 所示的计算表数据（不含 D 列数据）；在 D5 单元格输入置信水平值"90%"。

（2）在 D2 单元格输入公式"=COUNT(A2:A12)"，计算样本个数；在 D3 单元格输入公式"=AVERAGE(A2:A12)"，计算样本均值；在 D4 单元格输入公式"=VAR(A2:A12)"，计算样本方差；在 D6 单元格输入公式"=CHIINV((1-D5)/2,D2-1)"，计算卡方左侧临界值；在 D7 单元格输入公式"=CHIINV((1-(1-D5)/2),D2-1)"，计算卡方右侧临界值；在 D8 单元格输入公式"=(D2-1)*D4/D6"，计算方差置信区间下限；在 D9 单元格输入公式"=(D2-1)*D4/D7"，计算方差置信区间上限。计算结果如图7-20 的 D 列数据。

经过计算，在置信水平90%下销售额总体方差的置信区间为[199.7543，928.0791]。

	A	B	C	D
1	月销售额			方差置信区间计算
2	16		样本个数 n	11
3	58		样本均值 $\bar{x}$	34.9091
4	13		样本方差 S^2	365.6909
5	27		置信水平 $1-\alpha$	90%
6	25		卡方左侧临界值 $X^2_{\alpha/2}(n-1)$	18.3070
7	57		卡方右侧临界值 $X^2_{1-\alpha/2}(n-1)$	3.9403
8	22		方差置信区间下限 $\dfrac{(n-1)S^2}{X^2_{\alpha/2}(n-1)}$	199.7543
9	35		方差置信区间上限 $\dfrac{(n-1)S^2}{X^2_{1-\alpha/2}(n-1)}$	928.0791
10	15			
11	60			
12	56			
13				

图7-20　月销售额及其总体方差的区间估计计算

7.5 相关分析和回归分析

现实生活中，许多现象之间存在着各种各样的联系，表现为数量上的相互依存关系，例如，商品的销售量与商品的价格、商品质量以及消费者的收入水平等因素相关。这些因素中，其中有一个因素称为因变量，其他因素会影响着因变量，称为自变量。通过相关分析，可以判断因变量与自变量之间是否存在相关关系以及它们之间的相关方向和相关程度。如果因变量与自变量之间存在相关关系，再利用回归分析，建立一个反映变量变化规律的回归数学模型，对其有效性进行检验，还可以根据自变量来预测因变量的值。本节介绍相关分析和回归分析的内容。

7.5.1 相关分析

相关分析是研究变量之间的相关关系。相关关系是指变量之间保持着某种不确定的依存关系，但这种关系不是一一对应的。在相关关系中，一个变量的取值不能由另一个变量唯一确定。给定一个变量的值，而另一个变量的取值在一定范围内变动，且这种变化是受随机因素影响的。例如，一个人的收入水平(y)与受教育程度(x)的关系，收入水平与受教育程度有关，但受教育程度不是决定收入的唯一因素，收入还受职业、工作年限等多种因素的影响。因此，相关关系是一种非确定性的关系。

1. 相关关系的分类

(1)按相关程度划分，相关关系分为完全相关、不相关和不完全相关。

当一个变量的变化完全由另一个变量的变化所决定时，称这两个变量间的关系为完全相关；当两个变量彼此互相不影响，其发生的变化各自独立时，就称这两个变量不相关；而当两个变量之间的关系介于完全相关和不相关之间时，就称这两个变量不完全相关。完全相关可以用函数来表示；不完全相关是相关分析的主要研究对象。

(2)按相关的方向划分，相关关系分为正相关和负相关。

正相关是指相关变量之间的变化趋势相同，即当自变量的值增加时，因变量的值也随之相应地增加；当自变量的值减少时，因变量的值也随之相应地减少。例如，商品的批发价与销售价之间的关系是正相关的。

负相关是指相关变量之间的变化趋势相反，即当自变量的值增加时，因变量的值随之相应地减少；而当自变量的值减少时，因变量的值则随之相应地增加。例如，汽车的行驶速度与所用时间之间的关系是负相关的。

(3)按相关形式划分，相关关系分为线性相关与非线性相关。

当两种相关变量的数量之间大致呈现出线性关系时，称为线性相关。当两种变量之间近似表现为一条曲线时，则称为非线性相关。

(4)按影响因素的多少来划分，相关关系分为单相关、复相关和偏相关。

单相关是指两个变量之间的相关关系，即一个因变量对一个自变量的相关关系，也称简单相关。

复相关是指三个或三个以上变量之间的相关关系，即一个因变量对三个或三个以上的多个自变量的相关关系，又称多元相关。

偏相关是指某一变量与多个变量相关时，假定其他变量不变，其中两个变量的相关关系。

2. 简单相关分析的方法

简单相关分析是指对两个变量之间的相关关系进行分析，即通过计算两个变量之间的相关系数，对两个变量之间是否显著相关作出判断。简单相关分析的方法主要有散点图和相关系数。

（1）散点图。散点图用 X 轴和 Y 轴分别表示不同的变量，两个变量之间对应的变量值用坐标点描绘。根据散点图的形状可以直观地判断出两个变量之间存在何种相关关系。

 视频演示7-12　用散点图描绘销售收入和广告费用支出之间的关系

【例7-12】　某公司为了研究销售收入与广告费用支出之间的关系，随机抽取15家分公司的数据，得到销售收入和广告费用数据表（单位：万元），如图7-21所示。用散点图描绘销售收入和广告费用支出之间的关系。

具体的操作步骤为：选择A1:B16单元格区域，然后选择"插入"选项卡下"图表"组中的"插入散点图（X、Y）或气泡图"下拉按钮，选择列表中的第一个散点图样式，生成散点图；再根据需要，添加横坐标标题、纵坐标标题，如图7-22所示。

	A	B
1	销售收入	广告费用
2	618	44
3	2305	189
4	1675	120
5	753	58
6	1942	152
7	1018	68
8	960	70
9	678	50
10	2358	172
11	1258	92
12	531	32
13	569	40
14	678	39
15	286	18
16	475	29

图7-21　销售收入和广告费用数据表

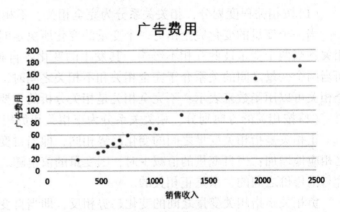

图7-22　散点图

（2）相关系数。散点图只能大体上反映变量之间的相关关系，但对变量之间相关关系的密切程度描述得不够精确。为了精确地反映相关关系的密切程度，还需要计算相关系数。

计算相关系数的方法有多种，最简单的一种称为积差法。用积差法计算相关系数的公式如下：

$$r = \frac{n\sum xy - \sum x \sum y}{\sqrt{n\sum x^2 - \left(\sum x\right)^2}\sqrt{n\sum y^2 - \left(\sum y\right)^2}}$$

$$= \frac{\sum_{i=1}^{n} (x_i - \bar{x})(y_i - \bar{y})}{\sqrt{\sum_{i=1}^{n}(x_i - \bar{x})^2}\sqrt{\sum_{i=1}^{n}(y_i - \bar{y})^2}}$$

相关系数 r 有下列性质。

1）$-1 \leqslant r \leqslant 1$，$r$ 的绝对值越大，表明两个变量之间的相关程度越强。

2）当 $0 < r \leqslant 1$ 时，表明两个变量之间存在正相关关系。当 $r=1$ 时，表明两个变量之间存在完全正相关的关系。

3）当 $-1 \leqslant r < 0$ 时，表明两个变量之间存在负相关关系。当 $r=-1$ 时，表明两个变量之间存在完全负相关的关系。

4）当 $r=0$ 时，表明两个变量之间没有线性相关关系。

在 Excel 2019 中，如果计算两个变量之间的相关系数，可以使用 CORREL 函数。如果计算多个变量之间的相关系数，可以用数据分析工具的"相关系数"功能来计算。

CORREL 函数返回两个变量之间的相关系数，其语法为"CORREL（array1，array2）"，用于返回单元格区域 array1 和 array2 之间的相关系数。参数 array1 为第一组数值单元格区域，array2 为第二组数值单元格区域。

视频演示 7-13　计算销售收入和广告费用之间的相关系数

【例 7-13】　沿用【例 7-12】的销售收入和广告费用数据，计算两者之间的相关系数。

（1）用 CORREL 函数计算相关系数，具体的操作步骤如下。

1）单击 B18 单元格，单击"插入函数"按钮 f_x，打开"插入函数"对话框，在"搜索函数"输入框中输入"CORREL"，按〈Enter〉键，"选择函数"列表框中显示"CORREL"，选中该函数，单击"确定"按钮，打开"函数参数"对话框，如图 7-23 所示。

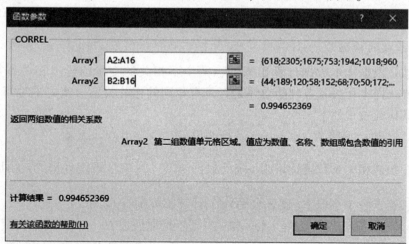

图 7-23　CORREL 函数参数对话框

2）在"函数参数"对话框中，设置"Array1"框中的区域为 A2:A16单元格区域，"Array2"框中的区域为 B2:B16单元格区域，单击"确定"按钮。这样在 B18单元格添加了公式"=CORREL(A2:A16,B2:B16)"，计算结果为"0.9946524"，该数就是相关系数，如图7-24所示。

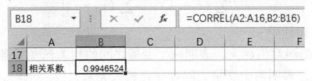

图7-24　相关系数计算结果

（2）用数据分析工具的"相关系数"功能来计算相关系数，具体的操作步骤如下。

1）单击"数据"选项卡下"分析"组中的"数据分析"按钮，打开"数据分析"对话框，在"分析工具"列表框中选择"相关系数"，单击"确定"按钮，打开"相关系数"对话框，如图7-25所示。

2）在"相关系数"对话框中，如图7-25所示，设置"输入区域"为 A1:B16单元格区域，单击选中"标志位于第一行"复选按钮，单击选中"输出区域（O）"单选按钮，并设置 A20单元格作为输出区域，然后单击"确定"按钮，得到相关系数的计算结果，如图7-26所示。

图7-25　"相关系数"对话框　　　　图7-26　相关系数计算结果

3. 相关系数的检验

相关系数是根据样本数据计算出来的，两个不相关的变量的样本相关系数也可能较高。所以，要从样本相关系数判断总体是否具有相同的相关关系，就需要对相关系数进行统计检验，其检验过程如下。

第1步，提出原假设 H_0: $r = 0$；备择假设 H_1: $r \neq 0$。

第2步，构造相关系数统计量为 t 统计量：$t = \dfrac{r\sqrt{n-2}}{\sqrt{1-r^2}}$，该统计量的自由度为 $n-2$。

第3步，给定一个小概率（显著水平）α，计算临界值 $t_\alpha(n-2)$。

第4步，作出决策。若 $|t| \geq t_\alpha(n-2)$，则拒绝原假设 H_0，表明两个变量之间线性相关关系显著；若 $|t| < t_\alpha(n-2)$，则接受原假设 H_0，表明两个变量之间线性相关关系不显著。

【例7-14】　对【例7-13】计算出来的相关系数进行检验（设 $\alpha = 0.05$）。

具体的操作步骤为：在 B25 单元格输入显著水平值"0.05"；在 B26 单元格输入公式
"=B18*SQRT(COUNT(A2:A16)−2)/SQRT(1−B18*B18)"，计算 t 统计量；在 B27 单元格输入公式"=TINV(B25,COUNT(A2:A16)−2)"，计算 t 临界值；在 B28 单元格输入公式"=IF（B26>B27,"线性相关关系显著","无显著的线性相关关系")"，得到相关系数的检验结果，如图 7−27 所示。从结果中看出，销售收入和广告费用之间相关关系是显著的。

	A	B	C
23			
24		相关系数检验	
25	显著水平	0.05	
26	t 统计量	34.7239134	
27	t 临界值	2.16036866	
28	决策	线性相关关系显著	

图 7−27　相关系数检验结果

7.5.2　回归分析

回归分析是指对具有相关关系的多个变量，构造一个适当的数学模型（称为回归方程），将变量之间的关系表达出来，进而通过一个或多个自变量的取值来预测因变量的值。

进行回归分析时，首先确定因变量和自变量。被预测或被解释的变量作为因变量，用 y 表示；用来预测或解释因变量的一个或多个变量作为自变量，用 x 表示。其次，设法找出合适的数学方程（即回归方程）来描述变量之间的关系。再次，对回归方程进行统计检验。最后，统计检验通过后，可以利用回归方程，根据自变量估计、预测因变量的值。

当回归中只有一个自变量时称为一元回归，若 y 和 x 之间为线性关系时称为一元线性回归；当回归中有多个自变量时称为多元回归。

一元线性回归方程的形式为：$y = ax + b$，其中 a 和 b 是待估计的回归方程系数，a 是回归直线的斜率，也称为回归系数；b 是估计的回归直线在 y 轴上的截距。

在 Excel 2019 中，进行回归分析时，可以使用趋势线、回归函数、回归分析工具三种回归分析方法进行回归分析。

1. 使用趋势线进行回归分析

使用趋势线进行回归分析时，首先对所选的两个变量对应的样本数据绘制出一个散点图，然后在散点图的基础上添加趋势线，得到一元线性回归分析的结果。

　视频演示 7−14　一元线性回归分析　

【例 7−15】　沿用【例 7−12】的销售收入与广告费用数据表，以销售收入为自变量，广告费用为因变量，进行一元线性回归分析，具体的操作步骤如下。

（1）绘制出散点图。按照【例 7−12】的操作步骤，绘制出散点图，参见图 7−28。

（2）添加趋势线。将光标定位到散点图的点上，单击鼠标右键，在弹出的快捷菜单中，选择"添加趋势线"，打开"设置趋势线格式"窗格，设置"趋势线选项"为"线性"，并单击选中"显示公式（E）""显示 R 平方值（R）"复选按钮；还可以根据需要设置趋势线的其他格式。设置好格式后得到一元线性回归直线和一元线性回归方程，如图 7−28 所示。

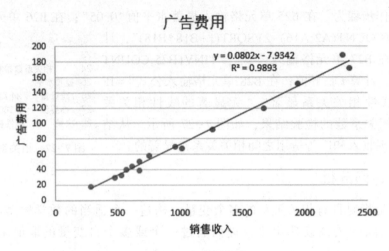

图 7-28　回归直线

在图 7-28 中，"$y=0.0802x-7.9342$"为一元线性回归方程；"$R^2=0.9893$"是相关系数 r 的平方，其值越大，回归方程解释数据的能力越强。该图表明回归方程能够解释 98.93% 左右的数据，表明整体的拟合效果很好。

2. 利用回归函数进行回归分析

设一元线性回归方程为 $y=ax+b$，利用回归函数进行一元线性回归分析时，需要使用 SLOPE 函数、INTERCEPT 函数来计算 a、b 的值。

INTERCEPT 函数的语法为"INTERCEPT(know_y's,know_x's)"，其功能是求线性回归拟合线方程的截距 b 的值。其中，参数 know_x's 是自变量的数值区域，参数 know_y's 是因变量的数值区域。

SLOPE 函数的语法为"SLOPE(know_y's,know_x's)"，其功能是求线性回归拟合线方程的斜率 a 的值。其中，参数 know_x's 是自变量的数值区域，参数 know_y's 是因变量的数值区域。

 视频演示 7-15　使用回归函数进行一元线性回归分析

【例 7-16】　沿用【例 7-12】的销售收入与广告费用数据表，以销售收入为自变量，广告费用为因变量，使用回归函数进行一元线性回归分析。

使用回归函数进行一元线性回归分析时，首先利用 INTERCEPT 函数和 SLOPE 函数分别计算出截距 b、斜率 a。具体的操作步骤如下。

（1）计算截距 b。在 E2 单元格输入公式"=INTERCEPT(B2:B16,A2:A16)"，按〈Enter〉键，得到结果"-7.934215"。

（2）计算斜率 a。在 E3 单元格输入公式"=SLOPE(B2:B16,A2:A16)"，按〈Enter〉键，得到结果"0.080229"。如图 7-29 所示。

	A	B	C	D	E
1	销售收入	广告费用		回归函数法：	
2	618	44		截距b	−7.934215
3	2305	189		斜率a	0.080229
4	1675	120			
5	753	58			
6	1942	152			
7	1018	68			
8	960	70			
9	678	50			
10	2358	172			
11	1258	92			
12	531	32			
13	569	40			
14	678	39			
15	286	18			
16	475	29			

图7−29 回归函数计算结果

根据以上计算结果，得到销售收入与广告费用之间的一元线性回归拟合线方程为：广告费用=0.080229×销售收入−7.934215。

3. 使用回归分析工具进行回归分析

 视频演示7−16 使用回归分析工具进行一元线性回归分析

【例7−17】 对例7−12的销售收入与广告费用数据表，以销售收入为自变量，广告费用为因变量，使用回归分析工具进行一元线性回归分析，具体的操作步骤如下。

（1）建立回归方程：广告费用=a+b×销售收入。

（2）单击"数据"选项卡下"分析"组中的"数据分析"按钮，打开"数据分析"对话框，在"分析工具"列表框中选择"回归"，单击"确定"按钮，打开"回归"对话框，如图7−30所示。

（3）在"回归"对话框中，按照图7−30设置各项参数，然后单击"确定"按钮，得到回归分析结果，如图7−31所示。

（4）分析回归结果。如图7−31所示，

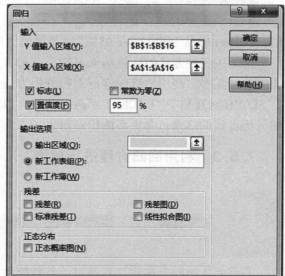

图7−30 "回归"对话框

回归分析结果分为三个部分。回归统计部分："Multiple R"为"0.9946524"，表示相关系数；"R Square"为"0.9893333"，表示相关系数的平方，写为R^2；"Adjusted R Square"为"0.9885128"，表示调整后的判定系数，其值接近1，说明回归结果的拟合程度很好。

	A	B	C	D	E	F	G	H	I
1	SUMMARY OUTPUT								
2									
3	回归统计								
4	Multiple R	0.9946524							
5	R Square	0.9893333							
6	Adjusted R Square	0.9885128							
7	标准误差	5.8828491							
8	观测值	15							
9									
10	方差分析								
11		df	SS	MS	F	Significance F			
12	回归分析	1	41728.497	41728.497	1205.7502	3.3176E-14			
13	残差	13	449.90287	34.607913					
14	总计	14	42178.4						
15									
16		Coefficients	标准误差	t Stat	P-value	Lower 95%	Upper 95%	下限 95.0%	上限 95.0%
17	Intercept	-7.934215	2.9086587	-2.727792	0.0172544	-14.21799	-1.65044	-14.21799	-1.65044
18	销售收入	0.0802293	0.0023105	34.723913	3.318E-14	0.07523782	0.0852209	0.0752378	0.0852209

图7-31　回归分析结果

方差分析部分是回归方程整体的显著性检验结果，该方差分析的原假设是自变量对因变量没有显著影响（即所有回归系数为0）。F 为检验统计量；"Significance F"通常称为 P 值，是一个概率，使用者通常根据 P 值作出决策。决策依据是：若 Significance F$<\alpha$，则拒绝原假设；若 Significance F$\geqslant\alpha$，则接受原假设。本例中，Significance F$<\alpha$，应拒绝原假设，表明回归方程中自变量"销售收入"对因变量"广告费用"有显著影响。

第三部分列出了回归的系数以及置信区间。可知，Intercept 是截距 a，值为"-7.934215"；"销售收入"是斜率 b，值为"0.0802293"，因此一元线性回归方程可写为：广告费用 = -7.934215+0.0802293×销售收入。"t Stat"列是回归系数检验统计量，"P-value"列是 P 值，"Lower 95%"和"Upper 95%"列是置信区间的下限和上限。

由上述三种方法的计算结果可知，三种方法计算出来的一元线性回归拟合线方程都是相同的。其中，使用趋势线进行回归分析方法最简单、直观；使用回归函数，关键是理解好 SLOPE 函数和 INTERCEPT 函数的功能，以及其参数的含义；使用回归分析工具进行回归分析得到的结果包含更多的信息量。

7.5.3　利用回归方程进行预测

 视频演示 7-17　预测广告费用支出

当建立了回归方程后，若通过了各种统计显著性检验，便可以用来预测因变量了。预测形式有点预测和区间预测。这里以个别值点预测为例来说明，对于 x 的一个特定值 x_0，推算出 y 的一个个别值的估计值 $\hat{y}_0$，则属于个别值的点预测。

例如，【例7-16】通过回归分析得到了回归方程：广告费用 = -7.934215+0.0802293×销售收入。当销售收入达到 2400 万元时，预测广告费用支出将是多少？对于这个问题，广告费用预测值为：广告费用 = -7.934215+0.0802293×2400 = 184.6161（万元）。

第8章 Excel 在人力资源管理分析中的应用

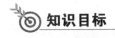

知识目标

本章主要介绍 Excel 在人力资源管理中的具体应用，包括人员招聘管理、人事资料管理、员工考勤管理、员工绩效与福利管理等。

本章重点：在人力资源管理中 Excel 函数和公式的具体应用方法。

本章难点：各种函数的综合运用。

8.1 人员招聘与录用管理

员工是企业的重要组成部分，规范化的招聘流程管理是保证招聘到合适、优秀人员的前提。在员工招聘时，可以使用 Excel 来进行一些辅助的工作，如制作招聘费用预算表、制作聘用通知书等。

在人员招聘与录用管理中一个常见的应用是统计试用期到期人数。新员工受聘进入公司后，都有一个试用的过程，使用 Excel 可以准确地记录和统计员工试用期到期的人数，以便公司的人力资源部门进行决策。

视频演示 8-1　统计试用期到期人数

【例8-1】 打开"豪汐公司试用期到期人数统计表 . xlsx"工作簿，在"试用期到期人数"工作表中，统计截止到指定日期试用期(公司规定新聘员工的试用期为 90 天,)已到的员工人数，具体的操作步骤如下。

（1）打开"豪汐公司试用期到期人数统计表.xlsx"工作簿，在"试用期到期人数"工作表中，选中 E20 单元格，在编辑栏中输入公式" =COUNTIF(E3:E17,"<"&E19-90)"（或者输入" =COUNTIF(E3:E17,"<"&DATE(2021,8,14)-90)"）后按〈Enter〉键确认，即可计算出试用期到期的人数，如图 8-1 所示。

> **公式解析**：先在 E19 单元格中输入指定的日期（或者用 DATE 函数返回指定的日期序列号），然后减去试用期的天数 90，得到关键日期的节点 2021 年 5 月 16 日（在编辑栏中选中" "<"&E19-90"后按〈F9〉键可以看到公式内容变成了" "<44332""，即 2021 年 5 月 16 日的日期序列），再与 E 列中的聘用日期进行比较。如果聘用日期早于该日期节点（聘用日期在该日期前的），说明该员工的试用期已经超过了 90 天，最后使用 COUNTIF 函数来统计符号条件的人数。

E20		f_x	=COUNTIF(E3:E17,"<"&E19-90)	

	A	B	C	D	E	F
1			2021年上半年新聘员工信息			
2	序号	姓名	性别	部门	聘用日期	
3	1	叶静	女	客服部	2021/4/20	
4	2	魏清堂	男	销售部	2021/5/17	
5	3	韩芬丽	女	财务部	2021/6/23	
6	4	沈刚班	男	工程部	2021/4/19	
7	5	田洪磊	男	客服部	2021/7/5	
8	6	肖秋芳	女	销售部	2021/5/11	
9	7	陈婕	女	销售部	2021/6/14	
10	8	李自强	男	工程部	2021/7/23	
11	9	何凯	男	销售部	2021/3/19	
12	10	于苗苗	女	销售部	2021/6/13	
13	11	班天娇	女	财务部	2021/5/16	
14	12	刘华安	男	客服部	2021/4/2	
15	13	潘彬彬	男	销售部	2021/5/28	
16	14	紫玲玲	女	销售部	2021/4/26	
17	15	白晓迪	男	工程部	2021/5/20	
18						
19		截止日期			2021/8/14	
20		试用期到期人数：			6	
21						
22						

试用期到期人数　Sheet2　Sheet3　⊕

图 8-1　计算豪汐公司试用期到期人数

8.2　人事资料管理

8.2.1　计算员工工龄

在管理员工资料时，经常需要根据员工的工作时间来统计员工的工龄，为员工的其他福利提供依据。下面举例讲解使用 Excel 函数来计算工龄的方法。

 视频演示 8-2　计算员工工龄

【例 8-2】　打开"伟全科技公司员工工龄表 . xlsx"工作簿，在 Sheet1 工作表中，根据员工的工作时间计算他们的工龄，具体的操作步骤如下。

（1）打开"伟全科技公司员工工龄表 . xlsx"工作簿，在 Sheet1 工作表中，单击 E2 单元格，输入公式" =DATEDIF(D2,TODAY(),"Y")"后按〈Enter〉键确认，得到结果"16"。

（2）将公式 E2 单元格向下复制到 E21 单元格，算出其他员工的工龄，如图 8-2 所示。

> **公式解析**：在公式" =DATEDIF(D2,TODAY(),"Y")"中，D2 单元格里存放了某位员工的工作时间，该时间作为起始日期，利用 TODAY 函数计算当前系统日期作为结束日期；因为是计算工龄，只需要得到以"年"为单位的结果即可，所以时间单位参数设为"Y"。

E2		▼	⋮	×	✓	f_x	=DATEDIF(D2,TODAY(),"Y")

▲	A	B	C	D	E
1	员工号	姓名	性别	工作时间	工龄
2	21001	曾凯	男	2005/6/10	16
3	21002	吕小冰	女	1991/7/15	30
4	21003	陈飞吉	男	2016/11/7	5
5	21004	韩飞龙	男	1999/11/22	22
6	21005	蒋伟华	男	2006/3/24	15
7	21006	李庆静	女	2008/8/16	13
8	21007	魏红云	女	1994/7/22	27
9	21008	肖伟峰	男	2003/8/19	18
10	21009	何韵	女	2001/1/30	20
11	21010	雷芳菲	女	2007/6/19	14
12	21011	萧劲光	男	1992/5/17	29
13	21012	王晓蕾	女	2008/12/16	12
14	21013	于苗苗	女	1995/7/8	26
15	21014	黄长兴	男	2000/6/14	21
16	21015	严伟林	男	2007/4/8	14
17	21016	叶景峰	男	2008/11/5	13
18	21017	苏晓娜	女	1996/6/27	25
19	21018	韦璐瑶	女	2007/10/26	14
20	21019	丁青龙	男	2005/11/8	16
21	21020	何倩倩	女	2017/10/2	4

图 8-2　计算所有员工的工龄

8.2.2　统计各工龄段的员工人数

算出了员工的工龄后，有时还需统计出各个工龄段的员工人数，以便公司进行决策。下面通过实例来讲解统计各工龄段的员工人数的方法。

视频演示 8-3　统计各工龄段的员工人数

【例 8-3】　打开"伟全科技公司员工各工龄段人数统计表 . xlsx"工作簿，在 Sheet1 工作表中，统计各工龄段的员工人数。

统计各工龄段的人数可以通过使用 COUNTIF 函数和使用 FREQUENCY 函数两种方法。

（1）使用 COUNTIF 函数统计。使用 COUNTIF 函数来统计各工龄段的员工人数的具体步骤如下。

1）打开"伟全科技公司员工各工龄段人数统计表 . xlsx"工作簿，在 Sheet1 工作表的 G1:H8 单元格区域中输入如图 8-3 所示的信息。

	A	B	C	D	E	F	G	H
1	员工号	姓名	性别	工作时间	工龄		不同工龄段人数	
2	21001	曾凯	男	2005/6/10	17		工龄	人数
3	21002	吕小冰	女	1991/7/15	31		>20年	
4	21003	陈飞吉	男	2016/11/7	5		>15年且<=20年	
5	21004	韩飞龙	男	1999/11/22	22		>10年且<=15年	
6	21005	蒋伟华	男	2006/3/24	16		>5年且<=10年	
7	21006	李庆静	女	2008/8/16	13		<=5年	
8	21007	魏红云	女	1994/7/22	28		合计	

图 8-3　输入相关的信息

2）单击 H3 单元格，输入公式"=COUNTIF($E$2:$E$21,">20")"后，按〈Enter〉键确认。此时，在 H3 单元格中显示工龄结果。

提示：引用单元格时，按 F4 键可以让单元格地址在相对引用、绝对引用之间进行切换。按 1 次是行和列的绝对应用；按第 2 次是行的绝对引用，列的相对引用；按第 3 次是列的绝对引用，行的相对引用；按第 4 次，是行和列的相对引用，周而复始。

3）依次在 H4、H5、H6、H7 单元格中，分别输入公式"=COUNTIFS($E$2:$E$21,">15",$E$2:$E$21,"<=20")" "=COUNTIFS($E$2:$E$21,">10",$E$2:$E$21,"<=15")" "=COUNTIFS($E$2:$E$21,">5",$E$2:$E$21,"<=10")"和"=COUNTIF($E$2:$E$21,"<=5")"，按〈Enter〉键，得到各个工龄段的员工人数。最终结果如图 8-4 所示。

	A	B	C	D	E	F	G	H
1	员工号	姓名	性别	工作时间	工龄		不同工龄段人数	
2	21001	曾凯	男	2005/6/10	17		工龄	人数
3	21002	吕小冰	女	1991/7/15	31		>20年	8
4	21003	陈飞吉	男	2016/11/7	5		>15年且<=20年	4
5	21004	韩飞龙	男	1999/11/22	22		>10年且<=15年	5
6	21005	蒋伟华	男	2006/3/24	16		>5年且<=10年	1
7	21006	李庆静	女	2008/8/16	13		<=5年	2
8	21007	魏红云	女	1994/7/22	28		合计	20

图 8-4　得到各工龄段的人数

4）在单元格 H8 中，输入公式"=SUM(H3:H7)"，按〈Enter〉键确认，核对一下各工龄段的总人数是否正确。

（2）使用 FREQUENCY 函数统计。使用 FREQUENCY 函数和数组公式统计各工龄段的员工人数的具体步骤如下。

1）在 Sheet1 工作表的 J1:L8 单元格区域中输入图 8-5 所示的工龄和每组上限。

2）选中 L3:L7 单元格区域，单击"公式"选项卡下的"插入函数"按钮，打开"插入函数"对话框，在"选择函数"列表框中选择频数统计函数"FREQUENCY"。单击"确定"按钮，打开"函数参数"对话框，设置"Data_array"为 E2:E21 单元格区域，设置"Bins_array"为 K3:K7 单元格区域，如图 8-6 所示。

	J	K	L
1	不同工龄段人数		
2	工龄	组限	人数
3	>20年	100	
4	>15年且<=20年	20	
5	>10年且<=15年	15	
6	>5年且<=10年	10	
7	<=5年	5	
8	合计		

图 8-5　输入工龄和每组上限

3）按〈Ctrl+Shift+Enter〉组合键确定输入数组公式，最后得到如图 8-7 所示结果。

> **提示**：FREQUENCY 函数通过 N 个区间点划分为 $N+1$ 个区间，对于每一个区间点，统计大于该区间点且小于等于上区间点的数值(忽略空白单元格和文本)个数，也即各区间都是大于区间下限(最小值)，小于等于区间上限(最大值)。另外，也可以直接把公式写成数组的形式"=FREQUENCY(E2:E21,{100;20;15;10;5})"，后按〈Ctrl+Shift+Enter〉组合键得到结果。有关 FREQUENCY 函数的介绍参见7.1节内容。

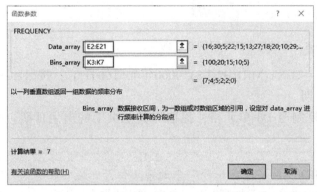

图 8-6　设置 FREQUENCY 函数的参数　　　图 8-7　输入数组公式得到的结果

8.2.3　提取员工的生日、年龄和性别

在对公司的员工信息进行管理时，通过员工提供的身份证号码，可以提取员工的出生日期、年龄和性别等信息。我国的居民身份证号码是一组特征组合码，总共 18 位，其编码规则为：前面的 6 位数字是常住户口所在县市的行政区划代码，接着的 8 位数字为出生日期代码，然后是 3 位数字顺序码和 1 位检验码。其中，3 位数字顺序码是为同一地址码的同年同月同日出生人员编制的顺序号，偶数的为女性，奇数的为男性。下面举例说明在 Excel 中使用有关的函数从身份证号码中提取出生日期、年龄和性别等信息的方法。

 视频演示 8-4　提取员工的生日、年龄和性别

【例 8-4】　打开"力宏公司员工身份证信息.xlsx"工作簿，在 Sheet1 工作表中，B 列为公司员工的身份证号码，使用公式从身份证号码中提取员工的性别和出生日期，然后再根据出生日期计算员工的年龄，具体的操作步骤如下。

(1)在 C2 单元格中输入公式"=IF(MOD((MID(B2,17,1)),2)=1,"男","女")"，按〈Enter〉键确认，判断出第一个员工的性别。

> **公式解析**：在公式中，先用 MID 函数从身份证号码中提取第 17 位，接着用 MOD 函数判断该数字是否为奇数，如果是则判断为男性，否则为女性。

> **提示**：在公式中，判断数字是否为奇数，也可以用 ISODD 函数来实现。此时，公式应为"=IF(ISODD(MID(B2,17,1)),"男","女")"。

（2）将 C2 单元格的公式向下复制至 C8 单元格，判断出其他员工的性别，如图 8-8 所示。

图 8-8　通过身份证号码判断性别

（3）在 D2 单元格中输入公式"＝TEXT(MID(B2,7,8),"0000年00月00日")"，按〈Enter〉键确认，提取出第一个员工的出生日期。

（4）将 D2 单元格的公式向下复制至 D8 单元格，提取出其他员工的出生日期，如图8-9 所示。

公式解析： 在公式中先用 MID 函数从身份证号码中的第 7 位开始连续提取 8 个数字，然后使用 TEXT 函数把提取的数字格式化为"年""月""日"的形式。

	A	B	C	D	E
1	姓名	身份证号码	性别	出生日期	年龄
2	张宏翔	452102196508152173	男	1965年08月15日	
3	戴璐瑶	510221197412010229	女	1974年12月01日	
4	徐晓磊	450107196509120153	男	1965年09月12日	
5	田娜娜	140121197002284203	女	1970年02月28日	
6	郑王强	350583197810120072	男	1978年10月12日	
7	韦菲菲	511801196209255203	女	1962年09月25日	
8	刘雨燕	620123197905131582	女	1979年05月13日	

图 8-9　从身份证号码中提取出生日期

（5）在 E2 单元格中输入公式"＝DATEDIF(D2,TODAY(),"Y")"，按〈Enter〉键确认，计算出第一个员工的年龄。将 E2 单元格的公式复制至 E8 单元格，计算出其他员工的年龄，如图 8-10 所示。

	A	B	C	D	E
1	姓名	身份证号码	性别	出生日期	年龄
2	张宏翔	452102196508152173	男	1965年08月15日	56
3	戴璐瑶	510221197412010229	女	1974年12月01日	47
4	徐晓磊	450107196509120153	男	1965年09月12日	56
5	田娜娜	140121197002284203	女	1970年02月28日	52
6	郑王强	350583197810120072	男	1978年10月12日	43
7	韦菲菲	511801196209255203	女	1962年09月25日	59
8	刘雨燕	620123197905131582	女	1979年05月13日	43

图 8-10　通过身份证号码计算年龄

提示： 通过"开始"选项卡下"数字"组中的"数字格式"按钮来设置数字的格式，只会更改数字的格式而不会影响其中的数值。使用函数 TEXT 可以将数值转换为带格式的文本，而其结果将不再作为数字参与计算。

8.3　员工考勤管理

8.3.1　统计员工迟到和早退情况

在对员工进行日常考勤管理过程中，需要准确地记录每一天员工的迟到和早退情况。例如，在一个单独的列中根据员工的上班、下班打卡时间自动统计出缺勤的次数，用颜色直接对迟到或早退的时间进行标记，让所有缺勤的打卡时间一目了然等。下面举例讲解使用条件格式对数据标记格式以及统计缺勤次数的方法。

视频演示 8-5　统计员工迟到和早退情况

【例 8-5】　打开"伟全科技公司员工考勤情况表 . xlsx"工作簿，在 Sheet1 工作表中，D 列和 E 列分别是每个员工的早上上班打卡时间和下午下班打卡时间，公司规定：上班打卡时间不能晚于 8：30，下午打卡时间不能早于 17：30；如果员工迟到或早退一次，都记缺勤 1 次。利用条件把 D、E 两列中不符合规定的打卡时间用红色的填充色进行标记，并统计出每个员工的缺勤次数。具体的操作步骤如下。

（1）选择单元格 D2:D11 单元格区域，单击"开始"选项卡下"样式"组中的"条件格式"下拉按钮三角形，选择"突出显示单元格规则"下的"大于"，如图 8-11 所示。

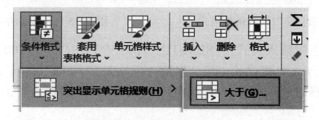

图 8-11　选择"突出显示单元格规则"下的"大于"

（2）在打开的"大于"对话框左侧的文本框中输入时间"8：30：00"，在右边"设置为"下拉列表中选择"自定义格式…"，如图 8-12 所示。

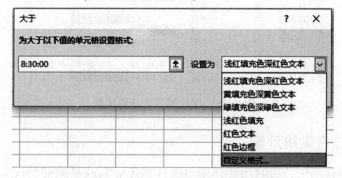

图 8-12　设置上班打卡时间的条件格式

（3）打开"设置单元格格式"对话框，单击"填充"选项卡，选择红色为背景色，单击"确定"按钮，返回"大于"对话框，再单击"确定"按钮，Excel将对选中单元格区域中时间超过8：30的单元格设置为红色填充色，如图8-13所示。

	A	B	C	D	E	F
1	姓名	性别	部门	上班打卡	下班打卡	缺勤次数
2	曾凯	男	财务部	9:05:13	17:45:20	
3	吕小冰	女	销售部	8:30:26	16:14:36	
4	陈飞吉	男	技术部	9:55:06	18:01:30	
5	韩飞龙	男	客服部	8:03:45	17:42:46	
6	蒋伟华	男	销售部	7:45:52	16:38:50	
7	李庆静	女	技术部	10:01:19	17:51:02	
8	魏红云	女	财务部	7:58:36	17:20:35	
9	肖伟峰	男	销售部	7:52:12	18:15:20	
10	何韵	女	市场部	7:48:37	17:49:30	
11	雷芳菲	女	技术部	8:06:46	17:26:39	

图8-13　对迟到的时间进行标记

（4）对E列的下班时间也做类似的条件格式设置，只不过在"突出显示单元格规则"中选择"小于"命令，在最右侧的文本框中输入时间"17：30：00"，如图8-14所示，最终的结果如图8-15所示。

	A	B	C	D	E	F
1	姓名	性别	部门	上班打卡	下班打卡	缺勤次数
2	曾凯	男	财务部	9:05:13	17:45:20	
3	吕小冰	女	销售部	8:30:26	16:14:36	
4	陈飞吉	男	技术部	9:55:06	18:01:30	
5	韩飞龙	男	客服部	8:03:45	17:42:46	
6	蒋伟华	男	销售部	7:45:52	16:38:50	
7	李庆静	女	技术部	10:01:19	17:51:02	
8	魏红云	女	财务部	7:58:36	17:20:35	
9	肖伟峰	男	销售部	7:52:12	18:15:20	
10	何韵	女	市场部	7:48:37	17:49:30	
11	雷芳菲	女	技术部	8:06:46	17:26:39	

图8-14　设置下班打卡时间的条件格式　　　　**图8-15　对早退的时间进行标记**

（5）在F2单元格中输入公式"＝SUM(D2>TIMEVALUE("8：30：00"),E2<TIMEVALUE("17：30：00"))"，按〈Enter〉键确认，统计出第一个员工上下班迟到和早退的次数总和。

（6）将F2单元格的公式向下复制至F11单元格，统计出其他员工的缺勤情况，如图8-16所示。

	A	B	C	D	E	F
1	姓名	性别	部门	上班打卡	下班打卡	缺勤次数
2	曾凯	男	财务部	9:05:13	17:45:20	1
3	吕小冰	女	销售部	8:30:26	16:14:36	2
4	陈飞吉	男	技术部	9:55:06	18:01:30	1
5	韩飞龙	男	客服部	8:03:45	17:42:46	0
6	蒋伟华	男	销售部	7:45:52	16:38:50	1
7	李庆静	女	技术部	10:01:19	17:51:02	1
8	魏红云	女	财务部	7:58:36	17:20:35	1
9	肖伟峰	男	销售部	7:52:12	18:15:20	0
10	何韵	女	市场部	7:48:37	17:49:30	0
11	雷芳菲	女	技术部	8:06:46	17:26:39	1

图8-16　统计员工的缺勤次数

8.3.2　制作考勤统计表

在公司的实际管理中，有时还要详细地统计员工迟到或早退的情况。例如，有些公司规定：员工迟到或早退的时间超过了30分钟就要扣除一定的出勤奖金，此时，就要统计出员工迟到或早退的具体小时数和分钟数，以便进行相应的处罚。下面通过实际的案例来讲解使用函数计算时间差以及从时间中提取小时和分钟的方法。

 视频演示 8-6　制作考勤统计表

【例 8-6】　打开"伟全科技公司员工考勤统计表．xlsx"工作簿，在 Sheet1 工作表中，B1 单元格与 E1 单元格中的时间为公司规定的上班时间和下班时间，C、D 两列中的时间分别为每位员工上班、下班的打卡时间。要求根据员工实际的打卡时间计算每个员工迟到或早退的具体时间，具体的操作步骤如下。

（1）在 E4 单元格输入公式"＝IF(C4>$B$1,HOUR(C4−$B$1),0)"，按〈Enter〉键确认，算出第一个员工上班迟到的小时数。

（2）将 E4 单元格的公式向下复制至 E13 单元格，算出其他员工迟到的小时数。

> **公式解析**：在公式中，先判断 C4 单元格中的打卡时间是否大于 B1 单元格中公司规定的上班打卡时间，如果大于，那么该员工就迟到了。然后用 HOUR 函数计算迟到的小时数；如果 C4 单元格中的打卡时间小于或等于规定的打卡时间，那么就返回 0，因为员工没有迟到。

（3）在 F4 单元格中输入公式"＝IF(C4>$B$1,MINUTE(C4−$B$1),0)"，按〈Enter〉键确认，计算出第一个员工上班迟到的分钟数。

（4）将 F4 单元格的公式向下复制至 F13 单元格，算出其他员工迟到的分钟数。

（5）在 G4 单元格输入公式"＝IF(D4<$E$1,HOUR($E$1−D4),0)"，按〈Enter〉键确认，算出第一个员工下班打卡早退的小时数。

（6）将 G4 单元格的公式向下复制至 G13 单元格，算出其他员工早退的小时数。

（7）在 H4 单元格输入公式"＝IF(D4<$E$1,MINUTE($E$1−D4),0)"，按〈Enter〉键确认，算出第一个员工下班打卡早退的分钟数。

（8）将 H4 单元格的公式向下复制至 H13 单元格，算出其他员工早退的分钟数，最终的结果如图 8-17 所示。

H4	▼	× ✓ fx	=IF(D4<$E$1,MINUTE($E$1-D4),0)				
	A	B	C	D	E	F	G	H
1	上班时间	8:30		下班时间	17:30			
2	姓名	日期	上班打卡	下班打卡	迟到时间		早退时间	
3					小时	分钟	小时	分钟
4	曾凯	2021/3/18	9:05:13	17:45:20	0	35	0	0
5	吕小冰	2021/3/18	8:30:26	16:14:36	0	0	1	15
6	陈飞吉	2021/3/18	9:55:06	18:01:30	1	25	0	0
7	韩飞龙	2021/3/18	8:03:45	17:42:46	0	0	0	0
8	蒋伟华	2021/3/18	7:45:52	16:38:50	0	0	0	51
9	李庆静	2021/3/18	10:01:19	17:51:02	1	31	0	0
10	魏红云	2021/3/18	7:58:36	17:20:35	0	0	0	9
11	肖伟峰	2021/3/18	7:52:12	18:15:20	0	0	0	0
12	何韵	2021/3/18	7:48:37	17:49:30	0	0	0	0
13	雷芳菲	2021/3/18	8:06:46	17:26:39	0	0	0	3

图 8-17　最终的统计结果

8.3.3　批量制作考勤表

在使用 Excel 管理表格过程中，经常需要制作大量结构和格式相同的表格，如每个月的员工考勤表，表中有每一个员工的姓名和每个月中每一天的日期，区别只是每个月中每个员工的考勤情况不同。如果要制作一年的考勤表，就要制作 12 张表格，这样做既费力效率又低。此时，可以先制作好第一个月的考勤表，然后将其创建为模板，再制作后面月份的考勤表，只需使用模板来创建考勤表，即可在新建的表格中自动保留模板中的姓名和日期。

 视频演示 8-7　批量制作考勤表

【例 8-7】　制作如图 8-18 所示的员工考勤表模板，表格中的姓名和日期所在的单元格都是锁定的，用户不能对其进行修改。新建考勤表时，通过修改 A1 中的月份来使 A 列日期自动更新为指定月份的日期。具体的操作步骤如下。

	A	B	C	D	E	F	G	H	I	J	K
1				1月份考勤表							
2		曾凯	吕小冰	陈飞吉	韩飞龙	蒋伟华	李庆静	魏红云	肖伟峰	何韵	雷芳菲
3	2021-1-1										
4	2021-1-2										
5	2021-1-3										
6	2021-1-4										
7	2021-1-5										
8	2021-1-6										
9	2021-1-7										
10	2021-1-8										
11	2021-1-9										
12	2021-1-10										
13	2021-1-11										
14	2021-1-12										

图 8-18　员工考勤表模板

（1）建立一个如图 8-19 的考勤表，在 A3 单元格中输入公式"=DATE(2021,LEFT($A$1,FIND("月",$A$1)-1),ROW()-2)"，按〈Enter〉键确定，得到 2021 年 1 月份第一天的日期。

> **公式解析**：在考勤表标题输入月份后，通过公式在 A 列中自动得到本月的日期。因此，在公式中，先用 FIND 函数查找标题中"月"字的位置，位置的数字减 1 作为 LEFT 函数中的第二个参数（要提取的字符个数），这样就可以从标题中提取月份的数字。提取的月份数字最后作为 DATE 函数的第二个参数（即表示"月"的数字），而 DATE 函数的第一个参数可以指定任何的年份。同时，为了在复制公式的过程中得到正确的日数，在公式中通过 ROW 函数来引用当前单元格的行号，并减 2（因为第一个日期的单元格是从第三行开始），作为 DATE 函数的第三个参数（日期中的"日"）。

图 8-19　通过公式得到考勤表的第一个日期

（2）将 A3 单元格的公式复制至 A33，得到 1 月份每天的日期。

（3）单击工作表中左上角的全选按钮，选中所有的单元格，单击"开始"选项卡下"数字"组中右下角的"数字格式"按钮，打开"设置单元格格式"对话框。在对话框中单击"保护"选项卡，取消选中"锁定"复选项，如图 8-20 所示，单击"确定"按钮。

（4）选择 B2:K2单元格区域，然后按住〈Ctrl〉键的同时，再选择 A3:A33单元格区域，单击"审阅"选项卡下"保护"组中的"保护工作表"按钮，打开"保护工作表"对话框，在对话框中设置好保护的项目后，输入保护的密码，如图 8-21 所示，单击"确定"按钮，在打开的"确认密码"对话框中，再次输入密码，如图 8-22 所示，单击"确定"按钮。这样所有的姓名和日期就不能修改。

图 8-20　取消选择"锁定"复选项

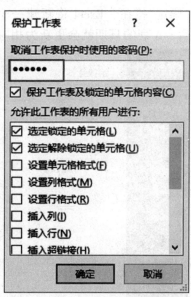

图 8-21　设置工作表密码

（5）单击快速访问工具栏中的"保存"按钮，将考勤表保存。接着单击"文件"选项卡下的"另存为"，设置"保存类型"为"Excel 模板（＊.xltx）"，然后在"文件名"后面的文本框中输入"员工考勤模板.xltx"，如图 8-23 所示。最后单击"保存"按钮，创建员工考勤模板。

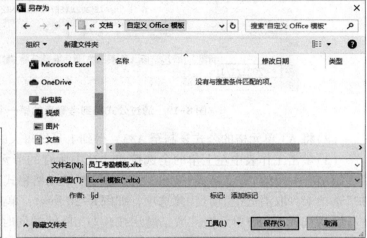

图 8-22 "确认密码"对话框　　　　图 8-23 创建工作簿模板

> 注意：在"另存为"对话框中，保存的位置尽量不要更改，就用默认的路径作为模板的保存位置，以方便后面调用模板。

（6）如果要制作其他月份的员工考勤表，则选择"文件"选项卡下的"新建"命令，然后在"新建工作簿"窗格中单击"个人"选项卡，选择"员工考勤模板"，如图 8-24 所示。单击"确定"按钮，Excel 将新建一个工作簿，在 Sheet1 工作表中，把标题中的月份数字更改后，A 列的日期就会更新为相应月份的日期，如图 8-25 所示。

图 8-24 选择要使用的模板　　　　图 8-25 使用模板新建工作簿

8.4　员工绩效与福利管理

8.4.1　员工业绩评定与排名

在公司中，经常需要对员工的销售业绩进行评定与排名，以了解员工完成工作的进度及能力，有时还要根据员工的销售业绩进行适当的奖励，以提高员工的积极性。

 视频演示 8-8　员工绩效与福利管理

【例 8-8】　打开"力宏公司 2021 年上半年销售业绩考核 . xlsx"工作簿，在工作表 Sheet1 中，计算出每个员工的销售金额（销售金额＝销售单价×销售数量），并根据销售量进行业绩评定，销售量大于或等于 150 的为"优秀"，在 100 ~ 149 之间的为"良好"，在 50 ~ 99 之间的为"一般"，低于 50 的为"差"，最后对员工的销售金额进行排名。具体的操作步骤如下。

（1）打开"力宏公司 2021 年上半年销售业绩考核 . xlsx"工作簿，在工作表 Sheet1 中，单击 G3 单元格，在其中输入计算销售金额的公式"＝E3 * F3"，表示销售单价乘以销售数量。输入正确的公式之后，按〈Enter〉键，此时可以看到在目标单元格中显示了计算的结果，把 G3 单元格的格式设置为货币型。

（2）双击 G3 单元格右下角的填充柄，自动复制公式到最后一个员工销售金额的 G12 单元格，得到各员工的销售金额，如图 8-26 所示。

	G3		× ✓ fx	=E3*F3				
	A	B	C	D	E	F	G	H	I
1				力宏公司2021年上半年电器销售业绩表					
2	工号	姓名	性别	销售产品	销售单价	销售数量	销售金额	销售量评定	销售金额排名
3	LH00101	曾凯	男	空调扇	¥480.00	103	¥49,440.00		
4	LH00102	吕小冰	女	微波炉	¥560.00	39	¥21,840.00		
5	LH00103	陈飞吉	男	平板电脑	¥820.00	156	¥127,920.00		
6	LH00104	韩飞龙	男	榨汁机	¥350.00	56	¥19,600.00		
7	LH00105	蒋伟华	男	电压力锅	¥465.00	78	¥36,270.00		
8	LH00106	李庆静	女	剃须刀	¥290.00	43	¥12,470.00		
9	LH00107	魏红云	女	净化器	¥510.00	109	¥55,590.00		
10	LH00108	肖伟峰	男	吸尘器	¥600.00	167	¥100,200.00		
11	LH00109	何韵	女	豆浆机	¥415.00	61	¥25,315.00		
12	LH001010	雷芳菲	女	电磁炉	¥275.00	56	¥15,400.00		
13									

图 8-26　算出所有员工的销售金额

（3）单击 H3 单元格，输入公式"＝IFS(F3>=150,"优秀",F3>=100,"良好",F3>=50,"一般",F3<50,"差")"，按〈Enter〉键确认，根据销售数量对第一个员工的业绩进行评定。

> 提示：这里也可以用 CHOOSE 函数来对第一个员工的销售量进行评定。公式为
> "＝CHOOSE(IFS(F3>=150,1,F3>=100,2,F3>=50,3,F3<50,4),"优秀","良好","一般","差")"；或
> 者用 LOOKUP 函数，公式为"＝LOOKUP(F3,{0,50,100,150},{"差","一般","良好","优秀"})。

（4）双击 H3 单元格右下角的填充柄，自动复制公式到最后一个员工销售量评定的 H12 单元格，完成对所有员工业绩的评定，如图 8-27 所示。

H3	▼ : × ✓ fx	=IFS(F3>=150,"优秀",F3>=100,"良好",F3>=50,"一般",F3<50,"差")

	C	D	E	F	G	H	I
1			力宏公司2021年上半年电器销售业绩表				
2	性别	销售产品	销售单价	销售数量	销售金额	销售量评定	销售金额排名
3	男	空调扇	¥480.00	103	¥49,440.00	良好	
4	女	微波炉	¥560.00	39	¥21,840.00	差	
5	男	平板电脑	¥820.00	156	¥127,920.00	优秀	
6	男	榨汁机	¥350.00	56	¥19,600.00	一般	
7	男	电压力锅	¥465.00	78	¥36,270.00	一般	
8	女	剃须刀	¥290.00	43	¥12,470.00	差	
9	女	净化器	¥510.00	109	¥55,590.00	良好	
10	男	吸尘器	¥600.00	167	¥100,200.00	优秀	
11	女	豆浆机	¥415.00	61	¥25,315.00	一般	
12	女	电磁炉	¥275.00	56	¥15,400.00	一般	
13							

图 8-27   评定所有员工的业绩

（5）单击 I3 单元格，输入公式"=RANK(G3,$G$3:$G$12)"，按〈Enter〉键确认，得到第一个员工的销售金额的排名名次。

（6）双击 I3 单元格右下角的填充柄，自动复制公式到最后一个员工销售金额排名的 I12 单元格，得到所有员工的名次，如图 8-28 所示。

I3	▼ : × ✓ fx	=RANK(G3,$G$3:$G$12)

	C	D	E	F	G	H	I
1			力宏公司2021年上半年电器销售业绩表				
2	性别	销售产品	销售单价	销售数量	销售金额	销售量评定	销售金额排名
3	男	空调扇	¥480.00	103	¥49,440.00	良好	4
4	女	微波炉	¥560.00	39	¥21,840.00	差	7
5	男	平板电脑	¥820.00	156	¥127,920.00	优秀	1
6	男	榨汁机	¥350.00	56	¥19,600.00	一般	8
7	男	电压力锅	¥465.00	78	¥36,270.00	一般	5
8	女	剃须刀	¥290.00	43	¥12,470.00	差	10
9	女	净化器	¥510.00	109	¥55,590.00	良好	3
10	男	吸尘器	¥600.00	167	¥100,200.00	优秀	2
11	女	豆浆机	¥415.00	61	¥25,315.00	一般	6
12	女	电磁炉	¥275.00	56	¥15,400.00	一般	9

图 8-28   算出所有员工的名次

8.4.2 计算员工销售提成奖金

绩效考核制度不仅可以激励员工的工作积极性，还能为公司创造极大的利润。因此，在计算员工的月工资时，需要结合员工的销售金额并按一定比例计算他们的奖金。

视频演示 8-9 计算员工销售提成奖金

【例 8-9】 力宏公司对员工实行销售绩效考核，并按照不同的比例计提奖金。规定如下：奖金类别分为 6 个档次，月销售额低于 2 万元的无奖金分配；月销售额在 2 万到 4 万元（不含 4 万元）之间计提 1.5% 的奖金；月销售额在 4 万到 6 万元（不含 6 万元）之间计提 2.0% 的奖金；月销售额在 6 万到 8 万元（不含 8 万元）之间计提 3.0% 的奖金；月销售额在 8 万到 10 万元（不含 10 万元）之间计提 4.0% 的奖金；月销售额在 10 万元及以上计提

5.0% 的奖金，当月员工个人奖金最高封顶不超过 6000 元；实发奖金额四舍五入到元。在"力宏公司 2021 年 7 月份销售人员奖金统计表 . xlsx"工作簿的 Sheet1 工作表中，计算每位员工的奖金金额。具体的操作步骤如下。

（1）打开"力宏公司 2021 年 7 月份销售人员奖金统计表 . xlsx"工作簿，在 Sheet2 工作表中，按照公司的奖金规定方法制作如图 8-29 所示的奖金评定比例，并把 Sheet2 工作表重命名为"奖金评定比例"。

	A	B	C
1	奖金评定标准		
2	奖金参考数	奖金类别	奖金比例
3	0	20000以下	0.00%
4	20000	20000至39999	1.50%
5	40000	40000至59999	2.00%
6	60000	60000至79999	3.00%
7	80000	80000至99999	4.00%
8	100000	100000以上	5.00%
9			

图 8-29　制作"奖金评定比例"表

（2）在 Sheet1 工作表中，单击 F3 单元格，输入公式"=VLOOKUP(E3,奖金评定比例!$A$3:$C$8,3)"，按〈Enter〉键确认，得到第一个员工的奖金比例。

（3）双击 F3 单元格右下角的填充柄，自动将公式复制到 F12 单元格，得到所有员工的奖金比例，如图 8-30 所示。

F3　=VLOOKUP(E3,奖金评定比例!$A$3:$C$8,3)

	A	B	C	D	E	F	G
1	力宏公司2021年7月份销售人员奖金统计表						
2	序号	工号	姓名	性别	销售金额	奖金比例	奖金金额(元)
3	1	LH00101	曾凯	男	49,440	2.0%	
4	2	LH00102	吕小冰	女	21,840	1.5%	
5	3	LH00103	陈飞吉	男	127,920	5.0%	
6	4	LH00104	韩飞龙	男	79,600	3.0%	
7	5	LH00105	蒋伟华	男	36,270	1.5%	
8	6	LH00106	李庆静	女	12,470	0.0%	
9	7	LH00107	魏红云	女	55,590	2.0%	
10	8	LH00108	肖伟峰	男	80,200	4.0%	
11	9	LH00109	何韵	女	65,315	3.0%	
12	10	LH001010	雷芳菲	女	15,400	0.0%	
13							

图 8-30　算出所有员工的奖金比例

（4）单击 G3 单元格，输入公式"=IF(ROUND(E3*F3,0)<=6000,ROUND(E3*F3,0),6000)"，按〈Enter〉键确认，得到第一个员工的奖金金额。

公式解析：公式"=IF(ROUND(E3*F3,0)<=6000,ROUND(E3*F3,0),6000)"是指当测试条件"ROUND(E3*F3,0)<=6000"为真时。返回"ROUND(E3*F3,0)"的运算结果。否则返回"6000"。"E3*F3"是需要进行四舍五入的数值，"0"意味着四舍五入到最接近的整数。"ROUND(E3*F3,0)"的意思就是对 E3 单元格的数值乘以 F3 单元格的数值得到的结果进行四舍五入处理，最后保留最接近该结果的整数。本例中，G3 单元格的值四舍五入后的值为"989"。小于 6000，因此逻辑值为真，所以返回"ROUND(E3*F3,0)"的运算结果，即"989"。

（5）把 G3 单元格的数据设置成"千位分隔样式"，小数位为 0 位，双击 G3 单元格右下角的填充柄，自动将公式复制到 G12 单元格，得到所有员工的奖金金额，如图 8-31 所示。

G3			× ✓ fx	=IF(ROUND(E3*F3,0)<=6000,ROUND(E3*F3,0),6000)			
	A	B	C	D	E	F	G
1	力宏公司2021年7月份销售人员奖金统计表						
2	序号	工号	姓名	性别	销售金额	奖金比例	奖金金额(元)
3	1	LH00101	曾凯	男	49,440	2.0%	989
4	2	LH00102	吕小冰	女	21,840	1.5%	328
5	3	LH00103	陈飞吉	男	127,920	5.0%	6,000
6	4	LH00104	韩飞龙	男	79,600	3.0%	2,388
7	5	LH00105	蒋伟华	男	36,270	1.5%	544
8	6	LH00106	李庆静	女	12,470	0.0%	-
9	7	LH00107	魏红云	女	55,590	2.0%	1,112
10	8	LH00108	肖伟峰	男	80,200	4.0%	3,208
11	9	LH00109	何韵	女	65,315	3.0%	1,959
12	10	LH001010	雷芳菲	女	15,400	0.0%	-
13							

Sheet1 | 奖金评定比例 | Sheet3 ⊕

图8-31　算出所有员工的奖金金额

8.4.3　制作员工工资表

核定薪酬是人力资源部每个月必须完成的工作，其中最基本的工作就是制作员工的月度工资表。月工资表一般包括基本工资、福利津贴、绩效奖金、加班费、各种扣钱项目及代扣代缴保险和个人所得税（简称个税）等。

个人所得税是工资表上的一个重要计算项目。根据我国最新的个税计算方法，目前，在计算个税时，使用的是 3%～45% 的七级超额累进税率，如表 8-1 所示。而个人所得税的计算公式为：应纳税额=（月收入额-5000）×适用税率-速算扣除数。每月取得工资收入后，先减去个人承担的基本养老保险金、医疗保险金、失业保险金，以及按省级政府规定标准缴纳的住房公积金，再减去费用扣除额 5000 元/月，为应纳税所得额，按 3% 至 45% 的七级超额累进税率计算缴纳个人所得税。

表 8-1　个人所得税的税率表

级数	应纳税所得额	税率（%）	速算扣除数
1	不超过 3000 元的	3	0
2	超过 3000 元至 12000 元的部分	10	210
3	超过 12000 元至 25000 元的部分	20	1410
4	超过 25000 元至 35000 元的部分	25	2660
5	超过 35000 元至 55000 元的部分	30	4410
6	超过 55000 元至 80000 元的部分	35	7160
7	超过 80000 元的部分	45	15160

> 说明：税率表中的"应纳税所得额"是指减除起征点 5000 元后的余额。

视频演示 8-10　制作员工工资表

【例 8-10】　打开"力宏公司 2021 年 12 月份员工工资表.xlsx"工作簿，在 Sheet1 工作表中，计算每位员工的应发工资、应纳税所得额、个税税率、速算扣除数、应缴纳税和实发工资，具体操作如下。

（1）打开"力宏公司 2021 年 12 月份员工工资表.xlsx"工作簿，在 Sheet1 工作表中，选择 I3 单元格，输入公式"=SUM(E3:H3)"，按〈Enter〉键确认，计算第一名员工的实发工资。双击 I3 单元格右下角的填充柄，自动将公式复制到 I12 单元格，计算所有员工的实发工资。

（2）选择 K3 单元格，输入公式"=IF(I3-J3-5000>0,I3-J3-5000,0)"，按〈Enter〉键确认，计算第一名员工的应纳税所得额。双击 K3 单元格右下角的填充柄，自动将公式复制到 K12 单元格，计算所有员工的应纳税所得额，如图 8-32 所示。

K3	▼	× ✓	fx	=IF(I3-J3-5000>0,I3-J3-5000,0)						
	A	B	C	D	E	F	G	H	I	J	K
1								力宏公司2021年12月份员工工资表			
2	序号	部门	工号	姓名	基本工资	津贴	奖金	补贴	应发工资	代缴保险	应纳税所得额
3	1	客服部	LH00101	曾凯	6686.00	450.00	545.00	300.00	7981.00	230.00	2751.00
4	2	销售部	LH00102	吕小冰	7434.00	362.00	436.00	350.00	8582.00	191.00	3391.00
5	3	财务部	LH00103	陈飞吉	5712.00	349.00	426.00	300.00	6787.00	205.00	1582.00
6	4	技术部	LH00104	韩飞龙	6219.00	563.00	640.00	325.00	7747.00	346.00	2401.00
7	5	销售部	LH00105	蒋伟华	8762.00	481.00	551.00	300.00	10094.00	294.00	4800.00
8	6	技术部	LH00106	李庆静	4190.00	260.00	336.00	375.00	5161.00	176.00	0.00
9	7	客服部	LH00107	魏红云	5487.00	332.00	417.00	350.00	6586.00	254.00	1332.00
10	8	技术部	LH00108	肖伟峰	7818.00	468.00	478.00	375.00	9139.00	385.00	3754.00
11	9	销售部	LH00109	何韵	6767.00	461.00	459.00	300.00	7987.00	216.00	2771.00
12	10	销售部	LH001010	雷芳菲	3850.00	347.00	360.00	325.00	4882.00	175.00	0.00
13											

图 8-32　计算员工的应纳税所得额

（3）在 Sheet2 工作表中，制作如图 8-33 所示的个税表，并把工作表名改为"个税表"。

	A	B	C	D	E	F
1	级数	应纳税所得额	上限	下限	税率	速算扣除数（元）
2	1	不超过3000元的	3000	0	3%	0
3	2	超过3000元至12000元的部分	12000	3000	10%	210
4	3	超过12000元至25000元的部分	25000	12000	20%	1410
5	4	超过25000元至35000元的部分	35000	25000	25%	2660
6	5	超过35000元至55000元的部分	55000	35000	30%	4410
7	6	超过55000元至80000元的部分	80000	55000	35%	7160
8	7	超过80000元的部分		80000	45%	15160
9						

Sheet1　个税表　Sheet3　⊕

图 8-33　制作的个税表

（4）选中 Sheet1 中的 L3 单元格，输入公式"=VLOOKUP(K3,个税表!$D$2:$F$8,2,TRUE)"，按〈Enter〉键确认，计算第一名员工应缴纳个税的税率。双击 L3 单元格右下角的填充柄，自动将公式复制到 L12 单元格，计算所有员工的个人所得税税率。

（5）选中 Sheet1 中的 M3 单元格，输入公式"=VLOOKUP(K3,个税表!$D$2:$F$8,3,TRUE)"，按〈Enter〉键确认，计算第一名员工的速算扣除数。双击 M3 单元格右下角的填充柄，自动将公式复制到 M12 单元格，计算所有员工的速算扣除数。

（6）选中 Sheet1 中的 N3 单元格，输入公式"=K3*L3-M3"，按〈Enter〉键确认，计算第一名员工的应纳税额，双击 N3 单元格右下角的填充柄，自动将公式复制到 N12 单元格，计算所有员工的应纳税额。

（7）选中 Sheet1 中的 O3 单元格，输入公式"=I3-J3-N3"，按〈Enter〉键确认，计算第一名员工的实发工资，双击 O3 单元格右下角的填充柄，自动将公式复制到 O12 单元格，计算所有员工的实发工资，如图 8-34 所示。

序号	部门	工号	姓名	基本工资	津贴	奖金	补贴	应发工资	代缴保险	应纳税所得额	个税税率	速算扣除数	应缴纳税	实发工资
						力宏公司2021年12月份员工工资表								
1	客服部	LH00101	曾凯	6686.00	450.00	545.00	300.00	7981.00	230.00	2751.00	3%	0	82.53	7668.47
2	销售部	LH00102	吕小冰	7434.00	362.00	436.00	350.00	8582.00	191.00	3391.00	10%	210	129.10	8261.90
3	财务部	LH00103	陈飞吉	5712.00	349.00	426.00	300.00	6787.00	205.00	1582.00	3%	0	47.46	6534.54
4	技术部	LH00104	韩飞龙	6219.00	563.00	640.00	325.00	7747.00	346.00	2401.00	3%	0	72.03	7328.97
5	销售部	LH00105	蒋伟华	8762.00	481.00	551.00	300.00	10094.00	294.00	4800.00	10%	210	270.00	9530.00
6	技术部	LH00106	李庆静	4190.00	260.00	336.00	375.00	5161.00	176.00	0.00	3%	0	0.00	4985.00
7	客服部	LH00107	魏红云	5487.00	332.00	417.00	350.00	6586.00	254.00	1332.00	3%	0	39.96	6292.04
8	技术部	LH00108	肖伟峰	7818.00	468.00	478.00	375.00	9139.00	385.00	3754.00	10%	210	165.40	8588.60
9	销售部	LH00109	何韵	6767.00	461.00	459.00	300.00	7987.00	216.00	2771.00	3%	0	83.13	7687.87
10	销售部	LH001010	雷芳菲	3850.00	347.00	360.00	325.00	4882.00	175.00	0.00	3%	0	0.00	4707.00

图 8-34 计算实发工资

8.4.4 制作员工工资条

在发放工资时，公司的人力资源部还需要制作每位员工的工资条，以便员工对工资情况进行了解和查询。下面介绍制作每月员工工资条的方法。

【例 8-11】 打开"2021 年 7 月白马公司员工工资表 . xlsx"工作簿，根据"工资表"工作表，制作员工的工资条。制作工资条的常用方法主要有两种。

视频演示 8-11 通过排序方法制作工资条

（1）通过排序方法制作工资条。

1）在"2021 年 7 月白马公司员工工资表 . xlsx"工作簿中，复制"工资表"工作表到最后面，并命名为"排序法制作工资条"。

2）在"排序法制作工资条"工作表中，选中 A 列，单击"开始"选项卡下"单元格"组中的"插入"下拉按钮，选择"插入工作表列"，在 A 列的前面插入新的一列。

3）在 A2:A11 单元格区域，输入数字 1～10 的数字。在 A12 单元格中输入 1.5，单击并拖动 A12 单元格右下角的填充柄到 A20，此时，在 A12:A20 单元格区域中的数据都是 1.5，单击数据右下角的下拉按钮，在列表框中选择"填充序列"，这样 A12:A20 单元格中的数据就填充为从 1.5 到 9.5 的等差序列，如图 8-35 所示。

4）选择 A3:A20 单元格区域，单击"数据"选项卡下"排序和筛选"组中的"排序"按钮，打开"排序提醒"对话框，在对话框中选中"扩展选定区域"单选按钮，然后单击"排序"按钮，如图 8-36 所示。打开"排序"对话框，在"主要关键字"下拉列表中选择"（列 A）"，在"排序依据"下拉列表中选择"单元格值"，在"次序"下拉列表中选择"升序"，单击选中"数据包含标题"复选按钮，如图 8-37 所示。

图 8-35 设置"填充序列"

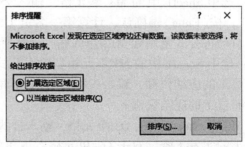

图 8-36 "排序提醒"对话框

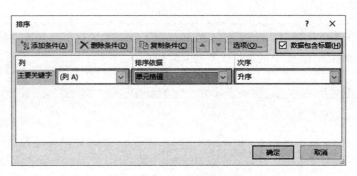

图 8-37　设置"排序选项"

5）单击"确定"按钮，得到排序的结果，如图 8-38 所示。可以看到每个员工的工资数据行之间都插入了一个空行。

	A	B	C	D	E	F	G	H	I	J	K	L	M
1		序号	日期	工号	姓名	部门	基本工资	补贴补助	奖金	应发工资	代缴保险	应纳税额	实发工资
2	1	1	2021年7月	BM200401	刘青云	技术部	5468	236	308	6012	156	110.6	5745.4
3	1.5												
4	2	2	2021年7月	BM200402	冯丽娜	工程部	3790	139	219	4148	178	14.1	3955.9
5	2.5												
6	3	3	2021年7月	BM200403	陈金芳	财务部	2980	136	210	3326	245	0	3081
7	3.5												
8	4	4	2021年7月	BM200404	魏南华	客服部	5130	237	220	5587	312	152.5	5122.5
9	4.5												
10	5	5	2021年7月	BM200405	李春东	销售部	4869	284	267	5420	178	149.2	5092.8
11	5.5												
12	6	6	2021年7月	BM200406	雷彬彬	技术部	3210	178	232	3620	156	0	3464
13	6.5												
14	7	7	2021年7月	BM200407	黄金铠	工程部	4328	256	304	4888	242	9.38	4636.62
15	7.5												
16	8	8	2021年7月	BM200408	邓小丽	销售部	4674	290	348	5312	156	140.6	5015.4
17	8.5												
18	9	9	2021年7月	BM200409	吴亚楠	技术部	3872	202	245	4319	321	14.94	3983.06
19	9.5												
20	10	10	2021年7月	BM200410	梁永飞	客服部	3609	280	314	4203	278	12.75	3912.25
21													

图 8-38　在每行数据之间自动插入空行

6）选择 B3:M20 单元格区域，单击"开始"选项卡下"编辑"组中的"查找和选择"下拉按钮，选择"定位条件"，如图 8-39 所示。打开"定位条件"对话框，在对话框中选择"空值"单选按钮，如图 8-40 所示。单击"确定"按钮，自动选中 B3:M20 区域选区中的所有空行，如图 8-41 所示。

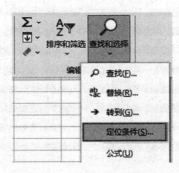

图 8-39　选择"定位条件"

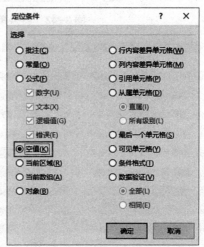

图 8-40　设置定位条件选项

提示：打开"定位条件"对话框，也可以按〈Ctrl+G〉或者按〈F5〉键，打开"定位"对话框后，再单击对话框中的"定位条件"按钮。

	A	B 序号	C 日期	D 工号	E 姓名	F 部门	G 基本工资	H 补贴补助	I 奖金	J 应发工资	K 代缴保险	L 应纳税额	M 实发工资
1		序号	日期	工号	姓名	部门	基本工资	补贴补助	奖金	应发工资	代缴保险	应纳税额	实发工资
2	1	1	2021年7月	BM200401	刘青云	技术部	5468	236	308	6012	156	110.6	5745.4
3	1.5												
4	2	2	2021年7月	BM200402	冯丽娜	工程部	3790	139	219	4148	178	14.1	3955.9
5	2.5												
6	3	3	2021年7月	BM200403	陈金芳	财务部	2980	136	210	3326	245	0	3081
7	3.5												
8	4	4	2021年7月	BM200404	魏南华	客服部	5130	237	220	5587	312	152.5	5122.5
9	4.5												
10	5	5	2021年7月	BM200405	李春东	销售部	4869	284	267	5420	178	149.2	5092.8
11	5.5												
12	6	6	2021年7月	BM200406	雷彬彬	技术部	3210	178	232	3620	156	0	3464
13	6.5												
14	7	7	2021年7月	BM200407	黄金铠	工程部	4328	256	304	4888	242	9.38	4636.62
15	7.5												
16	8	8	2021年7月	BM200408	邓小丽	销售部	4674	290	348	5312	156	140.6	5015.4
17	8.5												
18	9	9	2021年7月	BM200409	吴亚楠	技术部	3872	202	245	4319	321	14.94	3983.06
19	9.5												
20	10	10	2021年7月	BM200410	梁永飞	客服部	3609	280	314	4203	278	12.75	3912.25
21													

图 8-41　选中选区中的所有空行

7）在当前的活动单元格 B3 中输入"="，然后按两次向上方向键〈↑〉，此时在公式中自动输入对单元格 B1 的引用，按两次〈F4〉键将单元格转换为"B$1"的形式，如图 8-42 所示。按〈Ctrl+Enter〉组合键，在所有的空行中输入工资表的标题行内容，单击"开始"选项卡下"对齐方式"组中的"垂直居中"和"居中"按钮，将所有标题按水平和垂直方向居中对齐，如图 8-43 所示。

B1	▼	:	×	✓	fx	=B$1

	A	B 序号	C 日期	D 工号	E 姓名
1		序号	日期	工号	姓名
2	1	1	2021年7月	BM200401	刘青云
3	1.5	=B$1			
4	2	2	2021年7月	BM200402	冯丽娜
5	2.5				
6	3	3	2021年7月	BM200403	陈金芳

图 8-42　转换单元格引用的形式

	A	B 序号	C 日期	D 工号	E 姓名	F 部门	G 基本工资	H 补贴补助	I 奖金	J 应发工资	K 代缴保险	L 应纳税额	M 实发工资
1		序号	日期	工号	姓名	部门	基本工资	补贴补助	奖金	应发工资	代缴保险	应纳税额	实发工资
2	1	1	2021年7月	BM200401	刘青云	技术部	5468	236	308	6012	156	110.6	5745.4
3	1.5	序号	日期	工号	姓名	部门	基本工资	补贴补助	奖金	应发工资	代缴保险	应纳税额	实发工资
4	2	2	2021年7月	BM200402	冯丽娜	工程部	3790	139	219	4148	178	14.1	3955.9
5	2.5	序号	日期	工号	姓名	部门	基本工资	补贴补助	奖金	应发工资	代缴保险	应纳税额	实发工资
6	3	3	2021年7月	BM200403	陈金芳	财务部	2980	136	210	3326	245	0	3081
7	3.5	序号	日期	工号	姓名	部门	基本工资	补贴补助	奖金	应发工资	代缴保险	应纳税额	实发工资
8	4	4	2021年7月	BM200404	魏南华	客服部	5130	237	220	5587	312	152.5	5122.5
9	4.5	序号	日期	工号	姓名	部门	基本工资	补贴补助	奖金	应发工资	代缴保险	应纳税额	实发工资
10	5	5	2021年7月	BM200405	李春东	销售部	4869	284	267	5420	178	149.2	5092.8
11	5.5	序号	日期	工号	姓名	部门	基本工资	补贴补助	奖金	应发工资	代缴保险	应纳税额	实发工资
12	6	6	2021年7月	BM200406	雷彬彬	技术部	3210	178	232	3620	156	0	3464
13	6.5	序号	日期	工号	姓名	部门	基本工资	补贴补助	奖金	应发工资	代缴保险	应纳税额	实发工资
14	7	7	2021年7月	BM200407	黄金铠	工程部	4328	256	304	4888	242	9.38	4636.62
15	7.5	序号	日期	工号	姓名	部门	基本工资	补贴补助	奖金	应发工资	代缴保险	应纳税额	实发工资
16	8	8	2021年7月	BM200408	邓小丽	销售部	4674	290	348	5312	156	140.6	5015.4
17	8.5	序号	日期	工号	姓名	部门	基本工资	补贴补助	奖金	应发工资	代缴保险	应纳税额	实发工资
18	9	9	2021年7月	BM200409	吴亚楠	技术部	3872	202	245	4319	321	14.94	3983.06
19	9.5	序号	日期	工号	姓名	部门	基本工资	补贴补助	奖金	应发工资	代缴保险	应纳税额	实发工资
20	10	10	2021年7月	BM200410	梁永飞	客服部	3609	280	314	4203	278	12.75	3912.25

图 8-43　在空行中填充标题内容

8) 在 A21:A29 单元格区域中填充等差序列 1.2, 2.2, …, 9.2, 选择 A3:A29 区域后, 采用与前面一样的排序方法再次插入空行。得到如图 8-44 所示的结果。

	A	B	C	D	E	F	G	H	I	J	K	L	M
1		序号	日期	工号	姓名	部门	基本工资	补贴补助	奖金	应发工资	代缴保险	应纳税额	实发工资
2	1	1	2021年7月	BM200401	刘青云	技术部	5468	236	308	6012	156	110.6	5745.4
3	1.2												
4	1.5	序号	日期	工号	姓名	部门	基本工资	补贴补助	奖金	应发工资	代缴保险	应纳税额	实发工资
5	2	2	2021年7月	BM200402	冯丽娜	工程部	3790	139	219	4148	178	14.1	3955.9
6	2.2												
7	2.5	序号	日期	工号	姓名	部门	基本工资	补贴补助	奖金	应发工资	代缴保险	应纳税额	实发工资
8	3	3	2021年7月	BM200403	陈金芳	财务部	2980	136	210	3326	245		3081
9	3.2												
10	3.5	序号	日期	工号	姓名	部门	基本工资	补贴补助	奖金	应发工资	代缴保险	应纳税额	实发工资
11	4	4	2021年7月	BM200404	魏南华	客服部	5130	237	220	5587	312	152.5	5122.5
12	4.2												
13	4.5	序号	日期	工号	姓名	部门	基本工资	补贴补助	奖金	应发工资	代缴保险	应纳税额	实发工资
14	5	5	2021年7月	BM200405	李春东	销售部	4869	284	267	5420	178	149.2	5092.8
15	5.2												
16	5.5	序号	日期	工号	姓名	部门	基本工资	补贴补助	奖金	应发工资	代缴保险	应纳税额	实发工资
17	6	6	2021年7月	BM200406	雷彬彬	技术部	3210	178	232	3620	156	0	3464
18	6.2												
19	6.5	序号	日期	工号	姓名	部门	基本工资	补贴补助	奖金	应发工资	代缴保险	应纳税额	实发工资
20	7	7	2021年7月	BM200407	黄金铠	工程部	4328	256	304	4888	242	9.38	4636.62
21	7.2												
22	7.5	序号	日期	工号	姓名	部门	基本工资	补贴补助	奖金	应发工资	代缴保险	应纳税额	实发工资
23	8	8	2021年7月	BM200408	邓小丽	销售部	4674	290	348	5312	156	140.6	5015.4
24	8.2												
25	8.5	序号	日期	工号	姓名	部门	基本工资	补贴补助	奖金	应发工资	代缴保险	应纳税额	实发工资
26	9	9	2021年7月	BM200409	吴亚楠	技术部	3872	202	245	4319	321	14.94	3983.06
27	9.2												
28	9.5	序号	日期	工号	姓名	部门	基本工资	补贴补助	奖金	应发工资	代缴保险	应纳税额	实发工资
29	10	10	2021年7月	BM200410	梁永飞	客服部	3609	280	314	4203	278	12.75	3912.25

图 8-44 再次插入空行

9) 选择 A 列, 单击鼠标右键, 在弹出的快捷菜单中选择"删除"选项, 删除 A 列, 工资条即制作完成。

 视频演示 8-12 使用函数制作工资条

(2) 使用 VLOOKUP 函数制作工资条。

1) 在工作簿中, 插入一张新的工作表, 并把工作表的名字改为"使用函数制作工资条"。

2) 复制"工资表"工作表中的标题行到"使用函数制作工资条"工作表中, 如图 8-45 所示。

	A	B	C	D	E	F	G	H	I	J	K	L
1	序号	日期	工号	姓名	部门	基本工资	补贴补助	奖金	应发工资	代缴保险	应纳税额	实发工资
2												

工资表 | 排序法制作工资条 | 使用函数制作工资条 ⊕

图 8-45 复制标题行到"使用函数制作工资条"工作表中

3) 在 A2 单元格中, 输入第一个员工的序号 1, 在 B2 单元格中输入公式"=VLOOKUP($A2,工资表!$A$2:$L$11,COLUMN(),FALSE)", 按〈Enter〉键确认。将 B2 单元格的公式复制到 L2 单元格中, 如图 8-46 所示。

	A	B	C	D	E	F	G	H	I	J	K	L
1	序号	日期	工号	姓名	部门	基本工资	补贴补助	奖金	应发工资	代缴保险	应纳税额	实发工资
2	1	44378	BM200401	刘青云	技术部	5468	236	308	6012	156	110.6	5745.4
3												

图 8-46 从工作表中提取第一个员工的工资数据

公式解析：公式"＝VLOOKUP($A2,工资表!$A$2:$ L $11,COLUMN(),FALSE)"先是在"工资表"中的 A2:L11 区域的第一列中查找"使用函数制作工资条"工作表单元格 A2 的值，然后返回由函数 COLUMN 控制的当前列号决定的列中的值。

4）在 B2 单元格中右击，在弹出的快捷菜单中选择"设置单元格格式"，打开"单元格格式"对话框，在对话框中选择"数字"选项卡，在"分类"列表框中选择"自定义"，在右边的"类型"框中输入"yyyy"年"m"月""，如图 8-47 所示。单击"确定"按钮，得到日期格式的结果。

图 8-47　设置 B2 单元格的格式为日期类型

提示：因为在"工资表"中 B2 单元格的内容为日期，而"工资条2"中 B2 单元格的数字格式为默认的"常规"。因此，必须把"工资条2"工作表中的 B2 单元格设为日期格式，否则显示的是日期的序列（数字显示）。

5）选择 A2:L2 单元格区域，单击"开始"选项卡下"字体"组中的"边框"下拉按钮，选择"所有框线"，给 A2:L2 单元格区域添加边框。

6）选择 A1:L3 单元格区域，向下拖动 L3 单元格右下角的填充柄，直到所有员工的工资数据全部显示为止，如图 8-48 所示。

	A	B	C	D	E	F	G	H	I	J	K	L
1	序号	日期	工号	姓名	部门	基本工资	补贴补助	奖金	应发工资	代缴保险	应纳税额	实发工资
2	1	2021年7月	BM200401	刘青云	技术部	5468	236	308	6012	156	110.6	5745.4
3												
4	序号	日期	工号	姓名	部门	基本工资	补贴补助	奖金	应发工资	代缴保险	应纳税额	实发工资
5	2	2021年7月	BM200402	冯丽娜	工程部	3790	139	219	4148	178	14.1	3955.9
6												
7	序号	日期	工号	姓名	部门	基本工资	补贴补助	奖金	应发工资	代缴保险	应纳税额	实发工资
8	3	2021年7月	BM200403	陈金芳	财务部	2980	136	210	3326	245	0	3081
9												
10	序号	日期	工号	姓名	部门	基本工资	补贴补助	奖金	应发工资	代缴保险	应纳税额	实发工资
11	4	2021年7月	BM200404	魏南华	客服部	5130	237	220	5587	312	152.5	5122.5
12												
13	序号	日期	工号	姓名	部门	基本工资	补贴补助	奖金	应发工资	代缴保险	应纳税额	实发工资
14	5	2021年7月	BM200405	李春东	销售部	4869	284	267	5420	178	149.2	5092.8
15												
16	序号	日期	工号	姓名	部门	基本工资	补贴补助	奖金	应发工资	代缴保险	应纳税额	实发工资
17	6	2021年7月	BM200406	雷彬彬	技术部	3210	178	232	3620	156	0	3464
18												
19	序号	日期	工号	姓名	部门	基本工资	补贴补助	奖金	应发工资	代缴保险	应纳税额	实发工资
20	7	2021年7月	BM200407	黄金铠	工程部	4328	256	304	4888	242	9.38	4636.62
21												
22	序号	日期	工号	姓名	部门	基本工资	补贴补助	奖金	应发工资	代缴保险	应纳税额	实发工资
23	8	2021年7月	BM200408	邓小丽	销售部	4674	290	348	5312	156	140.6	5015.4
24												
25	序号	日期	工号	姓名	部门	基本工资	补贴补助	奖金	应发工资	代缴保险	应纳税额	实发工资
26	9	2021年7月	BM200409	吴亚楠	技术部	3872	202	245	4319	321	14.94	3983.06
27												
28	序号	日期	工号	姓名	部门	基本工资	补贴补助	奖金	应发工资	代缴保险	应纳税额	实发工资
29	10	2021年7月	BM200410	梁永飞	客服部	3609	280	314	4203	278	12.75	3912.25

工资表 | 排序法制作工资条 | 使用函数制作工资条

图 8-48　最终的结果

附　录

实验 1
Excel 数据表的规范与输入

实验 2
Excel 财经数据的整理

实验 3
Excel 财经数据的分析与展示

实验 4
财经数据处理中的 Excel 公式与函数应用

实验 5
使用 Excel Power Query 对财经数据进行查询编辑

实验 6
Excel 在财务管理分析中的应用

实验 7
Excel 在市场调查分析中的应用

实验 8
Excel 在人力资源管理分析中的应用

参 考 文 献

[1] 贾俊平. 统计学[M]. 5 版. 北京：中国人民大学出版社，2014.

[2] 张联锋，蒋敏杰，张鹏龙，等. Excel 统计分析与应用[M]. 北京：电子工业出版社，2011.

[3] 邱文君. Excel 统计分析与应用大全(精粹版)[M]. 北京：机械工业出版社，2013.

[4] John Walkenbach. 中文版 Excel 2016 宝典[M]. 9 版. 赵利通，卫琳译. 北京：清华大学出版社，2016.

[5] 李翠梅，于海英. Excel 在经济管理中的应用——Excel 2013 案例驱动教程[M]. 北京：清华大学出版社，2014.

[6] 唐小毅. Excel 在经济管理中的应用[M]. 2 版. 北京：中国人民大学出版社，2013.

[7] 朱扬清，林秋明. Excel 在商务中的应用[M]. 北京：中国铁道出版社，2016.

[8] 杜茂康. Excel 数据处理与统计初步[M]. 北京：电子工业出版社，2011.

[9] 王海林，张玉祥. Excel 财务管理建模与应用. [M]. 北京：电子工业出版社，2014.

[10] 赵绪辉，张丽娟. 大学计算机基础[M]. 北京：机械工业出版社，2009.

[11] 韩良智. Excel 在财务管理中的应用[M]. 北京：清华大学出版社，2009.

[12] 宋翔. Excel 人力资源应用之道[M]. 北京：电子工业出版社，2011.

[13] 武新华. Excel 2010 人力资源管理入门与实战体验[M]. 北京：机械工业出版社，2011.

[14] 韩小良. Excel 高效人力资源管理从入门到精通[M]. 北京：中国铁道出版社，2011.

[15] Excel Home 工作室. Excel 高效办公公司管理[M]. 北京：人民邮电出版社，2008.

[16] Excel Home 工作室. Excel 高效办公人力资源与行政管理[M]. 北京：人民邮电出版社，2008.

[17] Excel Home 工作室. Excel 高效办公市场与销售管理[M]. 北京：人民邮电出版社，2012.

[18] Excel Home 工作室. Excel 数据处理与分析(实战技巧精粹)[M]. 北京：人民邮电出版社，2008.

[19] 易跃明，雷金东. Excel 在经济和财务管理中的应用[M]. 北京：北京理工大学出版社，2013.

[20] 耿勇. Excel 数据处理与分析实战宝典[M]. 北京：电子工业出版社，2017.

[21] 韩小量. Power Query 智能化数据汇总与分析[M]. 北京：中国水利水电出版社，2019.